TABLE DES MATIÈRES

Karine RIAHI

Cécile FONTAINE **Matthieu BOURGEOIS**

LES CONTRATS DE LA PRODUCTION

CINÉMA ET TÉLÉVISION

Pour Jérémie, Sacha et Max

– PANTHÉON - SORBONNE –
UNIVERSITÉ PARIS 1

Avec le concours du M2Pro Cinéma Télévision Nouveaux Médias

UFR 03, Université Paris 1 Panthéon-Sorbonne

DIXIT
EDITIONS

DIXIT
EDITIONS
PLUS GRANDS SUCCES CINEMATOGRAPHIQUES
Les structures, les histoires, les intrigues, les scènes, les émotions, les objectifs, les conflits, les personnages... ...des 20 champions du box office américain.
DU SCENARIO
TITANIC
les procédés narratifs utilisés pour faire vibrer 360 millions de spectateurs
ET RÉSOUDRE LES PROBLÈMES D'UN SCÉNARIO
PERSONNAGES INOUBLIABLES
Par l'auteur de "Faire d'un bon scénario un scénario formidable"
JEU
TECHNIQUES SCÉNARISTIQUES DU JEU INFORMATIQUE ET VIDÉO
EMMANUEL GUARDIOLA
JEUNE SCÉNARISTE
TOUT CE QUE TU DOIS SAVOIR !
Ecrire une histoire
pour le cinéma et la télévision
Jacqueline SIGAAR
L'écriture du documentaire
Résumé - Note d'intention - Synopsis
Séquencier - Scénario - Traitement
Linda SEGER
FAIRE D'UN BON SCÉNARIO UN SCÉNARIO FORMIDABLE
La plus célèbre consultante de hollywood révèle l'art de l'écriture : la réécriture
STRUCTURE
CONFLIT
INTRIGUE
Christopher VOGLER
LE GUIDE DU SCÉNARISTE
NOUVELLE ÉDITION
REVUE ET ENRICHIE
COMMENT ECRIRE UN FILM EN 21 JOURS
Découvrez la méthode de l'écriture spontanée
Maryse LÉON-GARCIA
Ecrire son scénario
MANUEL PRATIQUE
Les questions que vous devez vous poser !
COMMENT FINANCER
CINÉMA ET TÉLÉVISION
ROBERT McKEE
STORY
CONTENU, STRUCTURE, GENRE
LES PRINCIPES DE L'ECRITURE D'UN SCENARIO
VOTRE SCENARIO EST BON POUR LA POUBELLE !
100 pistes pour le rendre formidable
Frédéric PLAS
FAIRE SON PREMIER FILM
LA DIRECTION DE PRODUCTION
TELECHARGEMENT
ÉTABLIR UN DEVIS
Le marketing du cinéma
Le langage du cinéma et de la télévision
LES CLÉS POUR CRÉER UN STORYBOARD
PROFESSION REPORTER D'IMAGES
La Mise en Scène
LA BASE DE DONNÉES DES FILMS FRANÇAIS
LA PROGRAMMATION DE LA TÉLÉVISION À L'ÈRE NUMÉRIQUE
COMMENT ÇA MARCHE ?
LES CRÉDITS D'IMPÔTS
cinéma et audiovisuel international jeux vidéo oeuvres phonographiques
Ciné-Passions
Le guide chiffré du cinéma en France
L'ASSISTANT RÉALISATEUR
LES RÈGLES ÉLÉMENTAIRES POUR L'ÉCRITURE D'UN SCÉNARIO
PRISE DE SON ET MIXAGE
TECHNIQUES DE PRISE DE SON ET MIXAGE MUSIQUE
DIXIT

UN COMPLÉMENT INTERNET ACTUALISÉ

Ce livre est actualisé en 2013, vous allez donc y trouver toutes les informations en vigueur à cette date.

Sachez que tout ce qui va évoluer sera consultable (et téléchargeable) sur le complément Internet de ce livre.

LE COMPLÉMENT INTERNET

Pour avoir accès au complément Internet, il suffit de vous rendre sur le site **www.dixit.fr,** à la rubrique « **complément Internet** » et ensuite choisir le titre du livre.

LE CODE D'ACCÈS INTERNET

Si vous n'avez pas acheté cet ouvrage chez Dixit, il vous sera nécessaire d'envoyer un email à **contrat@dixit.fr**, en indiquant la date de votre achat et le nom de la librairie (ou de la manifestation, si l'achat a eu lieu lors d'une manifestation) et vous recevrez en retour par email, le code d'accès à la partie Internet.

ENCORE PLUS

Si la lecture de ce livre suscite chez vous le besoin d'en savoir plus, sur la problématique du droit d'auteur et des contrats, sachez que Dixit organise plusieurs fois par an, la formation « **DROITS D'AUTEURS ET CONTRATS** ». Vous y rencontrerez des professionnels en activité, qui vous enrichiront de leur savoir et vous feront gagner un temps considérable dans votre activité professionnelle.

INTRODUCTION

AVERTISSEMENT AUX LECTEURS

Écrire un ouvrage qui propose des modèles de contrats est une tâche compliquée pour un avocat en ce qu'il sait que chaque situation contractuelle rencontrée par un futur contractant est spécifique et nécessite souvent un document sur mesure.

Vous devez alors considérer les modèles que nous vous proposons comme des exemples, et des outils participant à la sécurité juridique de votre projet de production audiovisuelle. Mais ces exemples nécessiteront que, systématiquement, pour chacune des clauses vous vous interrogiez de manière à vérifier que ce que nous vous proposons s'applique bien à votre cas.

C'est dans le cadre de cette démarche d'interrogations que nous avons tenu à expliquer le sens de certaines clauses (les mentions en italiques), l'environnement juridique qui y préside, et parfois, écrit des clauses alternatives.

Cet ouvrage se lira également avec les suppléments et explications complémentaires disponibles sur Internet, et sera amené à être au fur et à mesure des années, enrichi au gré des pratiques toujours innovantes de la création de contenus.

Bonne lecture et bon travail

LES RÈGLES GÉNÉRALES APPLICABLES AU CONTRAT

Avant d'aborder les règles juridiques propres aux contrats audiovisuels, nous présenterons brièvement les règles applicables à tous les contrats, quel que soit le secteur concerné.

Qu'est-ce qu'un contrat ?

Contrairement à une opinion largement répandue chez les non-juristes, un « contrat » n'est pas nécessairement un acte écrit.

Ainsi, dans la vie courante, il est très rare de signer un document lorsque, par exemple, on achète des produits de consommation, ou encore que l'on recourt à certains services domestiques. Pourtant, dans la majorité de ces cas, il y a bien conclusion d'un « contrat » au sens juridique du terme.

Pour savoir s'il y a bien « contrat », il faut simplement se demander si les personnes ont souhaité mutuellement s'obliger à faire ou donner quelque chose de déterminé.

Un contrat correspond donc à un engagement de volonté entre deux ou plusieurs personnes. Cet engagement peut résulter d'un échange oral (conversation téléphonique, par exemple), ou d'un échange de correspondances (lettres, télécopies, emails...). Si les termes échangés sont suffisamment précis, il y aura « contrat » au sens juridique du terme. Dans le cadre d'une vente, il y a contrat s'il y a eu un accord sur la chose et sur le prix.

Bien sûr, en cas de simple accord oral, il sera difficile de prouver l'existence de cet accord et il sera alors tentant, pour la Partie qui souhaiterait se désengager, de nier l'existence de tout accord.

Pour cette raison, les tribunaux prennent en considération certaines circonstances comme, par exemple, l'envoi d'une facture, un commencement d'exécution ou encore l'existence d'une relation d'affaires antérieure, pour déduire qu'il existe bien un « contrat » au sens juridique du terme. Mais, dans un tel cas, il sera toujours possible de contester la portée de ces éléments de fait, par exemple, en démontrant que la facture reçue ou la livraison intervenue a fait l'objet d'une contestation.

Pour toutes ces raisons, seul un contrat signé par les personnes concernées constitue réellement la preuve d'un accord. Pour la suite de l'exposé, nous appellerons donc « contrat » tout document écrit, signé par les personnes souhaitant s'engager (que l'on appelle « Parties ») et fixant leurs modalités d'engagement.

Pour les contrats particuliers que sont les contrats de cession de droits d'auteur, ceux-ci obéissent à un formalisme plus exigeant que les contrats de droit commun.

Pourquoi établir un contrat écrit ?

Pour sécuriser une situation et éviter que la Partie avec laquelle il a été trouvé un accord, ne revienne ensuite sur ses engagements, il est très important de les consigner par écrit, dans un contrat.

Le contrat détaille l'ensemble des engagements réciproques des Parties.

Cet exercice est délicat, car il faut envisager le plus grand nombre d'hypothèses possibles pour éviter qu'une situation imprévue ne vienne perturber l'équilibre contractuel voulu par les Parties. En cas de difficulté ou de désaccord survenant avec l'autre Partie, seules les hypothèses prévues au contrat seront traitées de manière indiscutable. Les autres hypothèses, non prévues au contrat, donneront lieu à interprétation et seront donc source d'insécurité, voire, si aucune solution n'est trouvée par les Parties, de contentieux judiciaire long, coûteux et aléatoire.

Ces difficultés peuvent être évitées, si les Parties rédigent leur contrat avec suffisamment de précision.

Les clés pour écrire un bon contrat

L'IMPORTANCE D'IDENTIFIER SES BESOINS PENDANT LA PHASE DE NÉGOCIATION

Avant de se plonger dans la rédaction d'un contrat, il est important de réfléchir à ses besoins réels ainsi qu'au schéma économique envisagé.

À ce titre, il faut identifier les points clés sur lesquels l'on n'est pas disposé à accorder de concessions, en les distinguant des autres points sur lesquels, au contraire, des concessions, voire des renoncements, sont possibles. Il est également essentiel d'identifier les besoins de son futur cocontractant et les points sur lesquels il est peu probable qu'il renonce ou fasse des concessions.

Cette étape préparatoire est essentielle, car elle vous permettra de piloter une négociation au plus près de vos intérêts et de prendre des décisions rapides sur les demandes de votre interlocuteur, en refusant celles qui annuleraient le bénéfice du contrat envisagé.

LA PRÉCISION DES TERMES DANS LA RÉDACTION DES CLAUSES

La précision des termes est indispensable pour éviter un litige ultérieur avec son cocontractant sur l'interprétation du contrat, ou concernant un point qui n'aurait pas été abordé ou qui aurait été abordé de manière incomplète.

Un contrat précis est également un acte qui prévoira le plus de problématiques possible et les solutions y afférentes.

Lorsque les clauses sont incomplètes ou imprécises, il sera difficile, voire impossible, de revenir vers son interlocuteur pour modifier, par voie d'avenant, le contrat. En effet, entre le moment où le contrat est signé et le moment où il est nécessaire d'éclaircir ou de compléter le contrat, il arrive que les relations entre les parties se soient détériorées, ou que l'une des parties soit introuvable, aucune renégociation du contrat n'est alors possible.

Le meilleur remède à ce type de problème réside dans une rédaction la plus complète et la plus précise possible du texte du contrat, au moment de sa négociation.

Ainsi un bon contrat doit prévoir le plus grand nombre d'hypothèses possibles : c'est ce qu'on appelle le « scénario contractuel ». À l'image d'un scénario de film qui relate une histoire, le scénario contractuel doit relater le déroulement de l'opération économique envisagée, en ne laissant la place à aucun événement imprévu. Par exemple, si une clause prévoit un délai maximal à l'une des Parties pour exécuter une prestation, elle doit aussitôt prévoir ce qui se passera si celle-ci n'exécute pas son engagement dans les délais requis (résiliation du contrat, pénalité de retard, délai supplémentaire à accorder et sous quelle forme, etc.). À défaut, le scénario contractuel est inachevé, laissant place à l'improvisation qui constitue le plus grand risque de contentieux.

LES POINTS DE FORME À NE PAS OUBLIER

Même si le droit français n'impose aucune présentation particulière pour les contrats, il est néanmoins recommandé de veiller à la présence des quelques points de forme suivants :

- La dénomination exacte des Parties : cette mention figure généralement en première page d'un contrat ; il est très important de mentionner précisément le nom de chacune des sociétés (ou des personnes physiques) qui sont les signataires du contrat, en précisant, s'il s'agit de personnes inscrites au registre du commerce et des sociétés (RCS), leur numéro d'immatriculation, car il est possible que deux sociétés aient quasiment le même nom et seul le numéro d'immatriculation permettra de savoir laquelle est signataire du contrat ;

- La qualité des signataires : il est important de s'assurer que les personnes qui signent les contrats ont qualité et pouvoir pour le faire ; la règle étant que seul le représentant légal d'une société peut, en principe, signer des contrats pour engager celle-ci, à moins qu'une autre personne de la société ne dispose d'un « *pouvoir* », c'est-à-dire d'une procuration lui permettant de signer des contrats qui engagent la société pour laquelle il travaille. Il est important de vérifier ce point au moment de la signature, en demandant à la personne qui signe le contrat, de vous transmettre une copie du pouvoir dont il dispose ;

- La présence des annexes : les documents destinés à figurer en annexe d'un contrat peuvent être de toute nature (conditions financières, scénario, résumé de l'œuvre concernée par le contrat...) ; ces documents sont souvent d'une grande importance, car ils contiennent des informations déterminantes sur la nature des prestations et (ou) les modalités techniques de leur réalisation : il faut donc veiller à ce qu'elles soient bien annexées à la version du contrat lors de sa signature ; il faut également veiller à parapher l'intégralité des pages du contrat, y compris les annexes, car à défaut, il sera toujours possible pour l'une des Parties de contester la valeur contractuelle d'une annexe ; il faut également faire attention à ce que le contenu d'une annexe ne soit pas en contradiction avec l'une des clauses du contrat et, en toute hypothèse, il est important de mentionner (dans le contrat), une règle à appliquer dans ce type de cas (par exemple, en prévoyant la supériorité du contrat sur les annexes ou l'inverse) ;

- La numérotation des pages : il arrive parfois, avec le temps, que certaines pages d'un contrat signé soient égarées, en particulier pour les contrats volumineux et contenant de nombreuses annexes ; il est alors important de pouvoir identifier rapidement la (les) page(s) manquante(s) et, pour cela, il faut disposer d'une numérotation des pages, inscrite en pied de page.

Encore une fois, lors de l'examen des contrats de cession de droit d'auteur, on verra pour ces contrats un formalisme très précis.

La contre-lettre : notion et dangers

Il y a « contre-lettre » lorsque les Parties ont conclu :

- d'une part, un accord « *apparent* » (matérialisé par un premier contrat) qui ne reflète pas leur volonté réelle ;

- et, d'autre part, un accord « *secret* » (souvent matérialisé par un second contrat ou un avenant qui remplace et annule le premier contrat) reflétant leur volonté réelle, mais dont ils dissimulent l'existence aux yeux des tiers. Cet accord secret est qualifié de « contre-lettre ».

Une contre-lettre peut donc manifester une manœuvre frauduleuse, mais ce n'est pas le cas de toutes les contre-lettres.

Par exemple, on peut imaginer que constituerait une contre-lettre valable et légitime, celle intervenant entre un acheteur de renom, qui pense que si le cessionnaire potentiel connaissait son identité, le prix proposé serait excessif et le signataire du contrat apparent. La contre-lettre indiquera que le réel acquéreur est cet acheteur de renom. Ainsi, le cédant ignorera au moment de la cession, l'identité véritable de l'acheteur.

Sur un plan juridique, il faut retenir de l'article 1321 du Code civil que la contre-lettre est valable entre les Parties (à moins bien sûr que l'acte secret ne soit frappé de nullité du seul fait de son caractère occulte), mais est inopposable aux tiers. Plus précisément les tiers ont le choix entre, soit se prévaloir de l'acte apparent, soit se prévaloir de l'acte secret (dès lors qu'ils en ont connaissance).

Pour cette raison, il faut être extrêmement prudent dans la rédaction de contre-lettre, en veillant à ce que l'utilisation de ce montage ne poursuive en aucun cas un objectif frauduleux, même de manière indirecte.

Une fois signé, le suivi et la gestion du contrat

La signature d'un contrat ne met pas un terme à une affaire, bien au contraire : elle ne fait que marquer son commencement.

Il est alors important de veiller à la bonne exécution des engagements prévus au contrat. À cet effet, on établira dans le contrat, un calendrier jalonné d'étapes au cours desquelles les Parties pourront éventuellement se réunir, pour dresser un bilan des engagements exécutés et décider des éventuels aménagements à apporter.

Ce travail de suivi est très important, afin d'éviter de laisser s'installer une situation dans laquelle une Partie n'exécuterait pas correctement ses obligations, ce qui, en l'absence de réaction de l'autre Partie, pourrait amener un juge à considérer qu'il y a là une « *tolérance* » voire une modification « *de fait* » des termes du contrat.

Ainsi, par exemple, si le contrat prévoit un calendrier d'écriture d'un scénario et que l'auteur n'est pas en mesure de livrer à temps les étapes prévues, il sera, dans ce cas, important que les parties redéfinissent un nouveau calendrier, au moyen d'un nouveau document (un avenant) signé par les deux Parties pouvant prévoir le cas échéant, de nouvelles conditions financières. À défaut de la prise en compte de ce retard par ce nouveau document contractuel, celui qui a dépassé les délais pourrait se voir opposer la sanction prévue en cas d'inexécution.

Ce suivi est également important pour éviter de se placer soi-même en infraction par rapport aux droits octroyés à un Producteur en vertu du contrat. Par exemple, lorsqu'un contrat de cession de droits prévoit une certaine durée et un territoire précis de la cession, il est impératif de systématiquement vérifier les termes du contrat de manière à ne pas utiliser les droits au-delà de la durée et du territoire cédés. À défaut, le cédant des droits serait en droit de faire interdire toutes les exploitations, et mettre ainsi le cessionnaire dans une position délicate vis-à-vis de ses propres Producteurs ;

Un suivi précis d'un tel contrat permet d'anticiper son échéance et de décider de proposer éventuellement, avant l'échéance, un renouvellement du contrat.

Comment modifier un contrat déjà signé ?

La seule façon régulière de modifier un contrat déjà signé consiste à signer un document modificatif, appelé « *avenant* ».

Un avenant est un document, signé par les Parties signataires initiales du contrat, qui va modifier, sur un ou plusieurs points particuliers, le contrat initial. Cette modification est parfaitement valable et constitue un nouvel accord qui complète le contrat initial.

L'avenant doit être rédigé avec soin, notamment pour éviter d'être en contradiction avec le contrat initial. À toutes fins utiles, il sera prudent de mentionner dans l'avenant une clause prévoyant la supériorité de ce dernier par rapport aux termes du contrat, dans le cas où leurs clauses entreraient en contradiction.

Le soin apporté à la rédaction d'un avenant amène à indiquer avec précision les stipulations du contrat initial qui sont modifiées et celles qui, au contraire, restent inchangées. Il sera enfin utile de préciser que les clauses du contrat qui ne font l'objet d'aucune modification par l'avenant demeurent inchangées.

Si les modifications envisagées sont trop importantes, il est souvent préférable de rédiger un nouveau contrat, qui reprendra les clauses du contrat initial qui n'ont pas vocation à être modifiées les contrats, et qui remplacera les clauses à modifier par les nouvelles stipulations, plutôt que de tenter de le modifier par un avenant qui, dans un tel cas, risquerait alors de rendre « *illisible* » le contrat initial. Dans ce cas, il faudra alors clairement préciser si le nouveau contrat « annule et remplace » (de manière rétroactive) l'ancien contrat ou bien, au contraire, s'il « se substitue » à l'ancien contrat à sa date de signature sans pour autant remettre en cause celui-ci pour la période antérieure.

La signature et la conservation d'un contrat

Afin d'établir l'acceptation du contrat par ses Parties, celui-ci doit être signé de manière manuscrite et l'ensemble de ses pages doit être paraphé.

La version signée d'un contrat doit être établie en autant d'exemplaires que de Parties. Chacune des Parties doit conserver soigneusement l'exemplaire original qui lui revient et il est recommandé, en pratique, de scanner celui-ci ainsi que d'en faire des copies, car, en cas de perte de l'exemplaire original, la copie pourra alors servir de commencement de preuve devant un juge s'il était nécessaire de se prévaloir du contrat.

Il est nécessaire de conserver l'exemplaire original du contrat pendant toute la durée d'exécution de celui-ci ainsi que, par prudence, pendant une période ultérieure de minimum de cinq ans, qui correspond, en pratique, à la durée de prescription des actions civiles, c'est-à-dire la durée pendant laquelle l'une ou l'autre des Parties peut engager une action judiciaire pour faire valoir ses droits sur le fondement du contrat.

La nouveauté de 2011 : l'acte contresigné d'avocat

Depuis la loi du 28 mars 2011 (entrée en vigueur le lendemain), loi n° 2011-331 du 28 mars 2011 *« De modernisation des professions judiciaires ou juridiques et certaines professions réglementées »* (JO 29 mars 2011), il est possible de recourir au *« contreseing de l'avocat »* pour donner une valeur probante plus forte à un contrat.

Cette nouvelle loi permet de recourir à un avocat pour lui demander de *« contresigner »* un contrat (ou tout autre acte juridique), afin de donner à celui-ci une valeur probante supérieure aux autres actes sous seing privé, mais inférieure à celle dont bénéficient les actes authentiques (c'est-à-dire les actes passés devant un officier ministériel, comme un notaire, par exemple). Cela a pour conséquence concrète d'interdire aux Parties de désavouer leur signature (comme cela est possible pour les contrats « *classiques* ») ; la seule possibilité de contester la signature d'un contrat contresigné par un avocat sera alors d'engager une procédure de « *faux* » (Article 299 et suivants du Code de procédure civile).

Cette nouvelle procédure est particulièrement intéressante concernant les projets impliquant de nombreuses parties qui ne se connaîtraient pas nécessairement bien et qui souhaiteraient assortir leur contrat d'une garantie supplémentaire en évitant que l'une d'entre elles ne désavoue sa signature pour tenter d'échapper à ses engagements contractuels.

En revanche, cette procédure ne devrait pas permettre de conférer une « *date certaine* » à un document ; c'est du moins ce que précise le rapport réglementaire établi peu avant la promulgation de cette loi *(Rapport n°2621 de Monsieur Nicolin du 10 juin 2010, p.50.)*, ce qui exclut a priori de recourir à cette procédure pour donner une date certaine à des documents comme, par exemple, des scénarios, des ébauches de manuscrits, ou tout autre type d'œuvre, car, au demeurant, de tels documents ne constituent pas des « actes sous seing privé » entrant dans le champ d'application des textes légaux précités.

LES REGISTRES DU CINÉMA ET DE L'AUDIOVISUEL (RCA)

Les RCA et le principe de l'opposabilité aux tiers des actes entre parties.

Le Centre National du Cinéma et de l'image animée tient le registre public du cinéma et de l'audiovisuel et le registre des options, qui sont dénommés ensemble « les registres du cinéma et de l'audiovisuel » (RCA). Ces registres sont destinés à assurer la publicité des actes, conventions et jugements intervenus à l'occasion de la production, de la distribution, de la représentation et de l'exploitation en France des œuvres cinématographiques et audiovisuelles. (Article L.121.1 du Code du cinéma et de l'image animée.)

Cette publicité a pour effet de porter à la connaissance des tiers les termes des contrats et accords existants entre les parties et de ce fait de rendre ces actes entre parties, opposables aux tiers.

Cette opposabilité aux tiers signifie que quand bien même ceux-ci ne sont pas partie aux contrats, ils doivent en respecter les termes, car ils ne les ignorent pas.

Ainsi, cette publicité existant au travers de ces RCA est une exception au principe de l'effet relatif des contrats tel qu'il est édicté à l'article 1165 du Code Civil : *« les conventions n'ont d'effet qu'entre les parties contractantes. »*

Cette publicité est un élément clé de la sécurité juridique et financière des productions et exploitations des œuvres cinématographiques et audiovisuelles, car elle permet aux tiers de vérifier la chaîne des droits des œuvres, et aux parties, d'exposer à tous la réalité de la détention des droits dont elles se prévalent.

> Attention, il ne faut pas confondre inopposabilité aux tiers et non-validité d'un acte : même si l'acte est inopposable aux tiers, il restera valable entre les parties qui l'ont signé.

Les RCA- généralités

Le registre public du cinéma et de l'audiovisuel (RPCA) a été créé par la loi du 22 février 1944.

Le registre des options a été créé par une ordonnance du 6 juin 2005.

Le Conservateur des registres est le responsable de l'inscription de ces actes aux RCA, s'il ne doit pas en vérifier le fond et ni ne peut exiger des modifications sur la teneur des accords entre les parties, il est néanmoins très vigilant sur sa forme notamment la numérotation correcte des articles, des pages, paraphes des parties, signature, etc., et peut exiger, si la forme risque d'entraîner une mauvaise perception du contrat, les rectifications nécessaires.

Les résumés desdits contrats sont publiés dans la base de données du site Internet du CNC (www.cnc.fr). Ceux qui souhaitent connaître plus que ce résumé ont la possibilité de commander les copies des contrats inscrits.

Les actes soumis à publicité au registre public du cinéma et de l'audiovisuel

L'ACTE FONDATEUR DE LA CHAÎNE DES DROITS : L'IMMATRICULATION DES ŒUVRES

La publicité auprès de ces registres se fait d'abord au travers du dépôt du titre provisoire ou définitif d'une œuvre cinématographique : c'est l'immatriculation des œuvres cinématographiques (obligatoire) et audiovisuelles (facultative).

Lors de ce dépôt de titre qui est le premier acte de publicité inscrit aux RCA, le producteur devra remettre une copie de son contrat avec l'auteur ou une simple déclaration émanant du ou des auteurs de l'œuvre originale dont l'œuvre cinématographique ou audiovisuelle aura été tirée, les actes justifiant de l'autorisation de réaliser ladite œuvre d'après l'œuvre originale et précisant le délai pour lequel l'autorisation de l'exploiter est conférée.

Le conservateur des registres du cinéma et de l'audiovisuel attribue alors un numéro d'ordre à l'œuvre cinématographique ou audiovisuelle dont le titre est ainsi déposé (article L.122.1 § 2 du Code du Cinéma.).

Cette immatriculation identifie l'œuvre concernée et ce numéro d'identification figurera sur tous les actes et conventions afférents à la production, distribution et/ou exploitation relatifs à cette même œuvre.

LA PUBLICITÉ DE TOUS LES ACTES QUI CONSTATENT UN TRANSFERT DE PROPRIÉTÉ OU DE DROITS

L'article L.121-1 du Code du cinéma énumère les conventions qui doivent être inscrites au registre public du cinéma et de l'audiovisuel relatives aux œuvres cinématographiques et/ou audiovisuelles dont le titre a été préalablement déposé.

Il s'agit :

1. des cessions et apports en société du droit de propriété ou d'exploitation ainsi que les concessions de droits d'exploitation, soit d'une œuvre cinématographique audiovisuelle, soit de l'un quelconque de ces éléments présents et à venir ;
2. des constitutions de nantissement sur tout ou partie des droits visés à l'alinéa précédent ;
3. les délégations et cessions, en pleine propriété ou à titre de garantie de tout ou partie des produits présents ou à venir d'une œuvre cinématographique ou audiovisuelle ;
4. les conventions relatives à la distribution d'une œuvre cinématographique audiovisuelle ;
5. les conventions portant restriction dans la libre disposition de tout ou partie des éléments et produits présents et à venir d'une œuvre cinématographique ou audiovisuelle ;
6. les cessions d'antériorité, les subrogations et les radiations totales ou partielles se rapportant au droit aux conventions susvisées ;
7. les décisions de justice et sentences arbitrales relatives à l'un des droits visés aux alinéas précédents.

En tant que de besoin, cet article précise qu' « *à défaut d'inscription au registre public du cinéma et de l'audiovisuel, les actes, conventions ou jugements susmentionnés, les droits résultant de ces actes, conventions et jugements sont inopposables aux tiers.* »

L'inscription de ces actes en ce qu'ils informent les tiers de l'état de propriété de celui qui s'en prévaut, est protecteur tant des droits de celui-ci, que des tiers qui sont ainsi à même d'évaluer la qualité de propriétaire de droits de leurs interlocuteurs.

Toute personne qui dispose d'un droit dans le cadre de la production, la distribution, l'exploitation d'une œuvre cinématographique ou audiovisuelle a alors intérêt à inscrire au plus vite ses contrats de manière à exposer à tous, l'existence de ses droits. En matière de publicité des contrats, les premiers inscrits priment sur les inscrits suivants.

La non-inscription d'un acte entraîne son inopposabilité aux tiers, ce qui est une sanction grave. En effet, des créanciers inscrits pourraient considérer que ne leur sont pas opposables les droits des autres créanciers qui ne se seront pas inscrits ou qui se seront inscrits trop tard.

Les actes, conventions ou jugements qui ne remplissent pas les conditions pour être inscrits et qui ne figurent pas dans la liste des articles L.123-1 et L.123-2, pourront néanmoins être inscrits à condition que ceux-ci aient pour effet de transférer ou de constater le transfert à un bénéficiaire de l'un des droits mentionnés auxdits articles et si le droit transféré résulte d'un acte, d'une convention ou d'un jugement ayant fait l'objet d'une inscription antérieure que le requérant désigne.

On aura noté que les déclarations unilatérales qui porteront sur des clauses résolutoires ne peuvent pas être inscrites aux RCA, qui ne visent que les actes signés par deux parties

Il sera alors recommandé lorsqu'une résiliation du contrat d'auteur est mise en place en application de l'article L.132-30 du Code de la propriété intellectuelle par l'envoi de la lettre requise par ce texte, que celle-ci soit ensuite constatée par un acte signé de l'auteur et du mandataire liquidateur, seule possibilité de son inscription aux RCA.

LA PUBLICITÉ D'INFORMATIONS DE NATURE FINANCIÈRE.

Aux termes de l'article L.121-1 du Code du Cinéma et de l'image animée, le CNC sera habilité à communiquer aux distributeurs, producteurs, auteurs, ayants droit délégataires de recettes, tels qu'ils sont désignés dans les conventions, jugements et actes quelconques inscrits au RPCA ou au registre des options, tout renseignement relatif aux recettes et produits quelconques relevant de l'exploitation, de l'exportation des œuvres cinématographiques sur lesquelles ils ont des droits.

Pourront aussi être communiqués tous renseignements relatifs aux recettes et produits quelconques relevant de l'exploitation sous forme de vidéogramme destiné à l'usage privé du public des œuvres cinématographiques et audiovisuelles sur laquelle ils ont des droits.

Le CNC aura reçu ces informations par application de l'article L.126-2 du Code du Cinéma et de l'image animée qui dispose que les distributeurs, producteurs, auteurs et ayants droit délégataires de recettes tels qu'ils sont désignés dans les conventions, jugements et actes quelconques inscrits au RPCA ou au registre des options, sont tenus de communiquer au Centre National du Cinéma et de l'image animée, sur sa demande, tout renseignement relatif aux versements qui leur sont faits respectivement par les exploitants, distributeurs et producteurs d'œuvres cinématographiques. Cette même obligation de communication au CNC de versements qui leur sont faits, incombent à ceux qui bénéficieront des versements effectués par les éditeurs de vidéogrammes, et est également applicables aux titulaires de contrats de travail conclus à l'occasion de la réalisation d'une œuvre cinématographique ou audiovisuelle et conférant à leur bénéficiaire un droit de pourcentage sur les recettes d'exploitation de cette œuvre.

La publicité au sein du registre des options

Le registre des options fait partie des registres du cinéma et de l'audiovisuel depuis l'ordonnance du 6 juin 2005 entrée en vigueur le 1er mars 2006.

Le registre des options à vocation à assurer la publicité des contrats d'option d'achat des droits d'adaptation audiovisuelle d'œuvres littéraires préexistantes et des contrats conclus ultérieurement en vue du développement, qui de facto étaient exclus de l'inscription obligatoire puisque l'option n'opère pas encore de transfert de droits, mais leur simple réservation.

Or, une telle publicité s'avérait nécessaire pour la sécurité juridique et financière du développement de la production d'œuvres cinématographiques et audiovisuelles.

L'application de ces règles aux œuvres audiovisuelles

L'article L.122-1 qui pose le principe d'un dépôt obligatoire des titres et des immatriculations des œuvres cinématographiques précise à la fin de son alinéa 1 que ce dépôt est facultatif pour les œuvres audiovisuelles.

Ainsi qu'il a été indiqué, le dépôt de titres et l'immatriculation des œuvres et des contrats subséquents y afférents confère une protection tant pour le propriétaire de droits que pour les tiers, de sorte que, quand bien même le dépôt est facultatif, le producteur d'œuvres audiovisuelles aura intérêt à immatriculer son œuvre.

En outre, on note que par l'effet de dispositions relatives au financement de ces œuvres audiovisuelles, leur immatriculation s'avère obligatoire.

Il s'agit de la loi du 11 juillet 1985 qui institue les sociétés pour le financement de l'industrie cinématographique et audiovisuelle (SOFICA) qui précise dans son article 40.2 que tout contrat d'association à la production passé par une SOFICA devra être inscrit au RPCA dans les quinze jours de la signature des contrats.

De même, que le versement des aides accordées dans le cadre du COSIP (compte de soutien à l'industrie des programmes audiovisuels) est subordonné à l'obtention d'une autorisation préalable délivrée avant le début des prises de vue. Ainsi, le dossier qui sera présenté en vue de cette autorisation, devra comporter le numéro d'immatriculation de l'œuvre au RPCA (lorsqu'il s'agit des œuvres unitaires dans la durée est supérieure à une heure ou des épisodes d'une série d'une collection dont la durée excède trente minutes).

Le risque de sanction contractuelle

La sanction de la non-inscription d'un acte est son inopposabilité aux tiers, mais la validité de l'acte n'est pas affectée.

Or, on note que la plupart des contrats signés en matière de production audiovisuelle prévoient parmi les obligations contractuelles qui incombent au producteur délégué, l'inscription du contrat aux RCA, et souvent, ces mêmes contrats prévoient une clause résolutoire de plein droit en cas d'inexécution [sachant que quand bien même une telle clause n'existerait pas, l'article 1184 du Code Civil dispose que *« la condition résolutoire est toujours sous-entendue dans les contrats synallagmatiques »*, pour le cas où l'une des parties ne satisfera pas à son engagement, dans ce cas la résolution devra être demandée en justice].

Ainsi, si la sanction de la non-inscription est prévue dans les textes du Code du cinéma et de l'image animée, la sanction contractuelle pourra être plus dangereuse, puisque l'inexécution de l'obligation d'inscription par le producteur l'expose à ce que son contractant puisse s'en prévaloir pour solliciter l'anéantissement de son contrat.

> Attention : ces inscriptions permettent la transparence la plus totale quant au lien juridique de tous les intervenants de la chaîne des droits, les conditions financières d'un contrat et toutes ses spécificités. Cette sécurité juridique, qui est offerte aux intervenants de l'industrie cinématographique et audiovisuelle, a alors pour corollaire l'obligation pour ces tiers de s'informer et de consulter régulièrement les RCA ; l'excuse de ne pas connaître le bon interlocuteur et par exemple de verser des recettes à celui qui les aurait déjà déléguées, ne sera pas recevable devant une juridiction.

LES CONTRATS DES AUTEURS

Rappel succinct des principes du droit d'auteur afférent au contrat de cession de droits d'auteur pour une œuvre cinématographique et audiovisuelle.

Le droit d'auteur (ou droit de la propriété littéraire et artistique) a pour objectif la protection de l'auteur d'une œuvre de l'esprit en lui conférant des droits sur son œuvre. Il est né à la veille de la Révolution, grâce Beaumarchais et a d'abord été constitué d'applications jurisprudentielles de quelques principes nés des lois de la Révolution Française.

C'est la loi du 1er mars 1957 qui a principalement constitué le socle du dispositif législatif visant à protéger les auteurs en reprenant notamment les principes jurisprudentiels qui préexistaient. Cette loi a ensuite été complétée par un autre corpus de règles édicté par la loi du 3 juillet 1985. La loi du 1er juillet 1992 a ensuite édicté le Code la propriété intellectuelle (CPI) et a unifié en droit constant dans ce seul code, toutes les règles de la propriété littéraire et artistique et de la propriété industrielle existantes, supprimant ainsi les lois de 1957 et de 1985. Dans quelque contrat que ce soit, si vous faites référence à une règle de propriété intellectuelle, c'est l'article du Code de la propriété intellectuelle qu'il faudra indiquer et non celui qui correspond aux lois de 1957 ou de 1985, qui ont été abrogées.

@ **COMPLÉMENT INTERNET**

• *Code de la propriété intellectuelle*

Le droit d'auteur ayant vocation à protéger l'auteur, les dispositions légales du droit d'auteur sont considérées comme d'ordre public, ce qui signifie qu'il est impossible d'y déroger. Aussi, toute stipulation dans un contrat de cession de droits d'auteur qui serait contraire à la loi, serait réputée « non écrite » et n'existerait pas.

L'auteur d'une œuvre de l'esprit dispose de droits sur celle-ci, à condition que cette œuvre réponde à certaines conditions légales.

1. Le contexte : les conditions de protection d'une œuvre de l'esprit

Toute œuvre de l'esprit doit, pour bénéficier de la protection légale, satisfaire à deux exigences.

1.1. L'ŒUVRE EST PROTÉGÉE À CONDITION D'ÊTRE MATÉRIALISÉE ET ELLE SERA PROTÉGÉE DU SEUL FAIT DE SA CRÉATION

Aucune formalité administrative de dépôt n'est nécessaire pour bénéficier des droits d'auteur. Ainsi, la mention « tous droits réservés » ou le signe « © » que vous pouvez parfois voir apposés aux côtés de l'œuvre ne confèrent aucune protection juridique en droit français.

Pour que l'œuvre puisse être protégée, il faut qu'elle soit formalisée de manière concrète, c'est-à-dire perceptible par les sens, et ne pas demeurer au simple état de projet ou d'idée.

En effet, le droit d'auteur ne protège pas les idées, les concepts, les méthodes qui sont à la base de la création, lesquels sont de libre parcours et ne peuvent faire l'objet d'une propriété privative.

Toutefois, il n'est pas nécessaire que l'œuvre soit achevée : des esquisses et des ébauches suffisent dès lors qu'elles sont matérialisées.

Il est donc recommandé d'exprimer et de formaliser l'œuvre de manière suffisamment complète afin de pouvoir déterminer son originalité, second critère de protection *(C'est sur ce fondement que les juges ont pu refuser la protection d'une œuvre audiovisuelle à un format d'œuvre audiovisuelle dont le contenu n'était pas suffisamment détaillé : TGI Paris, 3e ch., 3 janv. 2006, SA Métropole Télévision M6 et Sté Eyeworks bv c/ SA Sté nationale de télévision France 2 et SARL Way, « Code de la route : le grand examen »).*

@ **COMPLÉMENT INTERNET**

- *Décision du TGI*

Alors même qu'aucune formalité de dépôt ou d'enregistrement n'est nécessaire pour conférer à l'auteur la protection par le droit d'auteur, il est conseillé de procéder à un dépôt ou à un enregistrement, de manière à faciliter la preuve de la paternité et de la date de la création de l'œuvre, notamment dans le cadre d'un contentieux.

L'auteur peut dater de façon certaine la création de son œuvre et s'identifier comme auteur notamment :

- auprès d'un huissier ou d'un notaire ;
- auprès de l'Institut National de la Propriété Intellectuelle (INPI) présent à Paris et en région, *via* l'utilisation d'une enveloppe Soleau - enveloppe double dont l'une des Parties est renvoyée au déposant, après enregistrement et perforation - dans laquelle l'auteur introduit les éléments qu'il souhaite dater ;
- auprès de la SACD ou d'une autre société de gestion collective.

L'auteur peut également s'envoyer à lui-même ou à un tiers son œuvre, sous pli cacheté à la cire avec accusé de réception, le cachet de la poste faisant foi, sachant qu'il ne devra pas ouvrir l'enveloppe à la réception.

1.2. L'ŒUVRE EST PROTÉGÉE À CONDITION D'ÊTRE ORIGINALE

Pour que l'œuvre matérialisée puisse être protégée, elle doit être originale, c'est-à-dire porter le reflet de la personnalité de l'auteur, quels que soient le mérite, la destination ou le genre de l'œuvre.

Il en résulte que toutes les créations se protègent dès lors qu'elles sont originales. Il faut comprendre cette notion d'originalité définie par rapport à la notion de banalité et non pas celle de nouveauté. Ce sont les juges qui apprécient l'originalité d'une œuvre, au cas par cas, en recherchant si l'œuvre résulte d'un travail personnel de l'auteur portant l'expression de sa personnalité.

Le droit d'auteur protège les créations pendant toute la vie de l'auteur et se maintient au profit des ayants droit jusqu'à 70 ans après la mort de l'auteur. À l'expiration de ce délai, l'œuvre tombe dans le domaine public, si bien que son utilisation est libre sous réserve de respecter le droit moral de l'auteur, qui est perpétuel.

2. Les droits dont l'auteur est titulaire

Le droit de propriété intellectuelle de l'auteur se décompose en deux catégories : les droits patrimoniaux et le droit moral.

2.1. LES DROITS PATRIMONIAUX

L'auteur dispose du droit exclusif d'exploiter son œuvre sous quelque forme que ce soit, de le céder à une tierce personne et d'en tirer un profit pécuniaire. Les droits patrimoniaux conférés à l'auteur sont les droits de représentation et de reproduction.

Toute reproduction ou représentation de l'œuvre sans autorisation de l'auteur est une contrefaçon qui est civilement et (ou) pénalement sanctionnée (CPI, art. L.122-4).

• *Le droit de reproduction* consiste dans la fixation matérielle de l'œuvre par tous les procédés au public qui permettent sa communication au public.

• *Le droit de représentation* consiste dans la communication de l'œuvre au public par un procédé quelconque (CPI, art. L. 122-2), notamment par récitation publique, exécution lyrique, représentation dramatique, présentation publique, télédiffusion (diffusion par tout procédé de télécommunication de sons, d'images, de documents, de données et de messages de toute nature), projection publique et transmission dans un lieu public de l'œuvre télédiffusée et mise à la disposition à la demande, sur les réseaux numériques.

Le champ de ces deux droits s'élargit aux utilisations secondaires de l'œuvre, telle la réalisation d'une œuvre dérivée (adaptation, traduction, etc.) et aux modes de reproduction et de transmission numérique (numérisation, stockage et communication au public en ligne).

Le consentement exprès de l'auteur devra donc être obtenu pour chaque procédé de reproduction et chaque mode de représentation, quelle que soit l'étendue de l'exploitation envisagée - partielle ou totale - ou sa finalité - commerciale ou non commerciale.

2.2. LE DROIT MORAL

Le droit moral confère à l'auteur d'une œuvre de l'esprit, le droit au respect de son nom, de sa qualité et de son œuvre.

Le droit moral a un caractère perpétuel, inaliénable et imprescriptible. Il subsiste à l'expiration des droits patrimoniaux au profit des ayants droit de l'auteur et ne peut pas faire l'objet d'une renonciation ou d'un transfert par voie contractuelle.

Le droit moral comporte quatre prérogatives :

- *Le droit de divulgation :* permet à l'auteur de décider du moment et des conditions selon lesquelles il communiquera son œuvre au public (CPI, art. L.121-2) ;
- *Le droit à la paternité :* permet à l'auteur d'exiger et de revendiquer à tout moment la mention de son nom et de ses qualités sur tout mode de publication de son œuvre. En outre, tout utilisateur de l'œuvre a l'obligation d'indiquer le nom de

l'auteur. Ce droit ne fait nullement obstacle à l'anonymat ou l'usage d'un pseudonyme *(Générique : On peut considérer que la clause du générique dans le contrat est une expression des modalités de ce droit au respect du nom de l'auteur) ;*

- *Le droit au respect :* permet à l'auteur de s'opposer à toute modification susceptible de dénaturer son œuvre ;
- *Le droit au retrait :* permet à l'auteur de retirer après divulgation son œuvre du circuit commercial. Ce droit est difficilement applicable, car il exige que l'auteur qui souhaite faire valoir son droit de retrait, indemnise préalablement le cessionnaire du préjudice que le repentir et le retrait peuvent lui causer.

3. La qualité d'auteur

Seule une personne physique peut avoir la qualité d'auteur. Une société ne peut jamais être créatrice d'une œuvre. Elle ne devient titulaire des droits sur une œuvre que si un contrat de cession de droits a été signé avec l'auteur de l'œuvre.

La loi prévoit qu'ont la qualité d'auteur d'une œuvre audiovisuelle, la ou les personnes physiques qui réalisent la création intellectuelle de cette œuvre. Plus précisément, en matière d'œuvre audiovisuelle, l'article L.113-7 du CPI a énuméré ceux, qui sont présumés et sauf preuve contraire, être ses auteurs. Il s'agit de :

- l'auteur de l'œuvre originaire (roman quand il est adapté sous la forme d'un film, par exemple),
- l'auteur du scénario,
- l'auteur de l'adaptation,
- l'auteur du texte parlé (dialogues),
- l'auteur des compositions musicales avec ou sans paroles spécialement réalisées pour l'œuvre,
- le réalisateur.

Cette liste des auteurs d'une œuvre audiovisuelle n'est pas exhaustive de sorte que d'autres personnes peuvent bénéficier de la qualité d'auteur à condition qu'elles apportent la preuve de leur part à la création intellectuelle de l'œuvre et de son originalité. L'on peut ainsi penser au chef costumier, au chef décorateur ou encore à l'auteur des effets spéciaux.

4. Les éléments impératifs que l'on doit retrouver dans les clauses d'un contrat de cession de droits d'auteur

Le Producteur d'une œuvre audiovisuelle doit impérativement conclure avec chacun des auteurs de l'œuvre un contrat de cession de ses droits, car ce n'est qu'en devenant cessionnaire de ces droits qu'il pourra exploiter l'œuvre.

Toute reproduction ou représentation de l'œuvre sans avoir acquis auprès de tous ses auteurs l'ensemble des droits sur l'œuvre que le cessionnaire veut exploiter, est constitutive du délit de contrefaçon pour les exploitations dont les droits n'ont pas été acquis. Cela représente un risque considérable, puisqu'une des sanctions de la contrefaçon est l'interdiction d'exploiter, sachant que le Code de la propriété intellectuelle entend par contrefaçon tous les actes d'utilisation non autorisée de l'œuvre.

En cas d'atteinte à ses droits, le titulaire du droit d'auteur exercera cette action en contrefaçon soit devant les juridictions civiles (Tribunal de grande instance) pour obtenir réparation et donc des dommages et intérêts, soit devant les juridictions répressives pour obtenir aussi des sanctions pénales, à savoir une amende.

La violation des droits d'auteurs constitutive du délit de contrefaçon est en dans le cadre d'une action pénale, punie d'une peine de 300 000 euros d'amende et de 3 ans d'emprisonnement (CPI, art. L.335-2 s.). Des peines complémentaires - fermeture d'établissement, confiscation des recettes, publication par voie d'affichage de la décision judiciaire - peuvent en outre être prononcées.

L'exploitation paisible des droits d'un auteur impose donc la signature de ce contrat de cession de droits d'auteur avec chaque auteur de l'œuvre considérée, même si la création de cet auteur est minime.

Un contrat de cession de droit d'auteur est soumis à des conditions de formalité strictes. L'article L.131-3 du CPI exige qu'il soit écrit et qu'il comporte certaines mentions obligatoires, à savoir :

- le détail de chacun des droits cédés,
- le détail des modes d'exploitation des droits cédés quant à leur étendue et leur destination,
- le territoire pour lequel les droits sont cédés,
- la durée,
- la rémunération.

Ainsi, tout mode exploitation d'une œuvre qui ne serait pas expressément mentionné dans le contrat de cession de droits, n'est pas cédé et reste donc propriété de l'auteur.

Il convient donc d'être particulièrement vigilant à la rédaction de l'article relatif à l'étendue des droits cédés, particulièrement lorsqu'il s'agit d'une œuvre créée par plusieurs auteurs : leurs contrats devront être en tout point identiques dans leur périmètre de la cession.

Par ailleurs, sachez que si vous souhaitez acquérir des œuvres non encore créées, une telle cession est interdite par le Code de la propriété intellectuelle qui prohibe la cession globale d'œuvres futures (article L.131-1 du CPI).

Cette règle signifie que l'acquisition par avance, d'œuvres indéfinies et indéterminées est interdite. Toutefois, un Producteur peut parfaitement acquérir une œuvre en cours de création, dès lors que cette œuvre est déterminée.

5. La rémunération de l'auteur

Les articles L.131.4 §1 *(L.131.4 §1 : La cession par l'auteur de ses droits sur son œuvre peut être totale ou partielle. Elle doit comporter au profit de l'auteur la participation proportionnelle aux recettes provenant de la vente ou de l'exploitation)*

et L.132.25 §1 et 2 du CPI *(L.132.25 §1 et 2 : la rémunération est due pour chaque mode d'exploitation. Sous réserve des dispositions de l'article L.131.4, lorsque le public paie un prix pour recevoir communication d'une œuvre audiovisuelle déterminée et individualisable, la rémunération est proportionnelle à ce prix, compte tenu des tarifs dégressifs éventuels accordés par le distributeur à l'exploitant, elle est versée aux auteurs par la production)* imposent de verser à l'auteur d'une œuvre, une rémunération proportionnelle aux recettes générées par le prix payé par le public.

Il n'est possible de prévoir une rémunération forfaitaire que dans certains cas, strictement énumérés par l'article L.131.4 §2. Ces hypothèses seront détaillées dans les développements relatifs au contrat de cession de droits au forfait.

Par ailleurs, l'usage constant est de verser à l'auteur une avance sur les pourcentages de rémunération proportionnelle lui revenant, car ceux-ci ne lui seront versés que lorsque la production sera terminée et mise en exploitation, soit quelques années après la signature du contrat.

Cette avance est une somme fixe, librement négociée entre les Parties, tant pour son montant que pour ses échéances. Le Producteur se rembourse ensuite de cette avance par compensation sur l'ensemble de la rémunération proportionnelle allouée à l'auteur. Cette avance est aussi appelée « Minimum Garanti », car elle reste acquise à l'auteur quand bien même l'ensemble des sommes affectées à la compensation serait inférieur au montant du Minimum Garanti.

Cette somme fixe, demandée par l'auteur au Producteur lors de la signature du contrat, peut parfois être qualifiée de « prime d'exclusivité », de « prime d'immobilisation » ou encore de « prime d'inédit » et ne sera alors pas compensable par le Producteur sur les recettes.

Ainsi, l'auteur préférera faire qualifier cette somme de « prime » et le Producteur, de « minimum garanti ».

6. La reddition des comptes

Le corollaire d'une rémunération proportionnelle est pour l'auteur, le droit de connaître les informations relatives à l'exploitation de l'œuvre. Cette obligation pour le Producteur de fournir la comptabilité de l'exploitation est inscrite à l'article L.132.28 du CPI *(L.132.28 : le Producteur fournit au moins une fois par an, à l'auteur et aux coauteurs un état des recettes provenant de l'exploitation de l'œuvre selon chaque mode d'exploitation. À leur demande, il leur fournit toute justification propre à établir l'exactitude des comptes, notamment la copie des contrats par lesquels il cède à des tiers tout ou partie des droits dont il dispose).*

Quand bien même cette obligation ressort de la loi, son inscription dans le contrat permettra aux Parties de définir des modalités plus précises de cette reddition des comptes et notamment d'inscrire une périodicité plus rapprochée qu'une fois l'an.

7. Le transmedia

Vous ne trouverez pas dans cet ouvrage les modèles de contrats plus spécifiques à la production d'œuvres transmedia, pour les raisons suivantes.

Ces œuvres sont différentes des schémas classiques au sens où :

(i) ce sont souvent des œuvres créées avec un nombre très important d'auteurs,

(ii) en vue d'exploitations qui souvent ne génèreront pas de recettes brutes ou nettes,

(iii) elles seront interactives avec le public qui pourra intervenir dans la création, e

(iv) elles feront intervenir des acteurs différents et plus nombreux dans leur schéma de financement,

(v) une première œuvre aura vocation à entraîner la création de nombreuses autres œuvres ab initio qui ne répondent pas toujours à la même qualification juridique,

(vi) Les règles de la gestion collective doivent être éprouvées au regard des modes d'exploitation et des supports de diffusion.

Bref, tous ces mécanismes sont encore nouveaux et il est difficile à ce jour de faire une synthèse des choix juridiques et contractuels surtout quand ceux-ci n'ont pas encore été éprouvés par les tribunaux.

Les modèles de contrats des œuvres transmedia se trouveront très certainement dans une prochaine édition de l'ouvrage.

En attendant ces modèles ad hoc, considérant que l'œuvre transmedia a vocation à développer une écriture particulière par type d'œuvre, organisé autour d'un concept ou bible générale, le producteur pourra s'appuyer sur le modèle de contrat de commande de bible qui figure dans l'ouvrage.

Une fois identifiée la production d'une œuvre particulière (série télévisuelle, websérie, œuvre cinématographique, etc.), il signera ensuite avec chacun des auteurs de ces œuvres, en fonction de l'œuvre envisagée, les contrats sur la base des modèles qui sont proposés.

CONTRAT D'OPTION

(CINÉMA ET TÉLÉVISION)

GÉNÉRALITÉS

Le contrat d'option est un contrat qu'auteur et Producteur signent souvent dans la phase préparatoire ou phase de développement de la production d'une œuvre audiovisuelle.

Par l'effet du mécanisme de l'option, le Producteur effectue une réservation à son profit, des droits sur une œuvre, pendant un certain délai, qui est négocié librement entre les Parties, et qui va lui permettre pendant cette période de vérifier s'il peut réunir suffisamment de partenaires financiers pour la production du film, et/ou de faire écrire le scénario. Pendant la durée de l'option, il va pouvoir entreprendre, dans une parfaite sécurité juridique un certain nombre de démarches.

Sans option, il est en effet interdit au Producteur de se prévaloir d'une quelconque manière, de l'œuvre de l'auteur.

Le Producteur peut aussi profiter de cette période de l'option, lorsque celle-ci ne porte que sur un synopsis par exemple, pour faire travailler l'auteur, seul ou avec un autre auteur (le coauteur), à l'écriture d'une première version d'un scénario. L'option devra alors porter sur les droits de l'auteur, sur le synopsis (l'œuvre première qui est proposée par l'Auteur au Producteur) et sur la version du scénario en cours d'écriture.

Les éléments clés d'un contrat d'option sont :

La rédaction du préambule, qui expose les circonstances de la relation contractuelle entre les Parties. La rédaction doit être particulièrement soignée, surtout si les circonstances sont inhabituelles ; comme par exemple, un projet d'amis de longue date l'un étant auteur, l'autre Producteur, la raison de leur relation contractuelle ne sera pas seulement économique. Ainsi, les clauses contractuelles pourront prévoir une information constante entre auteur et producteur traduisant ce lien de confiance entre les Parties.

La durée : La durée de l'option est un point crucial de sa négociation. Les durées en usage sont de 12 mois à 18 mois pour une première période d'option, qui peut être renouvelée une fois, automatiquement ou non.

Cette durée permet au Producteur de bénéficier d'un délai suffisamment long pour entreprendre toute démarche en vue de monter la production du film. Toutefois, les Parties peuvent prévoir des durées « sur mesure » en fonction des circonstances.

On peut imaginer, par exemple, une première option très courte, de 3 à 6 mois, très peu onéreuse, utile pour le Producteur pour présenter un projet en urgence la veille d'un marché par exemple, puis une prolongation de cette option, pour une durée et un prix plus classique.

Le prix : L'usage veut que le prix de l'option représente 10 % du montant du minimum garanti prévu pour la cession des droits. Ce paiement est en général opposable sur le montant du minimum garanti, ce qui signifie que si le Producteur lève l'option, le prix de l'option sera considéré comme constituant une part du minimum garanti. Ainsi, le Producteur levant l'option n'aura plus qu'à payer à l'auteur les 90 % restant du montant du minimum garanti. Le renouvellement peut être consenti moyennant un nouveau versement qui peut être aussi d'un montant correspondant à 10 % du montant du minimum garanti. Ce second paiement sera opposable ou non sur le minimum garanti.

Cette règle n'est toutefois pas immuable, et le prix d'une seconde période d'option pourra être plus cher que le prix de la première période.

L'option gratuite : il faut savoir que les Registres du Cinéma et de l'Audiovisuel (RCA) n'acceptent pas d'inscrire les contrats d'option qui prévoient une option à titre gratuit. Par contre, les RCA acceptent d'enregistrer le contrat ou une option est consentie en contrepartie du paiement d'un euro.

La faculté de rétrocéder : En principe, une option est consentie à un Producteur en fonction de sa personne. Il s'agit d'un contrat « intuitu personae ». Aussi, le Producteur n'a pas le droit de rétrocéder son contrat à un tiers, sauf si le contrat stipule une clause de rétrocession. Cette clause peut être rédigée de plusieurs manières : il pourra s'agir d'une rétrocession sans condition, d'une rétrocession possible dans son principe, mais sous réserve de respecter des conditions telles qu'une information de l'auteur de l'intervention de la rétrocession, ou bien d'une rétrocession qui devra in fine être validée par l'auteur, sachant que la condition de la validation d'une cession par l'auteur retire toute efficacité à la faculté de rétrocéder.

Les modalités de la levée de l'option. En fait de modalités, il s'agira souvent pour le Producteur d'envoyer à l'auteur (ou à son agent le cas échéant) une lettre recommandée avec accusé de réception avant l'expiration de l'option. Les modalités de la levée de l'option doivent être strictement respectées, à défaut, le Producteur ne deviendrait pas titulaire des droits.

Les conditions de la cession s'appliqueront en cas de levée de l'option : nous vous recommandons de fixer avec l'auteur, dès la négociation de l'option, les modalités de cession qui s'appliqueront en cas de levée de l'option. Le contrat de cession de droits d'auteur doit alors être établi en même temps que l'option de manière à éviter les blocages pour le cas où, soit l'auteur, soit le producteur feraient des propositions qui ne seraient pas en rapport avec la réalité de l'exploitation de l'œuvre envisagée ou n'auraient jamais été évoquées lors de la négociation de l'option.

Il faudra ainsi inscrire dans le contrat d'option qu'en cas de levée de l'option dans les conditions prévues, le contrat de cession entrera automatiquement en vigueur.

ENTRE LES SOUSSIGNÉS

.... (*nom de la société, forme de la société*) au capital de .... (*capital de la société*), dont le siège social est .... (*adresse de la société*), représentée par .... (*nom et qualité du signataire - si ce n'est pas le représentant légal, ex-gérant ou PDG, indiquer « ayant tous pouvoirs à cet effet »*), ci-après dénommée « le Producteur »,

d'une part,

ET

.... *(nom de l'Auteur),* demeurant .... (*adresse de l'Auteur*), ci-après dénommé(e) « l'Auteur »,

d'autre part.

ci-après dénommée chacune une « Partie » et ensemble « Les Parties »

ÉTANT PRÉALABLEMENT EXPOSÉ QUE

1. L'Auteur a accepté de consentir une option, au Producteur pour lui permettre d'évaluer les moyens de lancer la production de cette adaptation cinématographique et (ou) audiovisuelle du Film, ci-après dénommée « le Film ».

(Le préambule décrit le contexte qui a amené les deux Parties à contracter, surtout lorsque l'option se fait à des conditions financières atypiques : à un prix inférieur de ce qui se pratique habituellement, (10 %) par exemple. Parfois, la contrepartie de l'acceptation de l'auteur de donner une option à des conditions financières atypiques est d'être impliqué aux côtés du Producteur dans ses démarches au vu du développement du projet ou de sa recherche de financement, cette rédaction n'étant qu'un exemple parmi d'autres qui justifie le recours au contrat d'option.)

2. Après discussion, les Parties se sont rapprochées.

IL A ÉTÉ ARRÊTÉ ET CONVENU CE QUI SUIT

ARTICLE 1 - OBJET

1.1. L'Auteur consent, par les présentes, à titre exclusif *(une option pour être efficace, est toujours exclusive, si elle ne l'était pas, l'auteur pourrait alors consentir cette même option à un autre Producteur, ce qui serait totalement contreproductif à la réussite de la recherche de partenaires)*, au Producteur qui accepte, une option sur la cession de ses droits d'adaptation et d'exploitation sur « .... » *(Il faut indiquer quelle œuvre est concernée par l'option : un synopsis, un scénario, un dossier de présentation, etc.)* tels qu'ils sont définis dans le contrat de cession de droits d'auteur signé ce jour, à effet au jour de la levée de l'option, dans le monde entier et dans les conditions définies ci-dessous, ci-après dénommée « l'Option ».

1.2. Pendant la durée de l'Option, le Producteur pourra faire toutes les démarches nécessaires au montage financier et artistique du Film. Il pourra notamment négocier avec tout partenaire de son choix (diffuseurs, coproducteurs, etc.) *(On peut prévoir dans* *le contrat d'option un engagement pour le Producteur à informer régulièrement l'Auteur de l'état des démarches. Cette précision est pertinente lorsqu'il s'agit d'une option dont le prix serait en dessous de ceux du marché, ce qui est parfois le cas lorsque le Producteur et l'auteur sont des amis et qu'ils s'engagent ensemble dans cette aventure. ATTENTION : Ceci implique que si le Producteur néglige cette information, d'une part le lien de confiance pourra être rompu, et d'autre part l'auteur risque de faire jouer la clause de résiliation lorsqu'elle est prévue dans le contrat d'option).*

ARTICLE 2 - DURÉE / TERRITOIRE / PRIX

L'Option est consentie moyennant le paiement de la somme de .... euros bruts, ci-après « la Première Période d'Option ». *(La nature de la rémunération de l'option est du droit d'auteur),* pour une durée de .... *(La durée est négociée de gré à gré entre les Parties, et dépend des circonstances)* mois à compter de la signature des présentes et pour le monde entier. Cette première durée pourra être prorogée par le Producteur pour une nouvelle durée de ...... mois, ci-après « la Seconde Période d'Option », par l'envoi à l'Auteur d'une lettre recommandée avec accusé de réception l'informant de cette prorogation avant l'expiration de la Première Période d'Option.

La somme due pour la Première Période d'Option sera déduite du montant du minimum garanti tel qu'il est fixé dans le contrat de cession de droits annexé aux présentes.

Pour la Seconde Période d'Option, le Producteur versera à l'Auteur la somme de .... euros bruts, qui ne pourra être déduite du minimum garanti tel qu'il est fixé dans le contrat de cession de droits annexé aux présentes. *(On peut prévoir que cette seconde somme est également déductible du montant du minimum garanti : « le Producteur pourra déduire du minimum garanti tel qu'il est fixé dans le contrat de cession de droits annexé aux présentes, le prix de la Seconde Période d'Option. »)*

ARTICLE 3 - MODALITÉ DE LEVÉE DE L'OPTION

3.1. Le Producteur pourra lever l'Option qui lui est consentie par les présentes à tout moment pendant la durée du présent contrat.

Dans le cas où il déciderait de lever l'Option, le Producteur devra en informer l'Auteur par lettre recommandée avec accusé de réception *(La lettre doit prendre la forme recommandée avec accusé de réception, car ce sera le moyen de preuve de la date de la levée de l'option conforme à ce qui est prescrit au contrat. On peut aussi prévoir que la levée d'option se fera par courrier remis en mains propres contre décharge de l'auteur portée sur la lettre)* avant l'expiration de (ou des) la période(s) définie(s) à l'article 2. des présentes.

À défaut de levée de l'Option dans les conditions susvisées, à l'arrivée du terme, l'Option sera considérée comme non levée. *(Cette précision sur les conséquences de la non-levée de l'option est très importante. Lorsque le délai est dépassé, l'option tombe **et c'est définitif.** Il faudra alors un nouvel accord des Parties, soit pour faire revivre l'option, soit pour prendre une nouvelle option. Ce nouvel accord pourra être refusé par l'auteur qui aura envie de reprendre sa liberté pour confier son option à un autre Producteur, plus attractif. Ce peut être le cas lorsqu'au moment de la signature de son contrat d'option, l'auteur était peu* *connu et qu'à l'issue de la période d'option, il est devenu plus connu et donc intéressant pour d'autres Producteurs qui souhaitent alors produire son œuvre).*

3.2. Faute de levée de l'Option dans le délai susvisé, l'Auteur recouvrira la pleine et entière disposition de ses droits sur .... *(Synopsis, scénario et (ou) dossier de présentation, etc.)*, et sans préjudice des droits qui appartiendront au Producteur *(Ceci signifie que si le Producteur, pendant l'option, a fait réécrire le scénario par un coauteur, ou a fait développer le synopsis par un autre auteur que l'Auteur ; la reprise des droits ne portera pas sur les droits de cet autre auteur, qui appartiennent au Producteur. Dans ces conditions, l'Auteur devra veiller très strictement à ne reprendre aucun des éléments qu'il aura travaillés avec son coauteur)*, et sans indemnité d'aucune sorte à la charge du Producteur. *(On peut aussi prévoir que dans l'hypothèse où l'Auteur qui aura repris ses droits trouve un autre Producteur qui produit le film, il s'engage à ce que ce nouveau Producteur rembourse au précédent Producteur le coût de l'option ou tout autre frais engagé dûment justifié, pendant cette période. En général ce remboursement intervient, au plus tôt, au premier jour de tournage.)*

3.3. En tout état de cause, les Parties considèrent que le tournage du Film caractérisera la levée de l'Option. *(Cette clause est une sécurité pour le Producteur « étourdi. »)*

ARTICLE 4 - CONTRAT DE CESSION DE DROITS

Dès la levée de l'Option, le contrat de cession de droits signé le même jour prendra son plein effet. *(Il est absolument indispensable que le contrat de cession de droits qui prévoit les conditions de la cession des droits sur l'œuvre optionnée soit négocié en même temps que l'option.)*

ARTICLE 5 - CESSION / SUBSTITUTION

(Cette clause de substitution est indispensable pour que le Producteur puisse transférer à un tiers le bénéfice du contrat, en raison du caractère intuitu personae du contrat d'option.)

Le Producteur aura la faculté d'associer tout tiers de son choix à l'exercice de ses droits, notamment dans le cadre d'accords de coproduction. Le Producteur pourra également rétrocéder, en tout ou partie, à tout tiers, le bénéfice et les charges de la présente convention, à la condition d'informer l'Auteur de ladite rétrocession *(Il est absolument indispensable de respecter les conditions de validité de la rétrocession, à défaut la rétrocession ne sera pas considérée comme réalisée. Aussi, il faut réfléchir avec soin à ces conditions pour qu'elles soient facilement réalisables.)*, d'imposer au cessionnaire, le parfait respect des obligations découlant du présent contrat, et de rester solidairement responsable et garant de la parfaite exécution des présentes.

ARTICLE 6 - RÉSILIATION

À défaut d'exécution d'une quelconque des clauses du présent contrat, celui-ci pourra être résilié de plein droit, après l'envoi d'une lettre recommandée AR restée sans réponse pendant une durée de .... jours *(Les durées en usage sont de 8 à 15 jours, mais le Producteur peut souhaiter une durée plus longue qui lui laissera le temps de pouvoir remédier à son manquement, ou de ne pas risquer de recevoir la lettre de mise en demeure en plein mois d'été alors que sa société sera fermée et qu'il ne pourra pas réagir à la mise en demeure)* à compter de sa réception.

ARTICLE 7 - LITIGES

Toute contestation portant sur son interprétation ou son exécution sera, à défaut d'accord amiable entre les Parties, soumise aux Tribunaux compétents.

ARTICLE 8 - ÉLECTION DE DOMICILE

À l'effet des présentes, élection de domicile est faite aux adresses visées en-tête des présentes.

Fait à ...., le ....

En 2 (deux) exemplaires, dont 1 (un) remis à chacune des Parties.

LE PRODUCTEUR **L'AUTEUR**

CONTRAT DE CESSION DE DROITS D'AUTEUR SCÉNARISTE

(CINÉMA)

La trame de ce contrat de cession de droits d'Auteur est celle que l'on doit utiliser pour tous les Auteurs et (ou) divers coauteurs d'une même œuvre audiovisuelle, dont le Producteur doit acquérir les droits afin de sécuriser juridiquement la production qu'il entreprend.

En l'occurrence, il s'agit d'un exemple de contrat portant sur la cession des droits de l'auteur sur un scénario déjà écrit.

On entend par le terme « œuvres audiovisuelles » aussi bien les œuvres cinématographiques que les œuvres télévisuelles.

Les contrats visant l'acquisition par un Producteur des droits d'adaptation audiovisuelle d'un ouvrage littéraire seront bâtis sur le même modèle.

ENTRE LES SOUSSIGNÉS

Société .... (*nom de la société, forme de la société*) au capital de .... (*capital de la société*), dont le siège social est .... (*adresse de la société*), représentée par .... (*nom et qualité du signataire - si ce n'est pas le représentant légal, ex-gérant ou PDG, indiquer « ayant tous pouvoirs à cet effet »*), ci-après dénommée « le Producteur »,

d'une part,

ET

Mademoiselle/Madame/Monsieur .... *(nom de l'Auteur)*, demeurant *(adresse de l'Auteur)*, ci-après dénommé(e) « l'Auteur »,

d'autre part.

ci-après dénommée chacune une « Partie » et ensemble « Les Parties »

IL A ÉTÉ ARRÊTÉ ET CONVENU CE QUI SUIT

(Le préambule permet d'énoncer avec précision l'historique des relations entre le Producteur et l'Auteur. Il est recommandé d'y énoncer tout élément permettant de clarifier la relation entre les Parties et (ou) d'expliquer, par exemple, la raison d'être d'une condition particulière qui sera prévue dans le contrat. La clarté et l'exhaustivité du préambule permettront ainsi de faire état de l'esprit des Parties au moment de la signature du contrat, de manière à ce que le juge, saisi d'un litige relatif au contrat, puisse en tenir compte pour interpréter le contrat.)

IL A PAR LA SUITE ÉTÉ ARRÊTÉ ET CONVENU CE QUI SUIT

ARTICLE I - OBJET

Le présent contrat a pour objet la cession par l'Auteur au Producteur, conformément aux dispositions du Code de la propriété intellectuelle, des droits de l'Auteur sur le scénario, permettant la réalisation, la production et l'exploitation du Film provisoirement ou définitivement intitulé .... *(titre du Film),* ci-après dénommé « le Scénario ».

Sur la mention à ce stade du nom du réalisateur *(À ce niveau il pourra arriver que le scénariste demande que le nom du réalisateur soit d'ores et déjà indiqué au contrat de la manière suivante : « la réalisation du Film sera confiée au (scénariste) ». Cela arrive souvent dans le cas où le scénariste souhaite être le réalisateur du Film ou que le réalisateur a écrit le scénario. Si effectivement, une telle demande apparaît comme légitime, il faut savoir qu'elle établit une des raisons qui auront amené le scénariste à céder ses droits au Producteur. Aussi le fait que ce scénariste réalisera aussi le Film, conditionne son accord à la cession de ses droits. Cela signifie aussi que si par la suite, il apparaissait que le scénariste ne peut pas réaliser le Film, car son nom n'est pas assez porteur pour réunir un financement, cette précision au contrat empêchera le Producteur de choisir un autre réalisateur sous peine de voir la cession des droits du scénariste remise en cause, les mentions alternatives pourront être les suivantes :*

Le Producteur fera ses meilleurs efforts pour que l'Auteur réalise le Film, l'Auteur reconnaît et accepte que cette décision appartienne au seul Producteur.

Ou bien :

L'Auteur et le Producteur s'entendront sur le choix du réalisateur étant entendu qu'en cas de désaccord persistant, voix prépondérante est donnée au Producteur.)

ARTICLE 2 DROITS CÉDÉS

(Cet article du contrat d'auteur est l'expression de l'article L.131-3 du CPI selon lequel les droits cédés doivent être indiqués. Par extension, les modes d'exploitation qui ne figurent pas dans cette liste restent par essence la propriété de l'Auteur, aussi toute clause du contrat qui l'indiquerait est inutile)

2.1. Sous réserve de l'exécution intégrale de la présente convention et du parfait paiement, par le Producteur, des sommes énoncées ci-après, l'Auteur cède au Producteur pour le monde entier, à titre exclusif et pour la durée précisée à l'article 3 ci-dessous, les droits d'exploitation ci-après définis, découlant de sa collaboration en qualité d'Auteur du Scénario du Film, et ce compris les droits sur le titre du Film.

Ces droits comprennent le droit d'adaptation, de reproduction et de représentation du Film, ainsi que les droits d'utilisations dérivées nécessaires à l'exploitation du Film sur tous supports et via tous médias de communication au public tels que définis ci-après.

Pour les besoins du présent contrat, il convient d'entendre par le terme « Film », le scénario et le Film ainsi que ses éléments accessoires, tels que notamment, les bandes-annonces, *promo reals*, *teasers,* maquettes, bonus, making of, rushes et toutes scènes non intégrées dans la version finale du Film.

2.1.1. Le droit d'adaptation

Le droit d'adaptation comporte :

2.1.1.1. Le droit d'adapter le Scénario en le transposant lors de la réalisation d'un genre à l'autre (œuvre écrite / œuvre audiovisuelle).

2.1.1.2. Le droit de traduire, doubler ou sous-titrer le Film en toutes langues.

2.1.1.3. Le droit d'exploiter le Film sous forme d'extraits de moins de 6 (six) minutes (représentant seuls moins de 10 % (dix pour cent) ou au total moins de 15 % (quinze pour cent) de la durée du Film), par intégration et sans modification, dans un programme multimédia interactif pouvant être exploité sur tous supports destinés à la vente, à la location ou au prêt pour l'usage privé du public ou par télédiffusion par voie hertzienne terrestre, par câble, satellite ou en réseau. Cette cession lui est consentie aux conditions et moyennant le respect des dispositions du protocole en date du 12 octobre 1999 signé entre la SACD et la PROCIREP. *(Protocole dans les compléments Internet.)*

Dans le cas où le présent protocole viendrait à expiration sans être renouvelé, les conditions de ladite cession seraient définies par avenant conclu de bonne foi entre les Parties.

Par programme multimédia, on entend l'intégration sur un même support magnétique ou optonumérique, de données audiovisuelles et textuelles (tels que textes, séquences musicales, images fixes ou animées, etc.) dont la structure et l'accès sont gérés et organisés par un logiciel permettant l'interactivité d'accès aux différentes données.

2.1.2. Le droit de reproduction

Le droit de reproduction comporte :

2.1.2.1. Le droit d'enregistrer ou de faire enregistrer par tous procédés techniques connus (notamment procédés chimiques, analogiques, numériques, optiques et (ou) magnétiques), ou inconnus à ce jour :

- les images du Film, en noir et blanc ou en couleur,
- les sons du Film, originaux et doublages,
- les titres ou sous-titres du Film,
- ainsi que des photographies fixes représentant des scènes du Film.

2.1.2.2. Le droit de transposer le Film sous forme sonore et (ou) visuelle sur tous supports connus, notamment magnétiques (vidéocassettes, vidéodisques, etc.), optiques (films, pellicules), électroniques, numériques ou optonumériques (notamment de type CDI, DVD, DVD-Rom, CD-Rom), ou inconnus à ce jour, en tous formats, en utilisant tous rapports de cadrage, sous réserve du droit moral de l'Auteur.

2.1.2.3. Le droit de numériser, moduler, compresser et décompresser, digitaliser ou reproduire le Film, par les procédés ci-dessus, ainsi que de le stocker, en vue de son transfert ou sa diffusion.

2.1.2.4. Le droit de reproduire en tel nombre qu'il plaira au Producteur ou à ses ayants droit, tous originaux et copies de tous enregistrements ainsi réalisés sur les supports ci-dessus.

2.1.2.5. Le droit de mettre et (ou) de faire mettre en circulation dans le monde entier ces originaux, doubles ou copies pour toute communication au public, par les modes d'exploitation prévus ci-après.

2.1.3. Le droit de représentation

Le droit de représentation comporte :

2.1.3.1. Le droit de représenter ou de faire représenter publiquement le Film en version originale, doublée ou sous-titrée en toutes langues, sur tous supports, par tous modes et procédés et ce, dans toutes les salles d'exploitation cinématographique payantes ou non payantes, tant dans le secteur commercial que dans le secteur non commercial.

2.1.3.2. Le droit d'autoriser la télédiffusion du Film, en version originale, doublée ou sous-titrée en toutes langues et ce, par tous procédés inhérents à ce mode d'exploitation (télédiffusion par voies hertziennes, distribution par câble ou satellite, par télédiffusion codée ou non codée, gratuite ou payante, *pay-per-view* ou par abonnement), à seule charge pour le Producteur de rappeler aux télédiffuseurs avec lesquels il traitera, que les obligations à son égard ne dégagent pas lesdits télédiffuseurs des obligations qu'ils ont contractées ou devront contracter avec les sociétés d'Auteurs auxquelles l'Auteur est affilié.

2.1.3.3. Le droit de représenter le Film *on line*, par l'intermédiaire de réseau de télécommunication et (ou) d'un système télématique interactif, tels que par exemple sur les réseaux Télétel, Internet et téléphonie mobile, etc., par tous moyens techniques et tout modèle économique possible.

2.1.3.4. Le droit d'exploiter le Film sous forme de vidéogrammes (vidéocassettes, vidéodisques, DVD, DVD-Rom, HDVD, UMD ou tous autres supports et tous formats connus ou inconnus à ce jour) destinés à la vente ou à la location pour l'usage privé du public.

2.1.3.5. Le droit de présenter le Film dans tous festivals, manifestations ou marchés.

2.1.3.6. Le droit d'établir tout *making of* et d'exploiter tout *making of* du Film, avec le Film ou séparément.

2.1.3.7. Le droit de reproduction et la représentation du Film par fragments et (ou) *rushes* montés ou non montés, seuls ou combinés à d'autres éléments, et ce sous réserve du droit moral de L'Auteur, ainsi que le droit d'exploiter des éléments sonores et (ou) visuels constitutifs du Film, pris isolément, et notamment les images et les photographies, la musique sous forme de phonogrammes du commerce.

2.1.3.8. Le droit d'exploitation du Film sous forme d'édition littéraire et graphique, c'est-à-dire le droit de reproduire ainsi que le droit d'adapter tout ou partie du texte du Film :

- sous forme d'ouvrages de librairie illustrés ou non ;
- dans les revues, journaux, magazines comportant ou non des images du Film à des fins de publicité, de promotion du Film ou destinés à la vente publique ;

- en vue de la radiodiffusion sonore.

(L'Auteur pourra souhaiter être consulté, dans le cas d'une adaptation graphique du scénario, c'est-à-dire d'une novélisation sous forme de livre ou bien de bandes dessinées. Dans ce cas, on peut le préciser dans cet article. Il est sage d'ajouter à ce stade que le nouveau contrat afférent à cette nouvelle adaptation se fera aux conditions du marché.

Exemple de clause : « Les Parties conviennent que l'Auteur bénéficie d'une priorité à l'écriture de toute adaptation graphique et (ou) littéraire tirée et (ou) inspirée du Scénario et du Film, et ce aux conditions du marché. Le contrat correspondant sera signé entre l'Auteur et l'Éditeur et le Producteur, le cas échéant, dans un délai qui ne devra pas excéder 30 jours. Si les Parties n'arrivaient pas à se mettre d'accord sur les termes d'un contrat dans ce délai, le Producteur retrouvera sa liberté de choix.

Pour l'exercice de ce droit de priorité, le Producteur sollicitera l'Auteur par lettre recommandée AR, et l'Auteur disposera d'un délai de 15 jours à compter de la réception de la lettre, pour indiquer son souhait de participer à l'écriture. À défaut de réponse dans le délai précité, l'Auteur sera réputé avoir refusé. »)

2.1.4. Les droits d'exploitations dérivées

Les droits d'exploitations dérivées comportent :

2.1.4.1. Le droit d'exploiter les copies des enregistrements précités au paragraphe 2.1.2. ci-dessus, par la vente (y compris par la méthode commerciale de ventes groupées dite *vente bundle*), la location et (ou) le prêt, pour l'usage privé ou la communication publique.

2.1.4.2. Le droit dit de *remake*, c'est-à-dire le droit d'adapter le Film, de le reproduire et de le représenter sous forme d'une ou plusieurs œuvres cinématographiques de long métrage postérieurement au Film, ou tout autre genre d'œuvres audiovisuelles reprenant notamment les mêmes thèmes, situations, personnages, dialogues, mise en scène, etc.

2.1.4.3. Le droit dit de *sequel,* c'est-à-dire le droit d'adapter le Film, le reproduire et le représenter sous forme d'une ou plusieurs œuvres cinématographiques de long métrage ou tout autre genre d'œuvres audiovisuelles postérieurement au Film qui en seraient la suite et qui reprendraient certains éléments du Film (titre, personnages, décors, etc.) dans des aventures différentes.

2.1.4.4. Le droit dit de *prequel*, c'est-à-dire le droit d'adapter le Film, le reproduire et le représenter sous forme d'une ou plusieurs œuvres cinématographiques de long métrage postérieurement au Film ou tout autre genre d'œuvres audiovisuelles et constituant un ou des précédents dudit Film, en reprenant tout ou partie des thèmes, situations, personnages, dialogues, titre, mise en scène, etc.

2.1.4.5. Le droit dit de *spin off,* c'est-à-dire le droit d'adapter un ou plusieurs éléments du Film (personnages, situations, etc.) en vue de l'exploiter ou de les exploiter dans une ou plusieurs œuvres cinématographiques de long métrage, postérieurement au Film ou tout autre genre d'œuvres audiovisuelles, dans des aventures différentes que celles relatées dans le Film.

2.1.4.6. Le droit dit de *merchandising,* c'est-à-dire le droit de fabriquer, distribuer, vendre, louer, commercialiser sous toutes formes, tout objet ou œuvre des arts plastiques ou des arts appliqués, et notamment jeux (y compris jeux vidéo et jeux exploités par tous procédés de télécommunication), services jouets, figurines, vêtements, textiles, maroquinerie, parcs d'attractions, messages et campagnes publicitaires, etc., qui incorporent dans leur substance, dans leur forme, décoration, conditionnement et présentation tout ou partie du Film, ainsi que ses titres, sous-titres, thèmes, histoires, slogans, dialogues, musiques, personnages, dessins, décors, costumes, accessoires et tout autre élément caractéristique. Il appartient au Producteur d'obtenir les autorisations nécessaires à l'utilisation des éléments dont les droits n'appartiennent pas à l'Auteur, notamment les musiques, décors, etc.

2.1.4.7. Le droit d'autoriser la reproduction et la représentation du Film par extraits et en toutes langues, et ce, sous réserve du droit moral de l'Auteur, pour la publicité et (ou) la promotion du Film.

2.1.4.8. Le droit d'autoriser la reproduction et la représentation, en toutes langues, par extraits du Scénario ou du Film, illustrés ou non par des photographies fixes représentant des scènes du Film, à condition que ceux-ci ne dépassent pas 5 000 (cinq mille) mots et soient destinés exclusivement à la publicité et (ou) à la promotion du Film. Pour les besoins de cette publicité et (ou) de cette promotion, ces extraits pourront être publiés dans les revues, journaux, magazines, mais ne sauraient faire l'objet d'une édition de librairie ou d'une vente séparée au public.

2.1.4.9. Le droit d'utiliser le titre du Film, ainsi que les noms des personnages, pour toutes les exploitations dérivées énumérées ci-dessus, ce droit comprenant la faculté de les déposer en tant que marque et (ou) nom de domaine.

2.1.4.10. Le droit d'exploiter le Film par tout moyen inconnu à ce jour.

2.1.4.11. L'Auteur autorise le Producteur à modifier le Titre du Film. *(Il est nécessaire de prévoir l'autorisation de l'Auteur pour un changement de titre. En effet, en l'absence de toute mention concernant les modifications éventuelles par le Producteur, le fait qu'il ait été indiqué que le titre du Film est provisoire ne signifie pas forcément que l'Auteur autorise sa modification. Il est donc nécessaire d'indiquer expressément que le titre peut être modifié).*

2.2. En qualité de cessionnaire de l'Auteur, le Producteur pourra utiliser les droits susvisés comme bon lui semblera, notamment en passant tous contrats utiles à l'exploitation du Film.

2.3. L'Auteur donne son accord irrévocable au Producteur pour que la télédiffusion du Film puisse être interrompue par tous messages, annonces, informations ou films publicitaires.

L'Auteur autorise l'incrustation de tous logos. Cet accord s'applique à toutes versions du Film, en toutes langues et pour le monde entier.

ARTICLE 3 - DURÉE

3.1. Les droits énumérés à l'article 2. sont cédés à titre exclusif à compter de la date de signature des présentes et pour une durée de .... années *(La durée de la cession est* *un point de négociation entre les Parties. On trouvera souvent une durée de 30 ans qui ressortait déjà des contrats inscrits au RPCA dès 1946, à une époque où sans doute l'on n'imaginait pas que l'exploitation d'un film puisse aller au-delà de 30 ans. On trouve aujourd'hui des durées plus longues allant jusqu'à celle de la durée légale de protection des droits d'auteur, soit 70 ans après la mort du dernier auteur. Cette durée plus longue s'avérant logique lorsque le Producteur se voit confier les droits de sequel, prequel, spin off ou remake. La précision de cette durée donne au contrat de cession de droits d'auteur le caractère de contrat à durée déterminée, qui ne pourra pas être résilié par la volonté d'une seule Partie, ou seulement si les conditions de sa résiliation (exprimées dans la clause résolutoire - voir supra - sont réunies)* commençant à courir à la date de la signature des présentes *(Ce point de départ de la cession est ainsi facilement identifiable. Il est à préférer au point de départ de la « sortie commerciale », car cette rédaction ne permet pas au contrat de couvrir la durée de la production du Film, de sorte que l'on pourrait considérer que le Producteur n'est pas cessionnaire des droits de l'Auteur pendant la période allant de la signature du contrat jusqu'à la date de la sortie commerciale. En outre, il sera difficile de se souvenir 30 ans après la sortie de ce Film, de la date de sa sortie commerciale). [Si le contrat de cession de droits est précédé par un contrat d'option, pour ne pas perdre le temps de la durée de l'option, le point de départ de la cession des droits sera la date de la levée de l'option]*

3.2. *La clause suivante est qualifiée de clause résolutoire, qui fixe l'événement qui, s'il arrive, entraînera la fin anticipée de ce contrat à durée déterminée. Elle a pour motif d'empêcher que les droits d'un auteur soient bloqués, pendant toute la durée de la cession des droits, entre les mains du Producteur pour des raisons d'opportunité (empêcher qu'un projet aille chez un concurrent par exemple), et alors que ce Producteur n'entreprend rien en vue de produire le Film.*

Au cas où dans un délai de .... *(Le nombre d'années peut varier selon la nature du projet et sa difficulté à le monter financièrement)* années, à compter de la signature des présentes, le Film n'aurait pas été réalisé - le Film étant réputé réalisé au moment de l'établissement de la version définitive prévue à l'article L.121-5, alinéa 1er du Code de la propriété intellectuelle - *(L'événement qui mettra fin au contrat de manière anticipée, est la non-réalisation caractérisée par le non-établissement de la version définitive du Film. On pourra préférer comme cause de résiliation anticipée du contrat, le fait que le film ne soit pas mis en production avant une certaine date, et opter pour la clause suivante :* « si le Film n'est pas mis en production avant (*une certaine période*) ou date, définissant la mise en production par, soit le premier jour de préparation, soit le jour de la signature du contrat de travail du réalisateur, le présent contrat sera résolu de plein droit par la simple arrivée du terme et sans qu'il soit besoin d'une mise en demeure ou formalité judiciaire quelconque ; l'Auteur reprendra alors la pleine et entière propriété de tous ses droits, et les sommes déjà reçues lui restant, en tout état de cause, définitivement acquises » *(On considèrera alors que ces sommes déjà versées restées acquises à l'Auteur sont une indemnisation de l'immobilisation qu'il a subie.).*

ARTICLE 4 PROTECTION DES DROITS CÉDÉS

(Cet article est descriptif de la situation du Producteur cessionnaire des droits. Il n'est pas indispensable.)

Le Producteur acquiert la qualité d'ayant droit de l'Auteur pour l'exercice des droits cédés qu'il utilisera comme bon lui semble, notamment en passant tous contrats d'édition, de représentation et de diffusion, par quelque mode que ce soit, utiles à l'exploitation du Film.

Le Producteur demeure entièrement libre de réaliser ce Film en coproduction et (ou) de rétrocéder à un tiers tout ou partie du bénéfice et des charges du présent contrat sous quelque forme et à quelque titre que ce soit, à condition de rester solidairement garant et répondant à l'égard de l'Auteur de l'exécution des présentes par le cessionnaire.

Par ailleurs, le Producteur aura, par l'effet des présentes, le droit de poursuivre toute contrefaçon ou toute exploitation sous quelque forme que ce soit du Film, dans la limite des droits cédés en vertu des présentes, mais à ses frais, risques et périls et à sa propre requête.

Il est bien entendu que ne sont cédés par les présentes que les droits possédés par l'Auteur lui-même, c'est-à-dire dans la mesure et les limites où la propriété littéraire et artistique du Film dont il s'agit, lui appartient et est assurée et garantie par la législation et la jurisprudence de chaque pays.

ARTICLE 5 - JOUISSANCE PAISIBLE

5.1. L'Auteur garantit expressément au Producteur l'exercice paisible des droits cédés *(Cet article est une transcription de l'obligation de la jouissance paisible à laquelle l'Auteur s'oblige quand il cède ses droits et qui ressort également de la garantie d'éviction de l'article 1626 du Code civil en cas de vente d'un bien incorporel.)*

Et notamment :

- Qu'il est seul propriétaire de tous les droits attachés au Scénario et qu'il a pleins pouvoirs et qualités pour accorder les droits cédés par les présentes, et que ces droits ne sont ni ne seront en aucune manière cédés, hypothéqués, grevés, ni d'une façon quelconque dévolus en faveur d'un tiers.
- Qu'il n'a fait et ne fera, par le fait d'une cession à un tiers ou par tout autre moyen, aucun acte susceptible de compromettre la présente cession de droits, ou susceptible d'empêcher ou de gêner la pleine jouissance par le Producteur des droits qui lui sont accordés par les présentes.
- Qu'il n'a introduit, ni n'introduira dans son Scénario aucune reproduction ou réminiscence susceptible de violer les droits des tiers et de donner lieu à des attaques pour plagiat et (ou) contrefaçon ou de troubler la réalisation ou l'exploitation du Film produit.
- Qu'aucun litige ou procès n'est en cours ni sur le point d'être intenté mettant en cause les droits de l'Auteur sur le Scénario tels que définis et cédés par les présentes. L'Auteur est personnellement responsable tant vis-à-vis des tiers que du Producteur, en cas de non-observation de la présente clause. *(Cette clause dite de « jouissance paisible » permettra tant au Producteur qu'à un tiers du Producteur, auquel ce dernier aura cédé les droits de l'Auteur, d'agir en garantie contre ce dernier.)*

5.2. L'Auteur s'engage formellement à ne troubler en rien la bonne marche de l'exploitation du Film et à ne se livrer, par quelque moyen que ce soit, à des déclarations risquant de porter un préjudice quelconque à cette exploitation.

ARTICLE 6 ATTESTATIONS - DÉPÔT LÉGAL

6.1. L'Auteur accepte de se prêter à fournir toutes les attestations qui pourraient lui être demandées par le Producteur pour les organismes officiels français ou étrangers auxquels le Producteur aurait à remettre lesdites attestations.

6.2. Le Producteur devra procéder au dépôt légal du Film : *(Le CNC est l'organisme dépositaire du dépôt obligatoire des films. Le dépôt légal des films a été instauré en France en 1977 pour les films français, alors que la loi n° 92-546 du 20 juin 1992 et le décret du 31 décembre 1993 ont élargi la collecte à tous les films diffusés en France. Le Code du patrimoine entré en vigueur le 20 février 2004, actualise la loi n° 92-546 et régit, dans sa partie législative, le dépôt légal en France, tandis que le décret du 31 décembre 1993 continue d'en régir les aspects réglementaires. La direction du patrimoine cinématographique du CNC assure la collecte et la conservation des films, la constitution et la diffusion de bibliographies et filmographies nationales ainsi que la consultation des documents par les chercheurs. L'obligation légale de dépôt concerne les Producteurs de films français et distributeurs de films étrangers diffusés en salles, courts et longs métrages et les commanditaires de films publicitaires ou institutionnels.*
Le dépôt pour un long métrage doit être effectué dans un délai d'un mois à compter de la première représentation et pour un court-métrage : délai de six mois à compter de la date de visa d'exploitation.

Adresse du dépôt : Archives françaises du film – SAVEC - 7 bis, rue Alexandre Turpault - 78390 Bois-d'Arcy cedex).

Tout dépôt doit être accompagné d'un formulaire de déclaration de dépôt dûment rempli par le déposant, à savoir :

- un élément intermédiaire de tirage ou copie positive neuve ;
- la bande-annonce ;
- le matériel publicitaire (affiche, affichette, photos d'exploitation, dossiers de presse).

ARTICLE 7 - RÉMUNÉRATION

En rémunération de la cession de ses droits d'auteur telle que cette cession est définie par les présentes, l'Auteur percevra une rémunération proportionnelle *(La rémunération proportionnelle est une obligation légale d'ordre public qui ressort des articles L.132.25 et L.131.4 du CPI. Il n'est pas possible d'y déroger* ***sous peine de nullité du contrat de cession****, sauf si les Parties se trouvent dans une des quatre situations évoquées à l'article L.131.4 alinéa 2 du CPI où il est possible de recourir à une rémunération forfaitaire. Un contrat forfaitaire fait l'objet du modèle ci-après dans l'ouvrage.)*

Pour que la cession d'un mode d'exploitation soit valide, il faut que soit prévue une rémunération correspondante.

La rémunération proportionnelle sera calculée sur la totalité des recettes et au premier euro (c'est-à-dire que vous ne pouvez pas, par exemple, exclure de l'assiette de calcul de la rémunération proportionnelle, les préventes, même si elles servent au financement du Film).

7.1. Rémunération proportionnelle

Lorsque le public paie un prix déterminé et individualisable pour accéder au Film, la rémunération proportionnelle de l'Auteur est assise sur ce prix, hors taxes, payé par le public. L'on parle alors du « PPHT », le Prix Public Hors Taxes.

Lorsque le prix payé par le public n'est pas déterminé et individualisable, la rémunération proportionnelle de l'Auteur sera assise sur l'ensemble des recettes hors taxes, quelles qu'en soient la nature ou la provenance, réalisées et encaissées par le Producteur, à raison de l'exploitation du film. L'on parle de « RNPP », les Recettes Nettes Part Producteur. Les RNPP applicables lors de l'exploitation d'un film de long métrage ont été définies par un arrêté du 7 février 2011. Vous trouverez la définition des RNPP dans la partie « Recettes et coût du film » du livre.

Ce modèle de contrat ne présente pas les pourcentages de rémunération, car ces pourcentages sont librement négociés entre les Parties et sont très variables selon l'importance de l'œuvre, de son budget ou encore selon la notoriété de l'auteur. Si vous souhaitez avoir des informations sur les usages pratiqués, vous pouvez consulter les contrats d'auteurs enregistrés aux Registres de la Cinématographie et de l'Audiovisuel et accessibles sur la base de données du CNC.

Si l'Auteur a un agent, la rémunération de ce dernier peut être prévue dans cette clause du contrat. Mais il peut arriver que l'Agent prévoie sa rémunération dans un acte séparé, liant seulement le Producteur et l'Agent. Le pourcentage devant être pratiqué par les agents est de 10 % de ce qui est octroyé à l'auteur. Cette rémunération de l'agent peut être soit incluse dans l'enveloppe réservée à l'auteur : par exemple sur une enveloppe de 1 % il y 0,9 % pour l'auteur et 0,1 % pour l'agent, ou s'ajouter : 1 % pour l'auteur et 0,1 % pour l'agent. Parfois il y a un mixte entre ces deux pratiques, la rémunération de l'agent est incluse quand il s'agit des montants des pourcentages et s'ajoute, quand il s'agit des montants du minimum garanti. Il est alors judicieux pour le Producteur, d'interroger très rapidement l'auteur sur l'existence ou non d'un agent, car cela lui permet de connaître dès le départ l'enveloppe globale à réserver au couple auteur/agent, et de ne pas être contraint à la fin de majorer son enveloppe de 10 %.

7.1.1. Exploitation cinématographique du Film dans les salles

♦ <u>En France</u>

a) Dans le secteur commercial

Conformément aux dispositions de l'article L.132-25 du Code de la propriété intellectuelle, le Producteur versera à l'Auteur une rémunération proportionnelle en un pourcentage H.T. fixé à :

- ....% (.............. pour cent) du prix payé par le public au guichet des salles de spectacle cinématographique assujetties à l'obligation d'établir un bordereau de recettes, sous la seule déduction de la TVA, de la taxe spéciale additionnelle et de la cotisation versée au Centre national du cinéma et de l'image animée.

Afin de tenir compte des tarifs dégressifs de location éventuels accordés par le distributeur aux exploitants, le produit de ce pourcentage sera pondéré, s'il y a lieu, par l'application d'un coefficient calculé en rapportant le taux moyen de location du Film depuis le début de l'exploitation, à un taux de référence de 50 % (cinquante pour cent) *(C'est l'application de l'article L.132.25 §2 du CPI).*

Par « taux moyen de location du Film », on entend, aux termes de la présente convention, le rapport de la recette distributeur à la recette exploitant telles qu'apparaissant sur les bordereaux du Centre national du cinéma et de l'image animée (sous les titres « encaissement distributeur » et « recettes » hors TVA).

Lorsque les conditions de la programmation des salles de spectacle cinématographique ne permettent pas d'affecter, film par film, le prix payé par le public, la rémunération de l'Auteur sera constituée par un pourcentage de .... % *(somme en lettres pour cent)* calculé sur les recettes brutes du Producteur, sous la seule déduction de la TVA.

b) Dans le secteur non commercial

Le Producteur versera une rémunération proportionnelle en un pourcentage H.T. fixé à :

- ....% (.............pour cent) sur les Recettes Nettes Part Producteur, telles que définies en annexe 1 des présentes.

♦ À l'étranger

Le Producteur versera un pourcentage H.T. fixé à :

- ....% (.............pour cent) sur les Recettes Nettes Part Producteur, telles que définies en annexe 1 des présentes.

7.1.2. Exploitation du Film en France et à l'étranger par télédiffusion

a) En ce qui concerne les exploitations du Film par télédiffusion
dans les pays où la SACD intervient directement ou indirectement auprès des télédiffuseurs, pour percevoir ou faire percevoir les redevances dues à leurs membres, à raison de l'utilisation des œuvres inscrites à leur répertoire, la rémunération due à l'Auteur au titre de l'exploitation du Film par télédiffusion, sera constituée par lesdites redevances, celles-ci lui étant réparties conformément aux règles desdites sociétés.

Le Producteur n'aura en aucun cas à intervenir, s'agissant de la répartition entre coauteurs, ces derniers s'engageant en cas de désaccord entre eux à ne prendre aucune mesure qui soit susceptible d'entraver l'exploitation.

En ce qui concerne la télédiffusion par câble simultanée, intégrale et inchangée, les droits y afférents sont et seront gérés dans le cadre des accords conclus directement ou indirectement par les sociétés d'auteurs auxquelles l'Auteur est affilié. *(La pratique professionnelle fait supporter la prise en charge de la rémunération proportionnelle de l'auteur en cas d'exploitation du Film à la télévision, dans les pays où les organismes de gestion collective (SACD/ SCAM) ont eux-mêmes des accords, par les sociétés de gestion collective de ces pays. Mais de plus en plus fréquemment, les agents ou les auteurs demandent au Producteur de payer en plus de cette rémunération prise en charge par la gestion collective, une rémunération supplémentaire assise sur les RNPP sachant que cette rémunération supplémentaire n'est, elle, pas obligatoire.*

b) Dans les pays où la SACD n'intervient pas :

Le Producteur versera une rémunération proportionnelle en un pourcentage H.T. fixé à :

- ....% (..............pour cent) sur les Recettes Nettes Part Producteur, telles que définies en annexe 1 des présentes.

c) Au titre de l'exploitation *pay-per-view* et vidéo à la demande en France et à l'étranger

En France

- ....% (.............. pour cent) sur le prix H.T. payé par le public :

À l'étranger

- ....% (.............. pour cent) sur les Recettes Nettes Part Producteur ci-après définies en l'annexe 1 des présentes.

Si un Protocole d'accord confiant la rémunération de l'Auteur à une société de gestion collective venait à s'appliquer pour les exploitations visées au présent c), ses stipulations prévoyant le paiement de l'Auteur par la gestion collective s'appliqueraient de facto et se substitueraient au paiement direct de l'Auteur par le Producteur.

7.1.3. Exploitation du Film sous forme de vidéogrammes

♦ En France

Conformément aux dispositions de l'article L.132-25 du Code de la propriété intellectuelle, le Producteur versera une rémunération proportionnelle en un pourcentage H.T. fixé à :

- ....% (.............. pour cent) du montant hors taxes du prix payé par le public pour l'acquisition ou la location de vidéogrammes.

(En matière d'exploitation vidéographique en France, la rémunération est assise sur le PPHT, comme le prévoit cet article L.132.25 du CPI. Or, en matière d'exploitation vidéographique, compte tenu notamment de ce que le PPHT est très fluctuant, et d'un nombre important d'intermédiaires, les recettes qui remontent au Producteur sont de l'ordre de 10 à 30 % du PPHT. Il faudra alors tenir compte de cette donnée quand sera négocié le pourcentage de rémunération de l'auteur pour cette exploitation de manière à ce que le Producteur ne s'engage pas à verser à l'auteur une rémunération dépassant le montant des recettes qu'il aura lui-même perçues.)

♦ À l'étranger

Le Producteur versera à l'Auteur une rémunération proportionnelle en un pourcentage H.T. en application de l'article L.131.4 alinéa 2° du CPI fixée à :

- ....% (.............. pour cent) sur les Recettes Nettes Part Producteur.

7.1.4. Exploitation du Film sous forme d'œuvre multimédia en France et à l'étranger

Conformément aux dispositions de l'article L.132-25 du Code de la propriété intellectuelle, le Producteur versera une rémunération proportionnelle en un pourcentage H.T. fixé à :

- ....% (.............. pour cent) du montant Hors Taxes du prix payé par le public pour l'acquisition ou la location d'œuvres multimédias.

Toutefois, si le Prix Public Hors Taxes ne pouvait être déterminé, le Producteur versera une rémunération proportionnelle en un pourcentage H.T. fixé à :

- .... % (.............. pour cent) des Recettes Nettes Part Producteur telles que définies en Annexe 1 des présentes.

7.1.5. Exploitation du Film par tous moyens électroniques dits on line en France et à l'étranger

Conformément aux dispositions de l'article L.132-25 du Code de la propriété intellectuelle, pour la communication du Film ou pour la reproduction du Film par des moyens autorisés moyennant paiement par le public d'un prix déterminé et individualisable, le Producteur versera une rémunération proportionnelle en un pourcentage H.T. fixé à :

- ....% (.............. pour cent) du montant H.T. de ce prix.

Toutefois, si le Prix Public Hors Taxes ne pouvait être déterminé le Producteur versera une rémunération proportionnelle en un pourcentage H.T. fixé à :

- ....% (.............. pour cent) des Recettes Nettes Part Producteur ci-après définies à l'annexe 1.

7.1.6. Exploitation du Film en France et à l'étranger sous forme de produits merchandising

Pour l'exploitation du Film sous forme de produits *merchandising,* la contribution de l'Auteur ne constituant pas l'un des éléments essentiels des produits *merchandising* et (ou) l'utilisation de l'œuvre de l'Auteur présentant un caractère accessoire, le Producteur versera une rémunération proportionnelle en un pourcentage H.T. fixé à :

- .... % (.............. pour cent) des Recettes Nettes Part Producteur ci-après définies à l'annexe 1.

7.1.7. Exploitation du Film en France et à l'étranger sous forme d'ouvrage littéraire

♦ <u>En France</u>

Conformément aux dispositions de l'article L.132-25 du Code de la propriété intellectuelle, le Producteur versera une rémunération proportionnelle en un pourcentage H.T. fixé à :

- ....% (.............. pour cent) du montant hors taxes du prix payé par le public.

♦ À l'étranger

Le Producteur versera une rémunération proportionnelle en un pourcentage H.T. fixé à :

- ....% (..............pour cent) des Recettes Nettes Part Producteur ci-après définies à l'annexe 1.

7.1.8. Pour toutes les autres exploitations que celles visées ci-dessus, en France et à l'étranger.

♦ En France

Le Producteur versera une rémunération proportionnelle en un pourcentage H.T. fixé à :

- .... % (.............. pour cent) du Prix Public H.T.

Toutefois, si le prix public Hors Taxes ne pouvait être déterminé, le Producteur versera une rémunération proportionnelle en un pourcentage H.T. fixé à :

- .... % (.............. pour cent) des Recettes Nettes Part Producteur telles que définies en Annexe 1 des présentes.

♦ À l'étranger

Le Producteur versera une rémunération proportionnelle en un pourcentage H.T. fixé à :

- .... % (.............. pour cent) des Recettes Nettes Part Producteur ci-après définies à l'annexe 1.

7.1.9. Pour l'exploitation de tout ou partie des éléments du Film sous forme de phonogrammes du commerce

Si tout ou partie de sa contribution est reprise sur les phonogrammes du commerce, le Producteur s'engage à informer préalablement l'Auteur de toute exploitation phonographique afin de lui permettre d'effectuer les formalités nécessaires – notamment de déclaration de l'œuvre – auprès de la SACEM - SDRM qui percevra et répartira les droits revenant à l'Auteur.

7.1.10. Pour l'exploitation par tout moyen inconnu à ce jour

Conformément aux dispositions de l'article L.131-6 du Code de la propriété intellectuelle, le Producteur versera une rémunération proportionnelle en un pourcentage fixé à :

- ....% (.............. pour cent) du montant H.T. payé par le public.

Toutefois si le Prix Public Hors Taxes ne pouvait être déterminé, le Producteur versera une rémunération proportionnelle en un pourcentage H.T. fixé à :

- ....% (.............. pour cent) des Recettes Nettes Part Producteur ci-après définies à l'annexe 1.

7.1.11. *(Le cas échéant)* **Rémunération supplémentaire après amortissement du coût du Film**

(Cette rémunération supplémentaire n'est pas la traduction d'une obligation légale, mais est au choix des Parties. Il s'agit donc d'une possibilité que l'auteur doit négocier avec le Producteur.)

Dans l'hypothèse où le Film atteindrait son seuil d'amortissement, c'est-à-dire après que le montant total des Recettes Nettes Part Producteur telles que définies en annexe 1 des présentes, soit égal à son coût, tel que défini en annexe 2 des présentes, le Producteur s'engage à verser une rémunération supplémentaire, après amortissement du coût du Film, en un pourcentage fixé à :

- ....% (.............. pour cent) sur les Recettes Nettes Part Producteur, à provenir de l'exploitation du Film par tous modes et procédés dans le monde entier, et ce, que le Minimum garanti de l'Auteur ait ou non été récupéré par le Producteur par application des pourcentages de rémunération proportionnelle prévus ci-dessus.

7.1.12. Principe général

(Cette clause prévoit une modification automatique du contrat si une des hypothèses visées ci-après survient.)

Dans l'hypothèse où l'une des assiettes retenues pour l'application de la rémunération de l'Auteur serait considérée comme ne respectant plus les dispositions légales, notamment le Code de la propriété intellectuelle, par une décision de la Cour de cassation ou par un texte ayant force de loi, les Parties conviennent de lui substituer de facto et pour l'avenir l'assiette du Prix Public Hors Taxes. Elles modifieront de facto le taux de rémunération défini au présent contrat, pour un montant respectant l'équilibre économique qui a présidé au présent accord des Parties.

Les Parties conviennent également que les comptes d'ores et déjà remis sur la base de l'ancienne assiette ne seront pas remis en cause, et auront rémunéré équitablement l'Auteur.

Les Parties conviennent expressément que la modification éventuelle de l'assiette ne peut en aucun cas constituer un motif de résiliation ou d'annulation du contrat, mais uniquement une redéfinition du taux.

7.2. Minimum garanti

(Le versement d'un minimum garanti qui est un à-valoir sur la rémunération proportionnelle est un usage très largement répandu.)

À titre de minimum garanti à valoir sur le produit des pourcentages prévus aux paragraphes 7.1. ci-dessus, à la charge du Producteur, l'Auteur se voit octroyer la somme de .... euros H.T. selon le calendrier suivant :

(L'échéancier de paiement d'un minimum garanti est déterminé librement par les Parties lors de leur négociation. Ainsi, dans l'exemple ci-après, nous avons prévu une échéance à la signature du contrat, une au moment où le Producteur peut percevoir des sommes et un solde

au premier jour de tournage. L'échéancier sera différent et suivre par exemple les étapes de l'écriture d'un scénario, lorsque le contrat prévoit aussi la commande de l'écriture d'un scénario. La règle que le Producteur doit suivre est de ne s'engager que sur des échéances qu'il est absolument certain de respecter.)

- .... euros à la signature du contrat.

- .... euros à la signature du premier accord de financement du Film.

- .... euros au premier jour de tournage

Le Producteur se remboursera de l'intégralité de ce minimum garanti par compensation sur l'ensemble des rémunérations proportionnelles visées aux paragraphes 7.1.1. à 7.1.10. ci-dessus dont il sera redevable envers l'Auteur, jusqu'à complet remboursement, étant entendu que les sommes qui seront versées à l'Auteur par les sociétés d'Auteur, ne seront pas prises en compte. Il est précisé que si l'ensemble des sommes ainsi affectées à la compensation était inférieur au montant du minimum garanti, le Producteur ne pourrait pas exercer de recours contre l'Auteur pour la différence.

La somme versée au titre du minimum garanti n'est pas productive d'intérêts.

Toutes les rémunérations prévues au présent contrat seront majorées de la TVA au taux en vigueur, et subiront les déductions sociales obligatoires.

7.3. Rémunération en cas de *remake, prequel, sequel, spin-off*

7.3.1. En cas de cession à un tiers des droits de *remake* et (ou) *prequel* et (ou) *sequel* et (ou) *spin off*

Le Producteur versera à l'Auteur sur les Recettes Nettes provenant du prix de cession H.T. :

- .... % (.............. pour cent) de toutes Recettes Nettes provenant de la cession des droits de *remake* et (ou) *prequel* et (ou) *sequel* et (ou) *spin off*. On entend par Recettes Nettes, le prix Hors Taxes de la cession diminué de tous les frais engagés, dûment justifiés, se rapportant à la cession.

7.3.2. Pour l'exploitation des *remake* et (ou) *prequel* et (ou) *sequel* et (ou) *spin-off*, pour chacun des modes d'exploitation cédés, le Producteur versera à l'Auteur, une rémunération proportionnelle égale à :
- .... % (.............. pour cent) des pourcentages prévus aux présentes pour chacun des modes d'exploitation cédés du Film dans le monde aux points 7.1.1. à 7.1.10. ainsi que du pourcentage prévu au point 7.1.11. ci-dessus.

7.3.3. *(Par exception de ce qui est indiqué au point 7.3.2. : Il faudra également tenir compte du fait que les droits de remake, sequel, prequel et spin off sont souvent acquis par des sociétés étrangères qui ne permettent pas de calculer la rémunération de l'auteur sur des RNPP. Il faudra indiquer alors que le prix de la cession au point 7.3.1. rémunérera également l'exploitation des remake, sequel, prequel et spin off par ces sociétés étrangères) :* Dans l'hypothèse où les droits de *remake, sequel/prequel* et/ou *spin off* étaient acquis par des sociétés étrangères qui ne permettront pas le calcul de la rémunération proportionnelle de l'Auteur sur les RNPP, les Parties conviennent que dans ce cas, le pourcentage sur le prix de cession prévu ci-dessus, au point 7.3.1. rémunérera par application de l'article L.131.4 alinéa 2 du CPI l'exploitation du Film au sein de ces *remake*, *sequel/ prequel* et/ou *spin off*, pour chacun des modes d'exploitation cédés du Film dans le monde.

7.4. Rémunération pour copie privée

Pour autant que de besoin, il est rappelé que l'Auteur conservera intégralement sa part des redevances à lui revenir au titre du droit à rémunération pour copie privée institué par l'article L.311 - 1 du Code de la propriété intellectuelle.

7.5. Taux de T.V.A.

Tous les paiements dus à l'Auteur seront majorés de la TVA au taux en vigueur dont le paiement sera conforme aux dispositions de l'article 285 bis du Code général des impôts, et sauf renonciation expresse de l'Auteur au dispositif de retenue à la source prévue par ce texte, le Producteur s'en acquittera auprès du Trésor public, et versera le solde à l'Auteur au titre de ses droits à déduction au taux forfaitaire.

Dans les contrats, le taux de T.V.A. à appliquer est de 7 % depuis le 4 janvier 2012.

Toutes les rémunérations visées à la présente convention s'entendent comme des rémunérations brutes.

ARTICLE 8 - REDDITION DES COMPTES

Le Producteur adressera à l'Auteur, tous les six mois à partir de la sortie du Film, pendant les deux premières années d'exploitation et ensuite annuellement, un état des Recettes Nettes Part Producteur réalisées au cours de la période précédente, accompagné s'il y a lieu d'un chèque représentant le montant revenant à l'Auteur.

Cette clause peut être adaptée aux propres habitudes comptables du Producteur. La loi fait obligation au Producteur de rendre les comptes à l'Auteur au moins une fois par an et à fournir à l'Auteur, sur sa demande, une copie de chaque contrat qu'il conclut en vue de l'exploitation du Film.

Le Producteur tiendra dans ses livres une comptabilité d'exploitation qui sera organisée de telle sorte que les opérations s'y rapportant se distinguent de l'ensemble des comptes du Producteur et puissent être facilement isolées, contrôlées ou relevées.

*(Lorsque l'auteur perçoit une rémunération après amortissement du coût du Film, il faut ajouter après « une comptabilité d'exploitation », **« la comptabilité de production »** de manière à ce que l'Auteur puisse contrôler la réalité de l'amortissement du coût du Film.)*

L'Auteur ou son représentant pourra effectuer, sous préavis de huit *(8 jours est un délai indicatif, vous pourrez prévoir un délai de prévenance plus long)* jours, au siège social du Producteur pendant les heures d'ouverture des bureaux, toutes vérifications qu'il jugera utiles.

ARTICLE 9 - PUBLICITÉ

Au générique du Film et dans toute la publicité (Film-annonce, affiches, invitations, pavés, publicité de lancement et corporative, programmes et panneaux apposés spécialement aux devantures et à l'intérieur des salles de cinéma, y compris les lumineux), le nom de l'Auteur sera cité (sur un carton seul et fixe si ce procédé est utilisé) de la façon suivante :

Scénario de .... *(nom de l'Auteur),*

cette mention étant suivie du nom des coauteurs éventuels et étant apposée dans des caractères d'une taille qui ne pourra être inférieure à .... % de celle utilisée pour la mention du nom du réalisateur en tant que tel.

(Bien entendu cette formule est à adapter à votre cas particulier, il faut bien veiller à ce que l'ensemble des contrats d'auteurs soient harmonisés entre eux, notamment sur le point de l'ordre de la mention des noms, afin d'éviter de prendre avec chacun des engagements qui pourraient s'avérer contradictoires et ainsi créer des problèmes insolubles au moment de l'établissement du générique.)

Le Producteur se réserve, en dehors de la publicité standard ci-dessus, le droit de faire une publicité spéciale de lancement ou de soutien ne comportant pas la mention du nom de l'Auteur.

Le Producteur s'engage à communiquer ces obligations publicitaires à toutes les firmes qui distribueront ou éditeront le Film, mais ne saurait être tenu responsable de leurs manquements ; l'Auteur est autorisé dès maintenant à agir directement à l'encontre des ayants droit du Producteur.

ARTICLE 10 - CLAUSE DE RÉSILIATION

10.1. À défaut d'exécution par l'une ou l'autre des Parties de ses obligations, et 30 (trente) jours après l'envoi d'une mise en demeure par lettre recommandée avec accusé de réception restée sans effet, les présentes seront résiliées aux torts et griefs de la Partie défaillante, si bon semble à l'autre Partie, sous réserve de tous dommages-intérêts, par une décision de justice devenue définitive.

(Certains contrats peuvent aussi prévoir une résiliation anticipée « de plein droit » après mise en demeure restée sans effet, mais cette solution est moins protectrice pour le Producteur puisque la résiliation n'est pas prononcée par le juge, mais mise en œuvre automatiquement. Dans le cas de la résiliation anticipée, dans les conditions prévues à la présente clause, le contrôle du juge porte sur le bien-fondé de la demande de résiliation).

10.2. Les contrats signés avant la résiliation des présentes dans les conditions du point 10.1 ci-dessus, ne seront pas remis en cause. *(La résiliation n'a d'effet que pour le futur)*

ARTICLE 11 - CESSION À UN TIERS

Le Producteur aura la faculté de céder les bénéfices et les droits résultant de la présente convention, à toute société, qui se substituera ainsi dans ses obligations, sans être tenu à aucune indemnité à l'égard de l'Auteur et à la condition expresse que le cessionnaire s'engage au préalable par écrit, à assumer toutes obligations convenues à la présente convention, étant entendu que le Producteur restera solidairement et intégralement responsable et garant envers l'Auteur de l'exécution des présentes, et à charge par le Producteur d'en aviser l'Auteur par lettre recommandée.

Le Producteur et tout nouveau bénéficiaire seront tenus de joindre à la lettre de notification susvisée copie du contrat de cession en application de l'article L.132-28 du Code de la propriété intellectuelle.

(Il est impératif de prévoir la possibilité de céder le contrat à un tiers en raison du caractère « intuitu personae » d'un contrat de cession de droits d'auteur).

ARTICLE 12 - INSCRIPTION AUX REGISTRES DU CINÉMA ET DE L'AUDIOVISUEL

Le Producteur s'engage à inscrire la présente convention aux Registres du Cinéma et de l'Audiovisuel, conformément à l'article L.123.1 du Code du cinéma et de l'image animée, au plus tard au premier jour de tournage.

ARTICLE 13 - LITIGES

En cas de contestation sur l'interprétation ou sur l'exécution des présentes, les Tribunaux de Grande Instance seront seuls compétents.

ARTICLE 14 - ÉLECTION DE DOMICILE

Les Parties élisent domicile à l'adresse visée en tête des présentes.

Fait à ...., le ....

(Attention à ne pas oublier de dater le contrat)

En 3 exemplaires
(Il faut établir autant d'exemplaires qu'il y a de Parties au contrat (donc au moins deux), et un supplémentaire pour les Registres de la Cinématographie et de l'Audiovisuel.)

POUR L'AUTEUR **POUR LE PRODUCTEUR**

(Attention : ne pas oublier d'annexer à ce contrat, la définition des Recettes Nettes Producteur et celle du Coût du Film, qui font partie intégrante de l'accord.)
Ces textes se trouvent dans les annexes.

STEP DEAL / CONTRAT DE COMMANDE SCÉNARISTE

(CINÉMA)

Il est possible que le Producteur achète des droits sur un simple synopsis qui lui est présenté. Dans ce cas, dans un même contrat, il achètera les droits de l'auteur sur le synopsis et lui commandera le scénario. Il signera donc un contrat de commande dit « contrat de step deal » ou contrat d'étape par étape

Nous détaillerons dans un premier temps un *step deal* pour l'auteur du scénario d'une œuvre cinématographique puis dans un second temps un *step deal* pour l'auteur du scénario d'une œuvre audiovisuelle.

ENTRE LES SOUSSIGNÉS

Société .... *(nom de la société, forme de la société)* au capital de .... *(capital de la société),* dont le siège social est .... *(adresse de la société)*, représentée par .... *(nom et qualité du signataire .... si ce n'est pas le représentant légal, ex-gérant ou PDG, indiquer « ayant tous pouvoirs à cet effet »)*, ci-après dénommée « le Producteur »,

d'une part,

ET

Mademoiselle/Madame/Monsieur .... *(nom de l'Auteur)*, demeurant *(adresse de l'Auteur)*, ci-après dénommé(e) « l'Auteur »,

d'autre part.

ci-après dénommée chacune une « Partie » et ensemble « Les Parties »

IL A ÉTÉ ARRÊTÉ ET CONVENU CE QUI SUIT

Le préambule permet d'énoncer avec précision l'historique des relations entre le Producteur et l'Auteur. Nous recommandons d'y énoncer tout élément permettant de clarifier la relation entre les Parties et /ou d'expliquer, par exemple, la raison d'être d'une condition particulière qui sera prévue dans le contrat. La clarté et l'exhaustivité du préambule permettront ainsi de faire état de l'esprit des Parties au moment de la signature du contrat, de manière à ce que le juge, saisi d'un litige relatif au contrat, puisse en tenir compte pour interpréter le contrat. Par exemple :

L'Auteur a proposé au Producteur une idée originale ou un pitch ou un synopsis (*selon le cas*) d'une œuvre cinématographique provisoirement ou définitivement intitulée .... , ci-après dénommée « le Film ».

Le Producteur a souhaité produire une œuvre cinématographique tirée de l'idée originale ou d'un pitch ou d'un synopsis (*selon le cas*).

Le Producteur envisage de confier à l'Auteur l'écriture du scénario du Film, ci-après le « Scénario » selon un processus de commande qui sera défini à l'article 2 des présentes.

Le Producteur souhaite acquérir les droits de l'Auteur afférents au Scénario en vue de la production du Film, sachant que le terme « Scénario » dans le présent contrat recouvre l'idée originale (et/ou le pitch et/ou le synopsis), la cession portant sur tous ces éléments créés par l'Auteur.

IL A PAR LA SUITE ÉTÉ ARRÊTÉ ET CONVENU CE QUI SUIT

ARTICLE I - OBJET

Le présent contrat a pour objet de commander à l'Auteur, qui l'accepte, l'écriture du Scénario du Film, selon les étapes d'écriture décrites à l'article 2 des présentes, et la cession au Producteur par l'Auteur, en sa qualité d'auteur du Scénario du Film, conformément aux dispositions du Code de la propriété intellectuelle, de l'intégralité des droits y afférents, tels que définis à l'article 3 ci-dessous, permettant en particulier, la réalisation, la production et l'exploitation du Film.

Sur la mention à ce stade du nom du réalisateur *(À ce niveau il pourra arriver que le scénariste demande que le nom du réalisateur soit d'ores et déjà indiqué au contrat de la manière suivante : « la réalisation du Film sera confiée au (scénariste) ». Cela arrive souvent dans le cas où le scénariste souhaite être le réalisateur du Film ou que le réalisateur a écrit le scénario. Si effectivement, une telle demande apparaît comme légitime, il faut savoir qu'elle établit une des raisons qui ont amené le scénariste à céder ses droits au Producteur. Aussi, le fait que ce scénariste réalisera aussi le Film, conditionne son accord à la cession de ses droits. Cela signifie que si par la suite, il apparaissait que le scénariste ne peut pas réaliser le Film, car son nom n'est pas assez porteur pour réunir un financement, cette précision au contrat empêchera le Producteur de choisir un autre réalisateur sous peine de voir la cession des droits du scénariste remise en cause, les mentions alternatives pourront être les suivantes :*

Le Producteur fera ses meilleurs efforts pour que l'Auteur réalise le Film, l'Auteur reconnaît et accepte que cette décision appartienne au seul Producteur.

Ou bien :

L'Auteur et le Producteur s'entendront sur le choix du réalisateur étant entendu qu'en cas de désaccord persistant, voix prépondérante du producteur est donnée au Producteur.)

ARTICLE 2 - COMMANDE DU SCÉNARIO

2.1. Objet de la commande

Pour les besoins de cette commande, l'Auteur a fourni au Producteur le Synopsis. L'écriture du Scénario doit être basée sur le Synopsis.

Il est convenu que le Producteur pourra adjoindre à l'Auteur tout coauteur choisi d'un commun accord avec voix prépondérante du Producteur en cas de désaccord persistant et pourra confier le Scénario de l'Auteur à tout autre coauteur au choix du Producteur.

L'Auteur s'engage à travailler régulièrement avec le(s) coauteur(s) selon les modalités plus particulières qui seront déterminées par la suite entre l'Auteur, le(s) coauteur(s) et le Producteur afin de garantir la cohérence et l'homogénéité du Scénario dans son ensemble.

(Il n'est pas inutile de rappeler qu'en accord avec la spécificité de son activité, le Producteur s'investit toujours dans une direction artistique très organisée de l'écriture des sujets qu'il coécrit selon la clause suivante « sachant que le Producteur s'investira dans la direction artistique de l'écriture du Scénario »).

2.2. Calendrier

L'Auteur remettra au Producteur :

- Un premier Traitement du Scénario au ....

- La Première Version du Scénario au ....

- La Seconde Version du Scénario le ....

- La Version définitive du Scénario le ....

Par « version définitive du Scénario », il faut entendre la version du Scénario acceptée par le Producteur, qui sera remise aux préacheteurs potentiels et (ou) interprètes principaux du Film.

Le respect de ce calendrier est une condition déterminante du présent contrat.

Chaque étape d'écriture ci-dessus sera transmise par l'Auteur au Producteur à l'adresse e-mail suivante : .... *(adresse mail à compléter).*

Il est entendu entre les Parties que dans les 15 (quinze) jours de chaque remise des différentes étapes d'écriture telle qu'indiquée ci-dessus, le Producteur et l'Auteur, et le Coauteur le cas échéant, analyseront ensemble les éventuelles modifications à apporter à ladite étape d'écriture, dans le cadre de rendez-vous à une date prévue d'un commun accord. Il sera établi un compte rendu de cette analyse commune.

L'Auteur s'engage à respecter toutes les modifications ressortant du compte rendu susvisé mis en place ensemble avec le Producteur, et le Coauteur le cas échéant, dans les quinze jours suivants la remise du compte rendu en mains propres ou à l'adresse e-mail suivante .... Cette obligation étant une condition déterminante au présent contrat de commande du Scénario.

2.3. Décisions du Producteur

À toutes les étapes d'écriture, le Producteur aura la possibilité :

2.3.1. Soit d'accepter la version remise. Ladite acceptation entraîne la commande de la version suivante.

2.3.2. Soit de renoncer à poursuivre le projet et par conséquent sa collaboration avec l'Auteur. Dans ce cas, il en informera l'Auteur verbalement, et par LRAR envoyé à l'Auteur et par mail à l'adresse suivante : .... (*adresse mail à compléter*) dans le délai de 15 (quinze) jours à compter de la remise. Il sera mis fin automatiquement au processus de commande. Dans ce cas, les sommes versées resteront acquises à l'Auteur et les sommes non encore exigibles ne seront pas dues.

L'Auteur disposera d'un délai de deux mois à compter de la date d'envoi de la LRAR pour décider de racheter ou faire racheter par un tiers l'intégralité de ses droits et ceux des différents auteurs engagés par le Producteur pour l'écriture du Scénario pour le montant brut H.T. réellement versé par le Producteur aux différents auteurs au moment de l'envoi de la LRAR (justificatifs bancaires à l'appui ou devant leur être versés aux termes de leurs contrats, étant entendu que le total des montants ou engagés, ne pourrait être supérieure aux .... € (*somme en chiffre et somme en lettres*) bruts H.T. prévus initialement par le Producteur pour le budget d'écriture du Scénario.

2.3.3. Soit de renoncer à sa collaboration avec l'Auteur en raison de ce que ce dernier ne respecte pas les délais relatifs aux étapes d'écriture visés ci-dessus. Dans ce cas, il en informera l'Auteur verbalement, et par LRAR envoyé à l'Auteur et par mail à l'adresse suivante : .... (*adresse mail à compléter*), dans le délai de 15 (quinze) jours à compter de la remise. Il sera mis fin automatiquement au processus de commande, sans qu'il soit besoin pour constater cette renonciation, d'une formalité judiciaire, l'Auteur conserverait purement et simplement, à titre de dédit forfaitaire, les sommes déjà reçues au jour de la renonciation, étant précisé que les droits sur les travaux d'écriture remis et acceptés resteraient la propriété du Producteur, et la présente cession des droits s'appliquera à ces travaux d'écriture.

2.3.4. Soit de renoncer à poursuivre sa collaboration avec l'Auteur en raison de ce que ce dernier n'intègre pas les demandes convenues avec le Producteur dans le compte rendu et qu'il ne pourra pas accepter le texte remis par l'Auteur. Dans ce cas, les Parties conviennent expressément des points suivants :

(i) La renonciation sera notifiée par LRAR adressée à l'Auteur et par mail avec accusé de réception à l'adresse suivante .... (*adresse mail à compléter*) dans le délai de 15 (quinze) jours à compter de la remise.

(ii) Le Producteur ne pourra utiliser, en l'état, le texte ainsi refusé. Il pourra par contre utiliser tout texte précédemment remis par l'Auteur et accepté. *(Pour éviter tout conflit sur la version acceptée il est recommandé que chaque version du Scénario acceptée puisse être signée par les parties)*

Les sommes versées resteront acquises à l'Auteur et les sommes non encore exigibles ne seront pas dues.

2.3.5. Ces diverses étapes seront adressées par l'Auteur au Producteur à l'adresse e-mail suivante .... (*adresse mail à compléter*).

2.3.6. Il est entendu que chaque remise par l'Auteur au Producteur, des étapes visées ci-dessus entraînent, de facto à l'expiration du délai de 15 (quinze) jours à compter de la remise, la cession au Producteur des droits de l'Auteur afférents à cette version, dans les termes prévus au présent contrat.

2.3.7. Dans les hypothèses visées aux points 2.3.3. et 2.3.4., la rémunération de l'auteur prévue à l'article 8 des présentes sera calculée au prorata de la participation de l'auteur au Scénario.

2.3.8. Le titre définitif du Film sera déterminé par le Producteur.

2.3.9. Compte tenu des impératifs financiers inhérents à la production audiovisuelle, le Producteur a également informé l'Auteur qu'il ne sera pas tenu de mettre en production le Film, ce que l'Auteur reconnaît et accepte.

ARTICLE 3 - DROITS CÉDÉS

(Cet article du contrat d'auteur est l'expression de l'article L.131-3 du CPI selon lequel les droits cédés doivent être indiqués. Par extension, les modes d'exploitation des droits qui ne figurent pas dans cette liste restent par essence la propriété de l'Auteur. Aussi, toute clause du contrat qui l'indiquerait est inutile)

3.1. Sous réserve de l'exécution intégrale de la présente convention et du parfait paiement, par le Producteur, des sommes énoncées ci-après, l'Auteur cède au Producteur pour le monde entier, à titre exclusif et pour la durée précisée à l'article 4 ci-dessous, les droits d'exploitation ci-après définis, découlant de sa collaboration en qualité d'Auteur du Scénario du Film, et ce compris le titre du Film.

Ces droits comprennent le droit d'adaptation, de reproduction et de représentation du Film, ainsi que les droits d'utilisation dérivée nécessaire à l'exploitation du Film sur tous supports et via tous médias de communication au public tel que définis ci-après.

Pour les besoins du présent contrat, il convient d'entendre par le terme « Film », le Scénario et le Film ainsi que ses éléments accessoires, tels que notamment, les bandes-annonces, *promo reals, teasers,* maquettes, bonus, *making of,* rushes et toutes scènes non intégrées dans la version finale du Film.

3.1.1. Le droit d'adaptation

Le droit d'adaptation comporte :

3.1.1.1. Le droit d'adapter le Scénario en le transposant lors de la réalisation d'un genre à l'autre (œuvre écrite / œuvre audiovisuelle).

3.1.1.2. Le droit de traduire, doubler ou sous-titrer le Film en toutes langues.

3.1.1.3. Le droit d'exploiter le Film sous forme d'extraits de moins de 6 (six) minutes (représentant seuls moins de 10 % (dix pour cent) ou au total moins de 15 % (quinze pour cent) de la durée du Film), par intégration et sans modification, dans un programme multimédia interactif pouvant être exploité sur tous supports destinés à la vente, à la location ou au prêt pour l'usage privé du public ou par télédiffusion par voie hertzienne terrestre, par câble, satellite ou en réseau. Cette cession lui est consentie aux conditions et moyennant le respect des dispositions du protocole en date du 12 octobre 1999 signé entre la SACD et la PROCIREP. *(Protocole dans les compléments Internet.)*

Dans le cas où le présent protocole viendrait à expiration sans être renouvelé, les conditions de ladite cession seraient définies par avenant conclu de bonne foi entre les Parties.

Par programme multimédia, on entend l'intégration sur un même support magnétique ou optonumérique, de données audiovisuelles et textuelles (tels que textes, séquences musicales, images fixes ou animées, etc.) dont la structure et l'accès sont gérés et organisés par un logiciel, permettant l'interactivité d'accès aux différentes données.

3.1.2. Le droit de reproduction

Le droit de reproduction comporte :

3.1.2.1. Le droit d'enregistrer ou de faire enregistrer par tous procédés techniques connus (notamment procédés chimiques, analogiques, numériques, optiques et (ou) magnétiques), ou inconnus à ce jour :

- les images du Film, en noir et blanc ou en couleurs,
- les sons du Film, originaux et doublages,
- les titres ou sous-titres du Film,
- ainsi que des photographies fixes représentant des scènes du Film.

3.1.2.2. Le droit de transposer le Film sous forme sonore et (ou) visuelle sur tous supports connus, notamment magnétiques (vidéocassettes, vidéodisques, etc.), optiques (films, pellicules), électroniques, numériques ou optonumériques (notamment de type CDI, DVD, DVD-Rom, CD-Rom), ou inconnus à ce jour, en tous formats, en utilisant tous rapports de cadrage, sous réserve du droit moral de l'Auteur.

3.1.2.3. Le droit de numériser, moduler, compresser et décompresser, digitaliser ou reproduire le Film, par les procédés ci-dessus, ainsi que de le stocker, en vue de son transfert ou de sa diffusion.

3.1.2.4. Le droit de reproduire en tel nombre qu'il plaira au Producteur ou à ses ayants droit, tous originaux et copies de tous enregistrements ainsi réalisés sur les supports ci-dessus.

3.1.2.5. Le droit de mettre et (ou) de faire mettre en circulation dans le monde entier ces originaux, doubles, ou copies pour toute communication au public par les modes d'exploitation prévus ci-après.

3.1.3. Le droit de représentation

Le droit de représentation comporte :

3.1.3.1. Le droit de représenter ou de faire représenter publiquement le Film en version originale, doublée ou sous-titrée en toutes langues sur tous supports, par tous modes et procédés et ce, dans toutes les salles d'exploitation cinématographique payantes ou non payantes, tant dans le secteur commercial que dans le secteur non commercial.

3.1.3.2. Le droit d'autoriser la télédiffusion du Film, en version originale, doublée ou sous-titrée en toutes langues et ce, par tous procédés inhérents à ce mode d'exploitation (télédiffusion par voies hertziennes, distribution par câble ou satellite, par télédiffusion codée ou non codée, gratuite ou payante, *pay-per-view* ou par abonnement), à seule charge pour le Producteur de rappeler aux télédiffuseurs avec lesquels il traitera que les obligations à son égard ne dégagent pas lesdits télédiffuseurs des obligations qu'ils ont contractées ou devront contracter avec les sociétés d'auteurs auxquelles l'Auteur est affilié.

3.1.3.3. Le droit de représenter le Film *on line*, par l'intermédiaire de réseau de télécommunication, et (ou) d'un système télématique interactif, tels que par exemple sur les réseaux Télétel, Internet et téléphonie mobile, etc., par tous moyens techniques et tout modèle économique possible.

3.1.3.4. Le droit d'exploiter le Film sous forme de vidéogrammes (vidéocassettes, vidéodisques, DVD, DVD-Rom, HDVD, UMD, ou tous autres supports et tous formats connus ou inconnus à ce jour) destinés à la vente ou à la location pour l'usage privé du public.

3.1.3.5. Le droit de présenter le Film dans tous festivals, manifestations ou marchés.

3.1.3.6. Le droit d'établir tout *making of* et d'exploiter tout *making of* du Film avec le Film ou séparément.

3.1.3.7. Le droit de reproduction et la représentation du Film par fragments et (ou) *rushes* montés ou non montés, seuls ou combinés à d'autres éléments, et ce sous réserve du droit moral de L'Auteur, ainsi que le droit d'exploiter des éléments sonores et (ou) visuels constitutifs du Film, pris isolément, et notamment les images et les photographies, la musique sous forme de phonogrammes du commerce.

3.1.3.8. Le droit d'exploitation du Film sous forme d'édition littéraire et graphique, c'est-à-dire le droit de reproduire ainsi que le droit d'adapter tout ou partie du texte du Film :

- sous forme d'ouvrages de librairie illustrés ou non ;
- dans les revues, journaux, magazines comportant ou non des images du Film à des fins de publicité, de promotion du Film ou destinés à la vente publique ;
- en vue de la radiodiffusion sonore.

(L'Auteur pourra souhaiter être consulté, dans le cas d'une adaptation graphique du scénario, c'est-à-dire d'une novélisation sous forme de livre ou bien de bandes dessinées. Dans ce cas, on peut le préciser dans cet article. Il est sage d'ajouter à ce stade que le nouveau contrat afférent à cette nouvelle adaptation se fera aux conditions du marché.

Exemple de clause : « Les Parties conviennent que l'Auteur bénéficie d'une priorité à l'écriture de toute adaptation graphique et (ou) littéraire tirée et (ou) inspirée du Scénario et du Film, et ce aux conditions du marché. Le contrat correspondant sera signé entre l'Auteur et l'Éditeur et le Producteur, le cas échéant, dans un délai qui ne devra pas excéder 30 jours. Si les Parties n'arrivaient pas à se mettre d'accord sur les termes d'un contrat dans ce délai, le Producteur retrouvera sa liberté de choix.

Pour l'exercice de ce droit de priorité, le Producteur sollicitera l'Auteur par lettre recommandée AR, et l'Auteur disposera d'un délai de 15 jours à compter de la réception de la lettre, pour indiquer son souhait de participer à l'écriture. À défaut de réponse dans le délai précité, l'Auteur sera réputé avoir refusé. »)

3.1.4. Les droits d'exploitations dérivées

Les droits d'exploitations dérivées comportent :

3.1.4.1. Le droit d'exploiter les copies des enregistrements précités au paragraphe 3.1.2. ci-dessus, par la vente (y compris par la méthode commerciale de ventes groupées dite *vente bundle*), la location et (ou) le prêt, pour l'usage privé ou la communication publique.

3.1.4.2. Le droit dit de *remake*, c'est-à-dire le droit d'adapter le Film, de le reproduire et de le représenter sous forme d'une ou plusieurs œuvres cinématographiques de long métrage postérieurement au Film, ou tout autre genre d'œuvres audiovisuelles reprenant notamment les mêmes thèmes, situations, personnages, dialogues, mise en scène, etc.

3.1.4.3. Le droit dit de *sequel*, c'est-à-dire le droit d'adapter, c'est-à-dire le droit d'adapter le Film, le reproduire et le représenter sous forme d'une ou plusieurs œuvres cinématographiques de long métrage ou tout autre genre d'œuvres audiovisuelles postérieurement au Film qui en seraient la suite et qui reprendraient certains éléments du Film (titre, personnages, décors, etc.) dans des aventures différentes.

3.1.4.4. Le droit dit de *prequel*, c'est-à-dire, le droit d'adapter, c'est-à-dire le droit d'adapter le Film, le reproduire et le représenter sous forme d'une ou plusieurs œuvres cinématographiques de long métrage ou tout autre genre d'œuvres audiovisuelles postérieurement au Film qui en seraient la suite et qui reprendraient certains éléments du Film (titre, personnages, décors, etc.) dans des aventures différentes.

3.1.4.5. Le droit dit de *spin off*, c'est-à-dire le droit d'adapter un ou plusieurs éléments du Film (personnages, situations, etc.) en vue de l'exploiter ou de les exploiter dans une ou plusieurs œuvres cinématographiques de long métrage, postérieurement au Film ou tout autre genre d'œuvres audiovisuelles, dans des aventures différentes que celles relatées dans le Film.

3.1.4.6. Le droit dit de *merchandising*, c'est-à-dire le droit de fabriquer, distribuer, vendre, louer, commercialiser sous toutes formes, tout objet ou œuvre des arts plastiques ou des arts appliqués, et notamment jeux (y compris jeux vidéo et jeux exploités par tous procédés de télécommunication), services jouets, figurines, vêtements, textiles, maroquinerie, parcs d'attractions, messages et campagnes publicitaires, etc., qui incorporent dans leur substance, dans leur forme, décoration, conditionnement et présentation tout ou partie du Film, ainsi que ses titres, sous-titres, thèmes, histoires, slogans, dialogues, musiques, personnages, dessins, décors, costumes, accessoires et tout autre élément caractéristique. Il appartient au Producteur d'obtenir les autorisations nécessaires à l'utilisation des éléments dont les droits n'appartiennent pas à l'Auteur, notamment les musiques, décors, etc.

3.1.4.7. Le droit d'autoriser la reproduction et la représentation du Film par extraits et en toutes langues, et ce, sous réserve du droit moral de l'Auteur, pour la publicité et (ou) la promotion du Film.

3.1.4.8. Le droit d'autoriser la reproduction et la représentation, en toutes langues, par extraits du Scénario ou du Film, illustrés ou non par des photographies fixes représentant des scènes du Film, à condition que ceux-ci ne dépassent pas 5 000 (cinq mille) mots et soient destinés exclusivement à la publicité et (ou) à la promotion du Film. Pour les besoins de cette publicité et (ou) de cette promotion, ces extraits pourront être publiés dans les revues, journaux, magazines, mais ne sauraient faire l'objet d'une édition de librairie ou d'une vente séparée au public.

3.1.4.9. Le droit d'utiliser le titre du Film, ainsi que les noms des personnages, pour toutes les exploitations dérivées énumérées ci-dessus, ce droit comprenant la faculté de les déposer en tant que marque et (ou) nom de domaine.

3.1.4.10. Le droit d'exploiter le Film par tout moyen inconnu à ce jour.

3.1.4.11. L'Auteur autorise le Producteur à modifier le Titre du Film *(Il est nécessaire de prévoir l'autorisation de l'Auteur pour un changement de titre, en effet, en l'absence de toute mention concernant les modifications éventuelles par le Producteur, le fait qu'il ait été indiqué que le titre du Film est provisoire ne signifie pas forcément que l'Auteur autorise sa modification. Il est donc nécessaire d'indiquer expressément que le titre peut être modifié)* et à le déposer à titre de marque et de nom de domaine.

3.2. En qualité de cessionnaire de l'Auteur, le Producteur pourra utiliser les droits susvisés comme bon lui semblera, notamment en passant tous contrats utiles à l'exploitation du Film.

3.3. Dans le cas où la diffusion du Film sur une chaîne de télévision rendrait nécessaire certaines coupures du Film aux fins d'insertions publicitaires et (ou) l'adjonction du logo de la chaîne concernée, l'Auteur déclare d'ores et déjà ne pas s'y opposer *(Cette possibilité de modifier l'œuvre par l'insertion de la coupure publicitaire ressort de l'article 73 modifié de la loi du 30 septembre 1986 et de la directive services de médias audiovisuels de 2007 qui autorisent expressément de telles interruptions).*

ARTICLE 4 - DURÉE

4.1. Les droits énumérés à l'article 3 sont cédés à titre exclusif à compter de la date de signature des présentes et pour une durée de .... années *(La durée de la cession est un point de négociation entre les Parties. On trouvera souvent une durée de 30 ans qui ressortait déjà des contrats inscrits au RPCA dès 1946, à une époque où sans doute l'on n'imaginait pas que l'exploitation d'un film puisse aller au-delà de 30 ans. On trouve aujourd'hui des durées plus longues allant jusqu'à celle de la durée légale de protection des droits d'auteur, soit 70 ans après la mort du dernier auteur. Cette durée plus longue s'avérant* *logique lorsque le Producteur se voit confier les droits de sequel, prequel, spin off ou remake. La précision de cette durée donne au contrat de cession de droits d'auteur le caractère de contrat à durée déterminée, qui ne pourra pas être résilié par la volonté d'une seule Partie, ou seulement si les conditions de sa résiliation (exprimées dans la clause résolutoire - voir supra - sont réunies)* commençant à courir à la date de la signature des présentes *(Ce point de départ de la cession est ainsi facilement identifiable. Il est à préférer au point de départ de la « sortie commerciale », car cette rédaction ne permet pas au contrat de couvrir la durée de la production du Film, de sorte que l'on pourrait considérer que le Producteur n'est pas cessionnaire des droits de l'Auteur pendant la période allant de la signature jusqu'à la date de la sortie commerciale. En outre, il sera difficile de se souvenir 30 ans après la sortie de ce Film, de la date de sa sortie commerciale).*

4.2. *La clause suivante est qualifiée de clause résolutoire, qui fixe l'événement qui, s'il arrive, entraînera la fin anticipée de ce contrat à durée déterminée. Elle a pour motif d'empêcher que les droits d'un auteur soient bloqués pendant toute la durée de la cession des droits, entre les mains du Producteur pour des raisons d'opportunité (empêcher qu'un projet aille chez un concurrent par exemple) et alors que ce Producteur n'entreprend rien en vue de produire le Film.*

Au cas où dans un délai de .... *(Le nombre d'années peut varier selon la nature du projet et sa difficulté à le monter financièrement)* années, à compter de la signature des présentes, le Film n'aurait pas été réalisé - le Film étant réputé réalisé au moment de l'établissement de la version définitive prévue à l'article L.121-5, alinéa 1er du Code de la propriété intellectuelle - *(L'événement qui mettra fin au contrat de manière anticipée, est la non-réalisation caractérisée par le non-établissement de la version définitive du Film. On pourra préférer comme cause de résiliation anticipée du contrat, le fait que le film ne soit pas mis en production avant une certaine date, et opter pour la clause suivante :* « si le Film n'est pas mis en production avant *(une certaine période ou date),* définissant la mise en production par, soit le premier jour de préparation, soit le jour de la signature du contrat de travail du réalisateur le présent contrat sera résolu de plein droit par la simple arrivée du terme et sans qu'il soit besoin d'une mise en demeure ou formalité judiciaire quelconque ; l'Auteur reprendra alors la pleine et entière propriété de tous ses droits, et les sommes déjà reçues lui restant, en tout état de cause, définitivement acquises *(On considèrera alors que ces sommes déjà versées restées acquises à l'Auteur sont une indemnisation de l'immobilisation qu'il a subie.)* »

ARTICLE 5 - PROTECTION DES DROITS CÉDÉS

(Cet article est descriptif de la situation du Producteur cessionnaire des droits. Il n'est pas indispensable.)

Le Producteur acquiert la qualité d'ayant droit de l'Auteur pour l'exercice des droits cédés qu'il utilisera comme bon lui semble, notamment en passant tous contrats d'édition, de représentation et de diffusion, par quelque mode que ce soit, utiles à l'exploitation du Film.

Le Producteur demeure entièrement libre de réaliser ce Film en coproduction et (ou) de rétrocéder à un tiers tout ou partie du bénéfice et des charges du présent contrat sous quelque forme et à quelque titre que ce soit à condition de rester solidairement garant et répondant à l'égard de l'Auteur de l'exécution des présentes par le cessionnaire.

Par ailleurs, le Producteur aura, par l'effet des présentes, le droit de poursuivre toute contrefaçon ou toute exploitation sous quelque forme que ce soit de l'œuvre, dans la limite des droits cédés en vertu des présentes, mais à ses frais, risques et périls et à sa propre requête.

Il est bien entendu que ne sont cédés par les présentes que les droits possédés par l'Auteur lui-même, c'est-à-dire dans la mesure et les limites où la propriété littéraire et artistique de l'œuvre dont il s'agit lui appartient et est assurée et garantie par la législation et la jurisprudence de chaque pays.

ARTICLE 6 - JOUISSANCE PAISIBLE

6.1. L'Auteur garantit expressément au Producteur l'exercice paisible des droits *(Cet article est une transcription de l'obligation de la jouissance paisible à laquelle l'Auteur s'oblige quand il cède ses droits et qui ressort également de la garantie d'éviction de l'article 1626 du Code civil en cas de vente d'un bien incorporel.)* cédés et notamment :

- Qu'il est seul propriétaire de tous les droits attachés au Scénario et qu'il a pleins pouvoirs et qualités pour accorder les droits cédés par les présentes, et que ces droits ne sont ni ne seront en aucune manière cédés, hypothéqués, grevés ni d'une façon quelconque dévolus en faveur d'un tiers.

- Qu'il n'a fait et ne fera, par le fait d'une cession à un tiers ou par tout autre moyen, aucun acte susceptible de compromettre la présente cession de droits, ou susceptible d'empêcher ou de gêner la pleine jouissance par le Producteur, des droits qui lui sont accordés par les présentes.

- Qu'il n'a introduit, ni n'introduira dans son Scénario aucune reproduction ou réminiscence susceptible de violer les droits des tiers et de donner lieu à des attaques pour plagiat et (ou) contrefaçon ou de troubler la réalisation ou l'exploitation du Film produit.

- Qu'aucun litige ou procès n'est en cours ni sur le point d'être intenté mettant en cause les droits de l'Auteur sur le Scénario tels que définis et cédés par les présentes.

- Qu'il ne troublera en rien la bonne marche de l'exploitation du Film et qu'il ne se livrera pas, par quelque moyen que ce soit, à des déclarations risquant de porter un préjudice quelconque à cette exploitation.

L'Auteur est personnellement responsable tant vis-à-vis des tiers que du Producteur, en cas de non-observation de la présente clause.

(Cette clause dite de jouissance paisible permettra tant au Producteur qu'à un tiers du Producteur, auquel ce dernier aura cédé les droits de l'Auteur, d'agir en garantie contre ce dernier.)

6.2. L'Auteur s'engage formellement à ne troubler en rien la bonne marche de l'exploitation du Film et à ne se livrer, par quelque moyen que ce soit, à des déclarations risquant de porter un préjudice quelconque à cette exploitation.

ARTICLE 7 - CONSERVATIONS DU FILM

7.1. L'Auteur accepte de se prêter à fournir toutes les attestations qui pourraient lui être demandées par le Producteur pour les organismes officiels français ou étrangers auxquels le Producteur aurait à remettre lesdites attestations.

7.2. Le Producteur devra procéder au dépôt légal du Film : *(Le CNC est l'organisme dépositaire du dépôt obligatoire des films. Le dépôt légal des films a été instauré en France en 1977 pour les films français, alors que la loi n° 92-546 du 20 juin 1992 et le décret du 31 décembre 1993 ont élargi la collecte à tous les films diffusés en France. Le Code du patrimoine entré en vigueur le 20 février 2004 actualise la loi n° 92-546 et régit, dans sa partie législative, le dépôt légal en France, tandis que le décret du 31 décembre 1993 continue d'en régir les aspects réglementaires. La direction du patrimoine cinématographique du CNC assure la collecte et la conservation des films, la constitution et la diffusion de bibliographies et filmographies nationales ainsi que la consultation des documents par les chercheurs. L'obligation légale de dépôt concerne les Producteurs de films français et distributeurs de films étrangers diffusés en salles, courts et longs métrages et les commanditaires de films publicitaires ou institutionnels.*

Le dépôt pour un long métrage doit être effectué dans un délai d'un mois à compter de la première représentation et pour un court-métrage : délai de six mois à compter de la date de visa d'exploitation.

Adresse du dépôt : Archives françaises du film – SAVEC - 7 bis, rue Alexandre Turpault - 78390 Bois-d'Arcy cedex).

Tout dépôt doit être accompagné d'un formulaire de déclaration de dépôt dûment rempli par le déposant, à savoir :

- un élément intermédiaire de tirage ou copie positive neuve ;
- la bande-annonce ;
- le matériel publicitaire (affiche, affichette, photos d'exploitation, dossiers de presse.)

ARTICLE 8 - RÉMUNÉRATION

En rémunération de la cession de ses droits d'Auteur telle que cette cession est définie par les présentes, l'Auteur percevra une rémunération proportionnelle *(La rémunération proportionnelle est une obligation légale d'ordre public qui ressort des articles L.132.25 et L.131.4 du CPI. Il n'est pas possible d'y déroger* ***sous peine de nullité du contrat de cession,*** *sauf si les Parties se trouvent dans une des quatre situations évoquées à l'article L.131.4 alinéa 2 du CPI où il est possible de recourir à une rémunération forfaitaire. Un contrat forfaitaire fait l'objet du modèle ci-après dans l'ouvrage.)*

Pour que la cession d'un mode d'exploitation soit valide, il faut que soit prévue une rémunération correspondante.

La rémunération proportionnelle sera calculée sur la totalité des recettes et au premier euro (c'est-à-dire que vous ne pouvez pas, par exemple, exclure de l'assiette de calcul de la rémunération proportionnelle, les préventes, même si elles servent au financement du Film.)

8.1. Rémunération proportionnelle

(Lorsque le public paie un prix déterminé et individualisable pour accéder au Film, la rémunération proportionnelle de l'Auteur est assise sur ce prix, Hors Taxes, payé par le public. L'on parle alors du « PPHT », le Prix Public Hors Taxes.

Lorsque le prix payé par le public n'est pas déterminé et individualisable, la rémunération proportionnelle de l'auteur sera assise sur l'ensemble des recettes Hors Taxes, quelles qu'en soient la nature ou la provenance, réalisées et encaissées par le Producteur, à raison de l'exploitation du film. L'on parle de « RNPP », les Recettes Nettes Part Producteur. Les RNPP applicables lors de l'exploitation d'un film de long métrage ont été définies par un arrêté du 7 février 2011. Vous trouverez la définition des RNPP dans la partie « Recettes et coût du film » du livre.

Vous trouverez la définition des RNPP dans la partie « Recettes et coût du film » du livre.

Ce modèle de contrat ne présente pas les pourcentages de rémunération, car ces pourcentages sont librement négociés entre les Parties et sont très variables selon l'importance de l'œuvre, de son budget ou encore selon la notoriété de l'auteur. Si les lecteurs souhaitent avoir des informations sur les usages pratiqués, il peut consulter les contrats d'auteurs enregistrés aux Registres de la Cinématographie et de l'Audiovisuel accessible sur la base de données du CNC)

Si l'Auteur a un agent, la rémunération de ce dernier peut être prévue dans cette clause du contrat. Mais il peut arriver que l'Agent prévoie sa rémunération dans un acte séparé liant seulement le Producteur et l'agent. Le pourcentage d'usage pratiqué par les agents est de 10 % de ce qui est octroyé à l'auteur. Cette rémunération de l'agent peut être soit incluse dans l'enveloppe réservée à l'auteur : par exemple sur une enveloppe de 1 % il y a 0,9 % pour l'auteur et 0,1 % pour l'agent, ou s'ajouter : 1 % pour l'auteur et 0,1 % pour l'agent. Parfois il y a un mixte entre ces deux pratiques, la rémunération de l'agent est incluse quand il s'agit des montants des pourcentages et s'ajoute, quand il s'agit des montants du minimum garanti. Il est alors judicieux pour le Producteur d'interroger très rapidement l'auteur sur l'existence ou non d'un agent, car cela permet au Producteur de connaître dès le départ l'enveloppe globale à réserver au couple auteur/agent, et de ne pas être contraint à la fin de majorer son enveloppe de 10 %.

8.1.1. Exploitation cinématographique du Film dans les salles

♦ <u>En France</u>

a) Dans le secteur commercial

Conformément aux dispositions de l'article L.132-25 du Code de la propriété intellectuelle, le Producteur versera à l'Auteur une rémunération proportionnelle en un pourcentage H.T. fixé à :

- .... % (............. pour cent) du prix payé par le public au guichet des salles de spectacle cinématographique assujetties à l'obligation d'établir un bordereau de recettes, sous la seule déduction de la TVA, de la taxe spéciale additionnelle et de la cotisation versée au Centre national du cinéma et de l'image animée.

Afin de tenir compte des tarifs dégressifs de location éventuels accordés par le distributeur aux exploitants, le produit de ce pourcentage sera pondéré, s'il y a lieu, par l'application d'un coefficient calculé en rapportant le taux moyen de location du Film depuis le début de l'exploitation, à un taux de référence de 50 % (cinquante pour cent) *(C'est l'application de l'article L.132.25 §2 du CPI).*

Par « taux moyen de location du Film », on entend, aux termes de la présente convention, le rapport de la recette distributeur à la recette exploitant telles qu'elles apparaissent sur les bordereaux du Centre national du cinéma et de l'image animée (sous les titres « encaissement distributeur » et « recettes » hors TVA).

Lorsque les conditions de la programmation des salles de spectacle cinématographique ne permettent pas d'affecter, film par film, le prix payé par le public, la rémunération de l'Auteur sera constituée par un pourcentage de .... % (............. pour cent) calculé sur les recettes brutes du Producteur, sous la seule déduction de la TVA.

b) Dans le secteur non commercial

Le Producteur versera à l'Auteur une rémunération proportionnelle en un pourcentage H.T. fixé à :

- ....% (............. pour cent) sur les Recettes Nettes Part Producteur telles que définies en Annexe 1 des présentes.

♦ À l'étranger

Le Producteur versera à l'Auteur une rémunération proportionnelle en un pourcentage H.T. fixé à :

- .... % (............. pour cent) sur les Recettes Nettes Part Producteur.

8.1.2. Exploitation du Film en France et à l'étranger par télédiffusion

a) En ce qui concerne les exploitations du Film par télédiffusion dans les pays où la SACD intervient directement ou indirectement auprès des télédiffuseurs, pour percevoir ou faire percevoir les redevances dues à leurs membres, à raison de l'utilisation des œuvres inscrites à leur répertoire, la rémunération due à l'Auteur au titre de l'exploitation du Film par télédiffusion sera constituée par lesdites redevances, celles-ci lui étant réparties conformément aux règles desdites sociétés.

Le Producteur n'aura en aucun cas à intervenir s'agissant de la répartition entre coauteurs, ces derniers s'engageant en cas de désaccord entre eux à ne prendre aucune mesure qui soit susceptible d'entraver l'exploitation.

En ce qui concerne la télédiffusion par câble simultanée, intégrale et inchangée, les droits y afférents sont et seront gérés dans le cadre des accords conclus directement ou indirectement par les sociétés d'auteurs auxquelles l'Auteur est affilié. *(La pratique professionnelle fait supporter la prise en charge de la rémunération proportionnelle de l'Auteur en cas d'exploitation du Film à la télévision, dans les pays où les organismes de gestion collective (SACD/ SCAM) ont eux-mêmes des accords, par les sociétés de gestion collective de ces pays. Mais de plus en plus, les agents ou les auteurs demandent au Producteur de payer en plus de cette rémunération prise en charge par la gestion collective, une rémunération supplémentaire. Cette rémunération supplémentaire n'est pas obligatoire.)*

On trouvera alors ce type de clause : « Outre la rémunération par la gestion collective visée ci-dessus, en France et dans les pays où la SACD intervient, prévue ci-dessus le Producteur versera une rémunération proportionnelle en un pourcentage H.T. fixé à :

- ....% (.............. pour cent) sur les Recettes Nettes Part Producteur.) »

b) Dans les pays où la SACD n'intervient pas :

Le Producteur versera une rémunération proportionnelle en un pourcentage H.T. fixé à :

- .... % (.............. pour cent) sur les Recettes Nettes Part Producteur ci-après définies en l'annexe 1.

c) Au titre de l'exploitation *pay-per-view* et vidéo à la demande en France et à l'étranger

<u>En France</u>

- .... % (......... pour cent) sur le prix H.T. payé par le public (le « PPHT »).

<u>À l'étranger</u>

- .... % (.............. pour cent) des Recettes Nettes Part Producteur.

Étant entendu que si un nouveau Protocole d'accord confiant la rémunération de l'Auteur à une société de gestion collective venait à s'appliquer pour les exploitations visées au présent c), ses stipulations prévoyant le paiement de l'Auteur par la gestion collective s'appliqueraient de facto, et se substitueraient au paiement direct de l'Auteur par le Producteur.

8.1.3. Exploitation du Film sous forme de vidéogrammes

♦ <u>En France</u>

Conformément aux dispositions de l'article L.132-25 du Code de la propriété intellectuelle, le Producteur versera à l'Auteur une rémunération proportionnelle en un pourcentage H.T. fixé à :

- ....% (.............. pour cent) du montant Hors Taxes du prix payé par le public pour l'acquisition ou la location de vidéogrammes.

(En matière d'exploitation vidéographique en France, la rémunération est assise sur le PPHT, comme le prévoit cet article L.132.25 du CPI. Or, en matière d'exploitation vidéographique, compte tenu notamment de ce que le PPHT est très fluctuant, et d'un nombre important d'intermédiaires, les recettes qui remontent au Producteur sont de l'ordre de 10 à 30 % du PPHT. Il faudra alors tenir compte de cette donnée quand sera négocié le pourcentage de rémunération de l'auteur pour cette exploitation de manière à ce que le Producteur ne s'engage pas à verser à l'auteur une rémunération dépassant le montant des recettes qu'il aura lui-même perçues.)

♦ À l'étranger

Le Producteur versera à l'Auteur une rémunération proportionnelle en un pourcentage H.T. fixé à :

- .... % (.............. pour cent) des Recettes Nettes Part Producteur.

8.1.4. Exploitation du Film sous forme d'œuvres multimedia en France et à l'étranger

♦ En France

Le Producteur versera à l'Auteur une rémunération proportionnelle en un pourcentage H.T. fixé à :

- .... % (.............. pour cent) du montant Hors Taxes du prix payé par le public pour l'acquisition ou la location d'œuvres multimédias.

♦ À l'étranger

Le Producteur versera à l'Auteur une rémunération proportionnelle en un pourcentage H.T. fixé à :

- .... % (.............. pour cent) des Recettes Nettes Part Producteur.

8.1.5. Exploitation du Film par tous moyens électroniques dits on line en France et à l'étranger

Conformément aux dispositions de l'article L.132-25 du Code de la propriété intellectuelle, pour la communication du Film ou pour la reproduction du Film par des moyens autorisés moyennant paiement par le public d'un prix déterminé et individualisable, le Producteur versera une rémunération proportionnelle en un pourcentage H.T. fixé à :

- ....% (.............. pour cent) du montant H.T. de ce prix.

Toutefois, si le Prix Public Hors Taxes ne pouvait être déterminé le Producteur versera une rémunération proportionnelle en un pourcentage H.T. fixé à :

- ....% (.............. pour cent) des Recettes Nettes Part Producteur ci-après définies à l'annexe 1.

8.1.6. Exploitation du Film en France et à l'étranger sous forme de produits *merchandising*

Pour l'exploitation du Film sous forme de produits *merchandising*, la contribution de l'Auteur ne constitue pas l'un des éléments essentiels des produits *merchandising* et (ou) l'utilisation de l'œuvre de l'Auteur présente un caractère accessoire, le Producteur versera une rémunération proportionnelle en un pourcentage H.T. fixé à :

- .... % (.............. pour cent) des Recettes Nettes Part Producteur.

8.1.7. Exploitation du Film en France et à l'étranger sous forme d'ouvrage littéraire

♦ En France

Conformément aux dispositions de l'article L.132-25 du Code de la propriété intellectuelle, le Producteur versera à l'Auteur une rémunération proportionnelle en un pourcentage H.T. fixé à :

- .... % (.............. pour cent) du montant Hors Taxes du prix payé par le public pour l'acquisition des ouvrages.

♦ À l'étranger

Le Producteur versera à l'Auteur une rémunération proportionnelle en un pourcentage H.T. fixé à :

- .... % (.............. pour cent) des Recettes Nettes Part Producteur.

8.1.8. Pour toutes les autres exploitations que celles visées ci-dessus

♦ En France

Le Producteur versera à l'Auteur une rémunération proportionnelle en un pourcentage H.T. fixé à :

- .... % (.............. pour cent) du prix public Hors Taxes lorsque celui-ci peut être fixé et que l'assiette d'application du Film est déterminée et indiscutable.

Lorsque ce n'est pas le cas, le Producteur versera à l'Auteur une rémunération proportionnelle en un pourcentage H.T. fixé à :

- .... % (.............. pour cent) des Recettes Nettes Part Producteur.

♦ À l'étranger

Le Producteur versera une rémunération proportionnelle en un pourcentage H.T. fixé à :

- .... % (.............. pour cent) des Recettes Nettes Part Producteur.

8.1.9. Pour l'exploitation de tout ou partie des éléments du Film sous forme de phonogrammes du commerce

Si tout ou partie de sa contribution est reprise sur les phonogrammes du commerce, le Producteur s'engage à informer préalablement l'Auteur de toute exploitation phonographique afin de lui permettre d'effectuer les formalités nécessaires – notamment de déclaration de l'œuvre – auprès de la SACEM - SDRM qui percevra et répartira les droits revenant à l'Auteur.

8.1.10. Pour l'exploitation du Film par tout moyen inconnu à ce jour

Conformément aux dispositions de l'article L.131-6 du Code de la propriété intellectuelle, le Producteur versera à l'Auteur une rémunération proportionnelle en un pourcentage H.T. fixé à :

- .... % (.............. pour cent) du montant Hors Taxes payé par le public.

Toutefois, si le prix public Hors Taxes ne pouvait être déterminé, le Producteur versera une rémunération proportionnelle en un pourcentage H.T. fixé à :

- .... % (............. pour cent) des Recettes Nettes Part Producteur.

8.1.11. *(Le cas échéant)* **Rémunération supplémentaire après amortissement du coût du Film**

(Cette rémunération supplémentaire n'est pas la traduction d'une obligation légale, mais est au choix des Parties. Il s'agit donc d'une possibilité que le Producteur négocie avec l'auteur.)

Dans l'hypothèse où le Film atteindrait son seuil d'amortissement, c'est-à-dire après que le montant total des Recettes Nettes Part Producteur telles que définies en annexe 1 des présentes, soit égal à son coût, tel que défini en annexe 2 des présentes, le Producteur s'engage à verser une rémunération supplémentaire, après amortissement du coût du Film, en un pourcentage fixé à :

- .... % (............. pour cent) des Recettes Nettes Part Producteur à provenir de l'exploitation du Film par tous modes et procédés dans le monde entier et ce, que le Minimum garanti de l'Auteur ait ou non été récupéré par le Producteur par application des pourcentages de rémunération proportionnelle prévus ci-dessus.

8.1.12. Dans l'hypothèse où la création de l'Auteur à la version définitive du Scénario ne couvrirait pas toutes les étapes d'écriture, le pourcentage de rémunération proportionnelle serait réduit au prorata de sa création.

8.1.13. Principe général

(Cette clause prévoit l'obligation pour les Parties de renégocier le contrat lors de la survenance des circonstances prévues au présent contrat.)

Dans l'hypothèse où l'une des assiettes retenues pour l'application de la rémunération de l'Auteur serait considérée comme ne respectant plus les dispositions légales, notamment du Code de la propriété intellectuelle, par une décision de la Cour de cassation ou par un texte ayant force de loi, les Parties conviennent de lui substituer de facto et pour l'avenir l'assiette du Prix Public Hors Taxes. Elles modifieront de facto le taux de rémunération défini au présent contrat, pour un montant respectant l'équilibre économique qui a présidé au présent accord des Parties.

Les Parties conviennent également que les comptes d'ores et déjà remis sur la base de l'ancienne assiette ne seront pas remis en cause, et auront rémunéré équitablement l'Auteur.

Les Parties conviennent expressément que la modification éventuelle de l'assiette ne peut en aucun cas constituer un motif de résiliation ou d'annulation du contrat, mais uniquement une redéfinition du taux.

8.2. Minimum garanti

À titre de minimum garanti à valoir sur le produit des pourcentages prévus aux paragraphes 8.1. ci-dessus, à la charge du Producteur, l'Auteur se voit octroyer la somme de .... euros H.T., selon le calendrier suivant, par exemple :

- .... euros à la signature du contrat (20 %),

- .... euros à l'acceptation du Traitement du Scénario (10 %),

- .... euros à l'acceptation de la première Version du Scénario (10 %),

- .... euros à l'acceptation de la deuxième Version du Scénario (10 %),

- .... euros à l'acceptation de la troisième Version du Scénario (20 %),

- .... euros à l'acceptation de la Version définitive du Scénario (30 %)

(L'échéance de paiement d'un minimum garanti est déterminée par négociation des Parties. Aussi, l'échéancier suit les étapes d'écriture du scénario. Un principe que le Producteur doit suivre est de ne prévoir que des échéances qu'il est certain de respecter.)

Le Producteur se remboursera de l'intégralité de ce minimum garanti par compensation sur l'ensemble des rémunérations proportionnelles visées aux paragraphes 8.1.1. à 8.1.10. ci-dessus dont il sera redevable envers l'Auteur, jusqu'à complet remboursement, étant entendu que les sommes qui seront versées à l'Auteur par les sociétés d'auteur, ne seront pas prises en compte. Il est précisé que si l'ensemble des sommes ainsi affectées à la compensation était inférieur au montant du minimum garanti, le Producteur ne pourrait pas exercer de recours contre l'Auteur pour la différence.

La somme versée au titre du minimum garanti n'est pas productive d'intérêts.

Toutes les rémunérations prévues au présent contrat seront majorées de la TVA au taux en vigueur, et subiront les déductions sociales obligatoires.

8.3. Rémunération en cas de *remake, prequel, sequel, spin-off*

8.3.1. En cas de cession à un tiers des droits de *remake* et (ou) *prequel* et (ou) *sequel* et (ou) spin off

Le Producteur versera à l'Auteur sur les Recettes Nettes provenant du prix de cession H.T. :

- .... % (.............. pour cent) de toutes Recettes Nettes provenant de la cession des droits de *remake* et (ou) *prequel* et (ou) *sequel* et (ou) *spin off*. On entend par Recettes Nettes, le prix Hors Taxes de la cession diminué de tous les frais engagés, dûment justifiés, se rapportant à la cession

8.3.2. Pour l'exploitation des *remake* et (ou) *prequel* et (ou) *sequel* et (ou) *spin-off*, pour chacun des modes d'exploitation cédés, le Producteur versera à l'Auteur, une rémunération proportionnelle égale à :

- .... % (.............. pour cent) des pourcentages prévus aux présentes pour chacun des modes d'exploitation cédés du Film dans le monde aux points 8.1.1. à 8.1.10. ainsi que du pourcentage prévu au point 8.1.11. ci-dessus.

8.3.3. *(Par exception de ce qui est indiqué au point 8.3.2. : Il faudra également tenir compte du fait que les droits de remake, sequel, prequel et spin off sont souvent acquis par des sociétés étrangères qui ne permettent pas de calculer la rémunération de l'auteur sur des RNPP. Il faudra indiquer alors que le prix de la cession au point 8.3.1. rémunérera également l'exploitation* *des remake, sequel, prequel et spin off par ces sociétés étrangères :* « Dans l'hypothèse où les droits de *remake, sequel/prequel* et/ou *spin off* étaient acquis par des sociétés étrangères qui ne permettront pas le calcul de la rémunération proportionnelle de l'Auteur sur les RNPP, les Parties conviennent que dans ce cas, le pourcentage sur le prix de cession prévu ci-dessus au point 8.3.1., rémunérera par application de l'article L.131.4 alinéa 2 du CPI l'exploitation du Film au sein de ces *remake, sequel/prequel et/ou spin off,* pour chacun des modes d'exploitation cédés du Film dans le monde.

8.4. Rémunération pour copie privée

Pour autant que de besoin, il est rappelé que l'Auteur conservera intégralement sa part des redevances à lui revenir au titre du droit à rémunération pour copie privée institué par l'article L.311-1 du Code de la propriété intellectuelle.

8.5. Taux de T.V.A.

Tous les paiements dus à l'Auteur seront majorés de la TVA au taux en vigueur dont le paiement sera conforme aux dispositions de l'article 285 bis du Code général des impôts, et sauf renonciation expresse de l'Auteur, au dispositif de retenue à la source prévue par ce texte, le Producteur s'en acquittera auprès du Trésor public, et versera le solde à l'Auteur au titre de ses droits à déduction au taux forfaitaire.

Dans les contrats, le taux de T.V.A. à appliquer est de 7 % depuis le 4 janvier 2012.

Toutes les rémunérations visées à la présente convention s'entendent comme des rémunérations brutes.

ARTICLE 9 - REDDITION DES COMPTES

Les comptes d'exploitation, quelle que soit leur situation, seront arrêtés annuellement, le 31 décembre de chaque année. Ils devront être adressés à l'Auteur de manière détaillée précisant toutes les exploitations sur tous les territoires, poste par poste et ce, à chaque reddition de comptes.

Les comptes seront adressés à l'Auteur dans le mois de leur date d'arrêté, accompagnés s'il y a lieu du produit des pourcentages revenant à l'Auteur conformément aux stipulations de l'article 8 ci-dessus et s'il y a lieu d'un chèque représentant le montant revenant à l'Auteur.

Le Producteur peut adapter cette clause à ses propres habitudes comptables. La loi fait obligation au Producteur de rendre les comptes à l'Auteur au moins une fois par an, et à fournir à l'Auteur, sur sa demande, une copie de chaque contrat qu'il conclut en vue de l'exploitation du Film.

Le Producteur tiendra dans ses livres une comptabilité d'exploitation qui sera organisée de telle sorte que les opérations s'y rapportant se distinguent de l'ensemble des comptes du Producteur et puissent être facilement isolées, contrôlées ou relevées.

*(Lorsque l'auteur perçoit une rémunération après amortissement du coût du Film, il faut ajouter après « une comptabilité d'exploitation », **« la comptabilité de production »** de manière à ce que l'Auteur puisse contrôler la réalité de l'amortissement du coût du Film.)*

L'Auteur ou son représentant pourra effectuer, sous préavis de huit jours *(8 jours est un délai indicatif, vous pourrez prévoir un délai de prévenance plus long)*, au siège social du Producteur pendant les heures d'ouverture des bureaux, toutes vérifications qu'il jugera utiles.

ARTICLE 10 - PUBLICITÉ

Dans le monde entier, dans toute publicité, ainsi que sur l'affiche et le générique du Film, le nom de l'Auteur sera cité (sur un carton seul et fixe si ce procédé est utilisé) de la façon suivante :

Scénario de .... *(nom de l'Auteur),*

Cette mention étant suivie du nom des coauteurs éventuels et étant apposée dans des caractères d'une taille qui ne pourra être inférieure à .... % de celle utilisée pour la mention du nom du réalisateur en tant que tel.

Bien entendu cette formule est à adapter à chaque cas particulier. Il faut bien veiller à ce que l'ensemble des contrats d'Auteurs soient harmonisés entre eux, notamment sur le point de l'ordre de mention des noms, afin d'éviter des problèmes insolubles au moment de l'établissement du générique).

Le Producteur se réserve, en dehors de la publicité standard ci-dessus, le droit de faire une publicité spéciale de lancement ou de soutien ne comportant pas la mention du nom de l'Auteur.

Le Producteur s'engage à communiquer ces obligations publicitaires à toutes les firmes qui distribueront ou éditeront le Film, mais ne saurait être tenu responsable de leurs manquements ; l'Auteur est autorisé dès maintenant à agir directement à l'encontre des ayants droit du Producteur.

ARTICLE 11 - INSCRIPTION AUX RCA

Le Producteur s'engage à inscrire la présente convention aux Registres de la Cinématographie et de l'Audiovisuel, conformément aux articles L.123-1 et suivants du Code du cinéma et de l'image animée, au plus tard au premier jour de tournage du Film.

ARTICLE 12 - CLAUSE DE RÉSILIATION

12.1. À défaut d'exécution par l'une ou l'autre des Parties de ses obligations et 30 (trente) jours après l'envoi d'une mise en demeure par lettre recommandée avec accusé de réception restée sans effet, les présentes seront résiliées aux torts et griefs de la Partie défaillante, si bon semble à l'autre Partie, sous réserve de tous dommages-intérêts, par une décision de justice devenue définitive.

(Certains contrats peuvent aussi prévoir une résiliation anticipée de « plein droit » après mise en demeure restée sans effet, mais cette solution est moins protectrice pour le Producteur puisque la résiliation n'est pas prononcée par le juge, mais mise en œuvre automatiquement

dans les conditions prévues à la présente clause, le contrôle du juge porte sur le bien-fondé de la demande de résiliation).

12.2. Les contrats signés avant la résiliation des présentes dans les conditions du point 12.1. ci-dessus, ne seront pas remis en cause. *(La résiliation n'a d'effet que pour le futur)*

ARTICLE 13 - CESSION À UN TIERS

Le Producteur pourra céder les bénéfices, droits et obligations résultant de la présente convention à tout tiers de son choix.

(Certains contrats prévoient que le Producteur pourra céder le contrat à tout tiers à la condition expresse que le cessionnaire s'engage au préalable par écrit, à assumer toutes obligations convenues à la présente convention, et à charge par le Producteur d'en aviser l'Auteur par lettre recommandée. Cette clause peut être risquée pour le Producteur qui cède le bénéfice du contrat à un tiers, car si les conditions prévues ne sont pas respectées, la cession du contrat au tiers tombe.)

(Il est impératif de prévoir la possibilité de céder le contrat à un tiers en raison du caractère « intuitu personae » du contrat de cession de droit d'auteur.)

ARTICLE 14 - LITIGES

En cas de contestation sur l'interprétation ou sur l'exécution des présentes, les Tribunaux de Grande Instance seront seuls compétents.

ARTICLE 15 - ÉLECTION DE DOMICILE

Les Parties élisent domicile à l'adresse visée en tête des présentes.

Fait à ...., le ....

(Il faut veiller à ne pas oublier de dater le contrat)

en 3 exemplaires
(Il faut établir autant d'exemplaires qu'il y a de Parties au contrat (donc au moins deux), et un supplémentaire pour le Registre de la Cinématographie et de l'Audiovisuel.)

POUR L'AUTEUR **POUR LE PRODUCTEUR**

________________ ________________

(Attention : ne pas oublier de joindre à ce contrat la définition des Recettes Nettes Part Producteur et celle du Coût du Film qui font partie intégrante du contrat)
Ces textes se trouvent dans les annexes.

STEP DEAL / CONTRAT DE COMMANDE SCÉNARISTE

(TÉLÉVISION)

ENTRE LES SOUSSIGNÉS

Société .... *(nom de la société, forme de la société)* au capital de .... *(capital de la société)*, dont le siège social est .... *(adresse de la société)*, représentée par .... *(nom et qualité du signataire .... si ce n'est pas le représentant légal, ex-gérant ou PDG, indiquer « ayant tous pouvoirs à cet effet »)*, ci-après dénommée « le Producteur »,

d'une part,

ET

Mademoiselle/Madame/Monsieur .... *(nom de l'Auteur)*, demeurant *(adresse de l'Auteur)*, ci-après dénommé(e) « l'Auteur »,

d'autre part.

ci-après dénommée chacune une « Partie » et ensemble « Les Parties »

IL A ÉTÉ ARRÊTÉ ET CONVENU CE QUI SUIT

Le préambule permet d'énoncer avec précision l'historique des relations entre le Producteur et l'Auteur. Nous recommandons d'y énoncer tout élément permettant de clarifier la relation entre les Parties et /ou d'expliquer, par exemple, la raison d'être d'une condition particulière qui sera prévue dans le contrat. La clarté et l'exhaustivité du préambule permettront ainsi de faire état de l'esprit des Parties au moment de la signature du contrat, de manière à ce que le juge, saisi d'un litige relatif au contrat, puisse en tenir compte pour interpréter le contrat. Par exemple :

L'Auteur a proposé au Producteur une idée originale ou un pitch ou un synopsis (*selon le cas*) d'une œuvre audiovisuelle provisoirement ou définitivement intitulée ...., ci-après dénommée « le Film ».

Le Producteur a souhaité produire une œuvre audiovisuelle tirée de l'idée originale ou d'un pitch ou d'un synopsis (*selon le cas*).

Le Producteur envisage de confier à l'Auteur l'écriture du scénario du Film (ci-après le « Scénario ») selon un processus de commande qui sera défini à l'article 2 des présentes.

Le Producteur souhaite acquérir les droits de l'Auteur afférents au Scénario en vue de la production d'une œuvre audiovisuelle, sachant que le terme « Scénario » dans le présent contrat recouvre l'idée originale (et/ou le pitch et/ou le synopsis), la cession portant sur tous ces éléments créés par l'Auteur.

IL A PAR LA SUITE ÉTÉ ARRÊTÉ ET CONVENU CE QUI SUIT

ARTICLE I - OBJET

Le présent contrat a pour objet de commander à l'Auteur, qui l'accepte, l'écriture du Scénario du Film, selon les étapes d'écriture décrites à l'article 2. des présentes, et la cession au Producteur par l'Auteur, en sa qualité d'auteur du Scénario du Film, conformément aux dispositions du Code de la propriété intellectuelle, de l'intégralité des droits y afférents, tels que définis à l'article 3. ci-dessous, permettant en particulier, la réalisation, la production et l'exploitation du Film.

Sur la mention à ce stade du nom du réalisateur *(À ce niveau il pourra arriver que le scénariste demande que le nom du réalisateur soit d'ores et déjà indiqué au contrat de la manière suivante : « la réalisation du Film sera confiée au (scénariste) ». Cela arrive souvent dans le cas où le scénariste souhaite être le réalisateur du Film ou que le réalisateur a écrit le scénario. Si effectivement, une telle demande apparaît comme légitime, il faut savoir qu'elle établit une des raisons qui ont amené le scénariste à céder ses droits au Producteur. Aussi, le fait que ce scénariste réalisera aussi le Film, conditionne ainsi son accord à la cession de ses droits. Cela signifie que si par la suite, il apparaissait que le scénariste ne peut pas réaliser le Film, car son nom n'est pas assez porteur pour réunir un financement, cette précision au contrat empêchera le Producteur de choisir un autre réalisateur sous peine de voir la cession des droits du scénariste remise en cause, les mentions alternatives pourront être les suivantes :*

Le Producteur fera ses meilleurs efforts pour que l'Auteur réalise le Film, l'Auteur reconnaît et accepte que cette décision appartienne au seul Producteur.

Ou bien :

L'Auteur et le Producteur s'entendront sur le choix du réalisateur étant entendu qu'en cas de désaccord persistant, voix prépondérante est donnée au Producteur.)

ARTICLE 2 - COMMANDE DU SCÉNARIO

2.1. Objet de la commande

Pour les besoins de cette commande, l'Auteur a fourni au Producteur le Synopsis. L'écriture du Scénario doit être basée sur le Synopsis. Les Parties conviennent d'entendre ci-avant et ci-après le terme Scénario comme comprenant le Synopsis de sorte que la cession des droits de l'Auteur telle que précisée aux présentes porte également sur le Synopsis.

Il est convenu que le Producteur pourra adjoindre à l'Auteur tout coauteur choisi d'un commun accord avec voix prépondérante en cas de désaccord persistant et pourra confier le Scénario de l'Auteur à tout autre coauteur au choix du Producteur.

L'Auteur s'engage à travailler régulièrement avec le(s) coauteur(s) selon les modalités plus particulières qui seront déterminées par la suite entre l'Auteur, le(s) coauteur(s) et le Producteur afin de garantir la cohérence et l'homogénéité du Scénario dans son ensemble.

(Il n'est pas inutile d'ajouter si c'est le cas d'un Producteur qui va s'investir particulièrement dans le suivi du processus d'écriture : « sachant que le Producteur s'investira dans la direction artistique de l'écriture du Scénario. »)

2.2. Calendrier

L'Auteur remettra au Producteur :

- un premier Traitement du Scénario au ....

- la Première Version du Scénario au ....

- la Seconde Version du Scénario le ....

- la Version définitive du Scénario le ....

Par « version définitive du Scénario », il faut entendre la version du Scénario acceptée par le Producteur, qui sera remise aux préacheteurs potentiels et (ou) interprètes principaux du Film.

Le respect de ce calendrier est une condition déterminante du présent contrat.

Chaque étape d'écriture ci-dessus sera transmise par l'Auteur au Producteur à l'adresse e-mail suivante : .... *(adresse mail à compléter).*

Il est entendu entre les Parties que dans les 15 (quinze) jours de chaque remise des différentes étapes d'écriture tel qu'indiqué ci-dessus, dans un délai de 15 (quinze) jours à compter de la remise, le Producteur et l'Auteur, et le Coauteur le cas échéant, analyseront ensemble les éventuelles modifications à apporter à ladite étape d'écriture, dans le cadre de rendez-vous à une date prévue d'un commun accord. Il sera établi un compte rendu de cette analyse commune.

L'Auteur s'engage à respecter toutes les modifications ressortant du compte rendu susvisé mis en place ensemble avec le Producteur, et le Coauteur le cas échéant, dans les quinze jours suivant la remise du compte rendu en mains propres ou à l'adresse e-mail suivante .... Cette obligation étant une condition déterminante au présent contrat de commande du Scénario.

2.3. Décisions du Producteur

À toutes les étapes d'écriture, le Producteur aura la possibilité :

2.3.1. Soit d'accepter la version remise. Ladite acceptation entraîne la commande de la version suivante.

2.3.2. Soit de renoncer à poursuivre le projet et par conséquent sa collaboration avec l'Auteur. Dans ce cas, il en informera l'Auteur verbalement, et par LRAR envoyé à l'Auteur et par mail à l'adresse suivante : .... *(adresse mail à compléter)* dans le délai de 15 (quinze) jours à compter de la remise. Il sera mis fin automatiquement au processus de commande. Dans ce cas, les sommes versées resteront acquises à l'Auteur et les sommes non encore exigibles ne seront pas dues.

L'Auteur disposera d'un délai de deux mois à compter de la date d'envoi de la LRAR pour décider de racheter ou faire racheter par un tiers l'intégralité de ses droits et ceux des différents auteurs engagés par le Producteur pour l'écriture du Scénario pour le montant brut H.T. réellement versé par le Producteur aux différents auteurs au moment de l'envoi de la LRAR (justificatifs bancaires à l'appui ou devant leur être versés aux termes de leurs contrats, étant entendu que le total des montants ou engagés, ne pourrait être supérieure aux .... € *(somme en chiffre et somme en lettres)* bruts H.T. prévus initialement par le Producteur pour le budget d'écriture du Scénario.

2.3.3. Soit de renoncer à sa collaboration avec l'Auteur en raison de ce que ce dernier ne respecte pas les délais relatifs aux étapes d'écriture visés ci-dessus. Dans ce cas, il en informera l'Auteur verbalement, et par LRAR envoyé à l'Auteur et par mail à l'adresse suivante : .... *(adresse mail à compléter)*, dans le délai de 15 (quinze) jours à compter de la remise. Il sera mis fin automatiquement au processus de commande, sans qu'il soit besoin pour constater cette renonciation, d'une formalité judiciaire, l'Auteur conserverait purement et simplement, à titre de dédit forfaitaire, les sommes déjà reçues au jour de la renonciation, étant précisé que les droits sur les travaux d'écriture remis et acceptés resteraient la propriété du Producteur, et la présente cession des droits s'appliquera à ces travaux d'écriture.

2.3.4. Soit de renoncer à poursuivre sa collaboration avec l'Auteur en raison de ce que ce dernier n'intègre pas les demandes convenues avec le Producteur dans le compte rendu et qu'il ne pourra pas accepter le texte remis par l'Auteur. Dans ce cas, les Parties conviennent expressément des points suivants :

(i) La renonciation sera notifiée par LRAR adressée à l'Auteur et par mail avec accusé de réception à l'adresse suivante .... *(adresse mail à compléter)* dans le délai de 15 (quinze) jours à compter de la remise.

(ii) Le Producteur ne pourra utiliser, en l'état, le texte ainsi refusé. Il pourra par contre utiliser tout texte précédemment remis par l'Auteur et accepté. *(Pour éviter tout conflit sur la version acceptée il est recommandé que chaque version du Scénario acceptée puisse être signée par les parties)*

Les sommes versées resteront acquises à l'Auteur et les sommes non encore exigibles ne seront pas dues.

2.3.5. Ces diverses étapes seront adressées par l'Auteur au Producteur à l'adresse e-mail suivante .... (*adresse mail à compléter*).

2.3.6. Il est entendu que chaque remise par l'Auteur au Producteur, des étapes visées ci-dessus entraînent, de facto à l'expiration du délai de 15 (quinze) jours à compter de la remise la cession au Producteur des droits de l'Auteur afférents à cette version, dans les termes prévus au présent contrat.

2.3.7. Dans les hypothèses visées aux points 2.3.3. et 2.3.4., la rémunération de l'auteur prévue à l'article 8 des présentes sera calculée au prorata de la participation de l'auteur au Scénario.

2.3.8. Le titre définitif du Film sera déterminé par le Producteur.

2.3.9. Compte tenu des impératifs financiers inhérents à la production audiovisuelle, le Producteur a également informé l'Auteur qu'il ne sera pas tenu de mettre en production le Film, ce que l'Auteur reconnaît et accepte.

ARTICLE 3 - DROITS CÉDÉS

(Cet article du contrat d'auteur est l'expression de l'article L.131-3 du CPI selon lequel les droits cédés doivent être indiqués. Par extension, les modes d'exploitation des droits qui ne figurent pas dans cette liste restent par essence la propriété de l'Auteur. Aussi, toute clause du contrat qui l'indiquerait est inutile)

3.1. Sous réserve de l'exécution intégrale de la présente convention et du parfait paiement, par le Producteur, des sommes énoncées ci-après, l'Auteur cède au Producteur pour le monde entier, à titre exclusif et pour la durée précisée à l'article 4 ci-dessous, les droits d'exploitation ci-après définis, découlant de sa collaboration en qualité d'Auteur du Scénario du Film, et ce compris le titre du Film.

Ces droits comprennent le droit d'adaptation, de reproduction et de représentation du Film, ainsi que les droits d'utilisation dérivée nécessaire à l'exploitation du Film sur tous supports et via tous médias de communication au public tel que définis ci-après.

Pour les besoins du présent contrat, il convient d'entendre par le terme « Film », le Scénario et le Film ainsi que ses éléments accessoires, tels que notamment, les bandes-annonces, *promo reals, teasers,* maquettes, bonus, *making of, rushes* et toutes scènes non intégrées dans la version finale du Film.

3.1.1. Le droit d'adaptation

Le droit d'adaptation comporte :

3.1.1.1. Le droit d'adapter le Scénario en le transposant lors de la réalisation d'un genre à l'autre (œuvre écrite / œuvre audiovisuelle).

3.1.1.2. Le droit de traduire, doubler ou sous-titrer le Film en toutes langues.

3.1.1.3. Le droit d'exploiter le Film sous forme d'extraits de moins de 6 (six) minutes (représentant seuls moins de 10 % (dix pour cent) ou au total moins de 15 % (quinze pour cent) de la durée du Film), par intégration et sans modification, dans un programme multimédia interactif pouvant être exploité sur tous supports destinés à la vente, à la location ou au prêt pour l'usage privé du public ou par télédiffusion par voie hertzienne terrestre, par câble, satellite ou en réseau. Cette cession lui est consentie aux conditions et moyennant le respect des dispositions du protocole en date du 12 octobre 1999 signé entre la SACD et la PROCIREP. *(Protocole dans les compléments Internet.)*

Dans le cas où le présent protocole viendrait à expiration sans être renouvelé, les conditions de ladite cession seraient définies par avenant conclu de bonne foi entre les Parties.

Par programme multimédia, on entend l'intégration sur un même support magnétique ou optonumérique, de données audiovisuelles et textuelles (tels que textes, séquences musicales, images fixes ou animées, etc.) dont la structure et l'accès sont gérés et organisés par un logiciel, permettant l'interactivité d'accès aux différentes données.

3.1.2. Le droit de reproduction

Le droit de reproduction comporte :

3.1.2.1. Le droit d'enregistrer ou de faire enregistrer par tous procédés techniques connus (notamment procédés chimiques, analogiques, numériques, optiques et (ou) magnétiques), ou inconnus à ce jour :

- les images du Film, en noir et blanc ou en couleurs,
- les sons du Film, originaux et doublages,
- les titres ou sous-titres du Film,
- ainsi que des photographies fixes représentant des scènes du Film.

3.1.2.2. Le droit de transposer le Film sous forme sonore et (ou) visuelle sur tous supports connus, notamment magnétiques (vidéocassettes, vidéodisques, etc.), optiques (films, pellicules), électroniques, numériques ou optonumériques (notamment de type CDI, DVD, DVD-Rom, CD-Rom), ou inconnus à ce jour, en tous formats, en utilisant tous rapports de cadrage, sous réserve du droit moral de l'Auteur.

3.1.2.3. Le droit de numériser, moduler, compresser et décompresser, digitaliser ou reproduire le Film, par les procédés ci-dessus, ainsi que de le stocker, en vue de son transfert ou de sa diffusion.

3.1.2.4. Le droit de reproduire en tel nombre qu'il plaira au Producteur ou à ses ayants droit, tous originaux et copies de tous enregistrements ainsi réalisés sur les supports ci-dessus.

3.1.2.5. Le droit de mettre et (ou) de faire mettre en circulation dans le monde entier ces originaux, doubles, ou copies pour toute communication au public par les modes d'exploitation prévus ci-après.

3.1.3. Le droit de représentation

Le droit de représentation comporte :

3.1.3.1. Le droit de représenter ou de faire représenter publiquement le Film en version originale, doublée ou sous-titrée en toutes langues sur tous supports, par tous modes et procédés et ce, dans toutes les salles d'exploitation cinématographique payantes ou non payantes, tant dans le secteur commercial que dans le secteur non commercial.

3.1.3.2. Le droit d'autoriser la télédiffusion du Film, en version originale, doublée ou sous-titrée en toutes langues et ce, par tous procédés inhérents à ce mode d'exploitation (télédiffusion par voies hertziennes, distribution par câble ou satellite, par télédiffusion codée ou non codée, gratuite ou payante, *pay-per-view* ou par abonnement), à seule charge pour le Producteur de rappeler aux télédiffuseurs avec lesquels il traitera que les obligations à son égard ne dégagent pas lesdits télédiffuseurs des obligations qu'ils ont contractées ou devront contracter avec les sociétés d'auteurs auxquelles l'Auteur est affilié.

3.1.3.3. Le droit de représenter le Film *on line*, par l'intermédiaire de réseau de télécommunication, et (ou) d'un système télématique interactif, tels que par exemple sur les réseaux Télétel, Internet et téléphonie mobile, etc., par tous moyens techniques et tout modèle économique possible.

3.1.3.4. Le droit d'exploiter le Film sous forme de vidéogrammes (vidéocassettes, vidéodisques, DVD, DVD-Rom, HDVD, UMD, ou tous autres supports et tous formats connus ou inconnus à ce jour) destinés à la vente ou à la location pour l'usage privé du public.

3.1.3.5. Le droit de présenter le Film dans tous festivals, manifestations ou marchés.

3.1.3.6. Le droit d'établir tout *making of* et d'exploiter tout *making of* du Film avec le Film ou séparément.

3.1.3.7. Le droit de reproduction et la représentation du Film par fragments et (ou) *rushes* montés ou non montés, seuls ou combinés à d'autres éléments, et ce sous réserve du droit moral de L'Auteur, ainsi que le droit d'exploiter des éléments sonores et (ou) visuels constitutifs du Film, pris isolément, et notamment les images et les photographies, la musique sous forme de phonogrammes du commerce.

3.1.3.8. Le droit d'exploitation du Film sous forme d'édition littéraire et graphique, c'est-à-dire le droit de reproduire ainsi que le droit d'adapter tout ou partie du texte du Film :

- sous forme d'ouvrages de librairie illustrés ou non,
- dans les revues, journaux, magazines comportant ou non des images du Film à des fins de publicité, de promotion du Film ou destinés à la vente publique,
- en vue de la radiodiffusion sonore.

(L'Auteur pourra souhaiter être consulté, dans le cas d'une adaptation graphique du scénario, c'est-à-dire d'une novélisation sous forme de livre ou bien de bandes dessinées. Dans ce cas, on peut le préciser dans cet article. Il est sage d'ajouter à ce stade que le nouveau contrat afférent à cette nouvelle adaptation se fera aux conditions du marché.

Exemple de clause : « Les Parties conviennent que l'Auteur bénéficie d'une priorité à l'écriture de toute adaptation graphique et (ou) littéraire tirée et (ou) inspirée du Scénario et du Film, et ce aux conditions du marché. Le contrat correspondant sera signé entre l'Auteur et l'Éditeur et le Producteur, le cas échéant, dans un délai qui ne devra pas excéder 30 jours. Si les Parties n'arrivaient pas à se mettre d'accord sur les termes d'un contrat dans ce délai, le Producteur retrouvera sa liberté de choix.

Pour l'exercice de ce droit de priorité, le Producteur sollicitera l'Auteur par lettre recommandée AR, et l'Auteur disposera d'un délai de 15 jours à compter de la réception de la lettre, pour indiquer son souhait de participer à l'écriture. À défaut de réponse dans le délai précité, l'Auteur sera réputé avoir refusé. »)

3.1.4. Les droits d'exploitations dérivées

Les droits d'exploitations dérivées comportent :

3.1.4.1. Le droit d'exploiter les copies des enregistrements précités au paragraphe 3.1.2. ci-dessus, par la vente (y compris par la méthode commerciale de ventes groupées dite *vente bundle*), la location et (ou) le prêt, pour l'usage privé ou la communication publique.

3.1.4.2. Le droit dit de *remake*, c'est-à-dire le droit d'adapter le Film, de le reproduire et de le représenter sous forme d'une ou plusieurs œuvres cinématographiques de long métrage postérieurement au Film, ou tout autre genre d'œuvres audiovisuelles reprenant notamment les mêmes thèmes, situations, personnages, dialogues, mise en scène, etc.

3.1.4.3. Le droit dit de *sequel*, c'est-à-dire le droit d'adapter le Film, le reproduire et le représenter sous forme d'une ou plusieurs œuvres cinématographiques de long métrage ou tout autre genre d'œuvres audiovisuelles postérieurement au Film qui en seraient la suite et qui reprendraient certains éléments du Film (titre, personnages, décors, etc.) dans des aventures différentes.

3.1.4.4. Le droit dit de *prequel*, c'est-à-dire le droit d'adapter le Film, le reproduire et le représenter sous forme d'une ou plusieurs œuvres cinématographiques de long métrage postérieurement au Film ou tout autre genre d'œuvres audiovisuelles et constituant un ou des précédents dudit Film, en reprenant tout ou partie des thèmes, situations, personnages, dialogues, titre, mise en scène, etc.

3.1.4.5. Le droit dit de *spin off*, c'est-à-dire le droit d'adapter un ou plusieurs éléments du Film (personnages, situations, etc.) en vue de l'exploiter ou de les exploiter dans une ou plusieurs œuvres cinématographiques de long métrage, postérieurement au Film ou tout autre genre d'œuvres audiovisuelles, dans des aventures différentes que celles relatées dans le Film

3.1.4.6. Le droit dit de *merchandising*, c'est-à-dire le droit de fabriquer, distribuer, vendre, louer, commercialiser sous toutes formes, tout objet ou œuvre des arts plastiques ou des arts appliqués, et notamment jeux (y compris jeux vidéo et jeux exploités par tous procédés de télécommunication), services jouets, figurines, vêtements, textiles, maroquinerie, parcs d'attractions, messages et campagnes publicitaires, etc., qui incorporent dans leur substance, dans leur forme, décoration, conditionnement et présentation tout ou partie du Film, ainsi que ses titres, sous-titres, thèmes, histoires, slogans, dialogues, musiques, personnages, dessins, décors, costumes, accessoires et tout autre élément caractéristique. Il appartient au Producteur d'obtenir les autorisations nécessaires à l'utilisation des éléments dont les droits n'appartiennent pas à l'Auteur, notamment les musiques, décors, etc.

3.1.4.7. Le droit d'autoriser la reproduction et la représentation du Film par extraits et en toutes langues et ce, sous réserve du droit moral de l'Auteur, pour la publicité et (ou) la promotion du Film.

3.1.4.8. Le droit d'autoriser la reproduction et la représentation, en toutes langues, par extraits du Scénario ou du Film, illustrés ou non par des photographies fixes représentant des scènes du Film, à condition que ceux-ci ne dépassent pas 5 000 (cinq mille) mots et soient destinés exclusivement à la publicité et (ou) à la promotion du Film. Pour les besoins de cette publicité et (ou) de cette promotion, ces extraits pourront être publiés dans les revues, journaux, magazines, mais ne sauraient faire l'objet d'une édition de librairie ou d'une vente séparée au public.

3.1.4.9. Le droit d'utiliser le titre du Film, ainsi que les noms des personnages, pour toutes les exploitations dérivées énumérées ci-dessus, ce droit comprenant la faculté de les déposer en tant que marque et (ou) nom de domaine.

3.1.4.10. Le droit d'exploiter le Film par tout moyen inconnu à ce jour.

3.1.4.11. L'Auteur autorise le Producteur à modifier le Titre du Film (*Il est nécessaire de prévoir l'autorisation de l'Auteur pour un changement de titre, en effet, en l'absence de toute mention concernant les modifications éventuelles par le Producteur, le fait qu'il ait été indiqué que le titre du Film est provisoire, ne signifie pas forcément que l'Auteur autorise sa modification. Il est donc nécessaire d'indiquer expressément que le titre peut être modifié)* et à le déposer à titre de marque et de nom de domaine.

3.2. En qualité de cessionnaire de l'Auteur, le Producteur pourra utiliser les droits susvisés comme bon lui semblera, notamment en passant tous contrats utiles à l'exploitation du Film.

3.3. Dans le cas où la diffusion du Film sur une chaîne de télévision rendrait nécessaire certaines coupures du Film aux fins d'insertions publicitaires et (ou) l'adjonction du logo de la chaîne concernée, l'Auteur déclare d'ores et déjà ne pas s'y opposer *(Cette possibilité de modifier l'œuvre par l'insertion de la coupure publicitaire ressort de l'article 73 modifié de la loi du 30 septembre 1986 et de la directive services de médias audiovisuels de 2007 qui autorisent expressément de telles interruptions).*

ARTICLE 4 - DURÉE

4.1. Les droits énumérés à l'article 3 sont cédés à titre exclusif à compter de la date de signature des présentes et pour une durée de .... années *(La durée de la cession est un point de négociation entre les Parties. On trouvera souvent une durée de 30 ans qui ressortait déjà des contrats inscrits au RPCA dès 1946, à une époque où sans doute l'on n'imaginait pas que l'exploitation d'un film puisse aller au-delà de 30 ans. On trouve aujourd'hui des durées plus longues allant jusqu'à celle de la durée légale de protection des droits d'auteur, soit 70 ans après la mort du dernier auteur. Cette durée plus longue s'avérant logique lorsque le Producteur se voit confier les droits de sequel, prequel, spin off ou remake. La précision de cette durée donne au contrat de cession de droits d'auteur le caractère de contrat à durée déterminée, qui ne pourra pas être résilié par la volonté d'une seule Partie, ou seulement si les conditions de sa résiliation (exprimées dans la clause résolutoire - voir supra - sont réunies)* commençant à courir à la date de la signature des présentes *(Ce point de départ de la cession est ainsi facilement identifiable. Il est à préférer au point de départ de la « sortie commerciale », car cette rédaction ne permet pas au contrat de couvrir la durée* *de la production du Film, de sorte que l'on pourrait considérer que le Producteur n'est pas cessionnaire des droits de l'Auteur pendant la période allant de la signature jusqu'à la date de la sortie commerciale. En outre, il sera difficile de se souvenir 30 ans après la sortie de ce Film, de la date de sa sortie commerciale). [Si le contrat de cession de droits est précédé par un contrat d'option, pour ne pas perdre le temps de la durée de l'option, le point de départ de la cession des droits sera la date de la levée de l'option]*

4.2. *La clause suivante est qualifiée de clause résolutoire, qui fixe l'événement qui, s'il arrive, entraînera la fin anticipée de ce contrat à durée déterminée. Elle a pour motif d'empêcher que les droits d'un auteur soient bloqués pendant toute la durée de la cession des droits entre les mains du Producteur pour des raisons d'opportunité (empêcher qu'un projet aille chez un concurrent par exemple), et alors que ce Producteur n'entreprend rien en vue de produire le Film.*

Au cas où dans un délai de .... *(Le nombre d'années peut varier selon la nature du projet et sa difficulté à le monter financièrement)* années, à compter de la signature des présentes, le Film n'aurait pas été réalisé - le Film étant réputé réalisé au moment de l'établissement de la version définitive prévue à l'article L.121-5, alinéa 1er du Code de la propriété intellectuelle - *(L'événement qui mettra fin au contrat de manière anticipée, est la non-réalisation caractérisée par le non-établissement de la version définitive du Film. On pourra préférer comme cause de résiliation anticipée du contrat, le fait que le film ne soit pas mis en production avant une certaine date, et opter pour la clause suivante :* « si le Film n'est pas mis en production avant *(une certaine période)* ou date, et en définissant la mise en production par, soit le premier jour de préparation, soit le jour de la signature du contrat de travail du réalisateur le présent contrat sera résolu de plein droit par la simple arrivée du terme et sans qu'il soit besoin d'une mise en demeure ou formalité judiciaire quelconque ; l'Auteur reprendra alors la pleine et entière propriété de tous ses droits, et les sommes déjà reçues lui restant, en tout état de cause, définitivement acquises *(On considèrera alors que ces sommes déjà versées restées acquises à l'Auteur sont une indemnisation de l'immobilisation qu'il a subie.)*

ARTICLE 5 - PROTECTION DES DROITS CÉDÉS

(Cet article est descriptif de la situation du Producteur cessionnaire des droits. Il n'est pas indispensable.)

Le Producteur acquiert la qualité d'ayant droit de l'Auteur pour l'exercice des droits cédés qu'il utilisera comme bon lui semble, notamment en passant tous contrats d'édition, de représentation et de diffusion, par quelque mode que ce soit, utiles à l'exploitation du Film.

Le Producteur demeure entièrement libre de réaliser ce Film en coproduction et (ou) de rétrocéder à un tiers tout ou partie du bénéfice et des charges du présent contrat sous quelque forme et à quelque titre que ce soit à condition de rester solidairement garant et répondant à l'égard de l'Auteur de l'exécution des présentes par le cessionnaire.

Par ailleurs, le Producteur aura, par l'effet des présentes, le droit de poursuivre toute contrefaçon ou toute exploitation sous quelque forme que ce soit de l'œuvre, dans la limite des droits cédés en vertu des présentes, mais à ses frais, risques et périls et à sa propre requête.

Il est bien entendu que ne sont cédés par les présentes que les droits possédés par l'Auteur lui-même, c'est-à-dire dans la mesure et les limites où la propriété littéraire et artistique de l'œuvre dont il s'agit lui appartient et est assurée et garantie par la législation et la jurisprudence de chaque pays.

ARTICLE 6 - JOUISSANCE PAISIBLE

6.1. L'Auteur garantit expressément au Producteur l'exercice paisible des droits *(Cet article est une transcription de l'obligation de la jouissance paisible à laquelle l'Auteur s'oblige quand il cède ses droits et qui ressort également de la garantie d'éviction de l'article 1626 du Code civil en cas de vente d'un bien incorporel.)* cédés et notamment :

- Qu'il est seul propriétaire de tous les droits attachés au Scénario et qu'il a pleins pouvoirs et qualités pour accorder les droits cédés par les présentes, et que ces droits ne sont ni ne seront en aucune manière cédés, hypothéqués, grevés ni d'une façon quelconque dévolus en faveur d'un tiers.

- Qu'il n'a fait et ne fera, par le fait d'une cession à un tiers ou par tout autre moyen, aucun acte susceptible de compromettre la présente cession de droits, ou susceptible d'empêcher ou de gêner la pleine jouissance par le Producteur, des droits qui lui sont accordés par les présentes.

- Qu'il n'a introduit, ni n'introduira dans son Scénario aucune reproduction ou réminiscence susceptible de violer les droits des tiers et de donner lieu à des attaques pour plagiat et (ou) contrefaçon ou de troubler la réalisation ou l'exploitation du Film produit.

- Qu'aucun litige ou procès n'est en cours ni sur le point d'être intenté mettant en cause les droits de l'Auteur sur le Scénario tels que définis et cédés par les présentes.

- Qu'il ne troublera en rien la bonne marche de l'exploitation du Film et qu'il ne se livrera pas, par quelque moyen que ce soit, à des déclarations risquant de porter un préjudice quelconque à cette exploitation.

L'Auteur est personnellement responsable tant vis-à-vis des tiers que du Producteur, en cas de non-observation de la présente clause.

(Cette clause dite de jouissance paisible permettra tant au Producteur qu'à un tiers du Producteur, auquel ce dernier aura cédé les droits de l'Auteur, d'agir en garantie contre ce dernier.)

6.2. L'Auteur s'engage formellement à ne troubler en rien la bonne marche de l'exploitation du Film et à ne se livrer, par quelque moyen que ce soit, à des déclarations risquant de porter un préjudice quelconque à cette exploitation.

ARTICLE 7 - CONSERVATIONS DU FILM

7.1. L'Auteur accepte de se prêter à fournir toutes les attestations qui pourraient lui être demandées par le Producteur pour les organismes officiels français ou étrangers auxquels le Producteur aurait à remettre lesdites attestations.

7.2. Le Producteur devra procéder au dépôt légal du Film : *(Le CNC est l'organisme dépositaire du dépôt obligatoire des films. Le dépôt légal des films a été instauré en France en 1977 pour les films français, alors que la loi n° 92-546 du 20 juin 1992 et le décret du 31 décembre 1993 ont élargi la collecte à tous les films diffusés en France. Le Code du patrimoine entré en vigueur le 20 février 2004, actualise la loi n° 92-546 et régit, dans sa partie législative, le dépôt légal en France, tandis que le décret du 31 décembre 1993 continue d'en régir les aspects réglementaires. La direction du patrimoine cinématographique du CNC assure la collecte et la conservation des films, la constitution et la diffusion de bibliographies et filmographies nationales ainsi que la consultation des documents par les chercheurs. L'obligation légale de dépôt concerne les Producteurs de films français et distributeurs de films étrangers diffusés en salles, courts et longs métrages et les commanditaires de films publicitaires ou institutionnels.*

Le dépôt pour un long métrage doit être effectué dans un délai d'un mois à compter de la première représentation et pour un court-métrage : délai de six mois à compter de la date de visa d'exploitation.

Adresse du dépôt : Archives françaises du film – SAVEC - 7 bis, rue Alexandre Turpault - 78390 Bois-d'Arcy cedex).

Tout dépôt doit être accompagné d'un formulaire de déclaration de dépôt dûment rempli par le déposant, à savoir :

- un élément intermédiaire de tirage ou copie positive neuve,
- la bande-annonce,
- le matériel publicitaire (affiche, affichette, photos d'exploitation, dossiers de presse)

ARTICLE 8 - RÉMUNÉRATION

En rémunération de la cession de ses droits d'Auteur telle que cette cession est définie par les présentes, l'Auteur percevra une rémunération proportionnelle *(La rémunération proportionnelle est une obligation légale d'ordre public qui ressort des articles L.132.25 et L.131.4 du CPI. Il n'est pas possible d'y déroger* ***sous peine de nullité du contrat de cession,*** *sauf si les Parties se trouvent dans une des quatre situations évoquées à l'article L.131.4 alinéa 2 du CPI où il est possible de recourir à une rémunération forfaitaire. Un contrat forfaitaire fait l'objet du modèle ci-après dans l'ouvrage.)*

Pour que la cession d'un mode d'exploitation soit valide, il faut que soit prévue une rémunération correspondante.

La rémunération proportionnelle sera calculée sur la totalité des recettes et au premier euro (c'est-à-dire que vous ne pouvez pas, par exemple, exclure de l'assiette de calcul de la rémunération proportionnelle, les préventes, même si elles servent au financement du Film).)

8.1. Rémunération proportionnelle

Lorsque le public paie un prix déterminé et individualisable pour accéder au Film, la rémunération proportionnelle de l'Auteur est assise sur ce prix, Hors Taxes, payé par le public. L'on parle alors du « PPHT », le Prix Public Hors Taxes.

Lorsque le prix payé par le public n'est pas déterminé et individualisable, la rémunération proportionnelle de l'auteur sera assise sur l'ensemble des recettes Hors Taxes, quelles qu'en soient la nature ou la provenance, réalisées et encaissées par le Producteur, à raison de l'exploitation du film. L'on parle de « RNPP », les Recettes Nettes Part Producteur. Les RNPP applicables lors de l'exploitation d'un film de long métrage ont été définies par un arrêté du 7 février 2011. Vous trouverez la définition des RNPP dans la partie « Recettes et coût du film » du livre.

Vous trouverez la définition des RNPP dans la partie « Recettes et coût du film » du livre.

Ce modèle de contrat ne présente pas les pourcentages de rémunération, car ces pourcentages sont librement négociés entre les Parties et sont très variables selon l'importance de l'œuvre, de son budget ou encore selon la notoriété de l'auteur. Si les lecteurs souhaitent avoir des informations sur les usages pratiqués, il peut consulter les contrats d'auteurs enregistrés aux Registres de la Cinématographie et de l'Audiovisuel accessible sur la base de données du CNC.

Si l'Auteur a un agent, la rémunération de ce dernier peut être prévue dans cette clause du contrat. Mais il peut arriver que l'Agent prévoie sa rémunération dans un acte séparé liant seulement le Producteur et l'agent. Le pourcentage d'usage pratiqué par les agents est de 10 % de ce qui est octroyé à l'auteur. Cette rémunération de l'agent peut être soit incluse dans l'enveloppe réservée à l'auteur : par exemple sur une enveloppe de 1 % il y a 0,9 % pour l'auteur et 0,1 % pour l'agent, ou s'ajouter : 1 % pour l'auteur et 0,1 % pour l'agent. Parfois il y a un mixte entre ces deux pratiques, la rémunération de l'agent est incluse quand il s'agit des montants des pourcentages et s'ajoute, quand il s'agit des montants du minimum garanti. Il est alors judicieux pour le Producteur d'interroger très rapidement l'auteur sur l'existence ou non d'un agent, car cela permet au Producteur de connaître dès le départ l'enveloppe globale à réserver au couple auteur/agent, et de ne pas être contraint à la fin de majorer son enveloppe de 10 %.

8.1.1. Exploitation du Film en France et à l'étranger par télédiffusion

a) En ce qui concerne les exploitations du Film par télédiffusion dans les pays où la SACD intervient directement ou indirectement auprès des télédiffuseurs pour percevoir ou faire percevoir les redevances dues à leurs membres, à raison de l'utilisation des œuvres inscrites à leur répertoire, la rémunération due à l'Auteur au titre de l'exploitation du Film par télédiffusion sera constituée par lesdites redevances, celles-ci lui étant réparties conformément aux règles desdites sociétés.

Le Producteur n'aura en aucun cas à intervenir s'agissant de la répartition entre coauteurs, ces derniers s'engageant en cas de désaccord entre eux à ne prendre aucune mesure qui soit susceptible d'entraver l'exploitation.

En ce qui concerne la télédiffusion par câble simultanée, intégrale et inchangée, les droits y afférents sont et seront gérés dans le cadre des accords conclus directement ou indirectement par les sociétés d'auteurs auxquelles l'Auteur est affilié. *(La pratique professionnelle fait supporter la prise en charge de la rémunération proportionnelle de l'Auteur en cas d'exploitation du Film à la télévision, dans les pays où les organismes de gestion collective (SACD/ SCAM) ont eux-mêmes des accords, par les sociétés de gestion collective de ces pays.*

De plus en plus, les agents ou les auteurs demandent au Producteur de payer en plus de cette rémunération prise en charge par la gestion collective, une rémunération supplémentaire. Cette rémunération supplémentaire n'est pas obligatoire.)

On trouvera alors ce type de clause : « Outre la rémunération par la gestion collective visée ci-dessus, en France et dans les pays où la SACD intervient, prévue ci-dessus le Producteur versera une rémunération proportionnelle en un pourcentage H.T. fixé à :

- ....% (.............. pour cent) sur les Recettes Nettes Part Producteur.) »

b) Dans les pays où la SACD n'intervient pas :

Le Producteur versera une rémunération proportionnelle en un pourcentage H.T. fixé à :

- .... % (.............. pour cent) sur les Recettes Nettes Part Producteur ci-après définies en l'annexe 1.

c) Au titre de l'exploitation *pay-per-view* et vidéo à la demande en France et à l'étranger

<u>En France</u>

- .... % (.............. pour cent) sur le prix H.T. payé par le public (le « PPHT »).

<u>À l'étranger</u>

- .... % (.............. pour cent) des Recettes Nettes Part Producteur.

Étant entendu que si un nouveau Protocole d'accord confiant la rémunération de l'Auteur à une société de gestion collective venait à s'appliquer pour les exploitations visées au présent c), ses stipulations prévoyant le paiement de l'Auteur par la gestion collective s'appliqueraient de facto, et se substitueraient au paiement direct de l'Auteur par le Producteur.

8.1.2. Exploitation du Film sous forme de vidéogrammes

♦ <u>En France</u>

Conformément aux dispositions de l'article L.132-25 du Code de la propriété intellectuelle, le Producteur versera à l'Auteur une rémunération proportionnelle en un pourcentage H.T. fixé à :

- ....% (.............. pour cent) du montant Hors Taxes du prix payé par le public pour l'acquisition ou la location de vidéogrammes.

(En matière d'exploitation vidéographique en France, la rémunération est assise sur le PPHT, comme le prévoit cet article L.132.25 du CPI. Or, en matière d'exploitation vidéographique, compte tenu notamment de ce que le PPHT est très fluctuant, et d'un nombre important d'intermédiaires, les recettes qui remontent au Producteur sont de l'ordre de 10 à 30 % du PPHT. Il faudra alors tenir compte de cette donnée quand sera négocié le pourcentage de rémunération de l'auteur pour cette exploitation de manière à ce que le Producteur ne s'engage pas à verser à l'auteur une rémunération dépassant le montant des recettes qu'il aura lui-même perçues.)

Nota bene : pour les Producteurs membres de l'USPA, ils pourront se réclamer du protocole d'accord vidéo USPA/SACD/SDRM/SCELF, à effet du 1er janvier 2006. Les membres de l'USPA pourront opter au titre de la rémunération des auteurs pour l'édition vidéographique, soit pour un mécanisme de gestion collective par la SACD, soit pour un mécanisme de gestion individuelle (comme dans le présent modèle) par le Producteur.

♦ À l'étranger

Le Producteur versera à l'Auteur une rémunération proportionnelle en un pourcentage H.T. fixé à :

- .... % (.............. pour cent) des Recettes Nettes Part Producteur.

8.1.3. Exploitation du Film sous forme d'œuvres multimédias en France et à l'étranger

♦ En France

Le Producteur versera à l'Auteur une rémunération proportionnelle en un pourcentage H.T. fixé à :

- .... % (.............. pour cent) du montant Hors Taxes du prix payé par le public pour l'acquisition ou la location d'œuvres multimédias.

♦ À l'étranger

Le Producteur versera à l'Auteur une rémunération proportionnelle en un pourcentage H.T. fixé à :

- .... % (.............. pour cent) des Recettes Nettes Part Producteur.

8.1.4. Exploitation du Film par tous moyens électroniques dits on line en France et à l'étranger

Conformément aux dispositions de l'article L.132-25 du Code de la propriété intellectuelle, pour la communication du Film ou pour la reproduction du Film par des moyens autorisés moyennant paiement par le public d'un prix déterminé et individualisable, le Producteur versera une rémunération proportionnelle en un pourcentage H.T. fixé à :

- ....% (.............. pour cent) du montant H.T. de ce prix.

Toutefois, si le Prix Public Hors Taxes ne pouvait être déterminé le Producteur versera une rémunération proportionnelle en un pourcentage H.T. fixé à :

- ....% (.............. pour cent) des Recettes Nettes Part Producteur ci-après définies à l'annexe 1.

8.1.5. Exploitation du Film en France et à l'étranger sous forme de produits *merchandising*

Pour l'exploitation du Film sous forme de produits *merchandising*, la contribution de l'Auteur ne constitue pas l'un des éléments essentiels des produits *merchandising* et (ou) l'utilisation de l'œuvre de l'Auteur présente un caractère accessoire, le Producteur versera une rémunération proportionnelle en un pourcentage H.T. fixé à :

- .... % (.............. pour cent) des Recettes Nettes Part Producteur.

8.1.6. Exploitation cinématographique du Film dans les salles

♦ En France

a) Dans le secteur commercial

Conformément aux dispositions de l'article L.132-25 du Code de la propriété intellectuelle, le Producteur versera à l'Auteur une rémunération proportionnelle en un pourcentage H.T. fixé à :

- .... % (.............. pour cent) du prix payé par le public au guichet des salles de spectacle cinématographique assujetties à l'obligation d'établir un bordereau de recettes, sous la seule déduction de la TVA, de la taxe spéciale additionnelle et de la cotisation versée au Centre national du cinéma et de l'image animée.

Afin de tenir compte des tarifs dégressifs de location éventuels accordés par le distributeur aux exploitants, le produit de ce pourcentage sera pondéré, s'il y a lieu, par l'application d'un coefficient calculé en rapportant le taux moyen de location du Film depuis le début de l'exploitation, à un taux de référence de 50 % (cinquante pour cent) *(C'est l'application de l'article L.132.25 §2 du CPI).*

Par « taux moyen de location du Film », on entend, aux termes de la présente convention, le rapport de la recette distributeur à la recette exploitant telles qu'elles apparaissent sur les bordereaux du Centre national du cinéma et de l'image animée (sous les titres « encaissement distributeur » et « recettes » hors TVA).

Lorsque les conditions de la programmation des salles de spectacle cinématographique ne permettent pas d'affecter, Film par Film, le prix payé par le public, la rémunération de l'Auteur sera constituée par un pourcentage de .... % (.............. pour cent) calculé sur les recettes brutes du Producteur, sous la seule déduction de la TVA.

b) Dans le secteur non commercial

Le Producteur versera à l'Auteur une rémunération proportionnelle en un pourcentage H.T. fixé à :

- ....% (.............. pour cent) sur les Recettes Nettes Part Producteur telles que définies en Annexe 1 des présentes.

♦ À l'étranger

Le Producteur versera à l'Auteur une rémunération proportionnelle en un pourcentage H.T. fixé à :

- .... % (.............. pour cent) sur les Recettes Nettes Part Producteur.

8.1.7. Exploitation du Film en France et à l'étranger sous forme d'ouvrage littéraire

♦ En France

Conformément aux dispositions de l'article L.132-25 du Code de la propriété intellectuelle, le Producteur versera à l'Auteur une rémunération proportionnelle en un pourcentage H.T. fixé à :

- .... % (.............. pour cent) du montant Hors Taxes du prix payé par le public pour l'acquisition des ouvrages.

♦ À l'étranger

Le Producteur versera à l'Auteur une rémunération proportionnelle en un pourcentage H.T. fixé à :

- .... % (.............. pour cent) des Recettes Nettes Part Producteur.

8.1.8. Pour toutes les autres exploitations que celles visées ci-dessus

♦ En France

Le Producteur versera à l'Auteur une rémunération proportionnelle en un pourcentage H.T. fixé à :

- .... % (.............. pour cent) du prix public Hors Taxes lorsque celui-ci peut être fixé et que l'assiette d'application du Film est déterminée et indiscutable.

Lorsque ce n'est pas le cas, le Producteur versera à l'Auteur une rémunération proportionnelle en un pourcentage H.T. fixé à :

- .... % (.............. pour cent) des Recettes Nettes Part Producteur.

♦ À l'étranger

Le Producteur versera une rémunération proportionnelle en un pourcentage H.T. fixé à :

- .... % (.............. pour cent) des Recettes Nettes Part Producteur.

8.1.9. Pour l'exploitation de tout ou partie des éléments du Film sous forme de phonogrammes du commerce

Si tout ou partie de sa contribution est reprise sur les phonogrammes du commerce, le Producteur s'engage à informer préalablement l'Auteur de toute exploitation phonographique afin de lui permettre d'effectuer les formalités nécessaires – notamment de déclaration de l'œuvre – auprès de la SACEM - SDRM qui percevra et répartira les droits revenant à l'Auteur.

8.1.10. Pour l'exploitation du Film par tout moyen inconnu à ce jour

Conformément aux dispositions de l'article L.131-6 du Code de la propriété intellectuelle, le Producteur versera à l'Auteur une rémunération proportionnelle en un pourcentage H.T. fixé à :

- .... % (.............. pour cent) du montant Hors Taxes payé par le public.

Toutefois, si le prix public Hors Taxes ne pouvait être déterminé, le Producteur versera une rémunération proportionnelle en un pourcentage H.T. fixé à :

- .... % (.............. pour cent) des Recettes Nettes Part Producteur.

8.1.11. *(Le cas échéant)* **Rémunération supplémentaire après amortissement du coût du Film**

(Cette rémunération supplémentaire n'est pas la traduction d'une obligation légale, mais est au choix des Parties. Il s'agit donc d'une possibilité que le Producteur négocie avec l'auteur.)

Dans l'hypothèse où le Film atteindrait son seuil d'amortissement, c'est-à-dire après que le montant total des Recettes Nettes Part Producteur telles que définies en annexe 1 des présentes, soit égal à son coût, tel que défini en annexe 2 des présentes, le Producteur s'engage à verser une rémunération supplémentaire, après amortissement du coût du Film, en un pourcentage fixé à :

- .... % (.............. pour cent) des Recettes Nettes Part Producteur à provenir de l'exploitation du Film par tous modes et procédés dans le monde entier et ce, que le Minimum garanti de l'Auteur ait ou non été récupéré par le Producteur par application des pourcentages de rémunération proportionnelle prévus ci-dessus.

8.1.12. Dans l'hypothèse où la création de l'Auteur à la version définitive du Scénario ne couvrirait pas toutes les étapes d'écriture, le pourcentage de rémunération proportionnelle serait réduit au prorata de sa création.

8.1.13. Principe général

(Cette clause prévoit l'obligation pour les Parties de renégocier le contrat lors de la survenance des circonstances prévues au présent contrat.)

Dans l'hypothèse où l'une des assiettes retenues pour l'application de la rémunération de l'Auteur serait considérée comme ne respectant plus les dispositions légales, notamment du Code de la propriété intellectuelle, par une décision de la Cour de cassation ou par un texte ayant force de loi, les Parties conviennent de lui substituer de facto et pour l'avenir l'assiette du Prix Public Hors Taxes. Elles modifieront de facto le taux de rémunération défini au présent contrat, pour un montant respectant l'équilibre économique qui a présidé au présent accord des Parties.

Les Parties conviennent également que les comptes d'ores et déjà remis sur la base de l'ancienne assiette ne seront pas remis en cause, et auront rémunéré équitablement l'Auteur.

Les Parties conviennent expressément que la modification éventuelle de l'assiette ne peut en aucun cas constituer un motif de résiliation ou d'annulation du contrat, mais uniquement une redéfinition du taux.

8.2. Prime d'exclusivité - Minimum garanti

En matière de commande d'écriture d'un scénario pour une œuvre destinée à une première exploitation télévisuelle, il est courant que l'Auteur reçoive outre le minimum garanti d'usage, une prime d'exclusivité.

La prime d'exclusivité et le minimum garanti sont tous les deux des versements de sommes fixes, qui nécessitent que le Producteur ait de la trésorerie.

La différence entre ces deux modalités de paiement est que le minimum garanti est un valoir dont le Producteur devra avoir récupéré le montant avant de commencer à payer à l'auteur des pourcentages sur les recettes, alors que le montant de la prime d'exclusivité ne se récupère pas.

8.2.1. À titre de prime d'exclusivité, l'Auteur se voit octroyer la somme de .... euros H.T., selon le calendrier suivant :

Exemple de calendrier :

- .... *euros à la signature du contrat (20 %),*
- .... *euros à l'acceptation du Traitement du Scénario (10 %),*
- .... *euros à l'acceptation de la première Version du Scénario (10 %),*
- .... *euros à l'acceptation de la deuxième Version du Scénario (10 %),*
- .... *euros à l'acceptation de la troisième Version du Scénario (20 %),*
- .... *euros à l'acceptation de la Version définitive du Scénario (30 %)*

(L'échéance de paiement de la prime est déterminée par négociation des Parties. Aussi, l'échéancier suit les étapes d'écriture du scénario. Un principe est que le Producteur doit suivre est de ne prévoir que des échéances qu'il est certain de respecter.)

8.2.2. À titre de minimum garanti à valoir sur le produit des pourcentages prévus aux paragraphes 8.1. ci-dessus, à la charge du Producteur, l'Auteur se voit octroyer la somme de .... euros H.T., selon le calendrier suivant :

Exemple de calendrier :

- .... *euros à la signature du contrat (20 %),*
- .... *euros à l'acceptation du Traitement du Scénario (10 %),*
- .... *euros à l'acceptation de la première Version du Scénario (10 %),*
- .... *euros à l'acceptation de la deuxième Version du Scénario (10 %),*
- .... *euros à l'acceptation de la troisième Version du Scénario (20 %),*
- .... *euros à l'acceptation de la Version définitive du Scénario (30 %)*

(L'échéance de paiement d'un minimum garanti est déterminée par négociation des Parties. Aussi, l'échéancier suit les étapes d'écriture du scénario. Un principe que le Producteur doit suivre est de ne prévoir que des échéances qu'il est certain de respecter.)

Le Producteur se remboursera de l'intégralité de ce minimum garanti par compensation sur l'ensemble des rémunérations proportionnelles visées aux paragraphes

8.1.1. à 8.1.10. ci-dessus dont il sera redevable envers l'Auteur, jusqu'à complet remboursement, étant entendu que les sommes qui seront versées à l'Auteur par les sociétés d'auteur, ne seront pas prises en compte. Il est précisé que si l'ensemble des sommes ainsi affectées à la compensation était inférieur au montant du minimum garanti, le Producteur ne pourrait pas exercer de recours contre l'Auteur pour la différence.

La somme versée au titre du minimum garanti n'est pas productive d'intérêts.

Toutes les rémunérations prévues au présent contrat seront majorées de la TVA au taux en vigueur, et subiront les déductions sociales obligatoires.

8.3. Rémunération en cas de *remake, prequel, sequel, spin-off*

8.3.1. En cas de cession à un tiers des droits de *remake* et (ou) *prequel* et (ou) *sequel* et (ou) *spin off*

Le Producteur versera à l'Auteur sur les Recettes Nettes provenant du prix de cession H.T. :

- .... % (.............. pour cent) de toutes Recettes Nettes provenant de la cession des droits de *remake* et (ou) *prequel* et (ou) *sequel* et (ou) *spin off.* On entend par Recettes Nettes, le prix Hors Taxes de la cession diminué de tous les frais engagés, dûment justifiés, se rapportant à la cession.

8.3.2. Pour l'exploitation des *remake* et (ou) *prequel* et (ou) *sequel* et (ou) *spin-off*, pour chacun des modes d'exploitation cédés, le Producteur versera à l'Auteur, une rémunération proportionnelle égale à :

- .... % (.............. pour cent) des pourcentages prévus aux présentes pour chacun des modes d'exploitation cédés du Film dans le monde aux points 8.1.1. à 8.1.10. ainsi que du pourcentage prévu au point 8.1.11. ci-dessus.

8.3.3. *(Par exception de ce qui est indiqué au point 8.3.2. : Il faudra également tenir compte du fait que les droits de* remake, sequel, prequel *et spin off sont souvent acquis par des sociétés étrangères qui ne permettent pas de calculer la rémunération de l'auteur sur des RNPP. Il faudra indiquer alors que le prix de la cession au point 8.3.1. rémunérera également l'exploitation des remake, sequel, prequel et spin off par ces sociétés étrangères :* « Dans l'hypothèse où les droits de remake, *sequel/prequel* et/ou *spin off* étaient acquis par des sociétés étrangères qui ne permettront pas le calcul de la rémunération proportionnelle de l'Auteur sur les RNPP, les Parties conviennent que dans ce cas, le pourcentage sur le prix de cession prévu ci-dessus au point 8.3.1., rémunérera par application de l'article L.131.4 du CPI l'exploitation du Film au sein de ces *remake*, *sequel/prequel* et/ou *spin off*, pour chacun des modes d'exploitation cédés du Film dans le monde.)

8.4. Rémunération pour copie privée

Pour autant que de besoin, il est rappelé que l'Auteur conservera intégralement sa part des redevances à lui revenir au titre du droit à rémunération pour copie privée institué par l'article L.311-1 du Code de la propriété intellectuelle.

8.5. Taux de T.V.A.

Tous les paiements dus à l'Auteur seront majorés de la TVA au taux en vigueur dont le paiement sera conforme aux dispositions de l'article 285 bis du Code général des impôts, et sauf renonciation expresse de l'Auteur, au dispositif de retenue à la source prévue par ce texte, le Producteur s'en acquittera auprès du Trésor public, et versera le solde à l'Auteur au titre de ses droits à déduction au taux forfaitaire.

Dans les contrats, le taux de T.V.A. à appliquer est de 7 % depuis le 4 janvier 2012.

Toutes les rémunérations visées à la présente convention s'entendent comme des rémunérations brutes.

ARTICLE 9 - REDDITION DES COMPTES

Les comptes d'exploitation, quelle que soit leur situation, seront arrêtés annuellement, le 31 décembre de chaque année. Ils devront être adressés à l'Auteur de manière détaillée précisant toutes les exploitations sur tous les territoires, poste par poste, et ce, à chaque reddition de comptes.

Les comptes seront adressés à l'Auteur dans le mois de leur date d'arrêté, accompagnés s'il y a lieu du produit des pourcentages revenant à l'Auteur conformément aux stipulations de l'article 8 ci-dessus et s'il y a lieu d'un chèque représentant le montant revenant à l'Auteur.

Le Producteur peut adapter cette clause à ses propres habitudes comptables. La loi fait obligation au Producteur de rendre les comptes à l'Auteur au moins une fois par an, et à fournir à l'Auteur, sur sa demande, une copie de chaque contrat qu'il conclut en vue de l'exploitation du Film.

Le Producteur tiendra dans ses livres une comptabilité d'exploitation qui sera organisée de telle sorte que les opérations s'y rapportant se distinguent de l'ensemble des comptes du Producteur et puissent être facilement isolées, contrôlées ou relevées.

*(Lorsque l'auteur perçoit une rémunération après amortissement du coût du Film, il faut ajouter après « une comptabilité d'exploitation », **« la comptabilité de production »** de manière à ce que l'Auteur puisse contrôler la réalité de l'amortissement du coût du Film.)*

L'Auteur ou son représentant pourra effectuer, sous préavis de huit jours *(8 jours est un délai indicatif, vous pourrez prévoir un délai de prévenance plus long)*, au siège social du Producteur pendant les heures d'ouverture des bureaux, toutes vérifications qu'il jugera utiles.

ARTICLE 10 - PUBLICITÉ

Dans le monde entier, dans toute publicité, ainsi que sur l'affiche et le générique du Film, le nom de l'Auteur sera cité (sur un carton seul et fixe si ce procédé est utilisé) de la façon suivante :

Scénario de .... *(nom de l'Auteur)*,

Cette mention étant suivie du nom des coauteurs éventuels et étant apposée dans des caractères d'une taille qui ne pourra être inférieure à .... % de celle utilisée pour la mention du nom du réalisateur en tant que tel.

Bien entendu cette formule est à adapter à chaque cas particulier. Il faut bien veiller à ce que l'ensemble des contrats d'Auteurs soient harmonisés entre eux, notamment sur le point de l'ordre de mention des noms, afin d'éviter des problèmes insolubles au moment de l'établissement du générique.

Le Producteur se réserve, en dehors de la publicité standard ci-dessus, le droit de faire une publicité spéciale de lancement ou de soutien ne comportant pas la mention du nom de l'Auteur.

Le Producteur s'engage à communiquer ces obligations publicitaires à toutes les firmes qui distribueront ou éditeront le Film, mais ne saurait être tenu responsable de leurs manquements ; l'Auteur est autorisé dès maintenant à agir directement à l'encontre des ayants droit du Producteur.

ARTICLE 11 - INSCRIPTION AUX RCA

Le Producteur s'engage à inscrire la présente convention aux Registres de la Cinématographie et de l'Audiovisuel, conformément aux articles L.123-1 et suivants du Code du cinéma et de l'image animée, au plus tard au premier jour de tournage du Film.
(En matière d'œuvre audiovisuelle destinée à une première exploitation, l'inscription aux RCA n'est pas obligatoire.)

ARTICLE 12 - CLAUSE DE RÉSILIATION

12.1. À défaut d'exécution par l'une ou l'autre des Parties de ses obligations et 30 (trente) jours après l'envoi d'une mise en demeure par lettre recommandée avec accusé de réception restée sans effet, les présentes seront résiliées aux torts et griefs de la Partie défaillante, si bon semble à l'autre Partie, sous réserve de tous dommages-intérêts, par une décision de justice devenue définitive.

(Certains contrats peuvent aussi prévoir une résiliation anticipée de « plein droit » après mise en demeure restée sans effet, mais cette solution est moins protectrice pour le Producteur puisque la résiliation n'est pas prononcée par le juge, mais mise en œuvre automatiquement dans les conditions prévues à la présente clause, le contrôle du juge porte sur le bien-fondé de la demande de résiliation.)

12.2. Les contrats signés avant la résiliation des présentes dans les conditions du point 12.1. ci-dessus, ne seront pas remis en cause. *(La résiliation n'a d'effet que pour le futur.)*

ARTICLE 13 - CESSION À UN TIERS

Le Producteur pourra céder les bénéfices, droits et obligations résultant de la présente convention à tout tiers de son choix.

(Certains contrats prévoient que le Producteur pourra céder le contrat à tout tiers à la condition expresse que le cessionnaire s'engage au préalable par écrit, à assumer toutes obligations convenues à la présente convention, et à charge par le Producteur d'en aviser l'Auteur par lettre recommandée. Cette clause peut être risquée pour le Producteur qui cède le bénéfice du contrat à un tiers, car si les conditions prévues ne sont pas respectées, la cession du contrat au tiers tombe.)

(Il est impératif de prévoir la possibilité de céder le contrat à un tiers en raison du caractère « intuitu personae » du contrat de cession de droit d'auteur.)

ARTICLE 14 - LITIGES

En cas de contestation sur l'interprétation ou sur l'exécution des présentes, les Tribunaux de Grande Instance seront seuls compétents.

ARTICLE 15 - ÉLECTION DE DOMICILE

Les Parties élisent domicile à l'adresse visée en tête des présentes.

Fait à ...., le ....

(Il faut veiller à ne pas oublier de dater le contrat)

en 3 exemplaires

(Il faut établir autant d'exemplaires qu'il y a de Parties au contrat (donc au moins deux), et un supplémentaire pour les Registres de la Cinématographie et de l'Audiovisuel.)

POUR L'AUTEUR | **POUR LE PRODUCTEUR**

______________ | ______________

(Attention : ne pas oublier de joindre à ce contrat la définition des Recettes Nettes Part Producteur et éventuellement celle du Coût du Film qui font partie intégrante du contrat)

Ces définitions se trouvent dans les annexes.

CONTRAT DE CESSION DE DROITS D'AUTEUR-RÉALISATEUR

(CINÉMA)

Le réalisateur bénéficie d'une double qualité : celle d'auteur pour tout ce qui concerne sa participation à la création intellectuelle du film et celle de technicien, salarié du Producteur, pour tout ce qui concerne la fabrication proprement dite du film.

En conséquence, il sera nécessaire de conclure avec lui deux contrats distincts :

- un contrat de cession de droits d'auteur - réalisateur prévoyant à son profit, une rémunération proportionnelle aux recettes d'exploitation du film et, de manière quasi systématique, une avance minimum - garantie (MG) à valoir sur cette rémunération proportionnelle ;
- un contrat de travail qui interviendra en général plus tard, pendant la période de préparation proprement dite du film, et aux termes duquel seront fixées les conditions de son embauche, dont son salaire.

Concernant la télévision, devront être intégrées au contrat de travail, les dispositions de la convention collective nationale de la production audiovisuelle du 13 décembre 2006 et ses avenants qui s'appliquent et qui régissent les conditions d'emploi des techniciens de la production audiovisuelle.

En matière de cinéma, la convention collective de la production cinématographique du 29 mars 1973 n'est pas étendue, elle n'est applicable qu'aux sociétés adhérentes des syndicats signataires, ce qui n'est pas la majorité des sociétés de production du secteur.

Au moment où le livre paraît, une nouvelle convention collective est en cours de négociation.

Il pourra arriver que le réalisateur se soit impliqué dans le processus d'écriture de l'œuvre :

- soit parce qu'il en est le scénariste,
- soit parce qu'en sa qualité de réalisateur, il était prévu qu'il intervienne également à l'écriture du scénario comme coscénariste.

Aussi, le réalisateur sera également un coauteur du film au titre de l'écriture (scénariste ou coscénariste) et il est nécessaire que le Producteur se fasse consentir la cession des droits sur le scénario dans un contrat distinct de celui de son contrat de cession de droits, sur la réalisation.

Vous trouverez ci-après, les termes du contrat de cession des droits d'auteur-réalisateur pour la réalisation de l'œuvre, qui peut être utilisé tant pour un réalisateur d'une œuvre cinématographique que pour la réalisation d'une œuvre télévisuelle.

En revanche, les termes des contrats de travail d'un réalisateur d'un film ou de celui d'une œuvre audiovisuelle seront, par essence, différents puisqu'une convention collective s'appliquera dans le cas d'une œuvre télévisuelle, et non pour une œuvre cinématographique.

ENTRE LES SOUSSIGNÉS

.... *(nom de la société, forme de la société)* au capital de *(capital de la société)*, dont le siège social est .... *(adresse de la société)*, représentée par .... *(nom et qualité du signataire - si ce n'est pas le représentant légal, ex-gérant ou PDG, indiquer « ayant tous pouvoirs à cet effet »)*, ci-après dénommée « le Producteur »,

d'une part,

ET

.... *(nom de l'auteur)*, demeurant .... *(adresse de l'auteur)*, ci-après dénommé(e) « l'Auteur »

d'autre part.

IL A ÉTÉ PRÉALABLEMENT EXPOSÉ CE QUI SUIT

Le préambule permet d'énoncer avec précision l'historique des relations entre le Producteur et l'auteur. Nous vous recommandons d'y énoncer tout élément permettant de clarifier la relation entre les Parties et /ou d'expliquer, par exemple, la raison d'être d'une condition particulière qui sera prévue dans le contrat. La clarté et l'exhaustivité du préambule permettront ainsi de faire état de l'esprit des parties au moment de la signature du contrat, de manière à ce que le juge, saisi d'un litige relatif au contrat, puisse en tenir compte pour interpréter le contrat.

Parfois, le réalisateur est également le scénariste ou coscénariste du film. Dans cette hypothèse, il faudra l'indiquer en préambule.

1. Le Producteur a confié à l'Auteur l'écriture (le cas échéant en collaboration avec Madame/Monsieur Y) d'un scénario adapté et dialogué (ci-après le « Scénario ») en vue de la réalisation et de l'exploitation d'une œuvre audiovisuelle de long métrage / de court-métrage d'expression originale française destinée à une première exploitation dans les salles de cinéma en France, ci-après dénommée « le Film », et provisoirement ou définitivement intitulée .... *(titre du Film)*.

(Dans ce cas où le réalisateur participe aux travaux d'écriture du film, nous vous recommandons d'établir un contrat de cession de droits d'auteurs distinct prévoyant les conditions d'écriture et la cession de ses droits d'auteur afférents à sa part de collaboration à l'écriture, qui devra être en tout point identique quant à l'étendue des droits d'exploitation cédés, la durée et le territoire que le contrat de cession de droits sur la réalisation. En effet, il est nécessaire de distinguer la part de rémunération lui revenant en contrepartie de l'écriture du film de la part de rémunération lui revenant en contrepartie de la réalisation du film).

2. Les droits d'exploitation de l'Auteur afférents à sa part de collaboration sur le Scénario ont été acquis par le Producteur en vertu d'un contrat séparé.

3. Le Producteur a souhaité confier à l'Auteur la réalisation du Film, ce à quoi ce dernier s'est engagé, lorsque le Film sera mis en production.

4. Après discussion, les Parties se sont rapprochées.

(Selon le cas) Si le réalisateur ne participe pas aux travaux d'écriture du scénario. Vous pouvez adopter la rédaction suivante :

« Le Producteur a l'intention de produire, d'après un scénario écrit par messieurs X et Y, une œuvre audiovisuelle de long métrage / de court-métrage d'expression originale française destinée à une première exploitation dans les salles de cinéma en France, ci-après dénommée « le Film » et provisoirement ou définitivement intitulée (titre du Film) et dont la réalisation sera confiée à l'Auteur, si et lorsque le Film sera mis en production. »

IL A PAR LA SUITE ÉTÉ ARRÊTE ET CONVENU CE QUI SUIT

ARTICLE 1 - OBJET

Le présent contrat a pour objet de définir les conditions de la contribution de l'Auteur en qualité de réalisateur du Film, ainsi que les conditions de la cession par l'Auteur au Producteur, conformément aux dispositions du Code de la propriété intellectuelle, des droits permettant la réalisation et l'exploitation du Film provisoirement ou définitivement intitulé .... *(titre du Film)*.

ARTICLE 2 - RÉALISATION

2.1. L'Auteur établira dans les délais qui lui seront impartis le découpage, assurera la mise en scène, la direction artistique et technique du montage, de l'enregistrement musical et des mixages, jusqu'à la livraison de la copie standard. Il devra rester, pour l'ensemble de ces travaux et jusqu'à leur achèvement, à la disposition exclusive du Producteur, et respecter le plan de travail qui aura été établi avant le début du tournage d'un commun accord entre les Parties, en tenant compte des impératifs financiers fixés par le Producteur.

Le Producteur aura la faculté de demander à l'Auteur d'apporter à son travail toutes modifications, dans le cas d'une coproduction franco-étrangère, d'adjoindre à l'Auteur, un coréalisateur de nationalité étrangère qui apportera sa collaboration à la réalisation du Film.

Le choix des interprètes du Film sera effectué par l'Auteur en accord avec le Producteur. De même, l'Auteur et le Producteur prendront d'un commun accord toutes les décisions concernant la musique qui sera incorporée dans le Film. *(On peut prévoir quand un accord doit être atteint entre les deux parties ce qui se passe en cas de blocage : par exemple,* « en cas de désaccord persistant *(et de définir ce qu'on entend par désaccord persistant),* voix prépondérante est donnée au Producteur. »)

Après achèvement de la copie standard, aucune modification ne pourra plus intervenir pour l'exploitation du Film sauf celles demandées par la Commission de contrôle et les autorités gouvernementales, en France et éventuellement à l'étranger. Ces modifications éventuelles seront effectuées sous le contrôle de l'Auteur si ses occupations du moment le lui permettent.

Si, après la sortie du Film et en vue d'une meilleure exploitation commerciale, certaines coupures ou modifications s'avéraient souhaitables, l'Auteur est d'ores et déjà d'accord pour les effectuer, à condition bien entendu qu'elles n'altèrent pas l'esprit général du Film. Il en serait de même en ce qui concerne certaines modifications permettant d'éviter une interdiction aux mineurs.

Pour le surplus, les Parties conviennent que les termes et conditions du travail de réalisation de l'Auteur feront l'objet d'un contrat de technicien-réalisateur salarié séparé. En contrepartie de son travail de technicien réalisateur pendant toute la durée de la production jusqu'à l'achèvement du Film, l'Auteur percevra une rémunération salariale conforme aux usages de la profession pour la production de ce type de Film et conformément au budget du Film.

L'Auteur accepte de se prêter à fournir toutes les attestations qui pourraient lui être demandées par le Producteur, pour les organismes officiels français ou étrangers auxquels le Producteur aurait à remettre lesdites attestations.

2.2. En cas d'incapacité physique de l'Auteur empêchant ce dernier de poursuivre et (ou) d'achever la réalisation du Film, telle que définie aux présentes, il devra informer immédiatement le Producteur qui aura la faculté de le faire remplacer par un tiers choisi d'un commun accord. En cas de désaccord entre les Parties, l'avis du Producteur prévaudra.

Dans le cas où l'Auteur serait remplacé par un tiers, le Producteur conservera, sur la contribution inachevée de l'Auteur, le bénéfice du présent contrat de cession, sachant que la rémunération de l'Auteur sera réduite conformément aux dispositions suivantes :

- Les sommes prévues à titre d'à-valoir seront réduites aux sommes déjà perçues au moment où la collaboration de l'Auteur cesserait.
- La rémunération proportionnelle de l'Auteur serait réduite au prorata de sa contribution réelle au profit du (ou des) auteur(s) substituant(s) étant précisé que les parts respectives de chacun des auteurs seront celles mentionnées dans le bulletin SACD.

(Nous vous recommandons de veiller à prévoir dans le contrat d'auteur les hypothèses de remplacement de l'auteur-réalisateur et les conséquences qui s'ensuivent pour éviter tout blocage des droits et vous permettre d'utiliser ce qui a déjà été effectué.)

ARTICLE 3 - DROITS CÉDÉS

(Cet article du contrat d'auteur est l'expression de l'article L.131-3 du CPI selon lequel les droits cédés doivent être indiqués. Par extension, les modes d'exploitation des droits qui ne figurent pas dans cette liste restent par essence la propriété de l'Auteur, aussi toute clause du contrat qui l'indiquerait serait inutile.)

3.1. Sous réserve de l'exécution intégrale de la présente convention et du parfait paiement, par le Producteur, des sommes énoncées ci-après, l'Auteur cède au Producteur pour le monde entier, à titre exclusif et pour la durée précisée à l'article 4 ci-dessous, les droits d'exploitation ci-après définis, découlant de sa collaboration en qualité d'Auteur du Scénario du Film, et ce compris les droits sur le titre du Film.

Ces droits comprennent le droit d'adaptation, de reproduction et de représentation du Film, ainsi que les droits d'utilisations dérivées nécessaires à l'exploitation du Film sur tous supports et via tous médias de communication au public tels que définis ci-après.

Pour les besoins du présent contrat, il convient d'entendre par le terme « Film », le scénario et le Film ainsi que ses éléments accessoires, tels que notamment, les bandes-annonces, *promo reals*, *teasers,* maquettes, bonus, *making of, rushes* et toutes scènes non intégrées dans la version finale du Film.

3.1.1. Le droit d'adaptation

Le droit d'adaptation comporte :

3.1.1.1. Le droit d'adapter le scénario en le transposant lors de la réalisation d'un genre à l'autre (œuvre écrite / œuvre audiovisuelle).

3.1.1.2. Le droit de traduire, doubler ou sous-titrer le Film en toutes langues.

3.1.1.3. Le droit d'exploiter le Film sous forme d'extraits de moins de 6 (six) minutes (représentant seuls moins de 10 % (dix pour cent) ou au total moins de 15 % (quinze pour cent) de la durée du Film), par intégration et sans modifications, dans un programme multimédia interactif pouvant être exploité sur tous supports destinés à la vente, à la location ou au prêt pour l'usage privé du public ou par télédiffusion par voie hertzienne terrestre, par câble, satellite ou en réseau. Cette cession lui est consentie aux conditions et moyennant le respect des dispositions du protocole en date du 12 octobre 1999 signé entre la SACD et la PROCIREP. *(Protocole dans les compléments Internet.)*

Dans le cas où le présent protocole viendrait à expiration sans être renouvelé, les conditions de ladite cession seraient définies par avenant conclu de bonne foi entre les Parties.

Par programme multimédia, on entend l'intégration sur un même support magnétique ou optonumérique, de données audiovisuelles et textuelles (tels que textes, séquences musicales, images fixes ou animées, etc.) dont la structure et l'accès sont gérés et organisés par un logiciel permettant l'interactivité d'accès aux différentes données.

3.1.2. Le droit de reproduction

Le droit de reproduction comporte :

3.1.2.1. Le droit d'enregistrer ou de faire enregistrer par tous procédés techniques connus (notamment procédés chimiques, analogiques, numériques, optiques et (ou) magnétiques), ou inconnus à ce jour :

- les images du Film, en noir et blanc ou en couleur,
- les sons du Film, originaux et doublages,
- les titres ou sous-titres du Film,
- ainsi que des photographies fixes représentant des scènes du Film.

3.1.2.2. Le droit de transposer le Film sous forme sonore et (ou) visuelle sur tous supports connus, notamment magnétiques (vidéocassettes, vidéodisques, etc.), optiques (films, pellicules), électroniques, numériques ou optonumériques (notamment de type CDI, DVD, DVD-Rom, CD-Rom), ou inconnus à ce jour, en tous formats, en utilisant tous rapports de cadrage, sous réserve du droit moral de l'Auteur.

3.1.2.3. Le droit de numériser, moduler, compresser et décompresser, digitaliser ou reproduire le Film, par les procédés ci-dessus, ainsi que de le stocker, en vue de son transfert ou sa diffusion.

3.1.2.4. Le droit de reproduire en tel nombre qu'il plaira au Producteur ou à ses ayants droit, tous originaux et copies de tous enregistrements ainsi réalisés sur les supports ci-dessus.

3.1.2.5. Le droit de mettre et (ou) de faire mettre en circulation dans le monde entier ces originaux, doubles ou copies pour toute communication au public, par les modes d'exploitation prévus ci-après.

3.1.3. Le droit de représentation

Le droit de représentation comporte :

3.1.3.1. Le droit de représenter ou de faire représenter publiquement le Film en version originale, doublée ou sous-titrée en toutes langues, sur tous supports, par tous modes et procédés et ce, dans toutes les salles d'exploitation cinématographique payantes ou non payantes, tant dans le secteur commercial que dans le secteur non commercial.

3.1.3.2. Le droit d'autoriser la télédiffusion du Film, en version originale, doublée ou sous-titrée en toutes langues et ce, par tous procédés inhérents à ce mode d'exploitation (télédiffusion par voies hertziennes, distribution par câble ou satellite, par télédiffusion codée ou non codée, gratuite ou payante, *pay-per-view* ou par abonnement), à seule charge pour le Producteur de rappeler aux télédiffuseurs avec lesquels il traitera, que les obligations à son égard ne dégagent pas lesdits télédiffuseurs des obligations qu'ils ont contractées ou devront contracter avec les sociétés d'Auteurs auxquelles l'Auteur est affilié.

3.1.3.3. Le droit de représenter le Film *on line*, par l'intermédiaire de réseau de télécommunication et (ou) d'un système télématique interactif, tels que par exemple sur les réseaux Télétel, Internet et téléphonie mobile, etc., par tous moyens techniques et tout modèle économique possible.

3.1.3.4. Le droit d'exploiter le Film sous forme de vidéogrammes (vidéocassettes, vidéodisques, DVD, DVD-Rom, HDVD, UMD ou tous autres supports et tous formats connus ou inconnus à ce jour) destinés à la vente ou à la location pour l'usage privé du public.

3.1.3.5. Le droit de présenter le Film dans tous festivals, manifestations ou marchés.

3.1.3.6. Le droit d'établir tout *making of* et d'exploiter tout *making of* du Film, avec le Film ou séparément.

3.1.3.7. Le droit de reproduction et la représentation du Film par fragments et (ou) *rushes* montés ou non montés, seuls ou combinés à d'autres éléments, et ce sous réserve du droit moral de L'Auteur, ainsi que le droit d'exploiter des éléments sonores et (ou) visuels constitutifs du Film, pris isolément, et notamment les images et les photographies, la musique sous forme de phonogrammes du commerce.

3.1.3.8. Le droit d'exploitation du Film sous forme d'édition littéraire et graphique, c'est-à-dire le droit de reproduire ainsi que le droit d'adapter tout ou partie du texte du Film :

- sous forme d'ouvrages de librairie illustrés ou non,
- dans les revues, journaux, magazines comportant ou non des images du Film à des fins de publicité, de promotion du Film ou destinés à la vente publique,
- en vue de la radiodiffusion sonore.

(L'Auteur pourra souhaiter être consulté, dans le cas d'une adaptation graphique du scénario, c'est-à-dire d'une novélisation sous forme de livre ou bien de bandes dessinées. Dans ce cas, on peut le préciser dans cet article. Il est sage d'ajouter à ce stade que le nouveau contrat afférent à cette nouvelle adaptation se fera aux conditions du marché.

Exemple de clause : « Les Parties conviennent que l'Auteur bénéficie d'une priorité à l'écriture de toute adaptation graphique et (ou) littéraire tirée et (ou) inspirée du Scénario et du Film, et ce aux conditions du marché. Le contrat correspondant sera signé entre l'Auteur et l'Éditeur et le Producteur, le cas échéant, dans un délai qui ne devra pas excéder 30 jours. Si les Parties n'arrivaient pas à se mettre d'accord sur les termes d'un contrat dans ce délai, le Producteur retrouvera sa liberté de choix.

Pour l'exercice de ce droit de priorité, le Producteur sollicitera l'Auteur par lettre recommandée AR, et l'Auteur disposera d'un délai de 15 jours à compter de la réception de la lettre, pour indiquer son souhait de participer à l'écriture. À défaut de réponse dans le délai précité, l'Auteur sera réputé avoir refusé. »)

3.1.4. Les droits d'exploitations dérivées

Les droits d'exploitations dérivées comportent :

3.1.4.1. Le droit d'exploiter les copies des enregistrements précités au paragraphe 3.1.2. ci-dessus, par la vente (y compris par la méthode commerciale de ventes groupées dite *vente bundle*), la location et (ou) le prêt, pour l'usage privé ou la communication publique.

3.1.4.2. Le droit dit de *remake*, c'est-à-dire le droit d'adapter le Film, de le reproduire et de le représenter sous forme d'une ou plusieurs œuvres cinématographiques de long métrage postérieurement au Film, ou tout autre genre d'œuvres audiovisuelles reprenant notamment les mêmes thèmes, situations, personnages, dialogues, mise en scène, etc.

3.1.4.3. Le droit dit de *sequel*, c'est-à-dire le droit d'adapter le Film, le reproduire et le représenter sous forme d'une ou plusieurs œuvres cinématographiques de long métrage ou tout autre genre d'œuvres audiovisuelles postérieurement au Film qui en seraient la suite et qui reprendraient certains éléments du Film (titre, personnages, décors, etc.) dans des aventures différentes.

3.1.4.4. Le droit dit de *prequel*, c'est-à-dire le droit d'adapter le Film, le reproduire et le représenter sous forme d'une ou plusieurs œuvres cinématographiques de long métrage postérieurement au Film ou tout autre genre d'œuvres audiovisuelles et constituant un ou des précédents dudit Film, en reprenant tout ou partie des thèmes, situations, personnages, dialogues, titre, mise en scène, etc.

3.1.4.5. Le droit dit de *spin off*, c'est-à-dire le droit d'adapter un ou plusieurs éléments du Film (personnages, situations, etc.) en vue de l'exploiter ou de les exploiter dans une ou plusieurs œuvres cinématographiques de long métrage, postérieurement au Film ou tout autre genre d'œuvres audiovisuelles, dans des aventures différentes que celles relatées dans le Film.

3.1.4.6. Le droit dit de *merchandising*, c'est-à-dire le droit de fabriquer, distribuer, vendre, louer, commercialiser sous toutes formes, tout objet ou œuvre des arts plastiques ou des arts appliqués, et notamment jeux (y compris jeux vidéo et jeux exploités par tous procédés de télécommunication), services jouets, figurines, vêtements, textiles, maroquinerie, parcs d'attractions, messages et campagnes publicitaires, etc., qui incorporent dans leur substance, dans leur forme, décoration, conditionnement et présentation tout ou partie du Film, ainsi que ses titres, sous-titres, thèmes, histoires, slogans, dialogues, musiques, personnages, dessins, décors, costumes, accessoires et tout autre élément caractéristique. Il appartient au Producteur d'obtenir les autorisations nécessaires à l'utilisation des éléments dont les droits n'appartiennent pas à l'Auteur, notamment les musiques, décors, etc.

3.1.4.7. Le droit d'autoriser la reproduction et la représentation du Film par extraits et en toutes langues, et ce, sous réserve du droit moral de l'Auteur, pour la publicité et (ou) la promotion du Film.

3.1.4.8. Le droit d'autoriser la reproduction et la représentation, en toutes langues, par extraits du Scénario ou du Film, illustrés ou non par des photographies fixes représentant des scènes du Film, à condition que ceux-ci ne dépassent pas 5 000 (cinq mille) mots et soient destinés exclusivement à la publicité et (ou) à la promotion du Film. Pour les besoins de cette publicité et (ou) de cette promotion, ces extraits pourront être publiés dans les revues, journaux, magazines, mais ne sauraient faire l'objet d'une édition de librairie ou d'une vente séparée au public.

3.1.4.9. Le droit d'utiliser le titre du Film, ainsi que les noms des personnages, pour toutes les exploitations dérivées énumérées ci-dessus, ce droit comprenant la faculté de les déposer en tant que marque et (ou) nom de domaine.

3.1.4.10. Le droit d'exploiter le Film par tout moyen inconnu à ce jour.

3.1.4.11. L'Auteur autorise le Producteur à modifier le Titre du Film. *(Il est nécessaire de prévoir l'autorisation de l'Auteur pour un changement de titre. En effet, en l'absence de toute mention concernant les modifications éventuelles par le Producteur, le fait qu'il ait été indiqué que le titre du Film est provisoire ne signifie pas forcément que l'Auteur autorise sa modification. Il est donc nécessaire d'indiquer expressément que le titre peut être modifié).*

3.2. En qualité de cessionnaire de l'Auteur, le Producteur pourra utiliser les droits susvisés comme bon lui semblera, notamment en passant tous contrats utiles à l'exploitation du Film.

3.3. L'Auteur donne son accord irrévocable au Producteur pour que la télédiffusion du Film puisse être interrompue par tous messages, annonces, informations ou films publicitaires.

L'Auteur autorise l'incrustation de tous logos. Cet accord s'applique à toutes versions du Film, en toutes langues et pour le monde entier.

ARTICLE 4 - DURÉE

4.1. Les droits énumérés à l'article 3 sont cédés à titre exclusif à compter de la date de signature des présentes et pour une durée de .... années *(La durée de la cession est un point de négociation entre les Parties. On trouvera souvent une durée de 30 ans qui ressortait déjà des contrats inscrits au RPCA dès 1946, à une époque où sans doute l'on n'imaginait pas que l'exploitation d'un film puisse aller au-delà de 30 ans. On trouve aujourd'hui des durées plus longues allant jusqu'à celle de la durée légale de protection des droits d'auteur, soit 70 ans après la mort du dernier auteur. Cette durée plus longue s'avérant logique lorsque le Producteur se voit confier les droits de sequel, prequel, spin off ou remake. La précision de cette durée donne au contrat de cession de droits d'auteur le caractère de contrat à durée déterminée, qui ne pourra pas être résilié par la volonté d'une seule Partie, ou seulement si les conditions de sa résiliation (exprimées dans la clause résolutoire - voir supra - sont réunies)* commençant à courir à la date de la signature des présentes *(Ce point de départ de la cession est ainsi facilement identifiable. Il est à préférer au point de départ de la « sortie commerciale », car cette rédaction ne permet pas au contrat de couvrir la durée de la production du Film, de sorte que l'on pourrait considérer que le Producteur n'est pas cessionnaire des droits de l'Auteur pendant la période allant de la signature jusqu'à la date de la sortie commerciale. En outre, il sera difficile de se souvenir 30 ans après la sortie de ce Film, de la date de sa sortie commerciale).*

4.2. *La clause suivante est qualifiée de clause résolutoire, qui fixe l'événement qui, s'il arrive, entraînera la fin anticipée de ce contrat à durée déterminée. Elle a pour motif d'empêcher que les droits d'un auteur soient bloqués pendant toute la durée de la cession des droits, entre les mains du Producteur pour des raisons d'opportunité (empêcher qu'un projet aille chez un concurrent par exemple), et alors que ce Producteur n'entreprend rien en vue de produire le Film.*

Au cas où dans un délai de .... *(Le nombre d'années peut varier selon la nature du projet et sa difficulté à le monter financièrement)* années, à compter de la signature des présentes, le Film n'aurait pas été réalisé - le Film étant réputé réalisé au moment de l'établissement de la version définitive prévue à l'article L.121-5, alinéa 1er du Code de la propriété intellectuelle - *(L'événement qui mettra fin au contrat de manière anticipée, est la non-réalisation caractérisée par le non-établissement de la version définitive du Film. On pourra préférer comme cause de résiliation anticipée du contrat, le fait que le film ne soit pas mis en production avant une certaine date, et opter pour la clause suivante :* « si le Film n'est pas mis en production avant *(une certaine période ou date),* définissant la mise en production par, soit le premier jour de préparation, soit le jour de la signature du contrat de travail du réalisateur le présent contrat sera résolu de plein droit par la simple arrivée du terme et sans qu'il soit besoin d'une mise en demeure ou formalité judiciaire quelconque ; l'Auteur reprendra alors la pleine et entière propriété de tous ses droits, et les sommes déjà reçues lui restant, en tout état de cause, définitivement acquises. *(On considèrera alors que ces sommes déjà versées restées acquises à l'Auteur sont une indemnisation de l'immobilisation qu'il a subie.)*

ARTICLE 5 - PROTECTION DES DROITS CÉDÉS

(Cet article est descriptif de la situation du Producteur cessionnaire des droits. Il n'est pas indispensable.)

Le Producteur acquiert la qualité d'ayant droit de l'Auteur pour l'exercice des droits cédés qu'il utilisera comme bon lui semble, notamment en passant tous contrats d'édition, de représentation et de diffusion, par quelque mode que ce soit, utiles à l'exploitation du Film.

Le Producteur demeure entièrement libre de réaliser ce Film en coproduction et (ou) de rétrocéder à un tiers tout ou partie du bénéfice et des charges du présent contrat sous quelque forme et à quelque titre que ce soit, à condition de rester solidairement garant et répondant à l'égard de l'Auteur de l'exécution des présentes par le cessionnaire.

Par ailleurs, le Producteur aura, par l'effet des présentes, le droit de poursuivre toute contrefaçon ou toute exploitation sous quelque forme que ce soit du Film, dans la limite des droits cédés en vertu des présentes, mais à ses frais, risques et périls et à sa propre requête.

Il est bien entendu que ne sont cédés par les présentes que les droits possédés par l'Auteur lui-même, c'est-à-dire dans la mesure et les limites où la propriété littéraire et artistique du Film dont il s'agit, lui appartient et est assurée et garantie par la législation et la jurisprudence de chaque pays.

ARTICLE 6 - JOUISSANCE PAISIBLE

6.1. L'Auteur garantit expressément au Producteur l'exercice paisible des droits cédés *(Cet article est une transcription de l'obligation de la jouissance paisible à laquelle l'Auteur s'oblige quand il cède ses droits et qui ressort également de la garantie d'éviction de l'article 1626 du Code civil en cas de vente d'un bien incorporel.)*

Et notamment :

- Qu'il est seul propriétaire de tous les droits attachés au Film et qu'il a pleins pouvoirs et qualités pour accorder les droits cédés par les présentes, et que ces droits ne sont ni ne seront en aucune manière cédés, hypothéqués, grevés, ni d'une façon quelconque dévolus en faveur d'un tiers.

- Qu'il n'a fait et ne fera, par le fait d'une cession à un tiers ou par tout autre moyen, aucun acte susceptible de compromettre la présente cession de droits, ou susceptible d'empêcher ou de gêner la pleine jouissance par le Producteur des droits qui lui sont accordés par les présentes.

- Qu'il n'a introduit, ni n'introduira dans son Film aucune reproduction ou réminiscence susceptible de violer les droits des tiers et de donner lieu à des attaques pour plagiat et (ou) contrefaçon ou de troubler la réalisation ou l'exploitation du Film produit.

- Qu'aucun litige ou procès n'est en cours ni sur le point d'être intenté mettant en cause les droits de l'Auteur sur le Film tels que définis et cédés par les présentes. L'Auteur est personnellement responsable tant vis-à-vis des tiers que du Producteur, en cas de non-observation de la présente clause.

(Cette clause dite de « jouissance paisible » permettra tant au Producteur qu'à un tiers du Producteur, auquel ce dernier aura cédé les droits de l'Auteur, d'agir en garantie contre ce dernier.)

6.2. L'Auteur s'engage formellement à ne troubler en rien la bonne marche de l'exploitation du Film et à ne se livrer, par quelque moyen que ce soit, à des déclarations risquant de porter un préjudice quelconque à cette exploitation.

ARTICLE 7 - CONSERVATION DU FILM

7.1. L'Auteur accepte de se prêter à fournir toutes les attestations qui pourraient lui être demandées par le Producteur pour les organismes officiels français ou étrangers auxquels le Producteur aurait à remettre lesdites attestations.

7.2. Le Producteur devra procéder au dépôt légal du Film : *(Le CNC est l'organisme dépositaire du dépôt obligatoire des films. Le dépôt légal des films a été instauré en France en 1977 pour les films français, alors que la loi n° 92-546 du 20 juin 1992 et le décret du 31 décembre 1993 ont élargi la collecte à tous les films diffusés en France. Le Code du patrimoine entré en vigueur le 20 février 2004 actualise la loi n° 92-546 et régit, dans sa partie législative, le dépôt légal en France, tandis que le décret du 31 décembre 1993 continue d'en régir les aspects réglementaires. La direction du patrimoine cinématographique du CNC assure la collecte et la conservation des films, la constitution et la diffusion de bibliographies et filmographies nationales ainsi que la consultation des documents par les chercheurs. L'obligation légale de dépôt concerne les Producteurs de films français et distributeurs de films étrangers diffusés en salles, courts et longs métrages et les commanditaires de films publicitaires ou institutionnels.*

Le dépôt pour un long métrage doit être effectué dans un délai d'un mois à compter de la première représentation et pour un court-métrage : délai de six mois à compter de la date de visa d'exploitation.

Adresse du dépôt : Archives françaises du film – SAVEC - 7 bis, rue Alexandre Turpault - 78390 Bois-d'Arcy cedex).

Tout dépôt doit être accompagné d'un formulaire de déclaration de dépôt dûment rempli par le déposant, à savoir :

- un élément intermédiaire de tirage ou copie positive neuve,
- la bande-annonce,
- le matériel publicitaire (affiche, affichette, photos d'exploitation, dossiers de presse).

7.3. Dans le cas où la diffusion du Film sur une chaîne de télévision rendrait nécessaire certaines coupures du Film aux fins d'insertions publicitaires et (ou) l'adjonction du logo de la chaîne concernée, l'Auteur déclare d'ores et déjà ne pas s'y opposer *(Cette possibilité de modifier l'œuvre par l'insertion de la coupure publicitaire ressort de l'article 73 modifié de la loi du 30 septembre 1986 et de la directive services de médias audiovisuels de 2007, qui autorise expressément de telles interruptions).*

ARTICLE 8 - RÉMUNÉRATION

En rémunération de la cession de ses droits d'auteur telle que cette cession est définie par les présentes, l'Auteur percevra une rémunération proportionnelle *(La rémunération proportionnelle est une obligation légale d'ordre public qui ressort de l'article L.132.25 et L.131.4 du CPI. Il n'est pas possible d'y déroger* ***sous peine de nullité du contrat de cession,*** *sauf si les Parties se trouvent dans une des quatre situations évoquées à l'article L.131.4 alinéa 2 du CPI où il est possible de recourir à une rémunération forfaitaire. Un contrat forfaitaire fait l'objet du modèle ci-après dans l'ouvrage.*

Pour que la cession d'un mode d'exploitation soit valide, il faut que soit prévue une rémunération correspondante.

La rémunération proportionnelle sera calculée sur la totalité des recettes et au premier euro (c'est-à-dire que vous ne pouvez pas, par exemple, exclure de l'assiette de calcul de la rémunération proportionnelle, les préventes, même si elles servent au financement du Film).

8.1. Rémunération proportionnelle

Lorsque le public paie un prix déterminé et individualisable pour accéder au Film, la rémunération proportionnelle de l'Auteur est assise sur ce prix, hors taxes, payé par le public. L'on parle alors du « PPHT », le Prix Public Hors Taxes.

Lorsque le prix payé par le public n'est pas déterminé et individualisable, la rémunération proportionnelle de l'Auteur sera assise sur l'ensemble des recettes hors taxes, quelles qu'en soient la nature ou la provenance, réalisées et encaissées par le Producteur, à raison de l'exploitation du film. L'on parle de « RNPP », les Recettes Nettes Part Producteur. Les RNPP applicables lors de l'exploitation d'un film de long métrage ont été définies par un arrêté du 7 février 2011. Vous trouverez la définition des RNPP dans la partie « Recettes et coût du film » du livre.

Ce modèle de contrat ne présente pas les pourcentages de rémunération, car ces pourcentages sont librement négociés entre les Parties et sont très variables selon l'importance de l'œuvre, de son budget ou encore selon la notoriété de l'auteur. Si vous souhaitez avoir des informations sur les usages pratiqués, vous pouvez consulter les contrats d'auteurs enregistrés aux Registres de la Cinématographie et de l'Audiovisuel et accessibles sur la base de données du CNC.

Si l'Auteur a un agent, la rémunération de ce dernier peut être prévue dans cette clause du contrat. Mais il peut arriver que l'Agent prévoie sa rémunération dans un acte séparé, liant seulement le Producteur et l'agent. Le pourcentage d'usage pratiqué par les agents est de 10 % de ce qui est octroyé à l'auteur. Cette rémunération de l'agent peut être soit incluse dans l'enveloppe réservée à l'auteur : par exemple sur une enveloppe de 1 % il y 0,9 % pour l'auteur et 0,1 % pour l'agent, ou s'ajouter : 1 % pour l'auteur et 0,1 % pour l'agent. Parfois il y a un mixte entre ces deux pratiques, la rémunération de l'agent est incluse quand il s'agit des montants des pourcentages et s'ajoute, quand il s'agit des montants du minimum garanti. Il est alors judicieux pour le Producteur, d'interroger très rapidement l'auteur sur l'existence ou non d'un agent, car cela permet au Producteur de connaître dès le départ l'enveloppe globale à réserver au couple auteur/agent, et de ne pas être contraint à la fin de majorer son enveloppe de 10 %.

8.1.1. Exploitation cinématographique du Film dans les salles

♦ En France

a) Dans le secteur commercial

Conformément aux dispositions de l'article L.132-25 du Code de la propriété intellectuelle, le Producteur versera à l'Auteur une rémunération proportionnelle en un pourcentage H.T. fixé à :

- ....% (.............. pour cent) du prix payé par le public au guichet des salles de spectacle cinématographique assujetties à l'obligation d'établir un bordereau de recettes, sous la seule déduction de la TVA, de la taxe spéciale additionnelle et de la cotisation versée au Centre national du cinéma et de l'image animée.

Afin de tenir compte des tarifs dégressifs de location éventuels accordés par le distributeur aux exploitants, le produit de ce pourcentage sera pondéré, s'il y a lieu, par l'application d'un coefficient calculé en rapportant le taux moyen de location du Film depuis le début de l'exploitation, à un taux de référence de 50 % (cinquante pour cent) *(C'est l'application de l'article L.132.25 §2 du CPI).*

Par « taux moyen de location du Film », on entend, aux termes de la présente convention, le rapport de la recette distributeur à la recette exploitant telles qu'apparaissant sur les bordereaux du Centre national du cinéma et de l'image animée (sous les titres « encaissement distributeur » et « recettes » hors TVA).

Lorsque les conditions de la programmation des salles de spectacle cinématographique ne permettent pas d'affecter, film par film, le prix payé par le public, la rémunération de l'Auteur sera constituée par un pourcentage de .... % *(somme en lettres pour cent)* calculé sur les recettes brutes du Producteur, sous la seule déduction de la TVA.

b) Dans le secteur non commercial

Le Producteur versera une rémunération proportionnelle en un pourcentage H.T. fixé à :

- ....% (..............pour cent) sur les Recettes Nettes Part Producteur, telles que définies en annexe 1 des présentes.

♦ À l'étranger

Le Producteur versera un pourcentage H.T. fixé à :

- ....% (..............pour cent) sur les Recettes Nettes Part Producteur, telles que définies en annexe 1 des présentes.

8.1.2. Exploitation du Film en France et à l'étranger par télédiffusion

a) En ce qui concerne les exploitations du Film par télédiffusion dans les pays où la SACD intervient directement ou indirectement auprès des télédiffuseurs, pour percevoir ou faire percevoir les redevances dues à leurs membres, à raison de l'utilisation des œuvres inscrites à leur répertoire, la rémunération due à l'Auteur au titre de l'exploitation du Film par télédiffusion, sera constituée par lesdites redevances, celles-ci lui étant réparties conformément aux règles desdites sociétés.

Le Producteur n'aura en aucun cas à intervenir, s'agissant de la répartition entre coauteurs, ces derniers s'engageant en cas de désaccord entre eux à ne prendre aucune mesure qui soit susceptible d'entraver l'exploitation.

En ce qui concerne la télédiffusion par câble simultanée, intégrale et inchangée, les droits y afférents sont et seront gérés dans le cadre des accords conclus directement ou indirectement par les sociétés d'auteurs auxquelles l'Auteur est affilié. *(La pratique professionnelle fait supporter la prise en charge de la rémunération proportionnelle de l'auteur en cas d'exploitation du Film à la télévision, dans les pays où les organismes de gestion collective (SACD/SCAM) ont eux-mêmes des accords, par les sociétés de gestion collective de ces pays. Mais de plus en plus fréquemment, les agents ou les auteurs demandent au Producteur de payer en plus de cette rémunération prise en charge par la gestion collective, une rémunération supplémentaire assise sur les RNPP sachant que cette rémunération supplémentaire n'est, elle, pas obligatoire.*

b) Dans les pays où la SACD n'intervient pas :

Le Producteur versera une rémunération proportionnelle en un pourcentage H.T. fixé à :

- ....% (..............pour cent) sur les Recettes Nettes Part Producteur, telles que définies en annexe 1 des présentes.

c) Au titre de l'exploitation *pay-per-view* et vidéo à la demande en France et à l'étranger

En France

- ....% (.............. pour cent) sur le prix H.T. payé par le public

À l'étranger

- ....% (.............. pour cent) sur les Recettes Nettes Part Producteur ci-après définies en l'annexe 1 des présentes.

Si un Protocole d'accord confiant la rémunération de l'Auteur à une société de gestion collective venait à s'appliquer pour les exploitations visées au présent c), ses stipulations prévoyant le paiement de l'Auteur par la gestion collective s'appliqueraient de facto et se substitueraient au paiement direct de l'Auteur par le Producteur.

8.1.3. Exploitation du Film sous forme de vidéogrammes

♦ En France

Conformément aux dispositions de l'article L.132-25 du Code de la propriété intellectuelle, le Producteur versera une rémunération proportionnelle en un pourcentage H.T. fixé à :

- ....% (.............. pour cent) du montant hors taxes du prix payé par le public pour l'acquisition ou la location de vidéogrammes.

(En matière d'exploitation vidéographique en France, la rémunération est assise sur le PPHT, comme le prévoit cet article L.132.25 du CPI. Or, en matière d'exploitation vidéographique, compte tenu notamment de ce que le PPHT est très fluctuant, et d'un nombre important d'intermédiaires, les recettes qui remontent au Producteur sont de l'ordre de 10 à 30 % du PPHT. Il faudra alors tenir compte de cette donnée quand sera négocié le pourcentage de rémunération de l'auteur pour cette exploitation de manière à ce que le Producteur ne s'engage pas à verser à l'auteur une rémunération dépassant le montant des recettes qu'il aura lui-même perçues.)

♦ À l'étranger

Le Producteur versera à l'Auteur une rémunération proportionnelle en un pourcentage H.T. en application de l'article L.131.4 alinéa 2 du CPI fixée à :

- ....% (.............. pour cent) sur les Recettes Nettes Part Producteur.

8.1.4. Exploitation du Film sous forme d'œuvre multimédia en France et à l'étranger

Conformément aux dispositions de l'article L.132-25 du Code de la propriété intellectuelle, le Producteur versera une rémunération proportionnelle en un pourcentage H.T. fixé à :

- ....% (.............. pour cent) du montant Hors Taxes du prix payé par le public pour l'acquisition ou la location d'œuvres multimédias.

Toutefois, si le Prix Public Hors Taxes ne pouvait être déterminé, le Producteur versera une rémunération proportionnelle en un pourcentage H.T. fixé à :

- .... % (.............. pour cent) des Recettes Nettes Part Producteur telles que définies en annexe 1 des présentes.

8.1.5. Exploitation du Film par tous moyens électroniques dits on line en France et à l'étranger.

Conformément aux dispositions de l'article L.132-25 du Code de la propriété intellectuelle, pour la communication du Film ou pour la reproduction du Film par des moyens autorisés moyennant paiement par le public d'un prix déterminé et individualisable, le Producteur versera une rémunération proportionnelle en un pourcentage H.T. fixé à :

- ....% (.............. pour cent) du montant H.T. de ce prix.

Toutefois, si le Prix Public Hors Taxes ne pouvait être déterminé le Producteur versera une rémunération proportionnelle en un pourcentage H.T. fixé à :

- ....% (.............. pour cent) des Recettes Nettes Part Producteur ci-après définies à l'annexe 1.

8.1.6. Exploitation du Film en France et à l'étranger sous forme de produits *merchandising*

Pour l'exploitation du Film sous forme de produits *merchandising* telle que visée à l'article 3.1.4.6. des présentes, la contribution de l'Auteur ne constituant pas l'un des éléments essentiels des produits *merchandising* et (ou) l'utilisation de l'œuvre de l'Auteur présentant un caractère accessoire, le Producteur versera une rémunération proportionnelle en un pourcentage H.T. fixé à :

- .... % (.............. pour cent) des Recettes Nettes Part Producteur ci-après définies à l'annexe 1.

8.1.7. Exploitation du Film en France et à l'étranger sous forme d'ouvrage littéraire

♦ En France

Conformément aux dispositions de l'article L.132-25 du Code de la propriété intellectuelle, le Producteur versera une rémunération proportionnelle en un pourcentage H.T. fixé à :

- ....% (.............. pour cent) du montant hors taxes du prix payé par le public.

♦ À l'étranger

Le Producteur versera une rémunération proportionnelle en un pourcentage H.T. fixé à :

- ....% (..............pour cent) des Recettes Nettes Part Producteur ci-après définies à l'annexe 1.

8.1.8. Pour toutes les autres exploitations que celles visées ci-dessus, en France et à l'étranger.

♦ En France

Conformément aux dispositions de l'article L.131-4 du Code de la propriété intellectuelle pour toutes les exploitations du Film, le Producteur versera une rémunération proportionnelle en un pourcentage H.T. fixé à :

- .... % (.............. pour cent) du Prix Public H.T.

Toutefois, si le prix public Hors Taxes ne pouvait être déterminé, le Producteur versera une rémunération proportionnelle en un pourcentage H.T. fixé à :

- .... % (.............. pour cent) des Recettes Nettes Part Producteur telles que définies en Annexe 1 des présentes.

♦ À l'étranger

Conformément aux dispositions de l'article L.131-4 du Code de la propriété intellectuelle pour toutes exploitations du Film autres que celles prévues aux paragraphes ci-dessus, le Producteur versera une rémunération proportionnelle en un pourcentage H.T. fixé à :

- .... % (.............. pour cent) des Recettes Nettes Part Producteur ci-après définies à l'annexe 1.

8.1.9. Pour l'exploitation de tout ou partie des éléments du Film sous forme de phonogrammes du commerce

Si tout ou partie de sa contribution est reprise sur les phonogrammes du commerce, le Producteur s'engage à informer préalablement l'Auteur de toute exploitation phonographique afin de lui permettre d'effectuer les formalités nécessaires – notamment de déclaration de l'œuvre – auprès de la SACEM - SDRM qui percevra et répartira les droits revenant à l'Auteur.

8.1.10. Pour l'exploitation par tout moyen inconnu à ce jour

Conformément aux dispositions de l'article L.131.6 du Code de la propriété intellectuelle, le Producteur versera une rémunération proportionnelle en un pourcentage fixé à :

- ....% (.............. pour cent) du montant H.T. payé par le public.

Toutefois si le Prix Public Hors Taxes ne pouvait être déterminé, le Producteur versera une rémunération proportionnelle en un pourcentage H.T. fixé à :

- ....% (.............. pour cent) des Recettes Nettes Part Producteur ci-après définies à l'annexe 1.

8.1.11. *(Le cas échéant)* **Rémunération supplémentaire après amortissement du coût du Film**

(Cette rémunération supplémentaire n'est pas la traduction d'une obligation légale, mais est au choix des Parties. Il s'agit donc d'une possibilité que l'auteur doit négocier avec le Producteur.)

Dans l'hypothèse où le Film atteindrait son seuil d'amortissement, c'est-à-dire après que le montant total des Recettes Nettes Part Producteur telles que définies en annexe 1 des présentes, soit égal à son coût, tel que défini en annexe 2 des présentes, le Producteur s'engage à verser une rémunération supplémentaire, après amortissement du coût du Film, en un pourcentage fixé à :

- ....% (.............. pour cent) sur les Recettes Nettes Part Producteur, à provenir de l'exploitation du Film par tous modes et procédés dans le monde entier, et ce, que le Minimum garanti de l'Auteur ait ou non été récupéré par le Producteur par application des pourcentages de rémunération proportionnelle prévus ci-dessus.

8.1.12. Principe général

(Cette clause prévoit une modification automatique du contrat si une des hypothèses visées ci-après survient.)

Dans l'hypothèse où l'une des assiettes retenues pour l'application de la rémunération de l'Auteur serait considérée comme ne respectant plus les dispositions légales, notamment le Code de la propriété intellectuelle, par une décision de la Cour de cassation ou par un texte ayant force de loi, les Parties conviennent de lui substituer de facto et pour l'avenir l'assiette du Prix Public Hors Taxes. Elles modifieront de facto le taux de rémunération défini au présent contrat, pour un montant respectant l'équilibre économique qui a présidé au présent accord des Parties.

Les Parties conviennent également que les comptes d'ores et déjà remis sur la base de l'ancienne assiette ne seront pas remis en cause, et auront rémunéré équitablement l'Auteur.

Les Parties conviennent expressément que la modification éventuelle de l'assiette ne peut en aucun cas constituer un motif de résiliation ou d'annulation du contrat, mais uniquement une redéfinition du taux.

8.2. Minimum garanti

(Le versement d'un minimum garanti - qui est un à-valoir sur la rémunération proportionnelle - est d'un usage très largement répandu.)

À titre de minimum garanti à valoir sur le produit des pourcentages prévus aux paragraphes 8.1. ci-dessus, à la charge du Producteur, l'Auteur se voit octroyer la somme de .... *(en lettre)* euros H.T. selon le calendrier suivant *(indiquer l'échéancier convenu).*

Deux exemples d'échéanciers que l'on retrouve assez fréquemment dans les contrats :

a) Soit le réalisateur participe à l'écriture du scénario :

- *à la signature (10 %)*
- *à la remise de la première version du scénario (10 %)*
- *à la remise de la deuxième version du scénario intégrant les remarques du Producteur (10 %)*
- *à la remise de la troisième version du scénario intégrant les nouvelles remarques du Producteur (10 %)*
- *à l'acceptation définitive du scénario (10 %)*
- *au premier jour de tournage (10 %)*
- *à la fin du tournage (10 %)*
- *à l'établissement de la copie 0 (le solde)*

b) Soit le réalisateur ne participe pas à l'écriture du scénario :

- *à la signature (10 %)*
- *au premier jour de tournage (10 %)*
- *à la cinquième semaine de tournage (10 %)*
- *à la dixième semaine de tournage (10 %)*
- *à la fin du tournage (10 %)*
- *à la sixième semaine de montage (10 %)*
- *au mixage (10 %)*
- *à l'établissement de la copie 0 (le solde)*

Le Producteur se remboursera de l'intégralité de ce minimum garanti par compensation sur l'ensemble des rémunérations proportionnelles visées aux paragraphes 8.1.1. à 8.1.10. ci-dessus dont il sera redevable envers l'Auteur, jusqu'à complet remboursement, étant entendu que les sommes qui seront versées à l'Auteur par les sociétés d'Auteur, ne seront pas prises en compte. Il est précisé que si l'ensemble des sommes ainsi affectées à la compensation était inférieur au montant du minimum garanti, le Producteur ne pourrait pas exercer de recours contre l'Auteur pour la différence.

La somme versée au titre du minimum garanti n'est pas productive d'intérêts.

Toutes les rémunérations prévues au présent contrat seront majorées de la TVA au taux en vigueur, et subiront les déductions sociales obligatoires

8.3. Rémunération en cas de *remake*, *prequel*, *sequel*, *spin-off*

8.3.1. En cas de cession à un tiers des droits de *remake* et (ou) *prequel* et (ou) *sequel* et (ou) *spin off*

Le Producteur versera à l'Auteur sur les Recettes Nettes provenant du prix de cession H.T. :

- .... % (............. pour cent) de toutes Recettes Nettes provenant de la cession des droits de *remake* et (ou) *prequel* et (ou) *sequel* et (ou) *spin off*. On entend par Recettes Nettes, le prix Hors Taxes de la cession diminué de tous les frais engagés, dûment justifiés, se rapportant à la cession

8.3.2. Pour l'exploitation des *remake* et (ou) *prequel* et (ou) *sequel* et (ou) *spin-off*, pour chacun des modes d'exploitation cédés, le Producteur versera à l'Auteur, une rémunération proportionnelle égale à :

- .... % (............. pour cent) des pourcentages prévus aux présentes pour chacun des modes d'exploitation cédés du Film dans le monde aux points 8.1.1. à 8.1.10. ainsi que du pourcentage prévu au point 8.1.11. ci-dessus.

8.3.3. *(Par exception de ce qui est indiqué au point 8.3.2. : Il faudra également tenir compte du fait que les droits de remake, sequel, prequel et spin off sont souvent acquis par des sociétés étrangères qui ne permettent pas de calculer la rémunération de l'auteur sur des RNPP. Il faudra indiquer alors que le prix de la cession au point 8.3.1. rémunérera également l'exploitation des remake, sequel, prequel et spin off par ces sociétés étrangères :* « Dans l'hypothèse où les droits de *remake, sequel/prequel et/ou spin off* étaient acquis par des sociétés étrangères qui ne permettront pas le calcul de la rémunération proportionnelle de l'Auteur sur les RNPP, les Parties conviennent que dans ce cas, le pourcentage sur le prix de cession prévu ci-dessus au point 8.3.1., rémunérera par application de l'article L.131.4 alinéa 2 du CPI l'exploitation du Film au sein de ces remake, sequel/prequel et/ou spin off, pour chacun des modes d'exploitation cédés du Film dans le monde.

8.4. Rémunération pour copie privée

Pour autant que de besoin, il est rappelé que l'Auteur conservera intégralement sa part des redevances à lui revenir au titre du droit à rémunération pour copie privée institué par l'article L.311 - 1 du Code de la propriété intellectuelle.

8.5. Taux de T.V.A.

Tous les paiements dus à l'Auteur seront majorés de la TVA au taux en vigueur dont le paiement sera conforme aux dispositions de l'article 285 bis du Code général des impôts, et sauf renonciation expresse de l'Auteur au dispositif de retenue à la source prévue par ce texte, le Producteur s'en acquittera auprès du Trésor public, et versera le solde à l'Auteur au titre de ses droits à déduction au taux forfaitaire.

Dans les contrats, le taux de T.V.A. à appliquer est de 7 % depuis le 4 janvier 2012.

Toutes les rémunérations visées à la présente convention s'entendent comme des rémunérations brutes.

ARTICLE 9 - REDDITION DES COMPTES

Le Producteur adressera à l'Auteur, tous les six mois à partir de la sortie du Film, pendant les deux premières années d'exploitation et ensuite annuellement, un état des Recettes Nettes Part Producteur réalisées au cours de la période précédente, accompagné s'il y a lieu d'un chèque représentant le montant revenant à l'Auteur.

Cette clause peut être adaptée aux propres habitudes comptables du Producteur. La loi fait obligation au Producteur de rendre les comptes à l'Auteur au moins une fois par an et à fournir à l'Auteur, sur sa demande, une copie de chaque contrat qu'il conclut en vue de l'exploitation du Film.

Le Producteur tiendra dans ses livres une comptabilité d'exploitation qui sera organisée de telle sorte que les opérations s'y rapportant se distinguent de l'ensemble des comptes du Producteur et puissent être facilement isolées, contrôlées ou relevées.

(Lorsque l'auteur perçoit une rémunération après amortissement du coût du Film, il faut ajouter après « une comptabilité d'exploitation », ***« la comptabilité de production »*** *de manière à ce que l'Auteur puisse contrôler la réalité de l'amortissement du coût du Film.)*

L'Auteur ou son représentant pourra effectuer, sous préavis de huit *(8 jours est un délai indicatif, vous pourrez prévoir un délai de prévenance plus long)* jours, au siège social du Producteur pendant les heures d'ouverture des bureaux, toutes vérifications qu'il jugera utiles.

ARTICLE 10 - PUBLICITÉ

Au générique du Film et dans toute la publicité (Film-annonce, affiches, invitations, pavés, publicité de lancement et corporative, programmes et panneaux apposés spécialement aux devantures et à l'intérieur des salles de cinéma, y compris les lumineux), le nom de l'Auteur sera cité (sur un carton seul et fixe si ce procédé est utilisé) de la façon suivante :

Un film de .... *(nom de l'Auteur),*

cette mention étant suivie du nom des coauteurs éventuels et étant apposée dans des caractères d'une taille qui ne pourra être inférieure à .... % de celle utilisée pour la mention du nom du réalisateur en tant que tel.

(Bien entendu cette formule est à adapter à votre cas particulier, il faut bien veiller à ce que l'ensemble des contrats d'auteurs soient harmonisés entre eux, notamment sur le point de l'ordre de la mention des noms, afin d'éviter de prendre avec chacun des engagements qui pourraient s'avérer contradictoires et ainsi créer des problèmes insolubles au moment de l'établissement du générique.)

Le Producteur se réserve, en dehors de la publicité standard ci-dessus, le droit de faire une publicité spéciale de lancement ou de soutien ne comportant pas la mention du nom de l'Auteur.

Le Producteur s'engage à communiquer ces obligations publicitaires à toutes les firmes qui distribueront ou éditeront le Film, mais ne saurait être tenu responsable de leurs manquements ; l'Auteur est autorisé dès maintenant à agir directement à l'encontre des ayants droit du Producteur.

ARTICLE 11 - CLAUSE DE RÉSILIATION

11.1. À défaut d'exécution par l'une ou l'autre des Parties de ses obligations, et 30 (trente) jours après l'envoi d'une mise en demeure par lettre recommandée avec accusé de réception restée sans effet, les présentes seront résiliées aux torts et griefs de la Partie défaillante, si bon semble à l'autre Partie, sous réserve de tous dommages-intérêts, par une décision de justice devenue définitive.

(Certains contrats peuvent aussi prévoir une résiliation anticipée « de plein droit » après mise en demeure restée sans effet, mais cette solution est moins protectrice pour le Producteur puisque la résiliation n'est pas prononcée par le juge, mais mise en œuvre automatiquement. Dans le cas de la résiliation anticipée, dans les conditions prévues à la présente clause, le contrôle du juge porte sur le bien-fondé de la demande de résiliation).

11.2. Les contrats signés avant la résiliation des présentes dans les conditions du point 11.1. ci-dessus, ne seront pas remis en cause. *(La résiliation n'a d'effet que pour le futur)*

ARTICLE 12 - CAS DE FORCE MAJEURE

Chaque Partie ne saurait être tenue responsable de tout manquement à ses obligations résultant d'un cas de force majeure ou cas fortuit au sens de l'article 1148 du Code civil et de la jurisprudence de la Cour de cassation.

Tout événement en dehors du contrôle de l'une ou l'autre Partie et contre lequel elle n'a pu raisonnablement se prémunir constitue un cas de force majeure et suspend à ce titre les obligations des Parties.

Si par suite de cas de force majeure ou cas fortuit, non imputable au Producteur, pour lequel celui-ci pourrait en justifier, le Producteur était amené à interrompre le travail à un moment quelconque ou à suspendre son activité dans le domaine de la production, la faculté lui est réservée soit de résilier le présent accord, soit d'en suspendre l'exécution.

La suspension éventuelle de l'exécution des présentes serait d'une durée égale à celle de l'événement qui aurait motivé l'arrêt de l'activité de la production. Par voie de conséquence, tous les délais prévus au présent accord seraient augmentés d'autant.

En cas de résiliation du présent accord dans les cas visés ci-dessus, l'Auteur ne pourrait faire valoir contre le Producteur aucun droit à percevoir une somme supplémentaire à celles qu'il aurait déjà perçues en exécution des présentes et (ou) à être indemnisé à quelque titre que ce soit et (ou) à rendre responsable le Producteur de la perte de la rémunération proportionnelle aux recettes d'exploitation qui en résulterait pour lui.

ARTICLE 13 - CESSION À UN TIERS

Le Producteur aura la faculté de céder les bénéfices et les droits résultant de la présente convention, à toute société, qui se substituera ainsi dans ses obligations, sans être tenu à aucune indemnité à l'égard de l'Auteur et à la condition expresse que le cessionnaire s'engage au préalable par écrit, à assumer toutes obligations convenues à la présente convention, étant entendu que le Producteur restera solidairement et intégralement responsable et garant envers l'Auteur de l'exécution des présentes, et à charge par le Producteur d'en aviser l'Auteur par lettre recommandée.

Le Producteur et tout nouveau bénéficiaire seront tenus de joindre à la lettre de notification susvisée copie du contrat de cession en application de l'article L.132-28 du Code de la propriété intellectuelle.

(Il est impératif de prévoir la possibilité de céder le contrat à un tiers en raison du caractère « intuitu personae » d'un contrat de cession de droits d'auteur).

ARTICLE 14 - INSCRIPTION AUX REGISTRES DU CINÉMA ET DE L'AUDIOVISUEL

Le Producteur s'engage à inscrire la présente convention aux Registres du Cinéma et de l'Audiovisuel, conformément à l'article L.123.1 du Code du cinéma et de l'image animée, au plus tard au premier jour de tournage.

ARTICLE 15 - LITIGES

En cas de contestation sur l'interprétation ou sur l'exécution des présentes, les Tribunaux de Grande Instance seront seuls compétents.

ARTICLE 16 - ÉLECTION DE DOMICILE

Les Parties élisent domicile à l'adresse visée en tête des présentes.

Fait à ...., le ....

(Attention à ne pas oublier de dater le contrat)

En 3 exemplaires

(Il faut établir autant d'exemplaires qu'il y a de Parties au contrat (donc au moins deux), et un supplémentaire pour les Registres de la Cinématographie et de l'Audiovisuel).

POUR L'AUTEUR **POUR LE PRODUCTEUR**

(Attention : ne pas oublier d'annexer à ce contrat, la définition des Recettes Nettes Producteur et celle du Coût du Film, qui font partie intégrante de l'accord.)

Ces définitions se trouvent dans les annexes.

CESSION DE DROIT D'ADAPTATION LITTÉRAIRE

GÉNÉRALITÉS SUR L'ACQUISITION PAR UN PRODUCTEUR DES DROITS D'ADAPTATION AUDIOVISUELLE D'UN OUVRAGE LITTÉRAIRE.

Le marché de la vente de droits d'adaptation audiovisuelle est devenu depuis quelques années un enjeu économique important pour les éditeurs.

La loi du 3 juillet 1985 a posé les principes de cette commercialisation en imposant aux éditeurs de faire signer à leurs auteurs édités, la cession de leurs droits d'adaptation audiovisuelle dans un acte distinct.

Cette règle se retrouve à l'article L.131.3 du CPI § 3 et 4 :

§3 : « Les cessions portant sur les droits d'adaptation audiovisuelle doivent faire l'objet d'un contrat écrit sur un document distinct du contrat relatif à l'édition proprement dite. »

§4 : « Le bénéficiaire de la cession s'engage par ce contrat à rechercher une exploitation du droit cédé conformément aux usages de la profession et à verser à l'auteur une rémunération proportionnelle aux recettes perçues. »

Ainsi, le Producteur et l'auteur du livre signeront souvent concomitamment à la signature du contrat d'édition, un contrat, séparé et autonome, de cession du droit d'adaptation audiovisuelle du livre.

Toutefois, cette cession par l'auteur d'un ouvrage littéraire de ses droits d'adaptation audiovisuelle à son éditeur n'est pas obligatoire ni systématique. Particulièrement, un auteur renommé pourra vouloir gérer seul ses droits d'adaptation audiovisuelle, et les garder par-devers lui ou en confier la gestion à un agent, ce que son éditeur pourra accepter s'il craint que son refus pousse l'auteur à aller « se faire éditer ailleurs ».

L'acquisition par l'éditeur de ce droit d'adaptation audiovisuelle le rend seul interlocuteur du Producteur.

Pour atténuer ce rôle d'interlocuteur prépondérant de l'éditeur, les parties pourront prévoir que la cession des droits d'adaptation audiovisuelle est concédée à l'éditeur que pour une période relativement courte à partir du jour où l'ouvrage paraît en librairie (deux à trois ans par exemple), et prévoir que, passé ce délai, si l'éditeur n'a pas trouvé de débouché, l'auteur récupère son droit.

On pourrait assortir également la cession de ce droit d'adaptation audiovisuelle à la condition que l'éditeur entreprenne des démarches et les démontre à l'Auteur.

Lorsque l'éditeur sera devenu cessionnaire du droit d'adaptation audiovisuelle, il devra faire toute démarche, et répondre à toute sollicitation, aux fins de vendre lesdits droits à un Producteur. Cette obligation n'étant qu'une obligation de moyens, l'éditeur n'est pas obligé de trouver un Producteur, mais seulement de le rechercher.

Il sera indispensable au Producteur qui souhaite adapter un ouvrage, qu'il s'assure de parler au bon interlocuteur et de vérifier en tout premier lieu que l'éditeur est bien (toujours) détenteur de ce droit d'adaptation audiovisuelle. Lorsque ça n'est pas le cas, il appartiendra au Producteur d'interroger l'auteur pour savoir qui détient le droit d'adaptation audiovisuelle.

Lorsque le Producteur sera face au bon interlocuteur, il négociera les conditions de la cession à savoir, son prix, souvent sous forme de minimum garanti à valoir sur les rémunérations proportionnelles assises sur les recettes de l'exploitation du film, la durée de la cession, l'exclusivité (certains contrats proposés par les éditeurs distinguent entre la durée de la cession et la durée de l'exclusivité, proposant une cession exclusive sur 10 ans et une cession non exclusive sur les 15 ans.)

L'acquisition des droits d'adaptation audiovisuelle se fait souvent de la manière suivante : une option, qui lorsqu'elle sera levée par le Producteur, rendront effectives les clauses relatives à la cession de droits dont les conditions auront été convenues au moment de la négociation de l'option.

Il s'avère que de nombreux éditeurs utilisent un contrat-cadre qui a été mis en place par la SCELF et qui est disponible en complément Internet, sachant que ce contrat établi par la SCELF privilégie les intérêts de l'éditeur plutôt que celui du Producteur.

Pour l'étude de ces contrats d'option et de cession des droits d'adaptation audiovisuelle, et eu égard au fait que la plupart des éditeurs ne veulent signer avec les Producteurs que le contrat d'option et d'adaptation audiovisuelle mis au point par la SCELF, nous avons choisi d'analyser certaines des clauses de ce contrat sans les reproduire, il suffira au lecteur de se reporter ensuite sur le modèle de contrat SCELF.

@ **COMPLÉMENT INTERNET**

- *Contrat de cession de droit d'adaptation littéraire mis en place par la SCELF*

ANALYSE DU CONTRAT "SCELF" D'OPTION ET DE CESSION DES DROITS D'ADAPTATION ET D'EXPLOITATION AUDIOVISUELS DE L'ŒUVRE LITTÉRAIRE INTITULÉE(•)

1. Nom des Parties : le contrat interviendra entre l'Éditeur qui cède les droits et le Producteur, cessionnaire des droits, l'Auteur de l'ouvrage littéraire qui a cédé son droit d'adaptation audiovisuelle à l'Éditeur est mentionné : le contrat est passé en sa présence. De cette manière, il n'ignore pas l'existence de ce contrat qui porte sur l'adaptation audiovisuelle de ses droits.

2. Le préambule : le préambule va rappeler la chaîne des droits, la date à laquelle le contrat de cession de droit d'adaptation audiovisuelle a été signé. Il va également indiquer que l'Éditeur garantit être titulaire des droits qu'il cède. Sur ce point, le Producteur pourrait demander à l'Éditeur de lui fournir une copie de ce contrat. Il incombe en effet au Producteur, et il y va de sa responsabilité, de vérifier les affirmations de l'Éditeur.

3. La cession des droits fait souvent d'abord l'objet d'une option exclusive sur la cession des droits, que l'on trouve sous la rubrique Titre 1. La durée de l'option est mentionnée, sachant que souvent l'option se décompose en deux périodes, une première qui est renouvelable en seconde période d'option.

La durée de la première option doit être suffisante pour que le Producteur ait suffisamment de temps pour lancer l'écriture d'un scénario et de commencer ses recherches de financement. La fourchette est entre 12 à 18 mois, pour la première période, puis 12 à 18 mois complémentaires pour la seconde période.

Doivent être prévues les modalités de renouvellement de l'option souvent par l'envoi d'un courrier RAR indiquant cette volonté, et le cas échéant le paiement du coût du renouvellement.

4. Prix de l'option : seront prévus deux prix, l'un pour la première période de l'option, et l'autre en cas de renouvellement. En général, le prix de l'option correspond à 10 % du montant du Minimum garanti versé en avance de la rémunération proportionnelle en cas de cession de droits sur le livre, sachant que sur ce point, toutes les propositions peuvent être faites à un éditeur.

Il est souvent prévu que le prix de l'option, si celle-ci est levée, s'imputera sur le montant du minimum garanti versé en avance de la rémunération proportionnelle en cas de cession de droits sur le livre,

Si le Producteur ne lève pas l'option, l'Éditeur garde le prix versé pour l'option.

5. Rétrocession des droits : le contrat type prévoit la possibilité de rétrocéder le contrat d'option à un tiers en contrepartie d'un reversement de la moitié du prix de la rétrocession à l'Éditeur. Cette clause relative à un partage d'une plus-value dans la cession de l'option doit être discutée entre le Producteur et l'Éditeur, car si le Producteur cède l'option en ayant travaillé sur le projet et en rendant la cession de l'option plus attractive, le partage de la plus-value devra se faire après que le Producteur ait récupéré ce qu'il a dépensé dans le développement de l'option.

6. Les conditions de la cession de droits apparaissent sous le titre : **Titre II.**

7. L'objet du contrat est défini, il s'agit du droit exclusif d'adapter le livre pour la réalisation d'un film, lorsqu'on examine précisément le contrat type, on s'aperçoit que l'article 1 et l'article 2 se répètent avec cependant quelques différences. Aussi la répétition n'étant pas recommandée dans un contrat, on préférera pour l'article 1, la rédaction suivante : *« L'objet du contrat est de prévoir les conditions de la cession des droits afférents à l'Ouvrage en vue de son adaptation et de son exploitation tels que définis ci-après dans le cadre de l'œuvre audiovisuelle qui sera produite par le Producteur. »*

8. L'article suivant fixe l'étendue des droits cédés et il s'agit de tous les droits d'adaptation, les droits de reproduction et de représentation de l'ouvrage sous la forme audiovisuelle.

Les exploitations visées sont l'exploitation multimédia, l'exploitation Internet, la reproduction de l'œuvre audiovisuelle, notamment par la numérisation, synchronisation avec la musique, exploitation vidéographique, exploitation cinématographique en salle, exploitation télévisuelle par tous moyens technique et économique y compris *pay-per-view* et VOD (par quelques moyens économiques que ce soit), exploitation par extraits et fragments, sur des affiches, des photographies. Sous le terme d'exploitations dérivées est prévu le droit de *making of,*

Les éditeurs ne cèdent pas volontiers les droits de *remake,* de *prequel,* de *sequel,* de *spin off,* donc la discussion sur ce point est importante.

L'éditeur peut décider qu'elle se vendra plus tard avec un droit de priorité en faveur du Producteur. Si le Producteur tient à obtenir ces droits, il faudra des arguments sérieux et justifiés par la teneur de l'œuvre qu'il entreprendra (par exemple produire une série télévisuelle à partir d'un ouvrage littéraire justifie pour le Producteur de bénéficier des droits de sequel, de prequel et même de *spin-off,* la production d'une œuvre transmedia nécessite une cession des droits dérivés le plus large possible.)

Le droit d'édition graphique d'une œuvre littéraire tirée de l'œuvre audiovisuelle est également un enjeu de discussion entre l'éditeur et le Producteur, le premier souhaitant bénéficier automatiquement de ce droit qui figurera dans le contrat proposé. De son côté, le Producteur pourrait alléguer que l'édition graphique de l'œuvre audiovisuelle est une de ses prérogatives et qu'il pourrait choisir l'éditeur. On peut imaginer alors un droit de premier refus au profit de l'éditeur.

Le droit de *merchandising* sera également un enjeu particulièrement quand il s'agira de l'adaptation audiovisuelle d'une bande dessinée. Aussi, l'Éditeur et le Producteur devront prendre soin de préciser dans leur contrat ce qui relève du merchandising de la bande dessinée et ce qui relèvera du merchandising du dessin animé.

Enfin, le titre de l'œuvre devra également être envisagé. Si le titre de l'ouvrage littéraire est déposé comme une marque, il faudra alors qu'en plus de la cession de droits portant sur le titre, le Producteur dispose d'une licence de marque sur ledit titre/marque, ainsi que la licence du nom de domaine, le cas échéant.

9. La clause **durée** est assez spécifique et particulière puisque le contrat type prévoit une durée de cession de 30 ans, mais la cession n'est exclusive que sur les 15 premières années, la cession est non exclusive sur les 15 années suivantes.

Une telle proposition est étonnante et le Producteur pourra être surpris par cette rédaction de la clause durée qui est assez éloignée des usages, et douter de sa pertinence au regard des enjeux économiques. Est-il vraiment possible qu'un Producteur d'une œuvre cinématographique qui va devoir mobiliser un financement de plusieurs millions d'euros puisse ne proposer à ses partenaires qu'une durée d'exploitation exclusive de 15 ans ?

En outre, l'éditeur pourra-t-il au bout de 15 ans, d'exclusivité, trouver un nouveau Producteur qui acceptera d'acquérir des droits non exclusifs ?

Cette réflexion devrait pousser Producteur et Éditeur à opter pour une rédaction plus conforme aux impératifs économiques de la production cinématographique et audiovisuelle tant nationale qu'internationale.

La clause type durée comprend également une condition résolutoire automatique en cas de « non mise en exploitation après une durée de 3 ans à compter de la levée d'option ». Cette rédaction est périlleuse pour le Producteur à plusieurs titres :

(i) cette durée de 3 ans pour produire et finir le film et le mettre en exploitation est très courte.
(ii) elle met à la charge du Producteur une obligation qui ne dépend pas de lui. En effet, la mise en exploitation du film dépend du planning du distributeur, et s'il arrivait que le distributeur ne respecte pas la date de sortie dans ce délai de 3 ans, le contrat serait purement et simplement résilié, alors que le film sera pourtant terminé.
(iii) elle met à la charge du Producteur l'obligation de résultat d'exploiter, alors

que l'article L.132.27 du Code de la propriété intellectuelle ne met à sa charge qu'une obligation de moyen : « le Producteur est tenu d'assurer à l'œuvre une exploitation conforme aux usages de la profession ». Il pourra arriver au moment où le contrat avec l'éditeur est signé que le Producteur n'ait pas encore trouvé de distributeur (et pour cause), mais que par la suite, il lui manque toujours un distributeur sans que ce manquement soit dû à un manque de recherche de sa part.

10. Figure ensuite la clause de la **rémunération proportionnelle.** À titre préliminaire, on indiquera que l'économie habituelle entre un éditeur et un auteur tel que cela résulte du contrat d'adaptation audiovisuelle initialement signé entre eux, est un partage par moitié entre eux, de tous les revenus provenant de l'exploitation de l'œuvre audiovisuelle tirée du livre.

Cette rémunération proportionnelle sera versée par le Producteur à l'Éditeur cessionnaire des droits de l'Auteur, il est donc impératif que l'Éditeur garantisse au Producteur qu'il va régler à l'auteur ce qu'il lui doit, seul gage pour le Producteur du parfait respect de la chaîne des droits.

En effet, si le Producteur est amené par la suite à contracter avec un coproducteur, il sera contraint de justifier auprès de ce dernier l'existence et l'exécution de la chaîne des droits et il a donc besoin non seulement de disposer du contrat entre l'Auteur et l'Éditeur, mais aussi de la preuve que l'Éditeur a bien reversé à l'Auteur la somme ou une partie de la somme payée par le Producteur.

Par exemple : « *L'Éditeur s'engage et garantit le Producteur de ce qu'il réglera parfaitement à l'Auteur sa part de rémunération proportionnelle et en justifiera à première demande du Producteur* ».

Le contrat type SCELF prévoit également une rémunération après amortissement du coût du Film.

Minimum garanti : ce contrat type prévoit le versement d'un minimum garanti dont le montant correspond à un pourcentage « du budget du film tel que déclaré au CNC lors de la demande d'agrément de production ». À ce moment-là le film est réalisé et il devrait s'agir d'un budget au plus proche du coût réel. Au moment de la signature du contrat, on ne connaît pas exactement le budget qui sera finalement déclaré au CNC lorsque le film sera réalisé, on ne raisonne que sur des hypothèses, aussi, on prévoit un montant plancher de minimum garanti, et il serait raisonnable de prévoir aussi un montant plafond.

C'est également dans cet article que l'on indique que le montant versé au titre de l'option s'impute sur le montant du minimum garanti.

Le montant du minimum garanti étant un pourcentage sur le budget déclaré au CNC lors de la demande d'agrément de production, il y aura forcément un solde, il est donc indiqué à quelle date ce solde sera payé.

11. La clause de reddition des comptes reste classique, mais prévoit une périodicité bisannuelle pendant les deux premières années d'exploitations, annuelle ensuite.

Alors que d'habitude la forme de la reddition des comptes n'est pas contractuellement précisée, il est précisé dans ce contrat type que la reddition des comptes fera apparaître l'état du remboursement du Minimum Garanti et l'état d'amortissement du coût du Film, de cette manière l'éditeur saura s'il peut recevoir la rémunération proportionnelle convenue.

12. Les clauses de garanties qui permettent une jouissance paisible sont classiques. On remarquera que sur ces clauses, la garantie de jouissance paisible pèse sur l'éditeur ET sur l'auteur : « *L'Éditeur et l'Auteur garantissent expressément au Producteur l'exercice paisible des droits cédés et notamment* » dont on a vu au début de cette analyse que ce dernier n'était pas signataire en qualité de partie du contrat, mais seulement en qualité de témoin. Mais, si d'aventure, le Producteur était empêché d'exploiter paisiblement l'œuvre audiovisuelle tirée du livre, il pourrait se retourner à la fois contre l'Éditeur et contre l'Auteur, aussi l'Auteur est bien une partie de ce contrat.

Le point 3 de cette clause restreint la garantie puisque seul l'Auteur (forcément moins solvable) garantit le Producteur « *contre tous troubles, revendications et évictions de toutes personnes pouvant faire valoir un droit quelconque sur l'Ouvrage ou son utilisation, et ce pour l'ensemble de l'exploitation des droits qui lui sont conférés au sein des présentes* ». Le Producteur aurait intérêt à mentionner à ce niveau aussi la double garantie de l'Auteur ET de l'Éditeur

13. La clause relative à la publicité est spécifique puisqu'elle prévoit deux hypothèses (i) celle où le titre de l'œuvre audiovisuelle est identique à celui du livre (ii) celle ou ce n'est pas le cas.

14. L'éditeur va en quelque sorte, s'immiscer dans le travail d'adaptation du scénariste de l'œuvre audiovisuelle, car ce contrat type prévoit la communication à « *l'Éditeur, au moins un mois avant le premier jour de tournage, pour lui permettre d'en prendre connaissance afin de recueillir ses remarques éventuelles* » sachant que le Producteur n'est pas obligé d'intégrer les remarques, mais de faire seulement « *ses meilleurs efforts pour supprimer du scénario tous les éléments qui pourraient porter atteinte au droit moral de l'Auteur* ». En réalité, cette communication préalable permettra à l'éditeur en cas de désaccord artistique d'interdire d'utiliser le titre original du livre pour identifier l'œuvre audiovisuelle et par la même d'interdire au Producteur de profiter de la notoriété du livre.

L'intervention de l'éditeur interviendra ensuite lors d'une projection avant le mixage de l'œuvre audiovisuelle, « *si après visionnage, l'adaptation de l'Ouvrage n'emportait pas l'agrément de l'Éditeur et de l'auteur ceux-ci pourront, dans l'exercice des prérogatives attachées au droit moral de l'auteur , demander au Producteur que ne soient pas mentionnés son nom et toute référence écrite, sonore ou visuelle à l'Ouvrage, au générique, sur l'affiche du Film et sur toute publicité s'y rapportant et que soit portée au générique du Film, la mention suivante :*

librement adapté du roman ....

de ....

publié aux éditions ....

15. La rétrocession à un tiers du bénéfice du contrat est autorisée dans la mesure où le Producteur reste garant vis-à-vis de l'Éditeur de la parfaire exécution de ses obligations par le tiers cessionnaire.

16. L'analyse des clauses suivantes en ce qu'elles ne sont que la reproduction des articles du code de la propriété intellectuelle n'est pas nécessaire.

CONTRAT DE CESSION DE DROITS D'AUTEUR BIBLE LITTÉRAIRE

ENTRE LES SOUSSIGNÉS

Société .... *(nom de la société, forme de la société)* au capital de .... *(capital de la société)*, dont le siège social est .... *(adresse de la société)*, représentée par .... *(nom et qualité du signataire - si ce n'est pas le représentant légal, ex-gérant ou PDG, indiquer « ayant tous pouvoirs à cet effet »)*, ci-après dénommée « le Producteur »,

d'une part,

ET

Mademoiselle/Madame/Monsieur .... *(nom de l'Auteur)*, demeurant .... *(adresse de l'Auteur),* ci-après dénommé(e) « l'Auteur »,

d'autre part.

ci-après dénommée chacune une « Partie » et ensemble « Les Parties »

IL A AU PRÉALABLE ÉTÉ EXPOSÉ CE QUI SUIT

Rappeler le contexte de la signature du contrat. Par exemple rappeler qui est l'auteur de l'idée originale. Ce peut être l'auteur de la bible, mais ça peut être aussi une idée qui vient en interne de la part du Producteur. Toutes les hypothèses existent.

Lorsque l'idée originale vient également de l'auteur de la Bible, il faut que le périmètre de la cession porte tant sur l'idée originale que sur la Bible qui sera commandée dans le cadre du présent contrat.

Le Producteur souhaite entreprendre la production d'une série télévisuelle, à partir de l'idée originale de l'Auteur, de la première version de la bible littéraire qu'il a écrite et des versions suivantes de la bible littéraire, ci-après dénommée « la Série ».

Après discussions, les Parties se sont rapprochées.

IL A ÉTÉ ARRÊTÉ ET CONVENU CE QUI SUIT

ARTICLE PRÉLIMINAIRE

Dans cet article, figure la définition de la bible, objet de la commande et de la cession des droits.

La SACD a défini la bible de la manière suivante :

« Par « bible littéraire », les Parties conviennent d'entendre un document écrit décrivant de façon détaillée le cadre général dans lequel évolueront les personnages principaux de la série :

> *- les éléments dramatiques communs, les lieux, les thèmes, la progression dramatique, la description détaillée des personnages principaux et de leurs relations ;*
>
> *- la bible littéraire doit également contenir des exemples de sujets à développer ainsi qu'un épisode complet dialogué dont la cession se fera par contrat séparé. »*

En matière télévisuelle, l'essentiel de la rémunération proportionnelle des auteurs d'une œuvre audiovisuelle leur sera versé par la SACD (s'il s'agit d'une œuvre de fiction) ou par la SCAM (s'il s'agit d'un documentaire ou d'une œuvre multimédia). Aussi il est recommandé de se rendre sur les sites Internet de ces sociétés de gestion collective afin de connaître les barèmes de rémunération qu'elles appliquent.

La SACD reconnaît comme auteur de la bible littéraire celui qui a non seulement écrit ou coécrit la bible littéraire, mais également le premier épisode de la série qui reprend les éléments de la bible, même si cet épisode n'est pas produit. Aussi, le contrat de commande de bible sera complété par la signature avec l'auteur de la bible, d'un contrat de commande et de cession des droits sur le scénario du premier épisode de la série.

La part de rémunération sur le prix de la minute réservée par la SACD aux auteurs de la bible littéraire est de 10 %, et lorsqu'il s'agit d'une série d'animation, où il existe une bible littéraire et une bible graphique, la part réservée à leurs auteurs est de 15 %.

Lorsqu'il s'agit d'une série qui adapte une œuvre littéraire, la part de droit réservée à l'auteur de l'œuvre littéraire ou à l'éditeur est de 30 %.

ARTICLE 1 - OBJET

Le présent contrat a pour objet de fixer les conditions de la commande de la bible littéraire, ci-après dénommée « la Bible », ainsi que celles relatives à l'acquisition des droits de l'Auteur sur l'Idée Originale et sur toutes les versions de la Bible.

ARTICLE 2 - COMMANDE DE LA BIBLE

2.1. Première version de la Bible

Il pourra arriver qu'un auteur ait déjà travaillé à la bible. C'est le cas lorsqu'il est l'auteur de l'idée originale qu'il a commencé à développer seul. Il existe donc une première version de la bible avant que l'auteur ne rencontre le Producteur. Dans ce cas, le Producteur en prend acte et annexera au présent contrat cette première version de la bible déjà créée. Il devra aussi acquérir les droits sur cette première version de la bible.

Le Producteur acquiert dans les conditions fixées aux présentes la première version de la bible annexée aux présentes.

2.2. Modalités de commande des versions suivantes de la Bible.

Il s'agit d'un accord sur le même type que le step deal (voir chapitre s'y rapportant).

2.2.1. Principes

Un des principes mis en place est la collaboration constante entre le Producteur et l'Auteur et l'acquisition, au fur et à mesure de leur création, des versions de la bible.

Le Producteur commande à l'Auteur qui accepte, la suite de l'écriture de la Bible qui fera l'objet des étapes indiquées au point 2.2.2. ci-après, étant entendu que les étapes d'écriture successives sont indépendantes les unes des autres et que le Producteur n'est aucunement tenu, à l'issue de chaque étape, d'engager l'étape suivante.

Il est également entendu que la remise de chaque version de la Bible fera l'objet d'une discussion entre le Producteur et l'Auteur, puis fera l'objet d'un Compte rendu (tel que défini ci-après), faisant état de leur accord sur les modifications à apporter sur ladite version.

Chaque version modifiée par l'Auteur devra faire l'objet d'une validation par le Producteur et le cas échéant par les partenaires financiers du Producteur, chaque acceptation entraînant de facto la cession des droits de l'Auteur afférents à cette version au Producteur, dans les termes prévus au présent contrat.

Le Producteur pourra adjoindre à l'Auteur tout coauteur de son choix.

Il est convenu que si l'Auteur n'intégrait pas dans les versions de la bible, les conclusions du Compte rendu, et (ou) si l'Auteur ne respectait pas les conditions de délais de remise des versions prévues ci-après, le Producteur pourra modifier lui-même la version ou confier ces modifications à effectuer à tout auteur de son choix. Dans cette hypothèse, le Producteur pourra ne plus solliciter l'Auteur pour l'écriture des versions suivantes, les droits de l'Auteur sur les versions acceptées restant acquis au Producteur.

Ce Compte rendu écrit est nécessaire, car il sera la trace écrite de l'accord des deux Parties sur les corrections à apporter, ce contrat de step deal prévoyant la possibilité de mettre fin au processus de commande avec l'auteur si celui-ci ne les intégrait pas.

2.2.2. Les étapes

1re étape

L'Auteur remettra au Producteur la seconde version de la Bible à la date du ....

Le Producteur établira de concert avec l'Auteur, les corrections qui devront être apportées à cette seconde version de la bible (dénommées « le Compte rendu »), et qui seront adressées à l'Auteur par email avec accusé de réception à l'adresse suivante .... *(indiquer une adresse e-mail du Producteur).*

L'Auteur s'engage à suivre le Compte rendu, à le respecter scrupuleusement et à remettre une version modifiée de la seconde version dans un délai de 5 (cinq) jours ouvrables, à compter de la réception du Compte rendu. Dans ces conditions de respect du Compte rendu et du délai de remise, le Producteur acceptera cette seconde version définitive de la bible, et commandera la troisième version de la Bible.

2e étape

L'Auteur remettra au Producteur la troisième version de la Bible à la date du .... (ou dans un délai de .... à compter de ....).

Le Producteur établira de concert avec l'Auteur, les corrections qui devront être apportées à cette troisième version de la Bible (dénommées « le Compte rendu 2 »), et qui seront adressées à l'Auteur par email avec accusé de réception à l'adresse suivante ... .

L'Auteur s'engage à suivre le Compte rendu 2, à le respecter scrupuleusement et à remettre une version modifiée de la troisième version dans un délai de 5 (cinq) jours ouvrables à compter de la réception du Compte rendu 2. Dans ces conditions de respect du Compte rendu 2 et du délai de remise, le Producteur acceptera cette troisième version définitive de la Bible.

2.2.3. Dans le cadre du développement de la Série, le Producteur transmettra la dernière version de la Bible au diffuseur qui pourra demander à ce qu'il soit apporté à la Bible des modifications, que l'Auteur accepte de faire, dans les délais qui lui seront indiqués sans percevoir de rémunérations autres que celles prévues à l'article 8.1. des présentes.

(On pourrait considérer que la seconde version de la Bible est un élément de création qui contient tous les éléments essentiels et que de cette manière, il n'est pas illégitime que le Producteur paye l'intégralité du minimum garanti, quand bien même si pour la troisième version de la Bible, un coauteur, choisi par le Producteur, pourrait être joint à l'Auteur. Aussi, on peut prévoir que l'acceptation par le Producteur de façon définitive de la seconde version de la Bible, visée au point 2.2.2. des présentes, entraînera le paiement de l'intégralité du minimum garanti prévu à l'article 8.2. des présentes.)

2.2.4. Au cas où l'Auteur se trouverait dans l'impossibilité, par suite d'un cas de force majeure ou de maladie ou quelque autre raison, de remplir partiellement ou complètement ses obligations résultant du présent contrat, les obligations de l'Auteur seront suspendues tant que durera l'impossibilité dont il justifiera, mais non au-delà, et l'Auteur sera exonéré de sa responsabilité.

Les circonstances de force majeure sont celles définies par la loi et la jurisprudence française.

L'Auteur informera dès que possible le Producteur de l'empêchement et de sa durée ainsi que de ses conséquences sur sa capacité à remplir ses engagements.

L'Auteur fera tous ses efforts afin d'éviter ou d'éliminer les causes du retard et reprendra l'exécution de ses obligations dès que le cas invoqué aura disparu.

Si le cas de force majeure ou la maladie ou quelque autre raison, venait à excéder *(cette durée pourra être déterminée en fonction du planning de préproduction)*, le Producteur pourra confier l'écriture de la Bible à tout autre Auteur de son choix, ce que l'Auteur accepte, et il notifiera sa décision à l'Auteur par lettre recommandée avec accusé de réception, étant entendu que le Producteur restera titulaire de tous les droits de l'Auteur, dans les termes du présent contrat, sur les versions acceptées de la Bible.

Dans le cas où l'Auteur serait remplacé dans ces termes, la rémunération proportionnelle définie à l'article 8 des présentes lui serait allouée au prorata de sa participation à l'écriture de la Bible littéraire.

2.2.5. Les Parties conviennent que les respects des délais visés ci-dessus sont déterminants du présent contrat.

2.2.6. Le titre de la Série appartient au Producteur. Le Producteur se réserve la faculté de choisir un titre différent du titre provisoire, ce que l'Auteur accepte.

2.2.7. Il est d'ores et déjà entendu que l'Auteur consent à ce que la Bible puisse faire l'objet de modifications et d'adaptation, sollicitées notamment par les partenaires du Producteur (diffuseurs, coproducteurs, etc. sans que cette liste soit exhaustive).

ARTICLE 3 - DROITS CÉDÉS

Cet article du contrat d'Auteur est l'expression de l'article L.131-3 du CPI selon lequel les droits cédés doivent être indiqués. Par extension, les modes d'exploitation des droits qui ne figurent pas dans cette liste restent par essence la propriété de l'Auteur. Aussi, toute clause du contrat qui l'indiquerait serait inutile.

Les droits cédés en vue de l'exploitation de la Série visent tant les droits de l'Auteur sur l'Idée Originale que ceux sur la Bible dans toutes ses versions. Le terme « Série » inclut l'Idée Originale, la Bible, tous les éléments créés dans le cadre de la Série, dont notamment tous les épisodes de la Série ainsi que ses éléments accessoires, tels que notamment, les bandes-annonces, *promo reals*, *teasers,* maquettes, bonus, *making of, rushes* et toutes scènes non intégrées dans la version finale de la Série.

3.1. Sous réserve de l'exécution intégrale de la présente convention et du parfait paiement, par le Producteur, des sommes énoncées ci-après, l'Auteur cède au Producteur pour le monde entier, à titre exclusif et pour la durée précisée à l'article 4 ci-dessous, les droits d'exploitation ci-après définis, découlant de sa collaboration en qualité d'Auteur de la Bible de la Série, et ce compris le titre de la Série.

3.1.1. Le droit d'adaptation

Le droit d'adaptation comporte

3.1.1.1. Le droit d'adapter la Bible en la transposant lors de la réalisation d'un genre à l'autre : sous forme de Série, sachant que ce droit d'adaptation comprend également le droit d'adapter la Bible pour les saisons suivantes de la saison 1 de la Série.

De cette manière, le Producteur préserve son droit de disposer de la bible pour produire toutes les saisons suivantes de la série, sans devoir demander pour chaque saison complémentaire, l'autorisation de l'auteur pour ce faire. Sachant que l'auteur pourra vouloir négocier au-delà de la saison 2 ou 3, une majoration des pourcentages et (ou) un nouveau minimum garanti. C'est là encore une question de négociation.

3.1.1.2. Le droit de traduire, doubler ou sous-titrer la Série en toutes langues.

3.1.1.3. Le droit d'exploiter la Série sous forme d'extraits de moins de 6 (six) minutes (représentant seuls moins de 10 % (dix pour cent) ou au total moins de 15 % (quinze pour cent) de la durée de la Série), par intégration et sans modification, dans un programme multimédia interactif pouvant être exploité sur tous supports destinés à la vente, à la location ou au prêt pour l'usage privé du public ou par télédiffusion par voie hertzienne terrestre, par câble, satellite ou en réseau. Cette cession lui est consentie aux conditions et moyennant le respect des dispositions du protocole en date du 12 octobre 1999, signé entre la SACD et la PROCIREP. *(Protocole dans les compléments Internet.)*

Dans le cas où le présent protocole viendrait à expiration sans être renouvelé, les conditions de ladite cession seraient définies par avenant conclu de bonne foi entre les parties.

Par programme multimédia, on entend l'intégration sur un même support magnétique ou optonumérique, de données audiovisuelles et textuelles (tels que textes, séquences musicales, images fixes ou animées, etc.) dont la structure et l'accès sont gérés et organisés par un logiciel, permettant l'interactivité d'accès aux différentes données.

3.1.2. Le droit de reproduction

Le droit de reproduction comporte :

3.1.2.1. Le droit d'enregistrer ou de faire enregistrer par tous procédés techniques connus (notamment procédés chimiques, analogiques, numériques, optiques et (ou) magnétiques), ou inconnus à ce jour :

- les images de la Série, en noir et blanc ou en couleur,
- les sons de la Série, originaux et doublages,
- les titres ou sous-titres de la Série,
- ainsi que des photographies fixes représentant des scènes de la Série.

3.1.2.2. Le droit de transposer la Série sous forme sonore et (ou) visuelle sur tous supports connus, notamment magnétiques (vidéocassettes, vidéodisques, etc.), optiques (Films, pellicules), électroniques, numériques ou optonumériques (notamment de type CDI, DVD, DVD-Rom, CD-Rom), ou inconnus à ce jour, en tous formats, en utilisant tous rapports de cadrage, sous réserve du droit moral de l'Auteur.

3.1.2.3. Le droit de numériser, moduler, compresser et décompresser, digitaliser ou reproduire la Série, par les procédés ci-dessus, ainsi que de le stocker, en vue de son transfert ou sa diffusion.

3.1.2.4. Le droit de reproduire en tel nombre qu'il plaira au Producteur ou à ses ayants droit, tous originaux et copies de tous enregistrements ainsi réalisés sur les supports ci-dessus.

3.1.2.5. Le droit de mettre et (ou) de faire mettre en circulation dans le monde entier ces originaux, doubles, ou copies pour toute communication au public par les modes d'exploitation prévus ci-après.

3.1.3. Le droit de représentation

Le droit de représentation comporte :

3.1.3.1. Le droit de représenter ou de faire représenter publiquement la Série en version originale, doublée ou sous-titrée en toutes langues, sur tous supports, par tous modes et procédés et ce, dans toutes les salles d'exploitation cinématographique payantes ou non payantes, tant dans le secteur commercial que dans le secteur non commercial.

3.1.3.2. Le droit d'autoriser la télédiffusion de la Série, en version originale, doublée ou sous-titrée en toutes langues et ce, par tous procédés inhérents à ce mode d'exploitation (télédiffusion par voies hertziennes, distribution par câble ou satellite, par télédiffusion codée ou non codée, gratuite ou payante, *pay-per-view* ou par abonnement), à seule charge pour le Producteur de rappeler aux télédiffuseurs avec lesquels il traitera que les obligations à son égard ne dégagent pas lesdits télédiffuseurs des obligations qu'ils ont contractées ou devront contracter avec les sociétés d'Auteurs auxquelles l'Auteur est affilié.

L'Auteur donne son accord irrévocable au Producteur pour que la télédiffusion de la Série puisse être interrompue par tous messages, annonces, informations ou Films publicitaires.

L'Auteur autorise l'incrustation de tous logos. Cet accord s'applique à toutes versions de la Série, en toutes langues et pour le monde entier.

3.1.3.3. Le droit de représenter la Série *on line,* par l'intermédiaire de réseau de télécommunication, et (ou) d'un système télématique interactif, tels que par exemple sur les réseaux Télétel, Internet, et téléphonie mobile, etc. par tous moyens techniques et tout modèle économique possible.

3.1.3.4. Le droit d'exploiter la Série sous forme de vidéogrammes (vidéocassettes, vidéodisques, DVD, DVD-Rom, HDVD, UMD, ou tous autres supports et tous formats connus ou inconnus à ce jour) destinés à la vente ou à la location pour l'usage privé du public.

3.1.3.5. Le droit de présenter la Série dans tous festivals, manifestations ou marchés.

3.1.3.6. Le droit d'établir tout *making of* et d'exploiter tout *making of* de la Série, avec la Série ou séparément

3.1.3.7. Le droit de reproduction et la représentation de la Série par fragments et (ou) *rushes* montés ou non montés, seuls ou combinés à d'autres éléments, et ce sous réserve du droit moral de L'Auteur, ainsi que le droit d'exploiter des éléments sonores et (ou) visuels constitutifs de la Série, pris isolément, et notamment les images et les photographies, la musique sous forme de phonogrammes du commerce.

3.1.3.8. Le droit d'exploitation de la Série sous forme d'édition littéraire et graphique c'est-à-dire le droit de reproduire ainsi que le droit d'adapter tout ou partie du texte de la Série :

- sous forme d'ouvrages de librairie illustrés ou non,
- dans les revues, journaux, magazines comportant ou non des images de la Série à des fins de publicité, de promotion de la Série ou destinés à la vente publique.

3.1.4. Les droits d'exploitations dérivées

Les droits d'exploitations dérivées comportent :

3.1.4.1. Le droit de représenter ou de faire représenter publiquement la Série en version originale, doublée ou sous-titrée en toutes langues, sur tous supports, par tous modes et procédés et ce, dans toutes les salles d'exploitation cinématographique payantes ou non payantes, tant dans le secteur commercial que dans le secteur non commercial.

3.1.4.2. Le droit d'exploiter les copies des enregistrements précités au paragraphe 3.1. ci-dessus, par la vente (y compris par la méthode commerciale de ventes groupées dite « *vente bundle* »), la location et (ou) le prêt, pour l'usage privé ou la communication publique.

3.1.4.3. Le droit dit de *remake*, c'est-à-dire le droit d'adapter la Bible et la Série, de la reproduire et de la représenter sous forme d'une ou plusieurs œuvres audiovisuelles postérieurement à la Série, reprenant notamment les mêmes thèmes, situations, personnages, dialogues, mise en scène, etc.

3.1.4.4. Le droit dit de *sequel*, c'est-à-dire le droit d'adapter la Bible et la Série, la reproduire et la représenter sous forme d'une ou plusieurs œuvres audiovisuelles postérieurement à la Série qui en seraient la suite et qui reprendraient certains éléments de la série et de la Bible (titre, personnages, décors, etc.) dans des aventures différentes. Le droit de *sequel* vise le fait d'adapter la Bible, la reproduire et la représenter, pour toutes les saisons suivantes de la Série.

3.1.4.5. Le droit dit de *prequel*, c'est-à-dire le droit d'adapter la Bible et la Série, la reproduire et la représenter sous forme d'une ou plusieurs œuvres audiovisuelles postérieurement à la Série constituant un ou des précédents de ladite Série en reprenant tout ou partie des thèmes, situations, personnages, dialogues, titre, mise en scène, etc. Le droit de *prequel* vise le fait d'adapter la Bible, la reproduire et la représenter, pour toutes les saisons suivantes de la Série.

3.1.4.6. Le droit dit de *spin-off*, c'est à dire le droit d'adapter un ou plusieurs éléments de la Bible et de la Série (personnages, situations, etc.) en vue de l'exploiter ou de les exploiter dans une ou plusieurs d'œuvres audiovisuelles, dans des aventures différentes que celles relatées dans la Série.

3.1.4.7. Le droit dit de *merchandising*, c'est-à-dire le droit de fabriquer, distribuer, vendre, louer, commercialiser sous toutes formes, tout objet ou œuvre des arts plastiques ou des arts appliqués, et notamment jeux (y compris jeux vidéo et jeux exploités par tous procédés de télécommunication), services jouets, figurines, vêtements, textiles, maroquinerie, parcs d'attractions, messages et campagnes publicitaires, etc. qui incorporent dans leur substance, dans leur forme, décoration, conditionnement et présentation tout ou partie de la Série, ainsi que ses titres, sous-titres, thèmes, histoires, slogans, dialogues, musiques, personnages, dessins, décors, costumes, accessoires et tout autre élément caractéristique. Il appartient au Producteur d'obtenir les autorisations nécessaires à l'utilisation des éléments dont les droits n'appartiennent pas à l'Auteur.

3.1.4.8. Le droit d'autoriser la reproduction et la représentation de la Série par extraits et en toutes langues, et ce, sous réserve du droit moral de l'Auteur, pour la publicité et (ou) la promotion de la Série.

3.1.4.9. Le droit d'autoriser la reproduction et la représentation, en toutes langues, par extraits du Scénario ou de la Série, illustrés ou non par des photographies fixes représentant des scènes de la Série, à condition que ceux-ci ne dépassent pas 5.000

(cinq mille) mots et soient destinés exclusivement à la publicité et (ou) à la promotion de la Série. Pour les besoins de cette publicité et (ou) de cette promotion, ces extraits pourront être publiés dans les revues, journaux, magazines, mais ne sauraient faire l'objet d'une édition de librairie ou d'une vente séparée au public.

3.1.4.10. Le droit d'adapter la Série sous forme d'œuvres théâtrales et toute sorte de spectacles vivants.

3.1.4.11. Le droit d'utiliser le titre de la Série, ainsi que les noms des personnages, pour toutes les exploitations dérivées énumérées ci-dessus, ce droit comprenant la faculté de les déposer en tant que marque et (ou) nom de domaine.

3.1.4.12. Le droit d'exploiter la Série par tout moyen inconnu à ce jour.

3.1.4.13. L'Auteur autorise le Producteur à modifier le Titre de la Série, et à le déposer à titre de marque et de nom de domaine.

(Il est nécessaire de prévoir l'autorisation de l'Auteur pour un changement de titre, en effet, en l'absence de toute mention concernant les modifications éventuelles par le Producteur, le fait qu'il ait été indiqué que le titre de la Série est provisoire ne signifie pas forcément que l'Auteur autorise sa modification. Il est donc nécessaire d'indiquer expressément que le titre peut être modifié).

3.2. En qualité de cessionnaire de l'Auteur, le Producteur pourra utiliser les droits susvisés comme bon lui semblera, notamment en passant tous contrats utiles à l'exploitation de la Série.

3.3. L'auteur donne son accord irrévocable au Producteur pour que la télédiffusion de la série puisse être interrompue par tous messages, annonces, informations ou films publicitaires. L'auteur autorise les incrustations de logos.

ARTICLE 4 - DURÉE

4.1. Les droits énumérés à l'article 3 sont cédés à titre exclusif à compter de la date de signature des présentes et pour une durée de .... années *(La durée de la cession est un point de négociation entre les Parties. On trouvera souvent une durée de 30 ans qui ressortait déjà des contrats inscrits au RPCA dès 1946, à une époque où sans doute l'on n'imaginait pas que l'exploitation d'un film puisse aller au-delà de 30 ans. On trouve aujourd'hui des durées plus longues allant jusqu'à celle de la durée légale de protection des droits d'auteur, soit 70 ans après la mort du dernier auteur. Cette durée plus longue s'avérant logique lorsque le Producteur se voit confier les droits de sequel, prequel, spin off ou remake. La précision de cette durée donne au contrat de cession de droits d'auteur le caractère de contrat à durée déterminée, qui ne pourra pas être résilié par la volonté d'une seule Partie, ou seulement si les conditions de sa résiliation (exprimées dans la clause résolutoire - voir supra - sont réunies)* commençant à courir à la date de la signature des présentes *(Ce point de départ de la cession est ainsi facilement identifiable. Il est à préférer au point de départ de la « sortie commerciale », car cette rédaction ne permet pas au contrat de couvrir la durée de la production du Film, de sorte que l'on pourrait considérer que le Producteur n'est pas cessionnaire des droits de l'Auteur pendant la période allant de la signature jusqu'à la date de la sortie commerciale. En outre, il sera difficile de se souvenir 30 ans après la diffusion du 1er épisode de la série, de la date de sa sortie commerciale). [Si le* *contrat de cession de droits est précédé par un contrat d'option, pour ne pas perdre le temps de la durée de l'option, le point de départ de la cession des droits sera la date de la levée de l'option]*

4.2. *La clause suivante est qualifiée de clause résolutoire, qui fixe l'événement qui, s'il arrive, entraînera la fin anticipée de ce contrat à durée déterminée. Elle a pour motif d'empêcher que les droits d'un auteur soient bloqués pendant toute la durée de la cession des droits entre les mains du Producteur pour des raisons d'opportunité (empêcher qu'un projet aille chez un concurrent par exemple), et alors que ce Producteur n'entreprend rien en vue de produire le Film.*

Au cas où dans un délai de .... *(Le nombre d'années peut varier selon la nature du projet et sa difficulté à le monter financièrement)* années, à compter de la signature des présentes, le 1er épisode de la série n'aurait pas été réalisé *(L'événement qui mettra fin au contrat de manière anticipée, est la non-réalisation caractérisée par le non-établissement du 1er épisode de la série. On pourra préférer comme cause de résiliation anticipée du contrat, le fait que la série ne soit pas mise en production avant une certaine date, et opter pour la clause suivante :* « si la série n'est pas mise en production avant ....*(une certaine période ou date),* et en définissant la mise en production par, soit le premier jour de préparation, soit le jour de la signature du contrat de travail du réalisateur le présent contrat sera résolu de plein droit par la simple arrivée du terme et sans qu'il soit besoin d'une mise en demeure ou formalité judiciaire quelconque ; l'Auteur reprendra alors la pleine et entière propriété de tous ses droits, et les sommes déjà reçues lui restant, en tout état de cause, définitivement acquises » *(On considèrera alors que ces sommes déjà versées restées acquises à l'Auteur sont une indemnisation de l'immobilisation qu'il a subie.)*

ARTICLE 5 - PROTECTION DES DROITS CÉDÉS

Cet article est descriptif de la situation du Producteur cessionnaire des droits. Il n'est pas absolument indispensable.

Le Producteur acquiert la qualité d'ayant droit de l'Auteur pour l'exercice des droits cédés qu'il utilisera comme bon lui semble, notamment en passant tous contrats d'édition, de représentation et de diffusion, par quelque mode que ce soit, utiles à l'exploitation de la Série.

Le Producteur demeure entièrement libre de réaliser la Série en coproduction et (ou) de rétrocéder à un tiers tout ou partie du bénéfice et des charges du présent contrat sous quelque forme et à quelque titre que ce soit, à condition de rester solidairement garant et répondant à l'égard de l'Auteur de l'exécution des présentes par le cessionnaire.

Par ailleurs, le Producteur aura, par l'effet des présentes, le droit de poursuivre toute contrefaçon ou toute exploitation sous quelque forme que ce soit de la Série, dans la limite des droits cédés en vertu des présentes, mais à ses frais, risques et périls et à sa propre requête.

Il est bien entendu que ne sont cédés par les présentes que les droits possédés par l'Auteur lui-même, c'est-à-dire dans la mesure et les limites où la propriété littéraire et artistique de l'œuvre dont il s'agit lui appartient et est assurée et garantie par la législation et la jurisprudence de chaque pays.

ARTICLE 6 - JOUISSANCE PAISIBLE.

Cet article est une transcription de l'obligation de la jouissance paisible à laquelle l'Auteur s'oblige quand il cède ses droits et qui ressort également de la garantie d'éviction de l'article 1626 du Code civil, en cas de vente d'un bien incorporel, ce que sont les droits de propriété intellectuelle.

L'Auteur garantit expressément au Producteur l'exercice paisible des droits cédés et notamment :

- Qu'il est seul propriétaire de tous les droits attachés à la Bible et qu'il a pleins pouvoirs et qualités pour accorder les droits cédés par les présentes, et que ces droits ne sont ni ne seront en aucune manière cédés, hypothéqués, grevés ni d'une façon quelconque dévolus en faveur d'un tiers.

- Qu'il n'a fait et ne fera, par le fait d'une cession à un tiers ou par tout autre moyen, aucun acte susceptible de compromettre la présente cession de droits, ou susceptible d'empêcher ou de gêner la pleine jouissance par le Producteur des droits qui lui sont accordés par les présentes.

- Qu'il n'a introduit, ni n'introduira dans sa Bible aucune reproduction ou réminiscence susceptible de violer les droits des tiers et de donner lieu à des attaques pour plagiat et (ou) contrefaçon ou de troubler la réalisation ou l'exploitation de la Série produite.

- Qu'aucun litige ou procès n'est en cours ni sur le point d'être intenté mettant en cause les droits de l'Auteur sur la Bible tels que définis et cédés par les présentes.

- Le Producteur aura, par le fait des présentes, le droit de poursuivre toute contrefaçon, imitation ou exploitation, sous quelque forme que ce soit de la Série, dans la limite des droits cédés aux termes du présent contrat, mais à ses frais, risques et périls et à sa propre requête.

- Il est bien entendu que l'Auteur ne garantit les droits cédés que dans la mesure et les limites où la propriété littéraire et artistique est reconnue et assurée par la législation, les usages et la jurisprudence locale de chaque pays.

- L'Auteur reconnaît expressément au Producteur le droit de commander à un ou plusieurs traducteurs de son choix une version du travail du ou des textes acceptés en une ou plusieurs langues étrangères. Dans ce cas, les parties conviennent de ce que l'intervention d'un ou plusieurs traducteurs n'entraînera, pour l'Auteur ou pour le Producteur, aucune modification d'aucune sorte dans l'exécution du présent contrat.

- L'Auteur s'engage formellement à ne troubler en rien la bonne marche de l'exploitation de la Série et à ne se livrer, par quelque moyen que ce soit, à des déclarations risquant de porter un préjudice quelconque à cette exploitation.

- L'Auteur autorise dès à présent, dans le cadre de l'exercice de son droit moral tel que défini notamment par les articles L.121-1 et L.121-5 du Code de la propriété intellectuelle, l'insertion dans la Série, à l'occasion de son exploitation et notamment de sa télédiffusion, de messages publicitaires intéressant toutes firmes, marques de produit ou de services et ce, dans le strict respect des dispositions législatives et réglementaires en vigueur.

(Cette possibilité de modifier l'œuvre par l'insertion de la coupure publicitaire ressort de l'article 73 modifié de la loi du 30 septembre 1986 et de la directive services de médias audiovisuels de 2007 qui autorisent expressément de telles interruptions).

- De même, l'Auteur accepte expressément la présence à l'écran, pendant le cours de la diffusion de la Série, de la marque distinctive ou « logo » du télédiffuseur ainsi que celle de la signalétique relative à la protection de l'enfance et de l'adolescence.

- L'Auteur est également avisé que la Série pourra faire l'objet d'opérations de parrainage ou « sponsoring », ce qu'il déclare accepter.

- L'Auteur est personnellement responsable tant vis-à-vis des tiers que du Producteur, en cas de non-observation de la présente clause.

(Cette clause dite « de jouissance paisible » permettra tant au Producteur qu'à un tiers du Producteur, auquel ce dernier aura cédé les droits de l'Auteur, d'agir en garantie contre ce dernier.)

ARTICLE 7 - CONSERVATION DE LA SÉRIE

7.1. L'Auteur accepte de se prêter à fournir toutes les attestations qui pourraient lui être demandées par le Producteur pour les organismes officiels français ou étrangers auxquels le Producteur aurait à remettre lesdites attestations.

7.2. Le Producteur devra procéder au dépôt légal de la Série :

(Le CNC est l'organisme dépositaire du dépôt obligatoire des films. Le dépôt légal des films a été instauré en France en 1977 pour les films français, alors que la loi n° 92-546 du 20 juin 1992 et le décret du 31 décembre 1993 ont élargi la collecte à tous les films diffusés en France. Le Code du patrimoine, entré en vigueur le 20 février 2004, actualise la loi n° 92-546 et régit, dans sa partie législative, le dépôt légal en France tandis que le décret du 31 décembre 1993 continue d'en régir les aspects réglementaires.)

La direction du patrimoine cinématographique du CNC assure la collecte et la conservation des films, la constitution et la diffusion de bibliographies et filmographies nationales ainsi que la consultation des documents par les chercheurs. L'obligation légale de dépôt concerne les Producteurs de films français et distributeurs de films étrangers diffusés en salles, courts et longs métrages et les commanditaires de films publicitaires ou institutionnels.

Le dépôt pour un long métrage doit être effectué dans un délai d'un mois à compter de la première représentation et pour les courts-métrages : délai de six mois à compter de la date de visa d'exploitation.

Adresse du dépôt : Archives françaises de la Série - SAVEC - 7 bis, rue Alexandre Turpault - 78390 Bois-d'Arcy cedex

Tout dépôt doit être accompagné d'un formulaire de déclaration de dépôt dûment rempli par le déposant) à savoir :

- un élément intermédiaire de tirage ou copie positive neuve,
- film annonce,
- le matériel publicitaire (affiche, affichette, photos d'exploitation, dossiers de presse).

ARTICLE 8 : RÉMUNÉRATION

Avant que l'Auteur puisse percevoir sa rémunération proportionnelle à savoir un pourcentage sur les produits d'exploitation de la série, il peut s'écouler quelques années qui correspondent au temps de la production et au temps de la remontée de recettes.

Aussi, les Producteurs ont pris l'habitude de verser à l'Auteur dès la signature du contrat, un montant fixe, qui peut prendre plusieurs qualifications.

Il s'agira soit d'un Minimum Garanti, soit d'une prime d'exclusivité/d'inédit/d'écriture.

Le Minimum Garanti : il s'agit d'une avance à valoir sur la rémunération proportionnelle allouée à l'auteur et qui sera récupérée par le Producteur sur les recettes d'exploitation par l'application du pourcentage réservé à l'auteur.

Ce montant est « Garanti », car ce montant versé reste acquis à l'auteur, même si la rémunération proportionnelle n'atteint pas le montant de ce Minimum garanti.

Une Prime d'exclusivité ou Prime d'inédit : il s'agit d'un montant versé par le Producteur à l'auteur, mais qui ne pourra pas être récupéré par le Producteur. Ainsi, lorsque l'auteur reçoit une Prime d'exclusivité ou d'Inédit, la perception de son pourcentage de rémunération intervient plus vite, puisque le Producteur ne peut pas récupérer ce qu'il a versé à l'auteur en amont de la production.

Le montant fixe est souvent réparti par moitié entre Minimum Garanti et Prime.

8.1. Prime d'inédit (d'exclusivité)

À titre de Prime d'inédit (d'exclusivité) le Producteur versera à l'Auteur la somme de .... € aux échéances suivantes :

- .... à la signature des présentes *(ou tout autre échéancier plus opportun pour le Producteur, sachant que le Producteur doit s'engager à payer qu'à une date où il sait qu'il disposera des fonds pour payer l'auteur)*

8.2. Minimum garanti

À titre de minimum garanti sur le produit des pourcentages de rémunération proportionnelle prévus aux présentes à la charge du Producteur, le Producteur versera à l'Auteur une somme de :

- .... € bruts H.T. (.......... euros hors taxes).

Cette somme sera payée à l'Auteur selon les modalités de versement définies à l'article 9 ci-après (même réflexion que précédemment).

La somme versée par le Producteur au titre du minimum garanti n'est pas productive d'intérêts.

Le Producteur se remboursera de ce minimum garanti sur l'ensemble des sommes dont il sera redevable à l'Auteur par le jeu des pourcentages prévus au point 8.3. ci-après.

Le Producteur exercera la compensation jusqu'à complet remboursement, étant précisé que si l'ensemble des sommes revenant à l'Auteur était inférieur au montant du minimum garanti, le Producteur ne pourrait pas exercer de recours contre l'Auteur pour la différence.

8.3. Rémunération proportionnelle

Lorsque le public paie un prix déterminé et individualisable pour accéder au film, la rémunération proportionnelle de l'auteur est assise sur ce prix, Hors Taxes, payé par le public. L'on parle alors du « PPHT », le Prix Public Hors Taxes.

Lorsque le prix payé par le public n'est pas déterminé et individualisable, la rémunération proportionnelle de l'auteur sera assise sur l'ensemble des recettes Hors Taxes, quelles qu'en soient la nature ou la provenance, réalisées et encaissées par le Producteur, à raison de l'exploitation de la Série. Si l'arrêté du 7 février 2011 a défini les RNPP, cette définition n'est obligatoire que pour les films long métrage.

Pour les autres œuvres audiovisuelles, les Parties gardent la faculté de déterminer elles-mêmes des éléments de cette définition des RNPP dont le pourcentage de commission du distributeur.

Ce modèle de contrat ne présente pas les pourcentages de rémunération, car ces pourcentages sont librement négociés entre les parties et sont très variables selon l'importance de l'œuvre, de son budget ou encore selon la notoriété de l'auteur. Si vous souhaitez avoir des informations sur les usages pratiqués, vous pouvez consulter les contrats d'auteurs enregistrés dans la base de données des Registres de la Cinématographie et de l'Audiovisuel.)

8.3.1. Exploitation par Télédiffusion

a) En ce qui concerne les exploitations de la Série par télédiffusion dans les pays où la SACD intervient directement ou indirectement auprès des télédiffuseurs, pour percevoir ou faire percevoir les redevances dues à leurs membres à raison de l'utilisation des œuvres inscrites à leur répertoire, la rémunération due à l'Auteur au titre de l'exploitation de la Série par télédiffusion sera constituée par lesdites redevances, celles-ci lui étant réparties conformément aux règles desdites sociétés.

Le Producteur n'aura en aucun cas à intervenir s'agissant de la répartition entre coauteurs, ces derniers s'engageant en cas de désaccord entre eux à ne prendre aucune mesure qui soit susceptible d'entraver l'exploitation.

En ce qui concerne la télédiffusion par câble simultanée, intégrale et inchangée, les droits y afférents sont et seront gérés dans le cadre des accords conclus directement ou indirectement par les sociétés d'Auteurs auxquelles l'Auteur est affilié.

La pratique professionnelle fait supporter la prise en charge de la rémunération proportionnelle de l'auteur en cas d'exploitation de la Série à la télévision dans les pays où les organismes de gestion collective (SACD/ SCAM) ont eux-mêmes des accords, par les sociétés de gestion collective. Mais de plus en plus fréquemment, des agents ou des auteurs vont demander au Producteur de payer, en plus de cette rémunération versée par les sociétés de gestion collective, une autre rémunération. Cette prise en charge par le Producteur d'une rémunération proportionnelle complémentaire n'est pas obligatoire.

On trouvera alors ce type de clause : « Outre la rémunération par la gestion collective visée ci-dessus, en France et dans les pays où la SACD intervient, prévue ci-dessus le Producteur versera une rémunération proportionnelle en un pourcentage H.T. fixé à :

- .... % (.......... pour cent) sur les Recettes Nettes Part Producteur ci-après définies à l'annexe 1.)

b) Dans les pays où la SACD n'intervient pas,
le Producteur versera une rémunération proportionnelle en un pourcentage H.T. fixé à :

- .... % (.......... pour cent) pour l'Auteur, des Recettes Nettes Part Producteur ci-après définies à l'annexe 1.

c) Au titre de l'exploitation *pay-per-view* et vidéo à la demande,
la rémunération de l'auteur sera constituée des redevances versées par le Producteur à la SACD, en application du protocole signé le 12 octobre 1999 entre la SACD et certaines organisations professionnelles de Producteurs. Dans le cas où le présent protocole viendrait à expiration sans être renouvelé, les conditions de ladite cession seraient définies par avenant conclu de bonne foi entre les Parties.

Cette rémunération sera répartie entre les auteurs de la Série conformément aux règles de la SACD.

Dans l'hypothèse où le protocole d'accord visé ci-dessus ne serait plus applicable : les Parties conviennent que la rémunération de l'auteur en France pour le *pay-per-view* et vidéo à la demande sera :

En France

- ….% (….pour cent) sur le prix H.T. payé par le public.

À l'étranger

- .... % (.......... pour cent) sur les Recettes Nettes Part Producteur ci-après définies à l'annexe 1.

Étant entendu que si un nouveau Protocole d'accord confiant la rémunération de l'Auteur à une société de gestion collective venait à s'appliquer pour les exploitations visées au présent c), ses stipulations prévoyant le paiement de l'Auteur par la gestion collective s'appliqueraient de facto, et se substitueraient au paiement direct de l'Auteur par le Producteur.

8.3.2. Exploitation de la Série sous forme de vidéogrammes en France et à l'étranger

♦ En France

Conformément aux dispositions de l'article L.132-25 du Code de la propriété intellectuelle, le Producteur versera une rémunération proportionnelle en un pourcentage H.T. fixé à :

- .... % (.......... pour cent) du montant hors taxes du prix payé par le public pour l'acquisition ou la location de vidéogrammes.

♦ À l'étranger

Le Producteur versera à l'Auteur une rémunération proportionnelle en un pourcentage H.T. en application de l'article L.131.4 alinéa 2° du CPI fixée à :

- .... % (.......... pour cent) sur les Recettes Nettes Part Producteur telles que définies en annexe 1 des présentes.

8.3.3. Exploitation de la Série sous forme d'œuvre multimédia en France et à l'étranger

Conformément aux dispositions de l'article L.132-25 du Code de la propriété intellectuelle, le Producteur versera une rémunération proportionnelle en un pourcentage H.T. fixé à :

- .... % (.......... pour cent) du montant hors taxes du prix payé par le public pour l'acquisition ou la location d'œuvres multimédias.

Toutefois, si le Prix Public Hors Taxes ne pouvait être déterminé le Producteur versera une rémunération proportionnelle en un pourcentage H.T. fixé à :

- .... % (.......... pour cent) des Recettes Nettes Part Producteur telles que définies en annexe 1 des présentes.

8.3.4. Exploitation de la Série par tous moyens électroniques dits *on line* en France et à l'étranger

Conformément aux dispositions de l'article L.132-25 du Code de la propriété intellectuelle, pour la communication de la Série ou pour la reproduction de la Série par des moyens autorisés moyennant paiement par le public d'un prix déterminé et individualisable, le Producteur versera une rémunération proportionnelle en un pourcentage H.T. fixé à :

- .... % (.......... pour cent) du montant Hors Taxes de ce prix.

Toutefois, si le Prix Public Hors Taxes ne pouvait être déterminé le Producteur versera une rémunération proportionnelle en un pourcentage H.T. fixé à :

- .... % (.......... pour cent) des Recettes Nettes Part Producteur ci-après définies en annexe 1.

8.3.5. Exploitation de la Série en France et à l'étranger sous forme de produits *merchandising*

Pour l'exploitation de la Série sous forme de produits *merchandising* telle que visée à l'article 3.1.4.7. des présentes, la contribution de l'Auteur ne constitue pas l'un des éléments essentiels des produits *merchandising* et (ou) que l'utilisation de l'Auteur présente un caractère accessoire, le Producteur versera une rémunération proportionnelle en un pourcentage H.T. fixé à :

- .... % (.......... pour cent) des Recettes Nettes Part Producteur ci-après définies en annexe 1.

8.3.6. Exploitation de la Série en France et à l'étranger sous forme d'ouvrage littéraire

♦ En France

Conformément aux dispositions de l'article L.132-25 du Code de la propriété intellectuelle, le Producteur versera une rémunération proportionnelle en un pourcentage H.T. fixé à :

- .... % (.......... pour cent) du montant hors taxes du prix payé par le public.

♦ À l'étranger

Le Producteur versera une rémunération proportionnelle en un pourcentage H.T. fixé à :

- .... % (.......... pour cent) des Recettes Nettes Part Producteur ci-après définies en l'annexe 1.

8.3.7. Pour toutes les autres exploitations que celles ci-dessus visées aux présentes

♦ En France

Conformément aux dispositions de l'article L.131-6 du Code de la propriété intellectuelle pour toutes les exploitations de la Série, le Producteur versera une rémunération proportionnelle en un pourcentage H.T. fixé à :

- .... % (.......... pour cent) du Prix Public Hors Taxes.

♦ À l'étranger

Conformément aux dispositions de l'article L.131-4 du Code de la propriété intellectuelle pour toutes exploitations de la Série autres que celles prévues aux paragraphes ci-dessus, le Producteur versera une rémunération proportionnelle en un pourcentage H.T. fixé à :

- .... % (.......... pour cent) des Recettes Nettes Part Producteur ci-après définies en l'annexe 1.

8.3.8. Pour l'exploitation de tout ou partie des éléments de la Série sous forme de phonogrammes du commerce

Si tout ou partie de sa contribution est reprise sur les phonogrammes du commerce, le Producteur s'engage à informer préalablement l'Auteur de toute exploitation phonographique afin de lui permettre d'effectuer les formalités nécessaires – notamment de déclaration de l'œuvre – auprès de la SACEM - SDRM qui percevra et répartira les droits revenant à l'Auteur en sus de la rémunération visée à l'alinéa précédent.

8.3.9. Pour l'exploitation cinématographique de la Série en France et à l'étranger

♦ En France

L'Auteur recevra une rémunération constituée par un pourcentage :

- .... % (.......... pour cent) sur le prix payé par le public au guichet des salles de spectacle cinématographique assujetties à l'obligation d'établir un bordereau de recettes, sous la seule déduction de la TVA et de la TSA et dans la limite mentionnée au paragraphe ci-après.

L'Auteur accepte que le produit du pourcentage mentionné ci-dessus soit pondéré, s'il y a lieu, par l'application d'un coefficient calculé en rapportant le taux moyen de location de la Série depuis le début de l'exploitation, à un taux de référence de 50 %. Par « taux moyen de location de film », on entend, aux termes des présentes, le rapport de la recette distributeur de la recette exploitant telles qu'apparentes sur les bordeaux du Centre national du cinéma et de l'image animée (sous les titres « encaissement distributeur » et « recettes hors TVA »).

♦ À l'étranger

La rémunération de l'Auteur sera constituée par un pourcentage :

- .... % (.......... pour cent) sur les Recettes Nettes Part Producteur telles que définies en annexe 1 des présentes.

8.3.10. Pour l'exploitation de *sequel, prequel, remake, spin off* de la Série

Pour l'exploitation des droits visés à l'article 3.1.4.3, 3.1.4.4, 3.1.4.5, 3.1.4.6. ci-dessus, la rémunération de l'Auteur sera celle qui est prévue au présent article, pour chaque mode d'exploitation de la Série.

On peut également prévoir une rémunération complémentaire lorsque ces droits auront été cédés à un tiers :

Si les droits de *remake*, *sequel*, *prequel*, *spin-off* sont cédés à un tiers, en plus de ce qui est prévu au paragraphe ci-dessus, le Producteur s'engage à verser à l'Auteur un pourcentage fixé à :

- .... % (.......... pour cent) des sommes (hors taxes) nettes de tous frais justifiés relatifs à cette cession, encaissées par le Producteur.

8.3.11. Pour l'exploitation au théâtre et dans le spectacle vivant de la Série en France et à l'étranger

Sauf si l'Auteur était rémunéré par un organisme de gestion collective, le Producteur versera à titre de rémunération proportionnelle :

- .... % (.......... pour cent) quand le prix public H.T. est déterminable et individualisable et de .... % (.......... pour cent) sur des Recettes Nettes Part Producteur quand l'assiette n'est ni déterminable ni individualisable.

Lorsque l'assiette sera déterminable et individualisable, le Producteur versera à l'Auteur :

- .... % (.......... pour cent) sur le prix payé par le public.

8.3.12. Pour l'exploitation par tout moyen inconnu à ce jour

Le Producteur versera une rémunération proportionnelle en un pourcentage fixé à :

- .... % (.......... pour cent) du montant Hors Taxes payé par le public.

Toutefois, si le prix public hors taxes ne pouvait être déterminé, le Producteur versera une rémunération proportionnelle en un pourcentage H.T. fixé à :

- .... % (.......... pour cent) des Recettes Nettes Part Producteur ci-après définies à l'annexe 1.

Principes généraux

- S'il arrivait que certaines des assiettes de rémunération de l'Auteur ne soient plus reconnues comme conformes aux règles légales applicables, le présent contrat de cession de droits ne sera pas remis en cause, les Parties s'engageant à renégocier de bonne foi des pourcentages de rémunération, respectant l'équilibre économique qui préside aux présentes.

- Les comptes d'ores et déjà remis sur la base de l'ancienne assiette ne seront pas remis en cause et auront rémunéré équitablement l'Auteur.

- S'il arrivait que la rémunération de l'Auteur soit prise en charge par un organisme de gestion collective, ce mode de paiement de l'Auteur se substituerait à toute rémunération versée par le Producteur.

8.4. Rémunération pour copie privée - Gestion collective

Il est précisé, pour autant que de besoin, que l'Auteur conservera intégralement sa part des redevances à lui revenir au titre du droit à rémunération pour copie privée des œuvres, notamment celle instituée par l'article L.311-1 du Code de la propriété intellectuelle, qu'il percevra directement de la SACD, ainsi que tous les droits qui sont ou seront gérés de manière collective.

ARTICLE 9 - REDDITION DES COMPTES ET PAIEMENT DU MINIMUM GARANTI

9.1. Le paiement du minimum garanti sera effectué de la façon suivante :

-.......... € bruts H.T. *(en lettre)* a été payé le ...., pour la première version de la Bible déjà remise au Producteur, dont quittance.

- .... € bruts H.T. *(en lettre)* à l'acceptation de la deuxième version.

- .... € bruts H.T. *(en lettre)* à l'acceptation de la troisième version.

L'acceptation par le Producteur n'est pas fonction de son arbitraire, mais dépend du respect des Comptes rendus tel qu'indiqué dans l'article 2.

9.2. À compter de la première exploitation de la Série, les comptes d'exploitation seront arrêtés au 31 décembre de chaque année, et adressés à l'Auteur dans le mois de leur date d'arrêté, accompagnés s'il y a lieu du produit des pourcentages revenant à l'Auteur conformément aux stipulations de l'article 8 ci-dessus.

Le Producteur tiendra dans ses livres une comptabilité d'exploitation qui devra être tenue à la disposition de l'Auteur, le Producteur reconnaissant d'ores et déjà à l'Auteur le droit de contrôler ladite comptabilité à son siège social à quelque moment que ce soit à des jours et heures ouvrables, sous réserve d'un préavis de 8 (huit) jours.

L'Auteur pourra demander justification des comptes qui lui seront fournis ; conformément à l'article L.132-28, 2e alinéa, du Code de la propriété intellectuelle, le Producteur sera notamment tenu de fournir à l'Auteur, sur simple demande, la copie de tout contrat par lequel il céderait à des tiers tout ou partie des droits dont il dispose relativement à la Série objet des présentes.

9.3. Tous les règlements devront être effectués pour le compte de l'Auteur en chèques libellés à son ordre à l'adresse indiquée en tête des présentes.

Toutes les sommes dues seront majorées de la TVA, au taux et dans les conditions légales en vigueur.

Le Producteur prélèvera les montants dus au titre du précompte de sécurité sociale, de la CSG (contribution sociale généralisée) et du RDS (remboursement de la dette sociale) sur les sommes versées à l'Auteur ; l'Auteur faisant en revanche son affaire de la perception de la contribution des diffuseurs et celle de la cotisation retraite (RACD), toute somme payée à l'Auteur sera majorée desdites contributions, aux taux en vigueur.

ARTICLE 10 - PUBLICITÉ

Dans toute la publicité du monde entier, quelle qu'elle soit (programme, dossiers de presse, etc.) ainsi que sur le générique de début et de fin des épisodes de la Série, le nom de l'Auteur sera obligatoirement cité dans les caractères les plus favorisés, de la façon suivante, immédiatement, avant ou après le titre de la Série :

D'après une idée originale de ....

Bible littéraire de ....

Tous les caractères du prénom et du nom de l'Auteur devront être de même hauteur, même largeur et même grosseur.

Sur le générique de début des épisodes de la Série, la mention ci-dessus fera l'objet d'un carton seul et fixe si ce procédé est utilisé.

Attention, les modalités d'inscription du nom de l'Auteur au générique sont aussi contraignantes que l'obligation de payer une rémunération proportionnelle. Aussi, le Producteur doit veiller à ne souscrire qu'à des obligations qu'il peut parfaitement exécuter et qui ne dépendent que de lui.

En outre, il arrive que plusieurs auteurs aient contribué à la création de la Bible d'une série, aussi il faut également prévoir l'ordre des noms des auteurs au générique. Si au moment où le Producteur signe le contrat avec un auteur, il ne connaît pas tous les noms, il peut opter pour un principe de respect l'ordre alphabétique ou celui des dates d'intervention des auteurs.

ARTICLE 11 - CONSERVATION DES ÉLÉMENTS AYANT SERVI À LA RÉALISATION DE LA SÉRIE

Le Producteur s'engage à assurer la sauvegarde et la conservation permanentes en France dans un laboratoire ou organisme habilité (Service des Archives Cinématographiques, Cinémathèque Française, INA) :

- du master PAD (Prêt à Diffuser), image et son.

Le Producteur sera tenu d'indiquer à l'Auteur, sur simple demande, le lieu de dépôt desdits éléments.

Un exemplaire de chaque épisode de la Série sur support DVD (ou tout autre nouveau support commercialisé) sera remis à l'Auteur gratuitement et pour son usage personnel et privé dès la livraison du PAD.

ARTICLE 12 - RÉTROCESSION À UN TIERS

Le Producteur aura la faculté de rétrocéder à tout tiers de son choix le bénéfice et les charges de la présente convention, notamment dans le cadre d'une coproduction franco-étrangère.

(Les conditions de la rétrocession peuvent être plus contraignantes et notamment, il peut être exigé du Producteur qu'il notifie à l'Auteur la cession dans un délai de .... jours à compter de la signature de l'acte de rétrocession.

Les conséquences de ces précisions dans l'exigence de la notification et de son délai sont que si le Producteur ne respecte pas ces conditions, la rétrocession sera privée d'effet. Aussi, le Producteur restera le producteur de l'Auteur, et le tiers qui pensera de bonne foi être devenu propriétaire des droits de l'Auteur ne le sera en réalité pas. Cette situation est constitutive d'insécurité juridique et de faille dans la chaîne des droits.)

ARTICLE 13 - MESURES PRATIQUES DE PROTECTION

En application des dispositions de l'article L.131-9 du Code de la propriété intellectuelle, l'Auteur reconnaît que le Producteur aura la faculté, sans préjudice des dispositions de l'article L.311-1 du Code de la propriété intellectuelle consacré à la rémunération pour copie privée, dans le cadre de toute exploitation numérique qui serait faite de la Série et (ou) de ses éléments accessoires conformément aux présentes, et en particulier dans le cadre de toute exploitation en vidéo à la demande de la Série et ou de ses éléments accessoires (en diffusion linéaire (*streaming*) et (ou) en téléchargement temporaire et (ou) définitif, de recourir à toutes mesures techniques de protection (et notamment, mais non exclusivement, à tous procédés de cryptage et (ou) de détection et de blocage territorial) telles que ces mesures sont définies et autorisées à l'article L.331-5 du Code de la propriété intellectuelle d'une part, et à toutes mesures techniques d'information de la Série (et notamment, mais non exclusivement, à tous procédés de marquage et (ou) de tatouage numérique/*watermarketing*) telles que ces mesures sont définies et autorisées à l'article L.331-22 du Code de la propriété intellectuelle d'autre part, et ce, aux fins d'empêcher toute copie illicite, de veiller au respect de la territorialité des droits qui sont concédés au Producteur et (ou) qu'il accordera à tous tiers et plus généralement de veiller au respect des droits de l'Auteur et (ou) du Producteur sur la Série et ses éléments accessoires. Sur demande écrite de l'Auteur, le Producteur communiquera à l'Auteur les caractéristiques essentielles des mesures de protection et (ou) d'information ainsi utilisées.

ARTICLE 14 - RÉSILIATION

Faute d'exécution de l'une quelconque des stipulations des présentes après une mise en demeure par lettre recommandée avec accusé de réception restée sans effet dans les 15 (quinze) jours de sa réception, le présent contrat sera résilié par l'effet d'une décision judiciaire au fond devenue définitive sous réserve de tous dommages-intérêts éventuels, étant entendu que la résiliation ne portera pas atteinte aux contrats signés avant la résiliation du contrat.

ARTICLE 15

Dans l'hypothèse où l'une des clauses du présent contrat serait jugée contraire à la réglementation applicable, les Parties conviennent de la retrancher du contrat et de ne pas solliciter l'annulation des présentes, mais de négocier de bonne foi une clause alternative, conforme à la réglementation applicable et aux usages, le cas échéant en faisant éventuellement désigner à cet effet un homme de l'art, afin de préserver la validité, les effets et l'équilibre économique du présent contrat, L'Auteur acceptant à cet effet de négocier et régulariser tout avenant aux présentes avec le Producteur.

ARTICLE 16 – INSCRIPTION AUX RCA

Le Producteur pourra inscrire la présente convention aux Registres de la Cinématographie et de l'Audiovisuel.

(L'inscription des contrats relatifs à une production audiovisuelle aux RCA n'est pas obligatoire. Elle est conseillée dès lors que le Producteur veut protéger sa position, en rendant ses accords opposables aux tiers.)

ARTICLE 17- LITIGES

La résolution des litiges peut soit intervenir par la voie judiciaire, soit par une voie alternative de résolution des conflits qui est la médiation.

La clause qui est prévue ci-après prévoit le préalable de la médiation par un autre organisme que l'AMAPA.

Les différents qui viendraient à se produire à propos de l'exécution, de l'inexécution, de la validité, de l'interprétation, de l'interruption ou de la résiliation du présent contrat seront soumis au règlement de la médiation et en cas d'échec de la médiation au tribunal compétent.

Il est convenu que dans les 72 heures de l'apparition du différend, les Parties procéderont à la nomination d'un médiateur. À défaut d'accord des Parties sur le nom d'un médiateur dans le délai précité, le Tribunal de Grande Instance de Paris, statuant en référé et saisi à cet effet par la Partie la plus diligente procédera par voie d'ordonnance à la nomination d'un médiateur.

En cas d'échec de la médiation, attribution de juridiction est faite aux Tribunaux compétents.

À l'effet des présentes, les Parties élisent domicile aux adresses visées en tête du présent contrat.

Fait en trois exemplaires originaux, dont un, pour les Registres de la Cinématographie et de l'Audiovisuel.

Fait à ...., le ....

POUR L'AUTEUR **POUR LE PRODUCTEUR**

_________________ _________________

(Ne pas oublier de joindre en annexe 1 la définition des Recettes Nettes Part Producteur.)

ANNEXE I : DÉFINITION DES RECETTES NETTES PART PRODUCTEUR

D'une manière générale, aux termes du présent contrat, l'expression « RECETTES NETTES PART PRODUCTEUR » s'entend de l'ensemble de toutes les recettes hors taxes réalisées et encaissées en raison de l'exploitation de la série et de tout ou partie de ses éléments dans le monde entier, en tous formats, en toutes langues, sous tous titres, par tous modes, moyens, procédés connus ou à découvrir, sous déduction des commissions d'intermédiaires, frais justifiés entraînés par l'exploitation et mis à la charge du Producteur, y compris tous versements obligatoires existants ou à venir s'imposant au Producteur du fait de l'exploitation de la Série (en application des dispositions légales ou réglementaires ou d'accords collectifs, et à l'exclusion des rémunérations fixées de gré à gré) et notamment, les versements résultant de l'application de l'accord spécifique concernant les artistes-interprètes, prévus par les articles L.212.-5 et suivants du Code de la propriété intellectuelle.

Il est précisé que les éventuelles commissions d'intermédiaires / mandataires mentionnées ci-après ne pourront venir en déduction des recettes d'exploitation que dans la mesure où elles seraient appliquées au taux effectivement appliqué par l'intermédiaire /mandataire.

L'expression « RECETTES NETTES PART PRODUCTEUR » (ou RNPP) s'entend plus précisément :

1. Exploitation En « France »

(France, DOM-TOM, Principauté de Monaco, République d'Andorre, bateaux, avions et trains battant pavillon français).

1.1. Exploitation par télédiffusion

Les Recettes Nettes Part Producteur sont constituées par les montants hors taxes payés par chaque télédiffuseur (télévision hertzienne terrestre, par câble, satellite, etc.) pour l'acquisition, à destination de son propre programme, des droits de diffusion du Film, déduction faite, s'il y a lieu, et sur justification, des frais H.T. ci-après :

a) commission de vente, au taux effectivement appliqué dûment justifié ;

b) les coûts du matériel de diffusion et de tous éléments promotionnels exigés par les télédiffuseurs si la charge en incombe contractuellement au Producteur ;

c) du montant de la cotisation professionnelle due par le Distributeur au Centre national du cinéma et de l'image animée ;

d) des frais juridiques relatifs à l'exploitation de la Série, y compris des frais judiciaires, dans la mesure où ils sont liés à l'exécution du présent contrat ou au recouvrement de créances nées de l'exploitation de la Série.

1.2. Exploitation sous forme de vidéogrammes, vidéocassettes, vidéodisques, DVD et tous procédés assimilables destinés à l'usage privé du public

Les Recettes Nettes Part Producteur s'entendent des montants hors taxes (à-valoir ou minimum garanti compris) encaissés de l'éditeur vidéographique par le Producteur, au titre des droits d'exploitation de la Série sous forme de vidéogrammes destinés à la vente ou la location pour l'usage privé du public, sous déduction, s'il y a lieu et sur justification, des frais hors taxes suivants :

a) une commission de vente au taux effectivement appliqué dûment justifié ;

b) le cas échéant, le prix du Master vidéo et des éléments sonores de la Série, si la charge en incombe contractuellement au Producteur ;

c) du montant de la cotisation professionnelle due par l'Éditeur au Centre national du cinéma et de l'image animée ;

d) des sommes dues à la SDRM et la SACEM, dans l'hypothèse où elles restent à la charge du Producteur ;

e) le cas échéant, les frais d'édition restant à la charge du Producteur dans l'hypothèse où ce dernier est éditeur ou coéditeur ;

1.3. Exploitation cinématographique

1) Dans les salles du secteur commercial :

Les Recettes Nettes Part Producteur s'entendent des sommes exactes versées par les exploitants de salles cinématographiques au titre de la location de la Série - programme complet - (recettes brutes distributeur), ramenées hors taxes, déduction faite :

a) de la commission de distribution au taux effectivement appliqué par le distributeur dûment justifié ;

b) du montant de la publicité de lancement faite au moment de la sortie de la Série et à l'occasion des éventuelles reprises ;

c) de la part éventuellement attribuée au court-métrage dont le prix ou le pourcentage lui sera attribué selon les prix ou pourcentages en usage dans la profession et à la condition que ce court-métrage ne soit pas fourni par le Producteur, auquel cas les recettes seraient celles du programme complet ;

d) du prix des copies de la Série et du/des film(s)-annonce(s) et de leur transport et entretien, et de manière générale de tous travaux de laboratoire nécessaires à l'exploitation du Film et du/des film(s)-annonce(s), ainsi que du montant de la T.V.A. sur les copies dans la mesure où ce montant ne serait pas récupérable ;

e) des frais de stockage et d'entretien des internégatifs ;

f) du montant de la cotisation professionnelle due par le Distributeur au Centre national du cinéma et de l'image animée au taux prévu à l'article 4 de la DR no 17 du 23 décembre 1948 modifiée ;

g) des frais juridiques relatifs à l'exploitation de la Série, y compris des frais judiciaires, dans la mesure où ils sont liés à l'exécution du présent contrat ou au recouvrement de créances nées de l'exploitation de la Série ;

h) dans le cas où le distributeur aura versé un minimum garanti, la Part Producteur Nette sera réputée égale au montant de ce minimum garanti, et complétée, le cas échéant, par les recettes acquises en supplément par le Producteur, déterminées dans les conditions ci-dessus exposées ;

2) Dans le secteur non commercial :

Les Recettes Nettes Part Producteur sont constituées par les montants hors taxes encaissés par le Producteur ou par toutes personnes négociant aux lieu et place du Producteur les droits d'exploitation de la Série dans le secteur non commercial, déduction faite, s'il y a lieu et sur justification, des frais hors taxes ci-après :

a) commission de distribution, au taux effectivement appliqué par le distributeur dûment justifié ;

b) Le cas échéant, le prix des copies nécessaires à l'exploitation et du matériel publicitaire ;

c) du montant de la cotisation professionnelle due par le Distributeur au Centre national du cinéma et de l'image animée au taux prévu à l'article 4 de la DR no 17 du 23 décembre 1948 modifiée.

1.4. Autres exploitations (non visées ci-dessus)

Les Recettes Nettes Part Producteur s'entendent des montants hors taxes encaissés par le Producteur et (ou) par toute personne ou société négociant en ses lieu et place, au titre des exploitations de la Série non prévues aux paragraphes précédents, déduction faite des éventuelles commissions d'intermédiaire effectivement appliquées, et des frais liés à l'exploitation si ceux –ci sont pris en charge par le Producteur.

2. Exploitation à l'étranger

Les Recettes Nettes Part Producteur sont définies comme les sommes effectivement encaissées par le Producteur, diminuées seulement :

a) d'une commission de vente au taux effectivement appliqué dûment justifié ;

b) de tous les frais, par tous modes et procédés d'exploitation confondus, imputables et restant à la charge du Producteur, notamment du coût du matériel publicitaire nécessaire à l'exploitation de la Série, frais de tirages de copies et du film-annonce et de leur entretien, ainsi que du montant de la TVA sur les copies dans la mesure où celui-ci ne serait pas récupérable, des frais de stockage, d'entretien ou autres, du négatif et des internégatifs, master vidéo, titrages, frais de doublages, taxes et impôts, à l'étranger, cotisations professionnelles étrangères, etc. ;

c) des cotisations versées au Centre national du cinéma et de l'image animée ;

d) des frais de transport, des droits de douane, des frais de censure ;

e) des droits versés à la SACEM-SDRM ;

f) du prix hors taxes d'acquisition du ou des compléments de programme constituant le programme complet de la Série ;

g) des frais de contentieux hors taxes relatifs à l'exploitation de la Série exclusivement ;

h) du montant revenant aux acteurs de doublages ayant droit contractuellement à une rémunération liée à l'exploitation du Film et à l'ADAMI.

3. coproduction franco-étrangère

Dans l'hypothèse de l'application des rémunérations prévues aux présentes, la définition des Recettes Nettes Part Producteur en cas de coproduction franco-étrangère sera la suivante :

Si la Série est produite en coproduction franco-étrangère et que dans ce cadre, les droits d'exploitation de la Série sont accordés sur certains territoires (dit alors « Territoires Réservés ») à titre exclusif (à 100 %) à un ou plusieurs coproducteur(s) étranger(s) - le Producteur ne percevant ainsi aucune recette provenant de l'exploitation de la Série dans le ou lesdits Territoire(s) Réservé(s) et n'ayant aucun moyen de déterminer le montant desdites recettes -, le montant de la participation desdits coproducteurs étrangers, quelle que soit sa nature (numéraire, préachat, subventions, apports en industries, etc.) à l'exception de la part versée par le coproducteur étranger au titre de l'acquisition de la propriété des droits si celle-ci peut être distinguée, sera considéré comme Recettes Nettes Part Producteur forfaitaires (sans déduction ni de commission, ni de frais).

Dès lors les recettes provenant de l'exploitation de la Série dans le ou lesdits Territoires Réservés, et les parts de recettes à revenir auxdits coproducteurs étrangers sur l'exploitation de la Série hors territoires réservés ne seront pas considérées comme des Recettes Nettes Part Producteur.

CONTRAT DE RÉTROCESSION DE DROITS D'AUTEUR

(CINÉMA ET TÉLÉVISION)

Il s'agit d'un contrat par lequel une société (le cédant), après avoir envisagé de produire une œuvre et conclu dans cette perspective, un certain nombre de contrats avec des auteurs, ne peut ou ne veut plus entreprendre la production, et cède son projet à une autre société intéressée (le cessionnaire).

Cette hypothèse peut se rencontrer à tous les stades du projet ; au moment de l'option, entre la levée de l'option et la mise en production de l'œuvre après la mise en production, etc.

Ce modèle devra naturellement être adapté à votre cas et aux contrats dont vous souhaitez reprendre les droits.

Attention, en droit français, une partie ne peut céder à un tiers un contrat qu'elle a signé, qu'avec l'accord de son cocontractant (en l'espèce, il s'agit de l'auteur). Cette règle s'applique particulièrement aux contrats conclus avec les auteurs et pour lesquels la considération de la personne des cocontractants (l'auteur aussi bien que le Producteur) est souvent jugée essentielle par les Producteurs eux-mêmes : on parle alors de contrats « *intuitu personae* », c'est-à-dire conclus en considération de la personne des contractants.

Tout changement dans la personne de l'un des contractants doit donc être accepté par l'autre. L'accord à la cession du contrat peut être donné par le contractant, soit par avance, dans une clause du contrat initial qui autorise une telle cession (il s'agira de l'article intitulé : Rétrocession), soit au moment où la partie envisage la cession du contrat, lorsque la clause rétrocession ne figurait pas dans le contrat initial. Cet accord de la partie au moment où la cession est envisagée s'exprimera dans tout type de document écrit par exemple une lettre-accord, le contrat de rétrocession contresigné par ladite partie, etc.

Des exemples de rédaction de la clause « *cession* ou *rétrocession* à un tiers » ou « *transfert du contrat* » figurent dans la plupart des modèles de contrat du présent ouvrage.

Lorsque vous êtes la société cessionnaire et que vous souhaitez reprendre à votre compte les contrats cédés ou rétrocédés, vous devrez vérifier que le cédant vous cède le contrat en respectant parfaitement les conditions et procédures édictées dans la clause de cession ou de rétrocession, ou bien, à défaut d'une telle clause,, demander à votre partenaire (le cédant) de recueillir l'accord écrit des parties à ces contrats cédés ou rétrocédés.

Lorsque vous êtes la société cédante, il vous faudra vérifier que vous êtes bien habilitée à procéder à une telle cession ou rétrocession du contrat et à défaut, vous faire expressément autoriser par votre contractant en tout état de cause, il vous appartiendra de respecter le formalisme de telle cession/rétrocession.

ENTRE LES SOUSSIGNÉS

.... (*nom de la société, forme de la société*) au capital de (*capital de la société*), dont le siège social est .... (*adresse de la société*), représentée par .... (*nom et qualité du signataire - si ce n'est pas le représentant légal, par exemple, le gérant ou le Président, indiquer « ayant tous pouvoirs à cet effet »*), ci-après dénommée « le Cédant »,

d'une part,

ET

.... (*nom de la société, forme de la société*) au capital de .... (*capital de la société*), dont le siège social est .... (*adresse de la société*), représentée par (*nom et qualité du signataire - si ce dernier n'est pas le représentant légal, par exemple le gérant ou le Président, indiquer « ayant tous pouvoirs à cet effet »*), ci-après dénommée « le Cessionnaire »,

d'autre part,

II A ÉTÉ PRÉALABLEMENT CONVENU CE QUI SUIT

(Il s'agit du préambule qui va exposer les conditions qui ont précédé le contrat entre les Parties, et notamment la chaîne des contrats, quand plusieurs contrats ont été signés par le Cédant.)

1. Le Cédant envisageait de produire un film intitulé provisoirement ou définitivement : .... *(titre du film)*, en vue duquel il a acquis auprès de .... *(nom de l'éditeur)* une option sur les droits d'auteur du roman .... *(nom du roman)* de .... *(nom de l'auteur),* option que le Cédant a levée le .... *(date de levée de l'option)*, devenant ainsi cessionnaire des droits d'adaptation cinématographique du roman précité.

2. En vue de la production de ce film, le Cédant a conclu les contrats de cession de droits suivants :...

(Lister ici les différents contrats déjà conclus avec les auteurs, en indiquant la date du contrat, le nom de l'auteur et sa qualité - par exemple, coscénariste.)

3. Après signature de ces contrats, le Producteur a souhaité céder la production du Film au Cessionnaire.

4. Après discussions, les Parties se sont rapprochées.

IL A PAR LA SUITE ÉTÉ CONVENU CE QUI SUIT

ARTICLE 1 - OBJET

Par les présentes, le Cédant cède au Cessionnaire, qui accepte le bénéfice et les charges des contrats rappelés dans le préambule des présentes, qu'il lui remet à la signature des présentes.

ARTICLE 2 - PRIX

La présente cession est faite moyennant le paiement forfaitaire et définitif de .... euros H.T. .... *(somme en lettre hors taxes)*, dans les huit jours de la signature des présentes contre réception de la facture correspondante, portant mention de la TVA ou au jour de la signature du présent contrat.

ARTICLE 3 – CESSION

Du seul fait des présentes et sous réserve du parfait paiement, le Cessionnaire se trouve entièrement substitué au Cédant dans tous les droits et obligations résultant des contrats cédés tels que rappelés dans le préambule des présentes et devient propriétaire des droits afférents au film.

Par l'effet de la présente cession le Cédant est titulaire de l'intégralité des droits de propriété intellectuelle portant sur le Film.

Le Cessionnaire garantit au Cédant qu'il a rempli toutes les obligations des contrats cédés de telle sorte que le Cédant ne puisse en aucune façon être recherché ou inquiété à cet égard.

Le Cédant garantit au Cessionnaire qu'il n'existe, au profit de quiconque, aucun droit ni aucune inscription aux Registres de la Cinématographie et de l'Audiovisuel susceptible de s'opposer en tout ou partie au libre exercice par le Cessionnaire des droits qui lui sont cédés par les présentes et qu'il ne dispose plus d'aucun droit de quelque nature qu'il soit sur ce projet, en dehors de ceux résultant du présent accord.

En cas de manquement à l'une des garanties prévues au présent article, le Cessionnaire prendra à sa charge l'intégralité des conséquences financières auxquelles le Cédant pourrait être exposé et s'engage à intervenir à toute procédure à laquelle ce dernier pourrait être partie à ce titre.

ARTICLE 4 - RÉSILIATION

En cas de non-respect par l'une des parties de ses obligations, l'autre partie serait en droit, après simple mise en demeure par lettre recommandée avec accusé de réception restée sans effet dans les huit jours de sa présentation, de considérer le présent accord comme purement et simplement résilié aux torts et griefs de la partie défaillante, sans préjudice de tous dommages et intérêts complémentaires, y compris le remboursement du prix.

ARTICLE 5 - INSCRIPTION AUX RCA

Le présent contrat sera inscrit aux Registres du Cinéma et de l'Audiovisuel à la diligence et aux seuls frais du Cessionnaire, qui en justifiera auprès du Cédant.

ARTICLE 6

Pour la solution de toutes difficultés, de tous litiges qui surgiraient entre les parties, dans l'exécution ou l'interprétation de la présente convention, compétence est donnée aux Tribunaux de Paris.

ARTICLE 7

Les Parties élisent domicile à l'adresse visée en tête des présentes.

Fait à ...., le ....

en 3 exemplaires

LE CÉDANT	**LE CESSIONNAIRE**
___________	__________________

LETTRE DE DÉCLARATION DE LA NON-QUALITÉ D'AUTEUR D'UNE ŒUVRE

Il peut arriver que vous confiiez un certain travail à un auteur (par exemple coécriture d'un scénario, rédaction de certains dialogues, essai d'adaptation d'un roman, etc..), mais que le travail qui vous est livré ne corresponde pas à ce que vous souhaitiez, ou que vous ne pourrez pas continuer à travailler avec cet auteur. Dans un tel cas, trois hypothèses peuvent se présenter :

a) Soit vous utilisez quand même une partie (même infime) du travail remis, et dans ce cas le contrat de cession de ses droits que vous avez signé avec l'auteur doit absolument rester en vigueur, car il concerne la cession de droits de l'auteur qui inclut le travail d'écriture que vous souhaitez garder. Pour pouvoir utiliser par la suite, cette partie du travail d'écriture effectué par l'auteur, et par conséquent le confier à un autre auteur, le contrat de cession de droits de votre auteur devra avoir prévu la faculté pour le Producteur de confier le travail d'écriture à un autre auteur qui pourra l'adapter, ainsi que l'autorisation d'adapter ledit précédent travail d'écriture.

b) Soit vous décidez de n'utiliser aucun élément du travail remis. Dans un tel cas, il est vivement recommandé de se prémunir contre une réclamation ultérieure de l'auteur, en lui faisant signer le document sous forme de lettre dont le texte suit.

Dans ce dernier cas, il faudra absolument veiller à n'utiliser aucune partie du travail de l'auteur, car, dans le cas contraire, la signature du document présenté ci-après ne vous sera d'aucune utilité, ni efficacité.

Un auteur pourra, en effet, toujours rapporter la preuve qu'il est l'auteur de ce travail d'écriture (scénario, dialogues, etc.).

c) Soit, enfin, vous décidez de ne plus confier le travail envisagé à l'auteur, et ce, avant même que le travail n'ait été livré ou même commencé par ce dernier.

Le document présenté ci-après vous permettra de combattre plus efficacement une telle revendication uniquement si celle-ci est infondée.

MODÈLE DE LETTRE

En-tête au nom de l'auteur
Nom, prénom et adresse

Nom, adresse
de la société productrice

Paris, le ....
Film : .... *(titre du film)*

Messieurs,

Vous m'avez confié le soin de rédiger une première adaptation du roman de monsieur X, intitulé *(titre)* (*variante :* « Vous m'avez confié la coécriture, avec messieurs Y et Z, d'un scénario » ou bien « Vous m'avez demandé de rédiger, à partir de l'idée de monsieur X, un synopsis », etc.) en vue de la production d'un film de long métrage provisoirement ou définitivement intitulé : .... *(titre du film).*

Vous m'avez indiqué que, pour des raisons qui vous appartiennent, vous ne souhaitiez pas utiliser mes travaux d'écriture, ce que j'ai pu constater à la lecture de la version définitive du scénario du film.

(Variante, si aucun travail n'a été remis ou débuté : « Vous m'avez indiqué que, pour des raisons qui vous appartiennent, vous ne souhaitiez pas utiliser mes services, et ce, alors que je ne vous ai remis aucun travail d'écriture ».)

Dans ces conditions, je vous confirme bien volontiers que je ne puis à aucun titre revendiquer la qualité d'auteur du film, ni aucune autre qualité concernant ce film.

(Dans le cas où de premiers paiements seraient intervenus) Je vous donne acte des sommes de .... euros que vous m'avez versés et à ce titre, je m'estime complètement rempli de mes droits et désintéressé.

Je vous prie d'agréer ....

CESSION DE DROITS D'AUTEUR AU FORFAIT SCÉNARISTE, COSCÉNARISTE, RÉALISATEUR

(CINÉMA ET TÉLÉVISION)

Nous vous invitons à vous reporter aux commentaires rédigés pour le contrat de scénariste cinéma, et plus particulièrement aux observations figurant à l'article relatif à la Rémunération, afin d'utiliser à bon escient le présent modèle.

Le contrat au forfait est un contrat de cession de droits qui est un contrat d'exception. Il a en effet été indiqué que la règle d'ordre public en matière de cession des droits de l'auteur est que ce dernier doit être rémunéré de manière proportionnelle sur des recettes brutes d'exploitation.

Le code de la propriété intellectuelle a néanmoins prévu quelques cas d'exception à ce principe, qui sont limitativement énumérés à l'article L.131.4 §2.

La rémunération forfaitaire au profit d'un auteur est licite dans quatre cas qui sont les suivants.

Art. 131-4 **1° :** « La base de calcul de la participation proportionnelle ne peut être pratiquement déterminée » :

Est ici visée l'hypothèse de la communication de l'œuvre au public lorsqu'elle n'implique pas le paiement direct d'un prix.

Dans la mesure où l'exploitation ne génère pas de recettes, il est en effet impossible de calculer le montant des redevances de l'auteur à partir d'un prix qui n'existe pas. C'est notamment le cas lorsque l'œuvre est distribuée gratuitement.

Il peut s'agir également là des œuvres qui n'ont en pratique pas d'espoir de recettes (petits films de commande pour un musée, une exposition, des films d'entreprise, certains courts-métrages, etc.).

Ce sera donc le cas de ces « petits » films pas ou peu exploitables ne générant pas de recettes. Dans cette hypothèse, il sera possible de rémunérer forfaitairement l'auteur du scénario ou le réalisateur. Cette exception permet de rémunérer l'auteur même si l'exploitation ne génère pas de perception d'un paiement de la part du public. Même si le film ne génère pas de recettes, il sera bien évidemment nécessaire de prévoir un contrat complet listant tous les droits cédés.

Enfin, afin de prévenir toute difficulté, dans certains cas où l'exploitation du film pourrait à terme entraîner une perception de recettes auprès du public, il ne sera pas inutile de prévoir un article fixant une rémunération proportionnelle seulement applicable dans cette hypothèse.

Art. 131-4 **2°**: « Les moyens de contrôler l'application de la participation font défaut ».

Ce cas se rencontre assez rarement, toutefois, on peut imaginer que le cas envisagé soit celui des ventes à l'étranger, via un mandat de vente qui prévoit de vendre l'œuvre, moyennant un montant de vente forfaitaire par pays, tout mode d'exploitation confondu.

Art. 131-4 **3°**: « Les frais des opérations de calcul et de contrôle seraient hors de proportion avec les résultats à atteindre » : il s'agit de cas similaires à l'article précédent. Il peut y avoir quelques recettes, mais si peu importantes que le coût de la reddition des comptes à l'auteur serait trop important par rapport à la rémunération due à l'auteur, ou bien que la participation de l'auteur à l'œuvre audiovisuelle est si anecdotique que son pourcentage ne peut que l'être. Ce qui est parfois le cas lorsqu'un auteur intervient seulement au niveau d'une relecture finale du scénario, lorsqu'un auteur procède à un *polish*.

Art. 131-4 **4°**: « (...) La contribution de l'auteur ne constitue pas l'un des éléments essentiels de la création intellectuelle de l'œuvre, soit que l'utilisation de l'œuvre ne présente qu'un caractère accessoire par rapport à l'objet exploité. » Là, ce n'est plus l'importance de l'exploitation de l'œuvre que l'on doit apprécier, mais la contribution de l'auteur concerné. Cette contribution doit être « accessoire » par rapport à celle des autres auteurs de l'œuvre.

Il peut s'agir d'un auteur ayant contribué marginalement à l'écriture de quelques scènes, du décorateur ou encore du costumier, lorsqu'ils ne sont pas contentés d'apporter à l'œuvre et au réalisateur leur savoir-faire technique, même s'ils ont fait un vrai travail de création. Leur création peut ne présenter qu'un caractère accessoire dans l'œuvre audiovisuelle dans laquelle elle est intégrée.

Il peut s'agir également du cas où ce qui est vendu n'est pas l'œuvre elle-même, mais un objet ou un produit portant un élément de l'œuvre, ce qui est l'hypothèse de l'exploitation *merchandising*.

Le contrat de cession de droits au forfait ne comportant pas de rémunération proportionnelle, il ne sera pas prévu de clause de reddition des comptes.

En conclusion, dans les cas où le forfait sera permis, le Producteur signera un contrat de cession de droits d'auteur simplifié dans sa clause de rémunération, mais complet quant à l'étendue des droits cédés.

CONTRAT DE CESSION DE DROITS AU FORFAIT

ENTRE LES SOUSSIGNÉS

.... (*nom de la société, forme de la société*) au capital de .... (*capital de la société*), dont le siège social est .... (*adresse de la société*), représentée par .... (*nom et qualité du signataire - si ce n'est pas le représentant légal, ex-gérant ou PDG, indiquer « ayant tous pouvoirs à cet effet »*), ci-après dénommée « le Producteur »,

d'une part,

ET

.... (*nom de l'auteur*) demeurant....... (*adresse de l'auteur*), ci-après dénommé « l'Auteur »,

d'autre part,

Le présent contrat peut s'appliquer dans les divers cas d'exceptions prévus à l'article L.131.4 §2. Nous proposons alors deux types de préambule sachant que les préambules varieront forcément selon les hypothèses visées.

Enfin, l'exemple de contrat forfaitaire proposé a trait à une cession de droits afférents à un scénario d'un film n'ayant pas vocation à exploitation auprès du public, mais d'autres cas de figure étant possibles, il faudra adapter le modèle.

Préambule A) pour un petit film peu ou pas exploitable ne générant pas de recettes payées par le public *(Court-métrage, film d'entreprise, film publicitaire par exemple)* (L.131.4 1°, 2°, et 3°).

II A ÉTÉ PRÉALABLEMENT CONVENU CE QUI SUIT

(Il s'agit du préambule qui doit exposer avec précision le contexte de ce contrat. On ajoutera que dans le cas des contrats au forfait qui sont des exceptions au régime de la rémunération proportionnelle, et les exceptions étant interprétées très strictement par les Tribunaux, il faudra être précis quant au récit des circonstances qui ont amené les Parties à choisir de signer un contrat au forfait, et donc à valider la décision de son recours)

1. Le Producteur confie à l'Auteur, par les présentes, l'écriture d'un scénario en vue de la réalisation et de l'exploitation d'un court-métrage d'une durée de .... minutes environ, ci-après dénommée « le film » et provisoirement ou définitivement intitulée : .... (*titre du film*).

2. Les parties reconnaissent que le film ne connaîtra pas d'exploitation à destination d'un public payant un prix pour recevoir communication de l'œuvre.

3. *(Si le scénario n'est pas encore écrit)* L'Auteur remettra au Producteur le scénario définitif au plus tard le ....

(Cette phrase peut être, si nécessaire, remplacée par un calendrier plus détaillé.)

4. Le Producteur pourra alors, dans les .... jours de la remise de ce scénario, demander à l'Auteur d'apporter à son travail toutes les modifications qui pourraient sembler nécessaires.

Après discussion, les Parties se sont rapprochées.

Préambule B) pour un film où la création de l'Auteur ne présente qu'un caractère accessoire dans l'œuvre dans laquelle elle est intégrée ou que l'utilisation de l'œuvre ne présente qu'un caractère accessoire par rapport à l'objet exploité.

Vous devez préciser dans quelles circonstances l'Auteur est intervenu.

Quelques exemples non exhaustifs :

II A ÉTÉ PRÉALABLEMENT CONVENU CE QUI SUIT

(i) Monsieur .... est l'auteur d'un synopsis de cinq pages à partir duquel le Producteur a confié à messieurs Y et Z l'écriture d'un scénario.

Ou bien :

(ii) Monsieur ...., décorateur, s'est vu confier par le Producteur une mission de création des décors en collaboration avec le réalisateur.

(iii) Monsieur .... est le réalisateur du film, et dans l'objectif de l'adaptation du scénario sous forme de film, Monsieur .... sera amené à apporter quelques modifications sur le scénario et le Producteur a souhaité acquérir les droits de Monsieur .... sur son intervention accessoire sur le scénario, etc.

IL A ÉTÉ PAR LA SUITE CONVENU CE QUI SUIT

ARTICLE 1 - OBJET

Le présent contrat a pour objet la cession par l'Auteur au Producteur, conformément aux dispositions du Code de la propriété intellectuelle, des droits correspondant à sa contribution sur le scénario et permettant la réalisation et l'exploitation du film.

Le Producteur aura la faculté de demander à l'Auteur d'apporter à son travail toutes modifications, suppressions ou additions qu'il jugerait utiles, et celle de lui adjoindre, s'il le juge bon, un ou plusieurs coauteurs choisis d'un commun accord.

ARTICLE 2 - DROITS CÉDÉS

Sous réserve de l'exécution intégrale de la présente convention et du parfait paiement, par le Producteur, des sommes énoncées ci-après, l'Auteur cède au Producteur pour le monde entier, à titre exclusif et pour la durée précisée à l'article 3 ci-dessous, les droits d'exploitation ci-après définis, découlant de sa collaboration en qualité d'Auteur du Scénario du Film.

Ces droits comprennent le droit d'adaptation, de reproduction et de représentation du Film, ainsi que les droits d'utilisation dérivée nécessaire à l'exploitation du Film sur tous supports et via tous médias de communication au public tel que définie ci-après.

Pour les besoins du présent contrat, il convient d'entendre par le terme « Film », le Film ainsi que ses éléments accessoires, tels que notamment, les bandes-annonces, *promo reals*, *teasers,* maquettes, bonus, *making of*, *rushes* et toutes scènes non intégrées dans la version finale du Film.

(Cet article du contrat d'Auteur est l'expression de l'article L.131-3 du CPI selon lequel les droits cédés doivent être indiqués. Par extension, les modes d'exploitation des droits qui ne figurent pas dans cette liste restent par essence la propriété de l'Auteur aussi, toute clause du contrat qui l'indiquerait serait inutile).

2.1. Le droit d'adaptation

Le droit d'adaptation comporte :

2.1.1. Le droit d'adapter le Scénario en le transposant lors de la réalisation d'un genre à l'autre (œuvre écrite / œuvre cinématographique de long métrage).

2.1.2. Le droit de traduire, doubler ou sous-titrer le Film en toutes langues.

2.1.3. Le droit d'exploiter le Film sous forme d'extraits de moins de 6 (six) minutes – représentant seuls moins de 10 % (dix pour cent) ou au total moins de 15 % (quinze pour cent) de la durée du Film –, par intégration et sans modification, dans un programme multimédia interactif pouvant être exploité sur tous supports destinés à la vente, à la location ou au prêt pour l'usage privé du public ou par télédiffusion par voie hertzienne terrestre, par câble, satellite ou en réseau. Cette cession lui est consentie aux conditions et moyennant le respect des dispositions du protocolc en date du 12 octobre 1999 signé entre la SACD et la PROCIREP.

Dans le cas où le présent protocole viendrait à expiration sans être renouvelé, les conditions de ladite cession seraient définies par avenant conclu de bonne foi entre les parties.

Par programme multimédia, on entend l'intégration sur un même support magnétique ou optonumérique, de données audiovisuelles et textuelles (tels que textes, séquences musicales, images fixes ou animées, etc.) dont la structure et l'accès sont gérés et organisés par un logiciel, permettant l'interactivité d'accès aux différentes données.

2.2. Le droit de reproduction

Le droit de reproduction comporte :

2.2.1. Le droit d'enregistrer ou de faire enregistrer par tous procédés techniques connus (notamment procédés chimiques, analogiques, numériques, optiques et (ou) magnétiques), ou inconnus à ce jour :

- les images du Film, en noir et blanc ou en couleur,
- les sons du Film, originaux et doublages,
- les titres ou sous-titres du Film,
- ainsi que des photographies fixes représentant des scènes du Film.

2.2.2. Le droit de transposer le Scénario/le Film sous forme sonore et (ou) visuelle sur tous supports connus, notamment magnétiques (vidéocassettes, vidéodisques, etc.), optiques (Films, pellicules), électroniques, numériques ou optonumériques (notamment de type CDI, DVD, DVD-Rom, CD-Rom), ou inconnus à ce jour, en tous formats, en utilisant tous rapports de cadrage, sous réserve du droit moral de l'Auteur.

2.2.3. Le droit de numériser, moduler, compresser et décompresser, digitaliser ou reproduire le Film, par les procédés ci-dessus, ainsi que de le stocker, en vue de son transfert ou sa diffusion.

2.2.4. Le droit de reproduire en tel nombre qu'il plaira au Producteur ou à ses ayants droit, tous originaux et copies de tous enregistrements ainsi réalisés sur les supports ci-dessus.

2.2.5. Le droit de mettre et (ou) de faire mettre en circulation dans le monde entier ces originaux, doubles, ou copies pour toute communication au public par les modes d'exploitation prévus ci-après.

2.3. Le droit de représentation

Le droit de représentation comporte :

2.3.1. Le droit de représenter ou de faire représenter publiquement le Film en version originale, doublée ou sous-titrée en toutes langues sur tous supports, par tous modes et procédés et ce, dans toutes les salles d'exploitation cinématographique payantes ou non payantes, tant dans le secteur commercial que dans le secteur non commercial.

2.3.2. Le droit d'autoriser la télédiffusion du Film, en version originale, doublée ou sous-titrée en toutes langues et ce, par tous procédés inhérents à ce mode d'exploitation (télédiffusion par voies hertziennes, distribution par câble ou satellite, par télédiffusion codée ou non codée, gratuite ou payante, *pay-per-view* ou par abonnement), à seule charge pour le Producteur de rappeler aux télédiffuseurs avec lesquels il traitera que les obligations à son égard ne dégagent pas lesdits télédiffuseurs des obligations qu'ils ont contractées ou devront contracter avec les sociétés d'Auteurs auxquelles l'Auteur est affilié.

L'Auteur donne son accord irrévocable au Producteur pour que la télédiffusion du Film puisse être interrompue par tous messages, annonces, informations ou Films publicitaires.

L'Auteur autorise l'incrustation de tous logos. Cet accord s'applique à toutes versions du Film, en toutes langues et pour le monde entier.

2.3.3. Le droit de représenter le Film *on line*, par l'intermédiaire de réseau de télécommunication, et (ou) d'un système télématique interactif, tels que par exemple sur les réseaux Télétel, Internet, et téléphonie mobile, etc. par tous moyens techniques et tout modèle économique possible.

2.3.4. Le droit d'exploiter le Film sous forme de vidéogrammes (vidéocassettes, vidéodisques, DVD, DVD-Rom, HDVD, UMD, ou tous autres supports et tous formats connus ou inconnus à ce jour) destinés à la vente ou à la location pour l'usage privé du public.

2.3.5. Le droit de présenter le Film dans tous festivals, manifestations ou marchés.

2.3.6. Le droit d'établir tout *making of* et d'exploiter tout *making of* du Film avec le Film ou séparément.

2.3.7. Le droit de reproduction et la représentation du Film par fragments et (ou) *rushes* montés ou non montés, seuls ou combinés à d'autres éléments, et ce sous réserve du droit moral de L'Auteur, ainsi que le droit d'exploiter des éléments sonores et (ou) visuels constitutifs du Film, pris isolément, et notamment les images et les photographies, la musique sous forme de phonogrammes du commerce.

2.3.8. Le droit d'exploitation du Film sous forme d'édition littéraire et graphique c'est-à-dire le droit de reproduire ainsi que le droit d'adapter tout ou partie du texte du Film :

- sous forme d'ouvrages de librairie illustrés ou non,
- dans les revues, journaux, magazines comportant ou non des images du Film à des fins de publicité, de promotion du Film ou destinés à la vente publique,
- en vue de la radiodiffusion sonore.

2.4. Les droits d'exploitations dérivées

Les droits d'exploitations dérivées comportent :

2.4.1. Le droit d'exploiter les copies des enregistrements précités au paragraphe 2.2. ci-dessus, par la vente (y compris par la méthode commerciale de ventes groupées dite *vente bundle*), la location et (ou) le prêt, pour l'usage privé ou la communication publique.

2.4.2. Le droit dit de *remake*, c'est-à-dire le droit d'adapter le Film, de le reproduire et de le représenter sous forme d'une ou plusieurs œuvres cinématographiques de long métrage postérieurement au Film, ou tout autre genre d'œuvres audiovisuelles reprenant notamment les mêmes thèmes, situations, personnages, dialogues, mise en scène, etc.

2.4.3. Le droit dit de *sequel*, c'est-à-dire le droit d'adapter le Film, le reproduire et le représenter sous forme d'une ou plusieurs œuvres cinématographiques de long métrage ou tout autre genre d'œuvres audiovisuelles postérieurement au Film qui en seraient la suite et qui reprendraient certains éléments du Film (titre, personnages, décors, etc.) dans des aventures différentes.

2.4.4. Le droit dit de *prequel*, c'est-à-dire le droit d'adapter le Film, le reproduire et le représenter sous forme d'une ou plusieurs œuvres cinématographiques de long métrage postérieurement au Film ou tout autre genre d'œuvres audiovisuelles et constituant un ou des précédents dudit Film, en reprenant tout ou partie des thèmes, situations, personnages, dialogues, titre, mise en scène, etc.

2.4.5. Le droit dit de *spin off*, c'est-à-dire le droit d'adapter un ou plusieurs éléments du Film (personnages, situations, etc.) en vue de l'exploiter ou de les exploiter dans une ou plusieurs œuvres cinématographiques de long métrage, postérieurement au Film ou tout autre genre d'œuvres audiovisuelles, dans des aventures différentes que celles relatées dans le Film.

2.4.6. Le droit dit de *merchandising*, c'est-à-dire le droit de fabriquer, distribuer, vendre, louer, commercialiser sous toutes formes, tout objet ou œuvre des arts plastiques ou des arts appliqués, et notamment jeux (y compris jeux vidéo et jeux exploités, par tous procédés de télécommunication), services jouets, figurines, vêtements, textiles, maroquinerie, parcs d'attractions, messages et campagnes publicitaires, etc., qui incorporent dans leur substance, dans leur forme, décoration, conditionnement et présentation de tout ou partie du Film, ainsi que ses titres, sous-titres, thèmes, histoires, slogans, dialogues, musiques, personnages, dessins, décors, costumes, accessoires et tout autre élément caractéristique. Il appartient au Producteur d'obtenir les autorisations nécessaires à l'utilisation des éléments dont les droits n'appartiennent pas à l'Auteur, notamment les musiques, décors, etc.

2.4.7. Le droit d'autoriser la reproduction et la représentation du Film par extraits et en toutes langues et ce, sous réserve du droit moral de l'Auteur, pour la publicité et (ou) la promotion du Film.

2.4.8. Le droit d'autoriser la reproduction et la représentation, en toutes langues, par extraits du Scénario ou du Film, illustrés ou non par des photographies fixes représentant des scènes du Film, à condition que ceux-ci ne dépassent pas 5 000 (cinq mille) mots *(Le nombre peut varier et peut aller jusqu'à 8 000 mots)* et soient destinés exclusivement à la publicité et (ou) à la promotion du Film. Pour les besoins de cette publicité et (ou) de cette promotion, ces extraits pourront être publiés dans les revues, journaux, magazines, mais ne sauraient faire l'objet d'une édition de librairie ou d'une vente séparée au public.

2.4.9. Le droit d'utiliser le titre du Film, ainsi que les noms des personnages, pour toutes les exploitations dérivées énumérées ci-dessus, ce droit comprenant la faculté de les déposer en tant que marque et (ou) nom de domaine.

2.4.10. Le droit d'exploiter le Film par tout moyen inconnu à ce jour.

2.4.11. L'Auteur autorise le Producteur à modifier le Titre du Film, *(Il est nécessaire de prévoir l'autorisation de l'Auteur pour un changement de titre, le fait qu'il ait été indiqué que le titre du Film est provisoire ne signifie pas forcément que l'Auteur autorise sa modification)* et à le déposer à titre de marque et de nom de domaine.

En qualité de cessionnaire de l'Auteur, le Producteur pourra utiliser les droits susvisés comme bon lui semblera, notamment en passant tous contrats utiles à l'exploitation du Film.

ARTICLE 3 - DURÉE

3.1. Les droits énumérés à l'article 2 sont cédés à titre exclusif à compter de la date de signature des présentes et pour une durée de ..... années *(La durée de la cession est un point de négociation entre les Parties. On trouvera souvent une durée de 30 ans qui ressortait déjà des contrats inscrits au RPCA dès 1946, à une époque où sans doute l'on n'imaginait pas que l'exploitation d'un film puisse aller au-delà de 30 ans. On trouve aujourd'hui des durées plus longues allant jusqu'à celle de la durée légale de protection des droits d'auteur, soit 70 ans après la mort du dernier auteur. Cette durée plus longue s'avérant logique lorsque le Producteur se voit confier les droits de sequel, prequel, spin off ou remake. La précision de cette durée donne au contrat de cession de droits d'auteur le caractère de contrat à durée déterminée, qui ne pourra pas être résilié par la volonté d'une seule Partie, ou seulement si les conditions de sa résiliation (exprimées dans la clause résolutoire - voir supra - sont réunies)* commençant à courir à la date de la signature des présentes *(Ce point de départ de la cession est ainsi facilement identifiable. Il est à préférer au point de départ de la « sortie commerciale », car cette rédaction ne permet pas au contrat de couvrir la durée de la production du Film, de sorte que l'on pourrait* *considérer que le Producteur n'est pas cessionnaire des droits de l'Auteur pendant la période allant de la signature jusqu'à la date de la sortie commerciale. En outre, il sera difficile de se souvenir 30 ans après la sortie de ce Film, de la date de sa sortie commerciale). [Si le contrat de cession de droits est précédé par un contrat d'option, pour ne pas perdre le temps de la durée de l'option, le point de départ de la cession des droits sera la date de la levée de l'option]*

3.2. *La clause suivante est qualifiée de clause résolutoire, qui fixe l'événement qui, s'il arrive, entraînera la fin anticipée de ce contrat à durée déterminée. Elle a pour motif d'empêcher que les droits d'un auteur soient bloqués pendant toute la durée de la cession des droits entre les mains du Producteur pour des raisons d'opportunité (empêcher qu'un projet aille chez un concurrent par exemple), alors que ce Producteur n'entreprend rien en vue de produire le Film.*

Au cas où dans un délai de .... *(Le nombre d'années peut varier selon la nature du projet et sa difficulté à le monter financièrement)* années, à compter de la signature des présentes, le Film n'aurait pas été réalisé - le Film étant réputé réalisé au moment de l'établissement de la version définitive prévue à l'article L.121-5, alinéa 1er du Code de la propriété intellectuelle - *(L'événement qui mettra fin au contrat de manière anticipée, est la non-réalisation caractérisée par le non-établissement de la version définitive du Film. On pourra préférer comme cause de résiliation anticipée du contrat, le fait que le film ne soit pas mis en production avant une certaine date, et opter pour la clause suivante :* « si le Film n'est pas mis en production avant *(une certaine période)* ou date, et en définissant la mise en production par, soit le premier jour de préparation, soit le jour de la signature du contrat de travail du réalisateur le présent contrat sera résolu de plein droit par la simple arrivée du terme et sans qu'il soit besoin d'une mise en demeure ou formalité judiciaire quelconque ; l'Auteur reprendra alors la pleine et entière propriété de tous ses droits, et les sommes déjà reçues lui restant, en tout état de cause, définitivement acquises. *(On considèrera alors que ces sommes déjà versées restées acquises à l'Auteur sont une indemnisation de l'immobilisation qu'il a subie.)*

ARTICLE 4 - PROTECTION DES DROITS CÉDÉS

Le Producteur acquiert la qualité d'ayant droit de l'Auteur pour l'exercice des droits cédés qu'il utilisera comme bon lui semble, notamment en passant tous contrats d'édition, de représentation et de diffusion, par quelque mode que ce soit, utiles à l'exploitation du Film.

Le Producteur demeure entièrement libre de réaliser ce Film en coproduction et (ou) de rétrocéder à un tiers tout ou partie du bénéfice et des charges du présent contrat sous quelque forme et à quelque titre que ce soit à condition de rester solidairement garant et répondant à l'égard de l'Auteur de l'exécution des présentes par le cessionnaire.

Par ailleurs, le Producteur aura, par l'effet des présentes, le droit de poursuivre toute contrefaçon ou toute exploitation sous quelque forme que ce soit du Film, dans la limite des droits cédés en vertu des présentes, mais à ses frais, risques et périls et à sa propre requête.

Il est bien entendu que ne sont cédés par les présentes que les droits possédés par l'Auteur lui-même, c'est-à-dire dans la mesure et les limites où la propriété littéraire et artistique du Film dont il s'agit lui appartient et est assurée et garantie par la législation et la jurisprudence de chaque pays.

ARTICLE 5 - JOUISSANCE PAISIBLE

5.1. L'Auteur garantit expressément au Producteur l'exercice paisible des droits *(cet article est une transcription de l'obligation de la jouissance paisible à laquelle l'Auteur s'oblige quand il cède ses droits. Cela ressort également de la garantie d'éviction de l'article 1626 du Code civil en cas de vente d'un bien incorporel, ce que sont des droits de propriété intellectuelle.)* cédés et notamment :

- Qu'il est seul propriétaire de tous les droits attachés au Scénario et qu'il a pleins pouvoirs et qualités pour accorder les droits cédés par les présentes, et que ces droits ne sont ni ne seront en aucune manière cédés, hypothéqués, grevés, ni d'une façon quelconque dévolus en faveur d'un tiers.

- Qu'il n'a fait et ne fera, par le fait d'une cession à un tiers ou par tout autre moyen, aucun acte susceptible de compromettre la présente cession de droits, ou susceptible d'empêcher ou de gêner la pleine jouissance par le Producteur des droits qui lui sont accordés par les présentes.

- Qu'il n'a introduit, ni n'introduira dans son Scénario aucune reproduction ou réminiscence susceptible de violer les droits des tiers et de donner lieu à des attaques pour plagiat et (ou) contrefaçon ou de troubler la réalisation ou l'exploitation du Film produit.

- Qu'aucun litige ou procès n'est en cours ni sur le point d'être intenté mettant en cause les droits de l'Auteur sur l'œuvre tels que définis et cédés par les présentes.

(Cette clause dite de « jouissance paisible » permettra tant au Producteur qu'à un tiers du Producteur, auquel ce dernier aura cédé les droits de l'Auteur, d'agir en garantie contre ce dernier.)

5.2. L'Auteur s'engage formellement à ne troubler en rien la bonne marche de l'exploitation du Film et à ne se livrer, par quelque moyen que ce soit, à des déclarations risquant de porter un préjudice quelconque à cette exploitation.

L'Auteur est personnellement responsable tant vis-à-vis des tiers que du Producteur, en cas de non-observation de la présente clause.

ARTICLE 6 - ATTESTATIONS - CONSERVATION DU FILM

6.1. L'auteur accepte de se prêter à fournir toutes les attestations qui pourraient lui être demandées par le Producteur pour les organismes officiels français ou étrangers auxquels le Producteur aurait à remettre lesdites attestations.

6.2. Les éléments ayant servi à la réalisation du film, à savoir :

- un exemplaire de la version définitive du scénario,
- le négatif ou l'internégatif du film,
- la bande-son mixée version française du film,
- la bande-son internationale,

seront conservés, en ce qui concerne le scénario et le découpage technique, par le Producteur, en ce qui concerne les autres éléments, par le laboratoire chargé des travaux de développement et de tirage.

ARTICLE 7 - RÉMUNÉRATION

Conformément aux dispositions de l'article L.131-4, *(voir observations en tête du contrat, choisir l'alinéa à appliquer en fonction du cas et expliquer les raisons qui ont amené à choisir de bénéficier de telle ou telle exception de l'article L.131-4 §)* du Code de la propriété intellectuelle, et particulièrement .... *(à compléter)*, en contrepartie de la cession ci-dessus visée, l'Auteur percevra :

- la somme forfaitaire .... euros *(somme en chiffre et en lettres)*

ou

- .... % *(somme en lettre, pour cent)* du chiffre d'affaires réalisé par le Producteur dans le cadre de l'exploitation de l'œuvre sur le réseau Internet par exemple *(indiquer l'exploitation sur laquelle la rémunération forfaitaire est assise).*

(Ce mode de fixation de la rémunération qui n'est pas assis sur le prix payé par le public est une déclinaison du forfait.)

L'Auteur reconnaît expressément que la rémunération forfaitaire est conforme à l'article L.131-4 §2 *(compléter avec l'alinéa applicable à votre cas)* est la mieux adaptée à l'exploitation de l'œuvre objet des présentes :

Dans l'hypothèse où l'une quelconque des exploitations du Film, visées à l'article 2 « Cession » ci-dessus, permettrait de dégager des recettes pour lesquelles une rémunération proportionnelle serait déterminable et individualisable, le présent contrat restera pleinement applicable, les parties s'engageant à entrer en discussion afin de déterminer, de bonne foi, un pourcentage de rémunération proportionnelle qui devra être conforme aux usages et à la pratique. *(Ce renvoi aux pratiques et usages de la profession est une manière pour les parties de fixer les contours de leur négociation future.)*

Il est en outre rappelé, pour autant que de besoin, que l'Auteur conservera intégralement sa part des redevances à lui revenir au titre du droit à rémunération pour copie privée des œuvres.

ARTICLE 8 - PUBLICITÉ

Au générique du film et dans toute la publicité, le nom de l'Auteur sera cité de la façon suivante *(à adapter à chaque cas)* : ....

Le Producteur se réserve en dehors de la publicité standard ci-dessus, le droit de faire une publicité spéciale de lancement ou de soutien ne comportant pas la mention du nom de l'Auteur.

Le Producteur s'engage à communiquer ces obligations publicitaires à toutes les firmes qui distribueront ou éditeront le film, mais ne saurait être tenu responsable de leurs manquements ; l'Auteur est autorisé dès maintenant à agir directement à l'encontre des ayants droit du Producteur.

ARTICLE 9 - CESSION À UN TIERS

Le Producteur aura la faculté de céder les bénéfices et les droits résultant de la présente convention, à toute société, qui se substituera ainsi dans ses obligations, sans être tenu à aucune indemnité à l'égard de l'Auteur et à la condition expresse que le cessionnaire s'engage au préalable par écrit, à assumer toutes obligations convenues à la présente convention, étant entendu que le Producteur restera solidairement et intégralement responsable et garant envers l'Auteur de l'exécution des présentes, et à charge par le Producteur d'en aviser l'Auteur par lettre recommandée.

Le Producteur et tout nouveau bénéficiaire seront tenus de joindre à la lettre de notification susvisée copie du contrat de cession en application de l'article L.132-28 du Code de la propriété intellectuelle.

ARTICLE 10 - CLAUSE DE RÉSILIATION

10.1. À défaut d'exécution par l'une ou l'autre des Parties de ses obligations, et 30 (trente) jours après l'envoi d'une mise en demeure par lettre recommandée avec accusé de réception restée sans effet, les présentes seront résiliées aux torts et griefs de la Partie défaillante, si bon semble à l'autre Partie, sous réserve de tous dommages-intérêts, par une décision de justice devenue définitive.

(Certains contrats peuvent aussi prévoir une résiliation anticipée de plein droit après mise en demeure restée sans effet, mais cette solution est moins protectrice pour le Producteur puisque la résiliation n'est pas prononcée par le juge, mais mise en œuvre automatiquement. Dans le cas de la résiliation anticipée, dans les conditions prévues à la présente clause, le contrôle du juge porte sur le bien-fondé de la demande de résiliation).

10.2. Les contrats signés avant la résiliation des présentes dans les conditions du point 10.1 ci-dessus, ne seront pas remis en cause.

ARTICLE 11 - LITIGES

En cas de contestation sur l'interprétation ou sur l'exécution des présentes, les tribunaux de grande instance seront seuls compétents.

ARTICLE 12 - ÉLECTION DE DOMICILE

Les Parties élisent domicile à l'adresse visée en tête des présentes.

Fait à ...., le ....

en 2 exemplaires

(Il faut établir autant d'exemplaires qu'il y a de parties au contrat.)

POUR L'AUTEUR **POUR LE PRODUCTEUR**

_______________ _______________

LES CONTRATS D'ACTEURS

GÉNÉRALITÉS

Les relations entre l'acteur et le Producteur sont soumises à la législation du travail (et à une convention collective lorsqu'il s'agit d'acteurs d'une œuvre télévisuelle), s'agissant de ses conditions de travail, et au Code de la propriété intellectuelle, s'agissant des conditions d'exploitation de sa prestation, donc de ses droits voisins.

1. En premier lieu, le contrat signé entre l'acteur et le Producteur est soumis aux dispositions du Code du travail.

Les contrats d'acteurs se présentent sous la forme d'un contrat, mais peuvent également se présenter sous forme de lettre adressée par le Producteur à l'acteur et contresignée par ce dernier.

C'est une forme particulière du contrat de travail qui s'applique dans le secteur audiovisuel et cinématographique : le contrat de travail à durée déterminée dit « d'usage » prévu par les articles L.1242-2-§3 et L.1242-12, L.1242.13 et D.1242.1 du Code du travail.

Pour que ce contrat soit valable, il doit se conformer aux dispositions du Code du travail et doit notamment :

- Être établi par écrit et comporter la définition précise de son motif,
- Mentionner « un terme fixé avec précision dès sa conclusion »,
- Être transmis dans les deux jours ouvrables suivant l'embauche.

Comme il s'agit d'un contrat de travail à durée déterminée, il ne peut être rompu avant son terme, sauf par un accord mutuel des Parties, ou **pour faute grave, ou cas de force majeure ou inaptitude constatée par le médecin du travail** (article L.1243-1 du Code du travail), et ce, dès qu'il a été signé, peu importe que l'exécution du contrat ait ou non commencée.

Selon la jurisprudence en la matière, on qualifie une faute de faute grave de l'acteur, celle qui rend impossible le maintien des relations de travail avec l'employeur, dans un contrat à durée déterminée. Les juridictions sont très sévères quant à l'appréciation de la gravité de cette faute

En conséquence, toutes les clauses prévoyant la résiliation anticipée pour des raisons autres que la faute grave du salarié ou la force majeure, que vous voudriez indiquer dans le contrat de travail sont nulles. En cas de rupture injustifiée du fait de l'employeur, le salarié pourra agir en justice pour licenciement abusif et l'employeur sera condamné à payer des dommages et intérêts au salarié d'un montant au moins égal aux sommes qu'il aurait dû percevoir jusqu'au terme du contrat.

En outre, un contrat de travail à durée déterminée (CDD) qui serait conclu en contravention des articles du Code du travail ci-dessus mentionnés, expose le Producteur à une procédure de son salarié, en requalification de contrat à durée déterminée en contrat à durée indéterminée (CDI). Cette procédure est traitée de manière très rapide par les Conseils des Prud'hommes (CPH), car il n'y a pas de phase de conciliation aussi, l'affaire sera en principe plaidée dans le mois de la saisine du CPH par le salarié.

La procédure de requalification de CDD en CDI est souvent initiée au moment où l'employeur indique au salarié que le contrat à durée déterminée est terminé, car arrivé à son terme. À ce moment, lorsque le salarié estime qu'en réalité, il n'était pas lié par un CDD, il initiera cette procédure prudhommale.

Lorsque le CPH fait droit à la demande du salarié, il lui octroie une indemnité de requalification qui sera payée par le Producteur, qui ne peut être inférieure à l'équivalent d'un mois de salaire. Le salarié pourra également réclamer des dommages et intérêts pour licenciement abusif (car un CDI rompu sans motif constitue un licenciement abusif) pour l'indemnisation du préjudice qu'il estimera avoir subi.

Le risque pour le Producteur sera encore plus important lorsque ces irrégularités portent sur tous les CDD de l'équipe d'un film, car chaque salarié peut initier l'action ci-dessus décrite, et ainsi, les indemnités dues par l'employeur seront multipliées par le nombre de salariés mécontents.

2. En deuxième lieu, outre les dispositions du Code du travail, la relation de travail entre l'acteur de télévision et le Producteur est également soumise aux dispositions d'une convention collective.

2.1. S'agissant des acteurs pour la télévision, c'est la convention collective nationale des artistes-interprètes engagés pour des émissions de télévision du 30 décembre 1992 qui est applicable.

Il est nécessaire de faire référence expressément dans le contrat de travail à cette convention collective et de veiller à la respecter à la lettre, de manière à ce qu'il n'y ait aucune contradiction entre ce qui est négocié avec l'artiste et les dispositions de la convention collective.

Cette convention collective est régulièrement mise à jour par des avenants. Il faut donc prêter une attention particulière à toute modification ou tout ajout pouvant y être apporté, notamment concernant les salaires minimaux des artistes.

@ **COMPLÉMENT INTERNET**

- *Salaires minima des artistes-interprètes engagés pour des émissions de télévision, barèmes de rémunération au 1er janvier 2012. Téléchargez les salaires minima artistes-interprètes.*
- *Accord sur la rémunération des artistes-interprètes en cas d'utilisation de leurs prestations en vidéo à la demande (VOD). Téléchargez l'accord (au format pdf 444ko)*
- *Accord sur les rémunérations des artistes-interprètes en cas de rediffusion sur les chaînes nationales historiques. Téléchargez l'accord (au format pdf 78ko)*
- *Accord sur les rémunérations des artistes-interprètes en cas de cession d'un programme pour une exploitation câble, satellite ou TNT. Téléchargez l'accord (au format pdf 60ko)*

2.2. Pour les acteurs de film cinématographique, il n'y a pas à ce jour de convention collective largement applicable.

Pour votre complète information, un accord sur les conditions de travail des acteurs de cinéma a bien été conclu en 1967 entre quelques syndicats d'acteurs et quelques syndicats de Producteurs, mais cet accord n'a jamais été étendu par le ministère du Travail à tous les employeurs concernés. Cet accord n'est donc applicable qu'aux sociétés adhérentes des syndicats signataires, ce qui n'est pas la majorité des sociétés de production du secteur.

Au jour de la publication de cet ouvrage, la signature d'une nouvelle convention collective de la production cinématographique en cours de négociation n'est pas encore intervenue.

3. En troisième lieu, le Code de la propriété intellectuelle s'applique aux acteurs.

Les articles L.212-1 à L.212-11 leur accordent certains droits dits « droits voisins », ces articles disposent que :

- l'acteur détient le droit de fixation de sa prestation, de reproduction et de communication au public ainsi que toute utilisation séparée du son et de l'image de la prestation lorsque celle-ci a été fixée à la fois pour le son et l'image (article L.212-3 du Code de la propriété intellectuelle).

Pour pouvoir utiliser la prestation de l'acteur, l'employeur doit donc obtenir son autorisation préalable. Ce consentement doit ressortir du contrat d'artiste qu'il signe avec l'acteur.

- Au titre de la cession de ses droits, en plus de sa rémunération au titre de sa prestation, l'acteur a obligatoirement droit à une rémunération distincte pour chaque mode d'exploitation de sa prestation. Cela suppose donc que tous les modes d'exploitation soient expressément et précisément mentionnés dans le contrat d'acteur.

- L'acteur a droit au respect de son nom, de sa qualité et de son interprétation.

Comme le contrat d'acteur a une double nature de contrat de travail et de contrat de cession de droits, il est nécessaire de séparer la rémunération qui revient à l'artiste au titre de sa prestation et la rémunération qui lui revient au titre de l'exploitation de ses droits.

Nous précisons que le droit de la propriété intellectuelle s'applique aux seuls artistes-interprètes et non aux artistes de complément (que sont les figurants). En conséquence, seules les dispositions du Code du travail s'appliqueront aux artistes de complément.

Il arrivera également que l'acteur négocie avec le Producteur un intéressement complémentaire qui peut prendre la forme soit un pourcentage sur les recettes nettes de l'exploitation du Film, à compter des premiers euros de recettes nettes, ou à compter d'un seuil de revenus, ou d'un seuil d'entrées salles. Ce peut être également quelques centimes d'euros par entrées salle à compter des premières entrées ou à compter d'un certain nombre d'entrées.

La rémunération complémentaire peut également être prévue à compter de l'amortissement du coût du film.

Tous les types de négociation sont possibles.

4. Établir des contrats types pour les acteurs est assez difficile dans la mesure où un grand nombre d'éléments sont particuliers à chaque contrat et dépendent des exigences au cas par cas des parties. Certains acteurs peuvent en effet souhaiter avoir un maquilleur, un coiffeur personnel, une loge individuelle ou encore des menus particuliers.

Vous trouverez ci-après, un modèle de contrat de travail pour un acteur de cinéma (comportant un grand nombre de clauses spécifiques que le Producteur pourra facilement adapter et inclure dans un contrat de vedette ou écarter pour un contrat d'acteur dit secondaire).

Vous trouverez ensuite un modèle de contrat de travail d'acteur de télévision faisant référence à la convention collective nationale des artistes-interprètes engagés pour des émissions de télévision du 30 décembre 1992.

Par ailleurs, l'emploi des enfants dans l'industrie du spectacle étant sévèrement réglementé, toutes les indications permettant d'adapter un contrat classique en contrat conclu pour l'emploi d'un enfant seront données dans la dernière partie.

Il convient enfin de signaler que la quasi-totalité des vedettes, et beaucoup d'acteurs dits secondaires sont représentés par un agent. Il a donc été fait référence à ce dernier dans le modèle proposé.

Il suffira de supprimer les clauses correspondantes dans le cas où l'acteur ne serait pas représenté par un agent. L'usage veut que la rémunération négociée soit répartie à concurrence de 90 % pour l'acteur et de 10 % pour son agent, mais il est de plus en plus fréquent que cette rémunération de 10 % due à l'agent s'ajoute à la rémunération de l'acteur, le Producteur devant ainsi régler 100 % à l'acteur, plus 10 % à l'agent.

CONTRAT DE TRAVAIL D'ACTEUR

(CINÉMA)

ENTRE LES SOUSSIGNÉS

Société ...., société (*type de société*) au capital de .... euros (*montant du capital*), RCS Paris (*numéro de registre du commerce*), dont le siège social est à (*adresse du siège social*), représentée par monsieur (*nom du représentant légal de la société ou de la personne ayant reçu pouvoir pour signer*), ci-après dénommé : le « Producteur »

d'une part,

ET

Mademoiselle, Madame, Monsieur .... (*compléter avec le nom et le prénom de l'acteur*), Pseudonyme (*le cas échéant*), demeurant .... (*indiquer l'adresse du domicile de l'acteur*)

Date et lieu de naissance : ....
Adresse fiscale : ....
N° de Sécurité Sociale : ....
N° de congés spectacles : ....

(N.B : Comme il s'agit d'un contrat de travail à durée déterminée, il doit obligatoirement être conclu par écrit et il doit renseigner avec attention le nom et les coordonnées des parties signataires. Pour le Producteur, il est impératif d'indiquer sa dénomination sociale, son siège et son numéro de RCS. En ce qui concerne l'artiste-interprète, outre que son identification doit être complète, cela implique d'indiquer comme pour tout salarié, son numéro de sécurité sociale, mais également son numéro de congés spectacles), ci-après dénommé : l'« Artiste »

d'autre part,

EN PRÉSENCE DE *(LE CAS ÉCHÉANT)*

L'agence artistique .... (*indiquer le nom de l'agence*), sise .... (*indiquer l'adresse de l'agence*)

Représentée aux présentes par Madame/Monsieur .... (*indiquer le nom de l'agent*), ci-après dénommé : l'« Agent »

IL A ÉTÉ ARRÊTÉ ET CONVENU CE QUI SUIT

ARTICLE 1 - CONDITIONS D'ENGAGEMENT

Le Producteur engage Mademoiselle/Madame/Monsieur .... (*nom et prénom de l'acteur*) en qualité d'artiste-interprète pour interpréter le rôle de .... (*nom du personnage*), qu'il déclare connaître et accepter, dans le film cinématographique de long métrage de langue française qu'il doit produire, intitulé provisoirement ou définitivement :

.... (*titre du film*), ci-après dénommé le « Film ».

Le Film sera tourné .... (*indiquer le lieu de tournage*), en couleur, par un procédé choisi par le Producteur. Le cas échéant, il sera fait usage d'une technique permettant sa présentation sur écran large ou panoramique.

Le Film s'entend pour une édition française avec faculté de sous-titrer et de doubler dans toute langue étrangère.

Le présent contrat constitue dans son intégralité un contrat de travail à durée et objet déterminés conclu en conformité avec les dispositions des articles L.1242-1 et 2 du Code du travail. Il n'est donc pas renouvelable par tacite reconduction et cessera de plein droit à son terme, sans préavis ni indemnités. *(Selon l'article L.1242-2 du Code du travail, le contrat d'acteur est en effet un contrat à durée déterminée dit d'usage, car il entre dans la catégorie des emplois pour lesquels, dans certains secteurs d'activité définis par décret, convention collective ou accord collectif, il est d'usage constant de ne pas recourir au contrat de travail à durée indéterminée en raison de la nature de l'activité exercée et du caractère temporaire de ces emplois).*

Le présent contrat est également soumis, outre les stipulations prévues aux présentes aux dispositions du Code de la Propriété Intellectuelle relatives aux droits voisins de l'artiste-interprète.

L'embauche de l'Artiste sera définitive sous réserve du résultat de la visite médicale prévue à l'article 18 des présentes.

ARTICLE 2 - DURÉE

L'Artiste est engagé et sera à la disposition du producteur pour .... (*en chiffres et en lettres*) jours de tournage, dans une période de .... semaines consécutives du .... (*jour, mois, année*) au .... (*jour, mois, année*).

Ou bien, selon le cas :

L'Artiste est engagé et sera à la disposition du producteur pour la durée du tournage.

Le tournage débutera entre le .... (*jour, mois, année*) et le .... (*jour, mois, année*) pour une durée de .... semaines consécutives.

Ou encore, selon le cas :

Le présent engagement est conclu pour un minimum garanti de .... (*indiquer le nombre de cachets*) cachets de tournage à effectuer entre le .... (*jour, mois, année*) et le .... (*jour, mois, année*).

Sera considéré comme cachet, chaque fois que convoqué par le Producteur, l'Artiste se sera rendu sur les lieux du tournage.

Toutefois, dans le cas où, afin de terminer le Film, l'Artiste devrait effectuer d'autres jours de tournage, ceux-ci seraient fixés d'un commun accord et rémunérés selon l'article 6 du présent engagement.

(Nous vous précisons que comme il s'agit d'un contrat à durée déterminée, il ne peut être rompu, sauf accord mutuel des Parties, que pour faute grave, cas de force majeure ou

inaptitude constatée par le médecin du travail - article L.1243-1 du Code du travail - et ce, dès qu'il est signé, peu importe que l'exécution du contrat ait ou non commencée. Selon la jurisprudence en la matière, la faute grave de l'artiste telle qu'elle est entendue par la jurisprudence en matière sociale qui est très stricte, est la seule qui rende impossible le maintien des relations de travail avec l'employeur, dans un contrat à durée déterminée.)

ARTICLE 3 - LIEUX DE TOURNAGE

Le tournage se tiendra dans les lieux suivants..

Indiquer dans cet article le ou les lieu(x) de tournage (indiquer la ville et le pays).

ARTICLE 4 - DROITS CÉDÉS

(Selon l'article L.212-3 du CPI, « sont soumises à l'autorisation écrite de l'artiste, la fixation de sa prestation, sa reproduction et sa communication au public, ainsi que toute utilisation séparée du son et de l'image de la prestation, lorsque celle-ci a été fixée à la fois pour le son et l'image ». Il est donc nécessaire de prévoir dans le contrat, la cession des droits d'exploitation de l'artiste sur sa prestation. La cession des droits étant d'interprétation stricte, tout ce qui n'est pas expressément indiqué n'est pas cédé au Producteur et reste entre les mains de l'artiste. Nous vous recommandons en conséquence d'être particulièrement exhaustif dans le contrat d'artiste.)

L'article L.212-4 du CPI prévoit une présomption de cession de droits de l'artiste au Producteur par l'effet de la signature du contrat. Cependant, cette présomption de cession ne pourra être mise en œuvre qu'à la condition que soit prévue pour chaque mode d'exploitation une rémunération distincte, ce qui suppose que chaque mode d'exploitation soit précisément mentionné.)

4.1. L'Artiste cède au Producteur à titre exclusif, pour la durée de protection légale des droits voisins *(la durée de protection des droits voisins est de 50 ans à compter du 1er janvier de l'année civile suivant celle de l'interprétation du film par l'Artiste. Cela ressort de l'article L.211-4 du CPI)* et pour le monde entier, les droits de fixation, de reproduction et de représentation de sa prestation. Ces droits peuvent être utilisés à titre commercial ou non, dans le secteur privé ou public, à usage privé ou domestique, public et collectif, en mettant en œuvre tous les moyens, supports, formats et procédés connus ou inconnus à ce jour.

Ainsi, le Producteur a le droit :

- de tourner le Film en noir et blanc ou en couleur, dans le format de son choix, en version française ou en plusieurs versions et de le réaliser dans le cadre d'accords de coproduction franco-étrangère ;

- de reproduire sans restriction par doublage ou par tout autre procédé visuel et (ou) sonore des versions du Film en toutes langues (partiellement ou intégralement), à l'aide de traduction ou d'adaptations écrites et réalisées par des collaborateurs choisis par le Producteur ;

- de faire doubler en totalité ou partiellement en toutes langues, par toute personne de notre gré, le rôle qui est confié à l'Artiste ;

- de procéder à toutes les coupures que le Producteur jugera utiles pour la qualité du Film et d'inclure ou d'autoriser un tiers à inclure les prises de vues tournées ou en rapport avec l'œuvre dans tout autre film, court-métrage, bande-annonce, *making of, trailer,* etc., ceci sans aucune restriction de la part de l'Artiste, ni supplément de salaire ;

- d'exploiter le Film par extraits ou dans son intégralité, en version originale, doublée et (ou) sous-titrée en toute langue ;

- de reproduire le Film sur tous supports : films, magnétiques, numériques, optonumériques et par tous moyens et notamment par téléchargement (vidéocassettes, bandes, vidéodisques, disque laser, CD vidéo, CDI, CD-Rom, CDV, DVD, DVD-Rom et vidéo à la demande, etc.) ;

- de communiquer le Film en tous formats, par tous modes de diffusion et de télédiffusion (gratuit, payant, par abonnement, *pay-per-view*, vidéo à la demande, crypté ou non, etc.), sur tous réseaux, par tous procédés (ondes hertziennes, câble, satellite, numérique, Internet, etc.) en tous lieux privés ou réunissant du public ;

- les enregistrements pourront être vendus et (ou) loués dans tous circuits de distribution sur tous supports (vidéocassettes, bandes, vidéodisques, disque laser, CD vidéo, CDI, CD-Rom, CDV, DVD, DVD-Rom) et vidéo à la demande, etc.

(Les droits d'exploitation sur la prestation de l'acteur sont cédés au Producteur, à charge toutefois pour le Producteur de veiller au droit moral de l'acteur consistant au respect de son interprétation. Le droit moral de l'artiste est inaliénable, imprescriptible et incessible. Cela sous-entend que vous vous devez de ne pas communiquer et (ou) reproduire la prestation de l'acteur, notamment dans le cadre de la promotion du film, dans des conditions qu'il pourrait estimer irrespectueuses ou dégradantes : par exemple, associer sa prestation à des images violentes ou pornographiques hors de propos par rapport au film.)

4.2. L'Artiste autorise par ailleurs, dès à présent le Producteur à utiliser le nom de l'Artiste, ses photographies et prestations réalisées à partir du Film et (ou) dans le cadre du Film, sa voix et (ou) son image, séparément ou non, en vue des exploitations secondaires et dérivées du Film et notamment :

- en cas d'exploitation vidéographique, à utiliser les photographies de l'Artiste-interprète extraites du Film et (ou) réalisées à l'occasion du tournage pour le conditionnement des exemplaires destinés à la vente au public, leur promotion et leur illustration (notamment bonus et menus interactifs des DVD) ;

- en cas de publication avec ou sans texte (albums, livres, pochettes de phonogrammes et documents d'accompagnement, à l'exclusion des romans-photos), à utiliser les photographies de l'Artiste extraites du Film et (ou) réalisées à l'occasion du tournage y compris à des fins promotionnelles et publicitaires ;

- en cas d'exploitation dérivée du Film notamment sous forme de produits dérivés et (ou) de *merchandising*, sur tous supports et par tous moyens et notamment par téléphonie mobile, réseaux de télécommunication tels qu'Internet, CD, CD-Rom, DVD, etc. ;

- un remontage des scènes du Film et (ou) de *rushes* issues du tournage du Film, en vue de la création de tout format court, dans le but de permettre les exploitations suivantes :

- toute exploitation dérivée du Film par voie de téléphonie mobile,
- la promotion, sur tout support et par tout moyen, des chansons de tout phonogramme du commerce lié au Film produit ou coproduit par le Producteur,
- la promotion de produits et (ou) services du commerce de tout partenaire du Producteur, dans le cadre d'opérations destinées à associer le Film à ces partenaires commerciaux.

Ou bien, selon le cas : rédaction alternative en fonction de ce qui a été négocié avec l'artiste :

Les photographies, dessins, *making of*, *rushes*, séquences non montées, extraits, et globalement toute représentation de l'image ou de la voix de l'Artiste en dehors des scènes incluses dans la version finale du Film *(liste des éléments soumis à autorisation, à adapter selon ce que le Producteur a négocié avec l'artiste)*, seront soumises à l'Artiste, ou à défaut à son Agent, qui s'engage à répondre dans les .... *(indiquer le nombre de jours en lettre)* jours ouvrés suivant leur réception et qui ne pourra pas refuser plus de 50 % (cinquante pour cent) des photos en gros plan et 30 % (trente pour cent) des plans généraux. Sans réponse de l'Artiste ou de son Agent, dans le délai précité, le Producteur sera libre de faire ce choix.

4.3. *(Selon ce qui a été négocié avec l'artiste)* Il est d'ores et déjà entendu que le Producteur acquiert pour la durée prévue aux présentes, le droit de reproduire et représenter dans le *making of* du Film, l'image et la voix de l'Artiste enregistrées pendant les préparations et le tournage du Film.

Par *making of*, on entend le droit exclusif d'entreprendre la production d'une œuvre audiovisuelle, ayant pour objet de décrire, analyser, commenter le processus de création du Film. La présente autorisation s'entend à titre gracieux dans la mesure où le *making of* sera exploité à titre promotionnel et dans le cadre de l'inclusion du *making of* dans un DVD reproduisant le Film dans son intégralité.

En outre, dans le cas où une prestation destinée spécifiquement à la réalisation du *making of* (interviews, commentaires, voix off, séquences supplémentaires, etc.) serait demandée à l'Artiste, en dehors des jours où celui-ci se sera rendu sur le plateau pour les besoins de la préparation ou du tournage du Film, celui-ci sera rémunéré dans les conditions de l'article 6 « Dépassements ».

ARTICLE 5-RÉMUNÉRATION

5.1. En ce qui concerne l'Artiste

La rémunération de l'Artiste est fixée comme suit :

5.1.1. Cachet

À titre de salaire brut pour la durée de l'engagement, une somme brute de .... *(somme en chiffres et en lettres)* par cachet, soit une somme forfaitaire brute totale de .... *(indiquer la somme totale en chiffres et en lettres)* pour .... cachets *(indiquer le nombre total de cachets)*, payables le .... *(indiquer l'échéancier convenu, par exemple : payable à la fin de chaque semaine de tournage)*

5.1.2. En contrepartie de la cession des droits prévue à l'article 4 des présentes

Au titre des articles L. 212-4 et L.212-6 du Code de la propriété intellectuelle, la somme de .... , payable le ...... *(indiquer l'échéancier convenu)*, se décomposant comme suit :

a) exploitation dans les salles de cinéma du secteur commercial et du secteur non commercial et dans tous les lieux réunissant du public, la somme de .... *(30 % de la somme mentionnée au 5.1.2.)* ;

b) exploitation par télédiffusion, la somme de ..... *(20 % de la somme mentionnée au 5.1.2.)*

c) exploitation par vente ou location de supports mis à la disposition du public, la somme de .... *(20 % de la somme mentionnée au 5.1.2.)* ;

d) exploitation dite on line, la somme de .... *(10 % de la somme mentionnée au 5.1.2.)* ;

e) autres modes d'exploitation que ceux prévus ci-dessus et par tous moyens connus ou inconnus à ce jour, la somme de .... *(20 % de la somme mentionnée au 5.1.2.)*.

Au cas où l'Artiste serait assujetti à la T.V.A., les rémunérations autres que relevant du régime général de la Sécurité sociale dues par le Producteur au titre du présent accord seront majorées de la TVA dans les conditions fixées à l'article 5 de la loi n° 91-716 du 26 juillet 1991.

5.1.3. Pour autant que de besoin, il est rappelé que l'Artiste conservera sa part des redevances à lui revenir au titre du droit à rémunération pour copie privée des œuvres, prévue à l'article L.311-1 du Code de la propriété intellectuelle.

5.2. En ce qui concerne l'Agent

La rémunération de l'Agent est fixée à une commission de 10 % (dix pour cent) en sus des sommes *(si c'est ce que le Producteur a négocié)*, versées à l'Artiste mentionnées ci-dessus, soit une somme hors taxes garantie de .... euros *(somme en chiffres et en lettres)*, payable comme suit *(indiquer l'échéancier convenu)* : ....….

Cette somme sera majorée de la TVA au taux légal et sera payable sur présentation de la facture de l'Agent aux échéances prévues ci-dessus. Les règlements dus à l'Agent seront effectués par chèque bancaire à l'ordre de l'Agent, à réception de la facture.

ARTICLE 6 - DÉPASSEMENTS

Dans le cas où la collaboration de l'Artiste serait nécessaire au-delà des .... jours de tournage, ou au-delà de la période prévue à l'article 2 ci-dessus ou encore en-dehors desdites dates, et dans ce cas, à des dates à convenir d'un commun accord, et ce quel que soit le nombre de cachets effectués, chaque fois que convoqué par le Producteur, l'Artiste se sera rendu sur les lieux de tournage, le Producteur lui versera un cachet d'un montant de .... euros *(somme en chiffres et en lettres)* et à l'Agent une somme hors taxes de .... euros *(somme en chiffres et en lettres)* par jour, payable à la fin de chaque semaine, jusqu'au dernier jour de tournage, avec sa collaboration.

ARTICLE 7 - POSTSYNCHRONISATION

Dans le cas où, pour des raisons tenant à la qualité technique du Film, des raccords, synchronisations ou *retakes*, transparences seraient à effectuer, l'Artiste accordera au Producteur le temps nécessaire à leur établissement, à des dates à convenir d'un commun accord et sera rémunéré dans les conditions prévues à l'article 6 des présentes.

Il est précisé que le Producteur prendra à sa charge tous frais de déplacement si, pour des raisons professionnelles, l'Artiste ne se trouve pas à Paris aux dates convenues d'un commun accord.

Il est expressément convenu que le Producteur pourra, sans l'accord écrit de l'Artiste faire procéder, pour quelque clause que ce soit, à la synchronisation de son rôle en langue française par un autre acteur.

(Il est fréquent qu'il soit mentionné dans les contrats que l'artiste accordera au Producteur un certain nombre de journées ou de demi-journées de retakes à titre gracieux.)

ARTICLE 8 - RÉMUNÉRATION COMPLÉMENTAIRE *(FACULTATIF)*

(Cette clause est négociée de gré à gré avec l'artiste. Il est en effet possible de prévoir, selon la notoriété de l'artiste ou de l'importance de son rôle, des rémunérations complémentaires ou des intéressements. Ces rémunérations peuvent être dues en contrepartie de certaines exploitations ou lorsqu'un certain seuil d'entrées est atteint. Le Producteur trouvera ci-dessous quelques exemples de rémunération complémentaires qu'il pourra prévoir avec l'artiste. Dans ce dernier cas, ne pas oublier d'annexer une définition de ces recettes. Il s'agit en général des Recettes Nettes Part Producteur dont la définition est présentée dans la partie consacrée aux contrats d'auteurs).

8.1. Indépendamment de ce qui est prévu aux paragraphes 5.1. et 5.2. du présent contrat, l'Artiste percevra les sommes de :

a) .... euros *(somme en chiffres et en lettres)* à la date à laquelle le film objet des présentes aura atteint .... entrées Paris/périphérie ;

b) .... euros *(somme en chiffres et en lettres)* par entrée Paris/périphérie à partir du moment où le film objet des présentes aura atteint .... entrées Paris/périphérie et ce jusqu'à ce que le film ait atteint .... entrées Paris/périphérie ;

c) .... euros *(somme en chiffres et en lettres)* par entrée Paris/périphérie au-delà, sans limitation de somme ni de durée ;

d) un pourcentage de .... % sur les Recettes Nettes Part Producteur générées par l'exploitation du Film sous forme de vidéogrammes en France et à l'étranger.

8.2. Indépendamment de ce qui est prévu ci-dessus, le Producteur versera à l'Agent :

a) .... euros *(somme en chiffres et en lettres)* à la date à laquelle le film objet des présentes aura atteint .... entrées Paris/périphérie ;

b) .... euros *(somme en chiffres et en lettres)* par entrée Paris/périphérie à partir du moment où le film objet des présentes aura atteint .... entrées Paris/périphérie et ce jusqu'à ce que le film ait atteint .... entrées Paris/périphérie ;

c) .... euros *(somme en chiffres et en lettres)* par entrée Paris/périphérie au-delà, sans limitation de somme ni de durée ;

d) un pourcentage de .... % sur les Recettes Nettes Part Producteur générées par l'exploitation du Film sous forme de vidéogrammes en France et à l'étranger.

Pour l'application de la présente clause, il sera fait référence aux données de la presse professionnelle *(Cinéchiffres)*.

Ces sommes seront versées à l'Artiste et à l'Agent dans le mois suivant la parution de Cinéchiffres faisant apparaître un nombre d'entrées donnant lieu à l'application de l'une des formes d'intéressement prévues ci-dessus. Pour ce qui concerne les sommes à revenir à l'Artiste et à l'Agent respectivement en application des paragraphes c) ci-dessus, elles leur seront versées dans le mois suivant la reddition des comptes.

Pour ce qui concerne les sommes à revenir à l'Artiste et à l'Agent respectivement en application des paragraphes d) ci-dessus, elles seront payées à l'Artiste et à l'Agent dans le mois suivant la date de réception des redditions de compte tel que prévues à l'article 8.3. ci-dessous.

8.3. Reddition de comptes

Les comptes d'exploitation, quels que soit leur situation, seront arrêtés semestriellement, les 30 juin et 31 décembre au cours de la première année d'exploitation et annuellement par la suite, le 31 décembre de chaque année. Ils devront être adressés à l'Agent, de manière détaillée, précisant toutes les exploitations sur tous les territoires poste par poste et ce, à chaque reddition de comptes dans le mois suivant leur date d'arrêté, accompagnés s'il y a lieu du produit des pourcentages revenant à l'Artiste et à l'Agent conformément aux stipulations de l'article 8.1. et 8.2. ci-dessus.

Le Producteur tiendra dans ses livres une comptabilité d'exploitation du Film qui devra être tenue à la disposition de l'Agent, le Producteur reconnaissant d'ores et déjà à l'Agent le droit de contrôler ou de faire contrôler ladite comptabilité à son siège social à quelque moment que ce soit à des jours et heures ouvrables, sous réserve d'un préavis de 15 (quinze) jours, l'Agent étant tenu à une obligation de confidentialité sur les éléments qui seront mis à sa disposition, tant pour lui que pour ses préposés et mandataires. Les frais de contrôle seront à la charge du Producteur dans le cas où un contrôle contradictoire ferait apparaître au préjudice de l'Artiste un écart de plus de 10 % (dix pour cent) qui serait du fait du Producteur.

Le Producteur s'engage à inscrire la présente convention aux Registres de la Cinématographie et de l'Audiovisuel dans le mois suivant l'immatriculation du Film. Justification de cette inscription devra être fournie à l'Agent dans les huit jours de la réception par nous dudit justificatif.

Les rémunérations autres que salariales dues par le Producteur au titre du présent contrat seront majorées de la TVA, dans les conditions fixées à l'article 5 de la loi n° 91-716 du 26 juillet 1991.

ARTICLE 9 - RÈGLEMENTS

Toutes les rémunérations visées à la présente convention s'entendent comme des rémunérations brutes desquelles seront déduites et (ou) majorées par le Producteur les charges sociales et fiscales en vigueur au jour de la signature des présentes.

L'Artiste sera affilié au régime de retraite des intermittents du spectacle, ... *(indiquer le nom et l'adresse de l'organisme)* et bénéficie du régime de prévoyance du même organisme.

Les cotisations sociales afférentes au contrat de l'Artiste seront versées à l'URSSAF .... *(indiquer l'adresse).*

ARTICLE 10 - TRANSPORTS - DÉPLACEMENTS

Tous les voyages que l'Artiste effectuera sur la demande du Producteur pour la préparation, le tournage et la postsynchronisation et (ou) la promotion du Film, pour les besoins du tournage du Film seront à la charge du Producteur et en tout état de cause, dans les conditions de confort les plus favorisées des membres de l'équipe du Film :

- En avion d'une compagnie nationale régulière,
- En train 1re classe,
- Les navettes de et vers les gares et (ou) aéroports seront pris en charge par la production, en voiture de la production avec chauffeur ou en taxi qui sera remboursé sur présentation d'un justificatif.

Chaque jour de tournage, la production prendra en charge le transport aller-retour de l'Artiste, entre son lieu d'hébergement et les lieux de tournage, en véhicule affrété par la production.

En fonction de la notoriété de l'acteur, il est possible de prévoir que :

Pendant toute la durée de l'engagement de l'Artiste, en dehors de .... *(indiquer le lieu du domicile de l'Artiste)* pour les besoins du tournage du Film, le Producteur prendra à sa charge son logement dans un hôtel de bonne catégorie choisi d'un commun accord, son petit-déjeuner et un repas de production par jour de tournage, et en tout état de cause dans les conditions de confort les plus favorisées des membres de l'équipe du Film.

(*Certains acteurs peuvent exiger que la production prenne en charge un certain nombre d'allers-retours entre leur domicile et les lieux de tournage, soit pour eux-mêmes, soit pour permettre à des personnes qui leur sont chères de les rejoindre. Il faudra donc prévoir cette hypothèse dans le contrat si elle a été négociée. Il en sera de même si l'artiste préfère utiliser son véhicule personnel (ou tout autre véhicule n'appartenant pas à la production), pour ses trajets entre son lieu d'hébergement ou son domicile et le lieu de tournage. Il faudra alors prévoir que l'artiste déclare avoir connaissance de ce que cette utilisation n'est pas couverte par les assurances de la production et qu'en conséquence, la responsabilité du Producteur ne peut pas être engagée à ce titre. L'artiste devra garantir avoir souscrit, pour ce véhicule, une assurance pour ce faire.)*

ARTICLE 11 - COSTUMES - LOGE - CONDITIONS DE TOURNAGE

Les costumes, accessoires et documents fournis par le Producteur devront lui être restitués et resteront sa propriété. En aucun cas, l'Artiste ne pourra les utiliser à des fins personnelles.

D'autre part, l'Artiste s'engage à mettre à la disposition du Producteur les costumes de sa garde-robe, les accessoires et documents personnels qui conviendront au Film et dont les Parties dresseront conjointement la liste.

L'Artiste s'engage à être à la disposition de la production lorsque celle-ci lui en fera la demande pour tous les essayages, à des dates à déterminer d'un commun accord.

Dans la mesure du possible, sur les lieux de tournage, le Producteur mettra à la disposition de L'Artiste, une loge ou un lieu de repos calme et confortable, dans les conditions les plus favorisées des interprètes du Film. Il est précisé que le Producteur fera ses meilleurs efforts afin que l'Artiste bénéficie d'une loge exclusive.

D'une manière générale, toute faveur, facilité ou tout avantage de quelque nature que ce soit, accordé à l'un ou l'autre des membres de l'équipe du Film par le Producteur, sera ipso facto accordé dans les mêmes conditions à L'Artiste.

ARTICLE 12 - MAQUILLAGE - COIFFURE - HABILLEUSE

Une maquilleuse, une coiffeuse et une habilleuse seront à la disposition non exclusive de l'Artiste.
(*Certaines vedettes peuvent exiger la disposition exclusive d'une maquilleuse, par exemple, ou l'engagement de leur propre chauffeur, coiffeur, etc.)*

ARTICLE 13 - DOUBLURE

Le Producteur s'engage à ne pas tourner de scènes avec une doublure en ce qui concerne l'interprétation du rôle de l'Artiste dans ce Film, sans son accord écrit, à l'exception de scènes de cascades.

ARTICLE 14 - OBLIGATIONS ET GARANTIES DE L'ARTISTE

L'Artiste aura à se conformer aux instructions du Producteur ou à celles de ses préposés en ce qui concerne les lieux, l'horaire et le programme de tournage. L'Artiste aura également à se soumettre aux règlements du studio.

L'Artiste s'engage à ne pas apporter de modification radicale à son physique sans l'accord préalable du Producteur.

L'Artiste déclare et certifie n'avoir pris, avant la signature du présent contrat, et ne devoir prendre à dater de ce jour et pendant le cours de son exécution, aucun engagement avec qui que ce soit incompatible avec les obligations qu'il contracte envers le Producteur.

Si le Producteur en fait la demande, l'Artiste accepte d'ores et déjà, sauf empêchement dûment justifié, de participer en personne aux manifestations organisées pour le lancement du Film et sa publicité, ainsi qu'aux festivals internationaux dans le cas de la sélection du Film.

Les frais de déplacement et de séjour de l'artiste seront alors à la charge du Producteur ou à celle de ses mandataires.

L'Artiste qui s'engage formellement à sauvegarder en toutes circonstances les intérêts du Producteur, garantit qu'il ne troublera en rien la réalisation ou l'exploitation du Film produit.

ARTICLE 15 - REPOS

Il est entendu qu'un repos d'au moins 12 (douze) heures devra être accordé à l'Artiste entre deux journées ou deux nuits de prises de vues.

ARTICLE 16 - PUBLICITÉ

(Le droit au respect du nom de l'artiste est un droit voisin du droit d'auteur reconnu par l'article L.212-1 du CPI, il est donc nécessaire de le mentionner.)

(Il conviendra d'adapter cette clause en fonction de la notoriété de l'artiste et du rôle qu'il tient dans le Film. Le Producteur doit être particulièrement attentif aux engagements qu'il prend, acteur par acteur, en ce qui concerne les mentions au générique, de façon à ne pas avoir plusieurs contrats prévoyant la première place au générique pour plusieurs acteurs. Si le Producteur engage plusieurs grands acteurs, il faudra établir un projet de mention au générique que le Producteur reproduira dans le contrat en indiquant qu'il s'agit d'une mention provisoire et que l'acteur autorise le Producteur à la modifier.)

Le nom de l'Artiste sera cité au générique de début du Film, en première position dans l'ordre des comédiens, sur carton seul si ce procédé est utilisé, dans les caractères et conditions de distinction les plus favorisés, immédiatement après le titre du Film et figurera sur tout élément publicitaire ou promotionnel relatif au Film selon ces modalités.

Sur l'affiche du Film, et sur tout matériel promotionnel édité, le nom de l'Artiste sera crédité au-dessus du titre du Film, sur la première ligne de mention, en première position des interprètes, dans les caractères et conditions de distinction les plus favorisés.

Dans toute la publicité quelle qu'elle soit, la mention du nom d'un interprète ou de tout autre collaborateur du Film, y compris le réalisateur, devra obligatoirement comporter la mention du nom de l'Artiste.

(Si l'Artiste tient le rôle principal ou est une vedette) Généralement, dans toute la publicité quelle qu'elle soit, notamment au générique et sur l'affiche du Film, la mention du nom d'un interprète ne pourra être plus favorisée que celui de l'Artiste, par la taille des caractères de son nom et (ou) de son prénom, par l'image, ni distinguée par un encadrement, par une couleur jugée plus publicitaire que celle employée pour son nom, ni par figurine, esquisse, photographie, ni par tout autre procédé de publicité ou procédé de représentation à l'écran, cette énumération étant indicative et non limitative.

Si l'image d'un(e) interprète figure sur le visuel de l'affiche du Film, alors celle de L'Artiste devra obligatoirement y figurer dans les conditions les plus favorisées.

Si l'image d'un(e) interprète figure sur le visuel de toute publicité autre que l'affiche ou sur toute publicité spéciale, l'image de L'Artiste y figurera dans des conditions également favorisées ou sur une publicité spéciale similaire.

Le Producteur s'engage à ce que le projet d'affiche française du Film, dans l'hypothèse où celui-ci serait constitué à partir d'une photo ou d'une représentation de L'Artiste, soit soumis à son approbation (même si les photos utilisées ont déjà été approuvées par lui) dans les conditions prévues à l'article 4 ci-dessus.

Le Producteur s'engage à imposer cette clause de publicité à toutes les firmes qui distribueront ou éditeront ce Film, mais ne saurait être responsable de leurs manquements. L'Artiste est d'ores et déjà autorisé à agir directement vis-à-vis des ayants droit du Producteur.

ARTICLE 17 - PLACES - VIDÉO

(*Si l'artiste le souhaite, vous pouvez prévoir qu'un certain nombre d'entrées et (ou) de vidéogrammes lui soient accordés à titre gracieux.)*

.... *(indiquer le nombre de places en lettres)* places pour la présentation publique du Film à Paris seront réservées à L'Artiste. Elles seront déposées chez son Agent, à son attention.

.... *(indiquer le nombre de places en lettres)* places pour la présentation publique du Film à Paris seront réservées à l'Agent.

.... *(indiquer le nombre d'exemplaires en lettres)* exemplaires du Film sous forme de vidéogramme du commerce (DVD) à titre gracieux pour son usage personnel, au moment de leur commercialisation.

1 (un) exemplaire du Film sous forme de DVD sera remis à l'Agent pour son usage professionnel.

ARTICLE 18 - ASSURANCES

18.1. L'Artiste déclare :

- être en possession des autorisations professionnelles nécessaires à l'exercice des présentes prestations et les communiquer sur simple demande du Producteur ;
- être en possession d'une carte de contrôle médical à jour et ne comportant aucune opposition de la médecine du travail ;
- être en règle vis-à-vis des différents organismes sociaux auxquels l'Artiste est tenu d'adhérer du fait de sa profession.

18.2. Il est entendu que l'Artiste se prêtera à toutes les visites médicales qui seraient éventuellement exigées par les compagnies auxquelles le Producteur s'adressera, pour toutes assurances qu'il jugera nécessaires.

18.3. En cas de maladie ou d'accident, l'Artiste sera tenu de prévenir le Producteur immédiatement et de lui adresser, dans les 48 (quarante-huit) heures, un certificat médical.

Dans le cas où un accident surviendrait à l'Artiste au cours ou à l'occasion de son travail, le Producteur ne saurait être tenu par aucune autre obligation que celles prévues par la législation du travail en vigueur en France.

18.4. Pendant la durée du présent contrat, l'Artiste s'engage à s'abstenir de toute participation :

- à des vols aériens autres que ceux effectués en qualité de passager sur des lignes aériennes régulières ;
- à des rixes ou à des actes notoirement périlleux ou acrobatiques mettant en danger sa vie ou son intégrité physique ;
- à des compétitions ou à des épreuves d'endurance ou de vitesse et à leurs essais préparatoires, à bord de tout appareil de locomotion, terrestre, nautique ou aérien, à la pratique des sports suivants : boxe, pêche ou plongée sous-marine avec bouteille de gaz comprimé, surf, bobsleigh, skeleton, hockey sur glace, varappe, spéléologie, chasse aux bêtes féroces et vol à voile et plus généralement L'Artiste s'engage à se conformer aux obligations le concernant, contenues dans les contrats d'assurances relatifs à la présente production.

L'Artiste s'engage à ne subir aucune opération de chirurgie esthétique.

ARTICLE 19 - GARANTIES DU PRODUCTEUR

19.1. Le Producteur déclare formellement n'avoir accordé sur le Film aucun droit, gage, nantissement, délégation, ou privilège quelconque, susceptible de faire obstacle à l'exécution de la présente convention et s'interdit d'en consentir aucun à l'avenir.

19.2. À titre de garantie de paiement, le Producteur cède et transporte dès à présent à L'Artiste - ce qu'il accepte - dans le cadre des dispositions du Code du cinéma et de l'image animée et notamment des articles L.123-1 à L.123-6 dudit Code, les recettes du Film à provenir de son exploitation totale et sans réserve dans le monde entier, à concurrence des rémunérations allouées dans les conditions exposées ci-dessus, par préférence et antériorité à lui-même et à tous autres.

19.3. En conséquence, en cas de défaut de paiement, L'Artiste encaissera seul les recettes cédées directement et sur simple quittance auprès de tous débiteurs.

ARTICLE 20 - FORCE MAJEURE - INAPTITUDE PHYSIQUE

20.1. Aucune Partie ne pourra être tenue responsable à l'égard de l'autre pour tout retard ou non-exécution de ses obligations découlant d'un événement constitutif d'un cas de force majeure.

Les événements constitutifs de la force majeure revêtent les caractères d'extériorité, d'irrésistibilité et d'imprévisibilité reconnus par la jurisprudence, en conséquence, si pour cause de force majeure le Producteur était amené à ne pas débuter, à interrompre ou à abandonner la production du Film, le Producteur aurait la faculté soit de résilier, soit de suspendre le présent engagement.

En cas de résiliation, l'Artiste conserverait purement et simplement, les sommes qui lui auraient été versées en exécution des présentes, au moment où interviendrait la résiliation. En cas de suspension, les effets du présent engagement seraient suspendus jusqu'au moment où le Producteur jugerait que la production peut être reprise, en tenant compte des disponibilités de l'Artiste.

20.2. En cas d'inaptitude physique dûment constatée par le médecin du travail, le contrat sera résilié.

(L'inaptitude physique est un nouveau cas de rupture anticipée du CDD depuis le 19 mai 2011. Il est possible de rompre un CDD en raison de l'inaptitude du salarié, qu'elle soit d'origine professionnelle ou non.

Cette mesure est issue de la loi no 2011-525 du 17 mai 2011 de simplification et d'amélioration de la qualité du droit. Elle s'applique aux salariés dont l'inaptitude a été constatée par le médecin du travail depuis le 19 mai 2011.

Avant cette loi du 17 mai 2011, il n'existait aucune disposition autorisant la rupture anticipée du CDD, lorsque l'inaptitude du salarié n'avait pas d'origine professionnelle. En revanche si l'inaptitude avait pour origine un accident du travail ou une maladie professionnelle, l'employeur ne pouvait pas de lui-même rompre le CDD, mais pouvait demander la résolution judiciaire. Cela n'est plus possible depuis le 19 mai 2011, date à laquelle, l'inaptitude est devenue un cas de rupture anticipée du CDD autorisé.

Le Producteur devra respecter la procédure suivante : rechercher un reclassement et justification de ce dernier de son impossibilité de lui proposer un emploi ou refus du salarié).

ARTICLE 21 - CORRESPONDANCES

Toutes correspondances et communications concernant l'Artiste qui lui seront destinées en vertu des présentes, y compris informations se rapportant au doublage et à la synchronisation, seront adressées à l'Agent, à l'exception toutefois des convocations de tournage.

ARTICLE 22 - ÉLECTION DE DOMICILE

Les Parties élisent domicile aux adresses respectivement visées en tête des présentes.

Le présent contrat est régi par le droit français et sera interprété conformément à ce même droit.

Fait à ...., le ...., en quatre exemplaires,

LE PRODUCTEUR	**L'ARTISTE**	**L'AGENT**
________________	__________	________

(Attention, ne pas oublier de joindre la définition des Recettes Nettes Part Producteur, dans le cas où le Producteur aurait négocié avec l'acteur un intéressement sur les recettes d'exploitation du Film)

CONTRAT DE TRAVAIL D'ACTEUR DE MOINS DE 16 ANS

L'emploi des enfants de moins de seize ans, pour une production déterminée par une entreprise de cinéma, est strictement encadré par la législation française du travail *(Articles L.7124-1 à L.7124-35 et R.7124-1 à R.7124-38 du Code du travail)*.

La première étape, pour la société de production souhaitant engager un enfant de moins de seize ans, est de présenter une demande d'autorisation individuelle auprès du Préfet du département du siège de l'entreprise ou bien du Préfet de Paris, lorsque le siège de celle-ci est situé à l'étranger ou n'est pas fixe.

À l'occasion de cette demande, le Producteur fournit, en particulier, l'état civil de l'enfant, l'ensemble des documents qui peuvent permettre d'apprécier la mission qui sera confiée, ainsi que l'autorisation écrite des représentants légaux du mineur *(les parents, en principe)*.

Pour plus d'efficacité, il est recommandé de soumettre le document dont un modèle vous est présenté ci-après (sous forme d'une lettre) au Préfet, afin de recueillir son approbation sur son contenu avant de le soumettre à la signature des représentants légaux de l'enfant.

L'acceptation ou le refus motivé du Préfet est notifié en général dans le délai d'un mois à compter du jour du dépôt de la demande, après avis d'une commission de protection de l'enfance (composée notamment d'un magistrat, de l'inspecteur de l'académie, des directeurs de la DIRECCTE *(Direction régionale des entreprises de la concurrence, de la consommation, du travail et de l'emploi)* et de la DDASS *(Direction départementale des Affaires Sanitaires et Sociales)*.

La prestation de l'enfant doit être rémunérée. Une partie de la rémunération, dont le montant est strictement fixé par la commission précitée, peut être laissée à la charge des représentants légaux du mineur. Le surplus est versé et géré par la Caisse des Dépôts et Consignations jusqu'à sa majorité *(Article L.7124-9 du Code du travail : « une part de la rémunération perçue par l'enfant peut être laissée à la disposition de ses représentants légaux, le surplus, qui constitue le pécule est versé à la Caisse des dépôts et consignations et géré par cette caisse jusqu'à la majorité de l'enfant »)*.

À noter que lorsque le mineur a plus de treize ans, il est également nécessaire d'obtenir son accord écrit, attestant qu'il accepte et comprend la mission qui lui est proposée *(Article L.7124-2 du Code du travail)*.

Le non-respect de ces différentes règles est pénalement sanctionné *(Article L.7124-22 du Code du travail : « Le fait d'engager ou de produire dans une entreprise mentionnée à l'article L.7124-1, un enfant de 16 ans et moins, soumis à l'obligation scolaire, sans autorisation individuelle préalable, en méconnaissance des dispositions de ce même article, est puni d'un emprisonnement de cinq ans et d'une amende de 75.000 euros »)*.

Enfin, comme pour tout acteur, il sera nécessaire de conclure un contrat de travail et ce, avec le représentant légal de l'enfant. Vous pouvez vous reporter aux généralités concernant les contrats d'acteur exposées dans l'ouvrage.

En effet, outre les dispositions spécifiques aux salariés de moins de 16 ans, les relations entre le Producteur et l'enfant seront soumises aux dispositions du Code du travail (et plus particulièrement des dispositions relatives au contrat à durée déterminée dit d'usage), de la convention collective nationale des artistes-interprètes engagés pour des émissions de télévision du 30 décembre 1992, s'il s'agit d'une œuvre destinée à la télévision et des dispositions du Code de la propriété intellectuelle s'agissant des droits sur la prestation de l'acteur.

Vous trouverez ci-dessous, un modèle de contrat de travail pour un acteur mineur (cinéma ou télévision).

ENTRE LES SOUSSIGNÉS

Société ...., société (*type de société*) au capital de .... euros (*montant du capital*), RCS Paris (*numéro de registre du commerce*), dont le siège social est à (*adresse du siège social*), représentée par monsieur (*nom du représentant légal de la société ou de la personne ayant reçu pouvoir pour signer*), ci-après dénommée : le « Producteur »

d'une part,

ET

Mademoiselle/Madame/ Monsieur .... (*compléter avec le nom et le prénom du représentant légal de l'enfant mineur : père, mère, tuteur selon le cas*), demeurant .... (*indiquer l'adresse du domicile de l'acteur*)

Adresse fiscale : ....

(N.B : Comme il s'agit d'un contrat de travail à durée déterminée, il doit obligatoirement être conclu par écrit et il doit renseigner avec attention le nom et les coordonnées des parties signataires. Pour le Producteur, il est impératif d'indiquer sa dénomination sociale, son siège et son numéro de RCS. En ce qui concerne l'artiste-interprète, outre que son identification doit être complète, cela implique d'indiquer comme pour tout salarié, son numéro de sécurité sociale, mais également son numéro de congés spectacles.)

d'autre part,

EN PRÉSENCE DE *(LE CAS ÉCHÉANT)*

L'agence artistique .... (*indiquer le nom de l'agence*), sise .... (*indiquer l'adresse de l'agence*).

Représentée aux présentes par Madame/Monsieur .... *(indiquer le nom de l'agent),* ci-après dénommée : l'« Agent ».

IL A ÉTÉ ARRÊTÉ ET CONVENU CE QUI SUIT

ARTICLE 1 - OBJET

Le Producteur engage l'enfant mineur .... (*nom et prénom de l'acteur*), ci-après dénommé « l'Artiste », en qualité d'artiste-interprète pour interpréter le rôle de .... (*nom du personnage*), qu'il déclare connaître et accepter, dans le film cinématographique de long métrage (ou) l'œuvre audiovisuelle de langue française qu'il doit produire, intitulé provisoirement ou définitivement :

.... *(titre du film)*, ci-après dénommé le « Film »

et dont les principales caractéristiques sont les suivantes :

- Auteurs : ....
- Réalisateur(s) : ....
- Durée : ....

Le Film s'entend pour une édition française avec faculté de sous-titrer et de doubler dans toute langue étrangère.

Le présent contrat constitue dans son intégralité un contrat de travail à durée et objet déterminés, conclu en conformité avec les dispositions des articles L.1242-1 et 2 du Code du travail *(et les dispositions de la convention collective nationale de la production audiovisuelle du 30 décembre 1992, s'il s'agit d'une œuvre de télévision)*. Il n'est donc pas renouvelable par tacite reconduction et cessera de plein droit à son terme, sans préavis ni indemnités. Le présent contrat est soumis, outre les stipulations prévues aux présentes, aux dispositions du Code de la propriété intellectuelle relatives aux droits voisins de l'artiste-interprète.

(Selon l'article L.1242-2 du Code du travail, le contrat d'acteur est en effet un contrat à durée déterminée dit d'usage, car il entre dans la catégorie des emplois pour lesquels, dans certains secteurs d'activité définis par décret, convention collective ou accord collectif, il est d'usage constant de ne pas recourir au contrat de travail à durée indéterminée en raison de la nature de l'activité exercée et du caractère temporaire de ces emplois.)

ARTICLE 2 - DURÉE

L'Artiste est engagé et sera à la disposition de la production pour .... jours de tournage, dans une période de .... semaines consécutives du .... *(jour, mois, année)* au .... *(jour, mois, année)*.

Ou bien, selon le cas :

L'Artiste est engagé et sera à la disposition de la production pour la durée du tournage. Le tournage débutera entre le .... *(jour, mois, année)* et le .... *(jour, mois, année)* pour une durée de .... semaines consécutives.

Ou bien, selon le cas :

Le présent engagement est conclu pour un minimum garanti de .... *(indiquer le nombre de cachets)* cachets de tournage à effectuer entre le .... *(jour, mois, année)* et le .... *(jour, mois, année)*.

Sera considéré comme cachet, chaque fois que convoqué par le Producteur, l'Artiste se sera rendu sur les lieux du tournage.

Toutefois, dans le cas où, afin de déterminer le Film, l'Artiste devrait effectuer d'autres jours de tournage, ceux-ci seraient fixés d'un commun accord et rémunérés selon l'article 7 du présent engagement.

(Nous vous précisons que comme il s'agit d'un contrat à durée déterminée, il ne peut être rompu, sauf accord mutuel des parties, que pour faute grave ou force majeure - article L.1243-1 du Code du travail - ou inaptitude du salarié constatée par le médecin du travail et ce, dès qu'il est signé, peu importe que l'exécution du contrat ait ou non commencé. Selon la jurisprudence en la matière, la faute grave de l'artiste telle qu'elle est entendue par la jurisprudence en matière sociale qui est très stricte, est la seule qui rende impossible le maintien des relations de travail avec l'employeur, dans un contrat à durée déterminée.)

ARTICLE 3 - LIEUX DE TOURNAGE

Le tournage se tiendra dans les lieux suivants :...

Indiquer dans cet article Le ou les lieu(x) de tournage (indiquer la ville et le pays).

ARTICLE 4 - CONDITIONS D'EXÉCUTION

4.1. Les représentants légaux de l'artiste acceptent de mettre à la disposition du Producteur la garde-robe personnelle dont dispose l'Artiste. Toute commande nouvelle, les costumes et accessoires spéciaux pouvant être détériorés au cours du tournage, seront à la charge du Producteur. Les costumes et accessoires fournis par le Producteur restent la propriété de ce dernier, sauf nouvel accord spécifique des parties.

4.2. Il est expressément convenu que la durée journalière de tournage de l'Artiste ne pourra être supérieure aux tranches prévues par les articles R.7124-27 et suivants du Code du travail (*Il est nécessaire de vérifier très précisément les tranches horaires pour lesquelles le travail de l'enfant est autorisé et ce, en fonction de son âge (le Code du travail prévoyant des tranches qui varient selon l'âge de l'enfant)* et, en tout état de cause, qui ne s'achèveront pas au-delà de 20 (vingt) heures. *(Cette précision résulte de l'article L.3163-1 du Code du travail, qui dispose : « (...) est considéré comme travail de nuit : (...) 2. Pour les jeunes travailleurs de moins de 16 ans tout travail entre 20 heures et 6 heures ». L'article L.3163-2 du même Code dispose : « Le travail de nuit est interdit pour les jeunes salariés des établissements commerciaux et ceux du spectacle, des dérogations peuvent être accordées, à titre exceptionnel par l'inspecteur du travail »)*

La durée minimale de repos entre deux journées de travail ne pourra être inférieure à 14 heures consécutives *(Article L.3164-1 du Code du travail : « la durée minimale de repos quotidien des jeunes travailleurs (...) est portée à 14h consécutives s'ils ont moins de 16 ans »)* et à deux jours de repos consécutifs par semaine *(Article L.3164-2 du Code du travail : « les jeunes travailleurs ont droit à deux jours de repos consécutifs par semaine »).*

Il ne sera pas demandé à l'Artiste de travailler le dimanche *(Article L.3132-3 du Code du travail : « dans l'intérêt des salariés, le repos hebdomadaire est donné le dimanche », Article L.3132-3 du Code du travail),* la nuit *(Article L.3163-2 du Code du travail : « le travail de nuit est interdit pour les jeunes travailleurs »)* et les jours fériés *(Article L.3164-6 du Code du travail : « Les jeunes travailleurs ne peuvent travailler les jours de fête reconnus par la loi ».).* À titre exceptionnel, une autorisation express de l'inspecteur du travail pourra être donnée, conformément aux dispositions légales, ainsi qu'à la convention collective applicable, le cas échéant.

4.3. Afin de permettre à l'Artiste de suivre une scolarité normale pendant la durée du tournage, un précepteur qualifié sera engagé par le Producteur. Par ailleurs, sur proposition du chef d'établissement où l'Artiste est habituellement scolarisé, ou de la DDASS, le Producteur s'engage à prendre à sa charge une période de rattrapage scolaire au profit de l'Artiste.

4.4. Les représentants légaux ou toute personne dûment désignée, accompagnera l'enfant dans tous ses déplacements. Les frais entraînés par cet accompagnement (voyage, séjour, défraiements - au besoin, indiquer ici les conditions d'hébergement, de défraiements, etc.) seront intégralement à la charge de la société de production.

ARTICLE 5 - DROITS CÉDÉS

(Selon l'article L.212-3 du CPI, « sont soumises à l'autorisation écrite de l'artiste, la fixation de sa prestation, sa reproduction et sa communication au public, ainsi que toute utilisation séparée du son et de l'image de la prestation lorsque celle-ci a été fixée à la fois pour le son et l'image ». Il est donc nécessaire de prévoir dans le contrat la cession des droits d'exploitation de l'artiste sur sa prestation. La cession des droits étant d'interprétation stricte, tout ce qui n'est pas expressément indiqué n'est pas cédé au Producteur et reste entre les mains de l'artiste. Nous recommandons en conséquence au Producteur d'être particulièrement exhaustif dans le contrat d'artiste.)

L'article L.212-4 du CPI prévoit une présomption de cession de droits de l'artiste au Producteur par l'effet de la signature du contrat. Cependant, cette présomption de cession ne pourra être mise en œuvre qu'à la condition que soit prévue pour chaque mode d'exploitation une rémunération distincte, ce qui suppose que chaque mode d'exploitation soit précisément mentionné.)

5.1. Les représentants légaux cèdent au Producteur à titre exclusif, pour la durée de protection légale des droits voisins *(la durée de protection des droits voisins est de 50 ans à compter du 1er janvier de l'année civile suivant celle de l'interprétation du film par l'Artiste. Cela ressort de l'article L.211-4 du CPI)* et pour le monde entier, les droits de fixation, de reproduction et de représentation de sa prestation. Ces droits peuvent être utilisés à titre commercial ou non, dans le secteur privé ou public, à usage privé ou domestique, public et collectif, en mettant en œuvre tous les moyens, supports, formats et procédés connus ou inconnus à ce jour.

Ainsi, le Producteur a le droit de :

- tourner le Film en noir et blanc ou en couleur, dans le format de son choix, en version française ou en plusieurs versions et de la réaliser dans le cadre d'accords de coproduction franco-étrangère ;

- reproduire sans restriction par doublage ou par tout autre procédé visuel et (ou) sonore, des versions du Film, en toutes langues (partiellement ou intégralement) à l'aide de traduction ou d'adaptations écrites et réalisées par des collaborateurs choisis par le Producteur ;

- faire doubler en totalité ou partiellement en toutes langues par toute personne du gré du Producteur, le rôle qui est confié à l'Artiste ;

- procéder à toutes les coupures qu'il jugera utile pour la qualité du Film et d'inclure ou d'autoriser un tiers à inclure les prises de vues tournées ou en rapport avec l'œuvre dans tout autre film, court-métrage, bande-annonce, *making of*, *trailer*, etc., ceci sans aucune restriction de la part de l'Artiste, ni supplément de salaire ;

- exploiter le Film par extraits ou dans son intégralité, en version originale, doublée et (ou) sous-titrée en toute langue ;

- reproduire le Film sur tous supports : films, magnétiques, numériques, optonumériques et par tous moyens et notamment par téléchargement (vidéocassettes, bandes, vidéodisques, disque laser, CD vidéo, CDI, CD-Rom, CDV, DVD, DVD-Rom et vidéo à la demande, etc.) ;

- communiquer le Film en tous formats, par tous modes de diffusion et de télédiffusion (gratuit, payant, par abonnement, *pay-per-view*, vidéo à la demande, crypté ou non, etc.), sur tous réseaux, par tous procédés (ondes hertziennes, câble, satellite, numérique, Internet, etc.), en tous lieux privés ou réunissant du public ;

- Les enregistrements pourront être vendus et (ou) loués dans tous circuits de distribution, sur tous supports (vidéocassettes, bandes, vidéodisques, disque laser, CD vidéo, CDI, CD-Rom, CDV, DVD, DVD-Rom…) et vidéo à la demande, etc.

(Les droits d'exploitation sur la prestation de l'acteur sont cédés au Producteur à charge toutefois pour le Producteur de veiller au droit moral de l'acteur consistant au respect de son interprétation. Le droit moral de l'artiste est inaliénable, imprescriptible et incessible. Cela sous-entend que vous vous devez de ne pas communiquer et (ou) reproduire la prestation de l'acteur, notamment dans le cadre de la promotion du film, dans des conditions qu'il pourrait estimer irrespectueuses ou dégradantes : par exemple, associer sa prestation à des images violentes ou pornographiques hors de propos par rapport au film.)

5.2. Les représentants légaux autorisent par ailleurs, dès à présent le Producteur à utiliser le nom de l'Artiste, ses photographies et prestations réalisées à partir du Film et (ou) dans le cadre du Film, sa voix et (ou) son image, séparément ou non, en vue des exploitations secondaires et dérivées du Film et notamment :

- en cas d'exploitation vidéographique, à utiliser les photographies de l'Artiste extraites du Film et (ou) réalisées à l'occasion du tournage pour le conditionnement des exemplaires destinés à la vente au public, leur promotion et leur illustration (notamment bonus et menus interactifs des DVD) ;

- en cas de publication avec ou sans texte (albums, livres, pochettes de phonogrammes et documents d'accompagnement, à l'exclusion des romans-photos), à utiliser les photographies de l'Artiste extraites du Film et (ou) réalisées à l'occasion du tournage y compris à des fins promotionnelles et publicitaires ;

- en cas d'exploitation dérivée du Film, notamment sous forme de produits dérivés et (ou) de *merchandising* sur tous supports et par tous moyens et notamment par téléphonie mobile, réseaux de télécommunication tels qu'Internet, CD, CD-Rom, DVD, etc. ;

- un remontage des scènes du Film et (ou) de *rushes* issus du tournage du Film, en vue de la création de tout format court, dans le but de permettre les exploitations suivantes :

  - toute exploitation dérivée du Film par voie de téléphonie mobile,
  - la promotion, sur tout support et par tout moyen, des chansons de tout phonogramme du commerce lié au Film produit ou coproduit par le Producteur,
  - la promotion de produits et (ou) services du commerce de tout partenaire du Producteur, dans le cadre d'opérations destinées à associer le Film à ces partenaires commerciaux.

Ou bien, selon le cas : rédaction alternative en fonction de ce qui a été négocié avec l'artiste :

Les photographies, dessins, *making of*, *rushes*, séquences non montées, extraits, et globalement toute représentation de l'image ou de la voix de l'Artiste en dehors des scènes incluses dans la version finale du Film (liste des éléments soumis à autorisation à adapter selon ce que le Producteur a négocié avec l'artiste), seront soumises à l'Artiste, ou à défaut, à son Agent qui s'engage à répondre dans les .... *(indiquer le nombre de jours en chiffre et en lettre)* jours ouvrés suivant leur réception et qui ne pourra pas refuser plus de 50 % (cinquante pour cent) des photos en gros plan et 30 % (trente pour cent) des plans généraux. Sans réponse de l'Artiste ou de son Agent, dans le délai précité, le Producteur sera libre de faire ce choix.

ARTICLE 6 - RÉMUNÉRATION

6.1. En ce qui concerne l'Artiste

La rémunération de l'Artiste est fixée comme suit :

6.1.1. Cachet

À titre de salaire brut pour la durée de l'engagement, une somme brute de .... *(somme en chiffres et en lettres)* par cachet, soit une somme forfaitaire brute totale de .... *(somme totale en chiffres et en lettres)* pour .... cachets *(indiquer le nombre total de cachets)*, payables le .... *(indiquer l'échéancier convenu ; par exemple : payable à la fin de chaque semaine de tournage)*.

6.1.2. En contrepartie de la cession des droits prévue à l'article 5 des présentes

(Attention : vous trouverez ci-dessous, en premier lieu, une clause de rémunération en contrepartie de la cession des droits sur la prestation de l'acteur applicable à une œuvre

cinématographique. Puis, en deuxième lieu, une clause de rémunération applicable à une œuvre audiovisuelle qui fait référence à la convention collective applicable aux artistes de télévision.

1re option : rémunération pour une œuvre cinématographique

Au titre des articles L.212-4 et L.212-6 du Code de la propriété intellectuelle, la somme de .... payable le .... *(indiquer l'échéancier convenu)* se décomposant comme suit :

a) exploitation dans les salles de cinéma du secteur commercial et du secteur non commercial et dans tous les lieux réunissant du public, la somme de .... *(30 % de la somme mentionnée au point 6.1.2.)* ;

b) exploitation par télédiffusion, la somme de .... *(20 % de la somme mentionnée au point 6.1.2)* ;

c) exploitation par vente ou location de supports mis à la disposition du public, la somme de .... *(20 % de la somme mentionnée au point 6.1.2.)* ;

d) exploitation dite on line, la somme de .... *(10 % de la somme mentionnée au point 6.1.2.)* ;

e) autres modes d'exploitation que ceux mentionnés ci-dessus et par tous moyens connus ou inconnus à ce jour, la somme de .... *(20 % de la somme mentionnée au point 6.1.2.)*.

Au cas où l'Artiste serait assujetti à la T.V.A., les rémunérations autres que relevant du régime général de la Sécurité sociale dues par le Producteur au titre du présent accord seront majorées de la TVA dans les conditions fixées à l'article 5 de la loi n° 91-716 du 26 juillet 1991.

6.1.3. Pour autant que de besoin, il est rappelé que l'Artiste conservera sa part des redevances à lui revenir au titre du droit à rémunération pour copie privée des œuvres, prévue à l'article L.311-1 du Code de la propriété intellectuelle.

6.2. En ce qui concerne l'Agent

La rémunération de l'Agent est fixée à une commission de 10 % (dix pour cent) en sus des sommes versées à l'Artiste mentionnées ci-dessus, soit une somme hors taxes garantie de .... euros *(somme en chiffres et en lettres)*, payable comme suit *(indiquer l'échéancier convenu)* : ....Cette somme sera majorée de la TVA au taux légal et sera payable sur présentation de la facture de l'Agent aux échéances prévues ci-dessus. Les règlements dus à l'Agent seront effectués par chèque bancaire à l'ordre de l'Agent, à réception de la facture.

2e option : rémunération pour une œuvre audiovisuelle

Toute exploitation commerciale du Film, autre que la première télédiffusion, donnera lieu le cas échéant, au versement d'une rémunération complémentaire conformément aux dispositions de la convention collective, de ses annexes (notamment l'annexe 1) et de ses avenants.

1. Pour l'exploitation télévisuelle du Film :

En France et dans les DOM-TOM

La rémunération de base telle que définie à l'article 6.1. couvre, outre la prestation de l'Artiste, une première diffusion effectuée sur le territoire national et les utilisations non commerciales définies par la convention collective.

En cas de rediffusion et (ou) d'utilisation secondaire du Film, l'Artiste recevra une rémunération complémentaire telle qu'elle est prévue par les dispositions 1, 3.1, 3.2, 3.3 et 3.4 de l'annexe 1 de la convention collective et par l'accord du 20 septembre 2011 relatif à la rémunération des artistes-interprètes, pour l'utilisation de leur prestation enregistrée dans les œuvres audiovisuelles diffusées sur les antennes de Canal plus.

En cas de cession commerciale, l'Artiste recevra une rémunération complémentaire telle qu'elle est prévue par les dispositions de l'article 4 de l'annexe 1 de la convention collective que le Producteur s'engage pour les obligations qui pourraient lui incomber, à respecter.

À l'étranger

En cas de cessions commerciales, l'Artiste recevra une rémunération complémentaire telle qu'elle est prévue par les dispositions de l'article 7 de l'annexe 1 de la convention collective que le Producteur s'engage pour les obligations qui pourraient lui incomber, à respecter.

2. En cas de coproduction à participation étrangère :

Pour le cas, toutefois, où l'œuvre ferait l'objet d'une coproduction à participation étrangère, il est précisé que pour les utilisations télévisuelles dans les pays compris dans l'accord de coproduction, l'Artiste percevra la rémunération complémentaire prévue à l'article 8 de l'annexe 1 de la convention collective.

3. En cas de diffusion télévisuelle par câble et (ou) par satellite et (ou) par voie numérique terrestre en France ou à l'étranger :

L'Artiste percevra une rémunération complémentaire dans les termes des articles 4.2 et 11.2 de l'annexe 1 de la convention collective.

4. Pour l'exploitation par vidéogramme :

L'Artiste percevra une rémunération complémentaire dans les conditions prévues par l'article 11.1 de l'annexe 1 de la convention collective.

5. Pour l'exploitation dérivée en France ou à l'étranger :

L'Artiste percevra une rémunération complémentaire dans les conditions prévues par l'article 11.3 de l'annexe 1 de la convention collective.

6. En cas d'exploitation cinématographique éventuelle en France et à l'étranger :

Il sera fait application de l'article 11.4 de l'annexe 1 de la convention collective. En cas d'exploitation cinématographique, un avenant aux présentes sera signé entre les parties.

7. En cas d'exploitation par VOD et (ou) *pay-per-view* :

La rémunération complémentaire à revenir à l'Artiste pour cette commercialisation est fixée par l'accord du 11 septembre 2007 conclu entre les partenaires sociaux parties à la convention collective du 30 décembre 1992, applicable depuis le 1er octobre 2007, tel que renouvelé le 16 décembre 2010.

Ce salaire complémentaire sera constitué par un pourcentage de 6 % (six pour cent) des Recettes Nettes Part Producteur issues de ces exploitations (c'est-à-dire le montant des sommes versées par l'opérateur au Producteur au titre de l'œuvre, après déduction si cette opération est à la charge du Producteur, de la numérisation de l'œuvre lorsqu'elle est faite spécifiquement pour cet opérateur, la déduction ne pouvant excéder 30 % dudit montant) à répartir entre l'ensemble des artistes-interprètes au prorata de leur salaire journalier respectif.

Toutefois, dans le cas où la durée totale des prestations de l'Artiste n'excéderait pas le 10e de la durée totale de l'œuvre, le salaire complémentaire versé sera égal à 1 % des RNPP tels que définis ci-dessus.

8. Compléments de salaire dus au titre des utilisations des photographies et de la prestation en application de l'article 11.3 de l'annexe de la convention collective.

8.1. Dans l'hypothèse où le Producteur céderait à un tiers le droit d'exploiter les photographies et la prestation de l'Artiste, en vue d'une des exploitations dérivées ci-dessus définies à l'article 5 des présentes, il est entendu que la rémunération est celle fixée par la convention collective.

8.2. Dans l'hypothèse où le Producteur procède, seul ou en collaboration avec des tiers, aux exploitations prévues aux articles 11.1 et 11.3 de l'annexe 1 de la convention collective précitée et énumérées à l'article 5.2. des présentes, la rémunération sera la suivante :

Pour l'Artiste

- .... % sur les Recettes Nettes Part Producteur issues de chaque exploitation, à répartir entre l'ensemble des comédiens dont l'image et (ou) la prestation sont utilisées au prorata de leurs salaires.

Il est entendu que cette rémunération aura la nature d'un salaire complémentaire et sera versée dans les conditions prévues à l'article 17 de l'annexe 1 de la convention collective.

Pour l'Agent

- .... % sur les Recettes Nettes Part Producteur issues de chaque exploitation, à répartir entre l'ensemble des agents dont l'image et (ou) la prestation de leurs comédiens sont utilisées au prorata de leurs salaires.

Toutefois si un accord professionnel intervenait pour une prise en charge directe par les sociétés de gestion collective des rémunérations dues aux artistes-interprètes au titre d'une ou plusieurs des exploitations précitées, il sera fait application dudit accord qui se substituerait aux dispositions ci-dessus définies.

Dans l'hypothèse où une ou plusieurs exploitations ne seraient pas prévues par la convention collective, ses annexes et ses avenants, la rémunération complémentaire qui serait éventuellement due à l'Artiste à ce titre – si elle n'est pas payable directement par l'organisme de télédiffusion ou l'organisme chargé d'effectuer la distribution ou l'exploitation – fera l'objet d'une négociation en toute bonne foi et conformément aux usages de la profession entre les parties au moment de l'exploitation.

Le montant de tous impôts, taxes, contributions, cotisations sera déduit de la rémunération brute, conformément aux prescriptions légales ou réglementaires.

Pour gérer le versement des rémunérations complémentaires, le Producteur peut donner mandat à cet effet à l'Agence générale pour l'administration des droits des acteurs-musiciens-interprètes (ADAMI) ou un autre organisme qui serait mandaté ultérieurement par lui pour verser ces rémunérations pour son compte, cet organisme étant chargé de percevoir l'ensemble des sommes dues aux artistes-interprètes au titre des cessions commerciales de l'œuvre et d'en effectuer la répartition entre les intéressés. *(La convention collective prévoit une rémunération complémentaire pour toute exploitation secondaire ou rediffusion sur les chaînes hertziennes, du câble, de la TNT et le satellite.)*

ARTICLE 7 - DÉPASSEMENTS

Dans le cas où la collaboration de l'Artiste serait nécessaire au-delà des .... jours de tournage, ou au-delà de la période prévue à l'article 2 ci-dessus ou encore en-dehors desdites dates, et dans ce cas, à des dates à convenir d'un commun accord, et ce quel que soit le nombre de cachets effectués, chaque fois que convoqué par le Producteur, l'Artiste se sera rendu sur les lieux de tournage, le Producteur lui versera un cachet d'un montant de …….. euros *(somme en chiffres et en lettres)* et à l'Agent une somme hors taxes de …..... euros *(somme en chiffres et en lettres)* par jour, payable à la fin de chaque semaine, jusqu'au dernier jour de tournage, avec sa collaboration.

ARTICLE 8 - POSTSYNCHRONISATION

Dans le cas où, pour des raisons tenant à la qualité technique du Film, des raccords, synchronisations, *retakes*, transparences seraient à effectuer, l'Artiste accordera au Producteur le temps nécessaire à leur établissement à des dates à convenir d'un commun accord et sera rémunéré dans les conditions prévues à l'article 7 des présentes.

Il est précisé que le Producteur prendra à sa charge tous frais de déplacement si, pour des raisons professionnelles, l'Artiste ne se trouve pas à Paris aux dates convenues d'un commun accord.

Il est expressément convenu que le Producteur pourra, sans l'accord écrit de l'Artiste, faire procéder pour quelque clause que ce soit à la synchronisation de son rôle en langue française par un autre acteur.

(Il est fréquent qu'il soit mentionné dans les contrats que l'artiste accordera au Producteur un certain nombre de journées ou de demi-journées de retakes à titre gracieux.)

ARTICLE 9 - RÈGLEMENTS

Toutes les rémunérations visées par la présente convention s'entendent comme des rémunérations brutes desquelles seront déduites et (ou) majorées par le Producteur, des charges sociales et fiscales en vigueur au jour de la signature des présentes.

L'Artiste sera affilié au régime de retraite des intermittents du spectacle .... *(nom et adresse de l'organisme)* et bénéficie du régime de prévoyance du même organisme. Les cotisations sociales afférentes au contrat de l'Artiste seront versées à l'URSSAF .... *(adresse de l'organisme).*

ARTICLE 10 - PUBLICITÉ

(Le droit au respect du nom de l'artiste est un droit voisin du droit d'auteur reconnu par l'article L.212-1 du CPI, il est donc nécessaire de le mentionner).

(Il conviendra d'adapter cette clause en fonction de la notoriété de l'artiste et du rôle qu'il tient dans le Film. Nous recommandons aux Producteurs d'être particulièrement attentifs aux engagements qu'ils prennent, acteur par acteur, en ce qui concerne les mentions au générique, de façon à ne pas avoir plusieurs contrats prévoyant la première place au générique pour plusieurs acteurs. Si le Producteur engage plusieurs grands acteurs, il faudra établir un projet de mention au générique qu'il reproduira dans le contrat, en indiquant qu'il s'agit d'une mention provisoire et que l'acteur autorise le Producteur à la modifier).

Le nom de l'Artiste sera cité au générique de début du Film, en première position dans l'ordre des comédiens, sur carton seul si ce procédé est utilisé, dans les caractères et conditions de distinction les plus favorisés, immédiatement après le titre du Film et figurera sur tout élément publicitaire ou promotionnel relatif au Film selon ces modalités.

Sur l'affiche du Film, et sur tout matériel promotionnel édité, le nom de l'Artiste sera crédité au-dessus du titre du Film, sur la première ligne de mention, en première position des interprètes, dans les caractères et conditions de distinction les plus favorisés.

Dans toute la publicité, quelle qu'elle soit, la mention du nom d'un interprète ou de tout autre collaborateur du Film, y compris le réalisateur, devra obligatoirement comporter la mention du nom de l'Artiste.

(*Si l'Artiste tient le rôle principal ou est une vedette*) Généralement, dans toute la publicité quelle qu'elle soit, notamment au générique et sur l'affiche du Film, la mention du nom d'un interprète ne pourra être plus favorisée que celui de l'Artiste, par la taille des caractères de son nom et (ou) de son prénom, par l'image, ni distinguée par un encadrement, par une couleur jugée plus publicitaire que celle employée pour son nom, ni par figurine, esquisse, photographie, ni par tout autre procédé de publicité ou procédé de représentation à l'écran, cette énumération étant indicative et non limitative.

Le Producteur s'engage à imposer cette clause de publicité à toutes les firmes qui distribueront ou éditeront ce Film, mais ne saurait être responsable de leurs manquements. L'Artiste est d'ores et déjà autorisée à agir directement vis-à-vis des ayants droit du Producteur.

Par ailleurs, la société de production s'interdit de diffuser par tous moyens des commentaires, informations ou renseignements autres que ceux concernant la création artistique de l'enfant, conformément aux dispositions de l'article L.7124-13 du Code du travail.

ARTICLE 11 - RETRAITE COMPLÉMENTAIRE ET PRÉVOYANCE

Le Salarié sera affilié à la caisse de retraite complémentaire .... *(indiquer l'adresse).*

ARTICLE 12 - ASSURANCES

12.1 L'Artiste se prêtera à toutes les visites médicales qui seraient exigées par les compagnies d'assurance auxquelles le Producteur s'adressera.

12.2 Pendant la durée du présent contrat, l'Artiste s'oblige à se conformer aux obligations contenues dans les contrats d'assurance relatifs à la présente production.

ARTICLE 13 - ÉLECTION DE DOMICILE

À l'effet des présentes, élection de domicile est faite aux adresses visées en tête de la présente lettre.

Fait à .... le .... , en trois exemplaires,

LE PRODUCTEUR	**L'ARTISTE**	**L'AGENT**
________________	__________	________

LE REPRÉSENTANT LÉGAL DE L'ARTISTE

____

CONTRAT DE TRAVAIL D'ACTEUR

(TÉLÉVISION)

Vous allez trouver ci-après un contrat type d'engagement d'un acteur pour un film destiné à la télévision et produit par une chaîne française. Il a été fait en conformité avec la convention collective correspondante (voir introduction aux contrats d'acteurs).

ENTRE LES SOUSSIGNÉS

La société .... *(compléter avec le nom de la société de production)* société .... *(indiquer la forme de la société de production : société à responsabilité limitée ou Société Anonyme ou encore société par action simplifié)*, au capital de .... euros, immatriculée au Registre du Commerce et des Sociétés de .... sous le numéro ...., dont le siège social est ....,représentée par ...., dûment habilité aux fins des présentes dénommé : le « Producteur »

D'une part

ET

Mademoiselle, Madame, Monsieur .... *(compléter avec le nom et le prénom de l'acteur)*, Pseudonyme *(le cas échéant)* ...., demeurant .... *(indiquer l'adresse du domicile de l'acteur)*

Date et lieu de naissance : ....
Adresse fiscale : ....
N° de Sécurité Sociale : ....
N° de congés spectacles : ....
Ci-après dénommé : l'« Artiste »

D'autre part

EN PRÉSENCE DE *(LE CAS ÉCHÉANT)*

L'agence artistique .... *(indiquer le nom de l'agence)*, sise .... *(indiquer l'adresse de l'agence)*

Représentée aux présentes par Madame/Monsieur .... *(indiquer le nom de l'agent)*, ci-après dénommé : l'« Agent »

(S'agissant d'un contrat de travail à durée déterminée, il doit obligatoirement être conclu par écrit et il doit renseigner avec attention le nom et les coordonnées des parties signataires. Pour le Producteur, il est impératif d'indiquer sa dénomination sociale, son siège et son numéro de RCS. En ce qui concerne l'artiste-interprète, outre que son identification doit être complète, cela implique d'indiquer comme pour tout salarié, son numéro de sécurité sociale, mais également son numéro de congés spectacles.)

PRÉAMBULE

Le Producteur produit un téléfilm, provisoirement ou définitivement intitulé « .... » et ci-après dénommé « le Film » et dont les principales caractéristiques sont les suivantes :

Auteurs : ....
Réalisateur(s) : ....
Durée : ....
1er Diffuseur : ....
Responsable de la production : ....

IL A ÉTÉ ARRÊTÉ ET CONVENU CE QUI SUIT

ARTICLE 1 - CONDITIONS D'ENGAGEMENT

Le présent contrat a pour objet l'engagement par le Producteur de l'Artiste en qualité d'artiste-interprète, pour interpréter le rôle que l'Artiste déclare connaître et accepter, dans le Film, de :

« nom du rôle à compléter »

dans le Film susvisé, et ce, suivant les instructions du Producteur.

Le présent engagement constitue un contrat de travail à durée et objet déterminés en conformité avec les dispositions de l'article L.1242-2 du Code du travail. Il n'est donc pas renouvelable par tacite reconduction et cessera de plein droit à son terme, sans préavis ni indemnités.

Il est soumis, outre aux stipulations contenues aux présentes, d'une part, aux dispositions de la convention collective des artistes-interprètes engagés pour des émissions de télévision, signée le 30 décembre 1992, et ses annexes et avenants que l'Artiste déclare connaître et que les parties s'engagent mutuellement à respecter pour autant que ses dispositions soient applicables au Film et, d'autre part, aux dispositions du Code de la propriété intellectuelle relatives aux droits voisins de l'artiste-interprète.

(Selon l'article L.1242-2 du Code du travail, le contrat d'acteur est en effet un contrat à durée déterminée dit d'usage, car il entre dans la catégorie des emplois pour lesquels, dans certains secteurs d'activité définis par décret, convention collective ou accord collectif, il est d'usage constant de ne pas recourir au contrat de travail à durée indéterminée en raison de la nature de l'activité exercée et du caractère temporaire de ces emplois.)

L'embauche de l'Artiste sera définitive sous réserve du résultat de la visite médicale prévue à l'article 12 des présentes.

ARTICLE 2 - DURÉE

L'Artiste est engagé et sera à notre disposition pour .... jours de tournage, dans une période de .... semaines consécutives du .... *(jour, mois, année)* au .... *(jour, mois, année)*.

Ou bien, selon le cas :

L'Artiste est engagé et sera à la disposition de notre production pour la durée du tournage. Le tournage débutera entre le .... *(jour, mois, année)* et le .... *(jour, mois, année)* pour une durée de .... *(nombre de semaines)* semaines consécutives.

Ou encore, selon le cas :

Le présent engagement est conclu pour un minimum garanti de .... *(indiquer le nombre de cachets)* cachets de tournage à effectuer entre le .... *(jour, mois, année)* et le .... *(jour, mois, année).*

Sera considéré comme cachet, chaque fois que convoqué par le Producteur, l'Artiste se sera rendu sur les lieux du tournage.

Toutefois, dans le cas où, afin de terminer le Film, l'Artiste devrait effectuer d'autres jours de tournage, ceux-ci seraient fixés d'un commun accord et rémunérés selon l'article 5.2 du présent engagement.

(Nous vous précisons que comme il s'agit d'un contrat à durée déterminée, il ne peut être rompu, sauf accord mutuel des parties, que pour faute grave ou force majeure ou inaptitude du salarié constatée par le médecin du travail - article L.1243-1 du Code du travail- et ce, dès qu'il est signé, peu importe que l'exécution du contrat ait ou non commencée. Selon la jurisprudence en la matière, la faute grave de l'artiste telle qu'elle est entendue par la jurisprudence en matière sociale qui est très stricte, est la seule qui rende impossible le maintien des relations de travail avec l'employeur, dans un contrat à durée déterminée.)

ARTICLE 3 - LIEUX DE TOURNAGE

Le tournage se tiendra dans les lieux suivants :...
Indiquer dans cet article le ou les lieu(x) de tournage *(indiquer la ville et le pays).*

ARTICLE 4 - DROITS CÉDÉS

L'Artiste cède au Producteur à titre exclusif, pour la durée de protection légale des droits voisins *(la durée de protection des droits voisins est de 50 ans à compter du 1er janvier de l'année civile suivant celle de l'interprétation du film par l'Artiste. Cela ressort de l'article L.211-4 du CPI)* et pour le monde entier, les droits de fixation, de reproduction et de représentation de sa prestation. Ces droits peuvent être utilisés à titre commercial ou non, dans le secteur privé ou public, à usage privé ou domestique, public et collectif, en mettant en œuvre tous les moyens, supports, formats et procédés connus ou inconnus à ce jour.

Dans l'hypothèse où une ou plusieurs exploitations ne seraient pas prévues par la convention collective et (ou) aux présentes, la rémunération complémentaire et définitive qui serait éventuellement due à l'Artiste à ce titre sera négociée de bonne foi et conformément aux usages de la profession, entre les parties, au moment de l'exploitation.

Cette cession concerne les droits qui, de manière directe ou indirecte, sont d'une part liés à la prestation de l'Artiste et sont, d'autre part, nécessaires à l'exploitation du Film dans laquelle ladite prestation est utilisée.

a) Ainsi, le Producteur a le droit de :

- tourner le Film en noir et blanc ou en couleur, dans le format de son choix, en version française ou en plusieurs versions et de la réaliser dans le cadre d'accords de coproduction franco-étrangère ;

- reproduire sans restriction par doublage ou par tout autre procédé visuel et (ou) sonore, des versions du Film, en toutes langues (partiellement ou intégralement) à l'aide de traduction ou d'adaptations écrites et réalisées par des collaborateurs choisis par le Producteur ;

- faire doubler en totalité ou partiellement en toutes langues par toute personne du gré du Producteur, le rôle qui est confié à l'artiste ;

- procéder à toutes les coupures qu'il jugera utile pour la qualité du Film et d'inclure ou d'autoriser un tiers à inclure les prises de vues tournées ou en rapport avec l'œuvre dans tout autre film, court-métrage, bande-annonce, *making of*, *trailer,* etc., ceci sans aucune restriction de la part de l'Artiste, ni supplément de salaire ;

- exploiter le Film par extraits ou dans son intégralité, en version originale, doublée et (ou) sous-titrée en toute langue ;

- reproduire le Film sur tous supports : films, magnétiques, numériques, optonumériques et par tous moyens et notamment par téléchargement (vidéocassettes, bandes, vidéodisques, disque laser, CD vidéo, CDI, CD-Rom, CDV, DVD, DVD-Rom et vidéo à la demande, etc.) ;

- communiquer le Film en tous formats, par tous modes de diffusion et de télédiffusion (gratuit, payant, par abonnement, *pay-per-view*, vidéo à la demande, crypté ou non, etc.), sur tous réseaux, par tous procédés (ondes hertziennes, câble, satellite, numérique, Internet, etc.), en tous lieux privés ou réunissant du public ;

- Les enregistrements pourront être vendus et (ou) loués dans tous circuits de distribution, sur tous supports (vidéocassettes, bandes, vidéodisques, disque laser, CD vidéo, CDI, CD-Rom, CDV, DVD, DVD-Rom et vidéo à la demande, etc.)

b) Conformément aux articles 11.1 et 11.3 de l'annexe 1 de la convention collective, l'Artiste autorise par ailleurs, dès à présent le Producteur à utiliser ses photographies et prestations réalisées à partir du Film, en vue des exploitations secondaires et dérivées du Film et notamment :

- en cas d'exploitation vidéographique, à utiliser les photographies de l'Artiste extraites du Film et (ou) réalisées à l'occasion du tournage pour le conditionnement des exemplaires destinés à la vente au public, leur promotion et leur illustration (notamment bonus et menus interactifs des DVD) ;

- en cas de publication avec ou sans texte (albums, livres, pochettes de phonogrammes et documents d'accompagnement, à l'exclusion des romans-photos), à utiliser les photographies de l'Artiste extraites du Film et (ou) réalisées à l'occasion du tournage, y compris à des fins promotionnelles et publicitaires.

c) En application de l'article précité de la convention collective, l'Artiste autorise également dans le cadre des présentes certaines modalités d'utilisation de sa prestation non prévues dans ladite convention :

- la reproduction et la diffusion de sa voix exprimant les dialogues qu'il a interprétés dans le cadre du tournage du Film, séparément des images du Film, avec ou sans images, en vue d'une exploitation dérivée du Film sur tous supports et par tout moyen et notamment par téléphonie mobile, réseaux de télécommunication tels qu'Internet, CD, CD-Rom, DVD, etc. ;

- un remontage des scènes du Film et (ou) de *rushes* issus du tournage de l'œuvre, en vue de la création de tout format court, dans le but de permettre les exploitations suivantes :

  - toute exploitation dérivée du Film par voie de téléphonie mobile,
  - la promotion, sur tout support et par tout moyen, des chansons de tout phonogramme du commerce lié au Film, produit ou coproduit par le Producteur,
  - la promotion de produits et (ou) services du commerce de tout partenaire du Producteur, dans le cadre d'opérations destinées à associer le Film à ces partenaires commerciaux.

d) Dans le cadre de la promotion, le Producteur aura le droit d'utiliser les photographies et l'enregistrement pris au cours des répétitions, d'utiliser des extraits de l'enregistrement du Film ou des photographies extraites de cet enregistrement pour annoncer ses programmes, illustrer ses activités et (ou) celles des diffuseurs et (ou) assurer de manière générale de la publicité du Film, comme par exemple, dans le cadre d'émissions dites « de fin d'année », de rétrospectives, d'hommages, etc. sans que l'Artiste puisse prétendre à un supplément de rémunération de ce fait, qui inclut le droit d'exploiter à des fins promotionnelles, toutes photographies prises au cours du tournage et (ou) des répétitions, un ou plusieurs extrait(s) du Film sur le site Internet du Film, de la société et (ou) des diffuseurs.

e) *(Selon le cas)* Si l'Artiste fournit pour le Film, spontanément ou à la demande du Producteur, un matériel ou un objet quel qu'il soit (bande d'accompagnement, œuvre d'art, etc.), l'Artiste garantit que celui-ci pourra être utilisé librement dans le cadre des exploitations du programme.

f) En vertu des droits détenus par le Producteur, le titre du Film, la durée et (ou) le format du Film seront déterminés par le Producteur et pourront être modifiés par celui-ci à tout moment.

Le Film pourra, à des fins de conservation et d'exploitation, être transféré sur tout type de support adéquat.

Les entreprises de communication audiovisuelle assurant la diffusion du Film ont l'entière liberté de modifier la composition de leurs programmes et notamment, de différer ou de supprimer les diffusions prévues, ce que l'Artiste déclare accepter. Celles-ci pourront également effectuer les interruptions nécessaires à l'organisation de leur plan de programme, notamment celles rendues nécessaires par l'insertion d'écrans publicitaires.

ARTICLE 5 - RÉMUNÉRATION

(Le cachet est négocié de gré à gré entre l'acteur et le Producteur en fonction de la notoriété de l'artiste, mais il ne peut pas être inférieur aux barèmes de rémunération fixés par la convention collective - dont on trouvera un extrait dans les compléments Internet de ce livre)

5.1. En contrepartie de l'exécution de la prestation

En contrepartie de l'exécution des prestations, cession et autorisation prévues aux présentes, l'Artiste percevra un salaire journalier d'un montant de .... euros brut *(indiquer la somme en chiffres et en lettres) (heures supplémentaires et heures de nuit incluses).*

Si le salaire brut journalier est supérieur à cinq fois le salaire minimum de journée (qui est d'environ 240 euros selon l'annexe n° 1 de la convention collective), ce salaire brut journalier comprend les indemnités pour les répétitions, les séances d'essayage, de maquillage, de coiffure et d'habillage, les séances de photographies, les temps de voyages et de transport, les éventuelles heures supplémentaires de tournage et les heures de nuit qui pourraient être dues à l'Artiste pendant la durée du présent engagement.

(Selon l'annexe n° 1 de la convention collective, article 24 « Salaires minima par catégorie d'émission et d'artiste » : « 1° Émissions dramatiques : Artistes visés : artistes engagés pour la réalisation télévisuelle de tout ou partie d'une œuvre dramatique ou d'extraits d'œuvres dramatiques : à l'exclusion des artistes n'interprétant qu'un texte chanté ou qu'un numéro de variétés ou de danse, mais y compris les artistes des émissions lyriques n'ayant qu'un texte parlé, sans aucune mesure à respecter ni à chanter : Salaires minima au 1er janvier 2009 par journée de répétition ou d'enregistrement : 250,78 euros. »)

Si l'Artiste a un agent :

La rémunération de l'Agent est fixée à la somme de .... euros H.T. majoré de la TVA au taux en vigueur payable sur présentation de sa facture mensuelle. Le Producteur s'acquittera du paiement des factures de l'Agent dans un délai de trente (30) jours à compter de leur réception.

5.2. En cas de dépassements

En cas de dépassement du nombre de cachets initialement prévus ou de cachets hors des dates énoncées à l'article 2 « Durée » :

- L'Artiste percevra la somme brute de .... euros *(somme en chiffres et en lettres)* par cachet supplémentaire ;

- L'Agent percevra une somme de .... euros H.T. *(somme en chiffres et en lettres)* par cachet supplémentaire, payable dans les trente (30) jours à compter de la réception de sa facture majorée au taux légal de la T.V.A..

5.3. En contrepartie des autorisations consenties à l'article 4 des présentes

Toute exploitation commerciale du Film, autre que la première télédiffusion, donnera lieu le cas échéant, au versement d'une rémunération complémentaire conformément aux dispositions de la convention collective, de ses annexes, notamment l'annexe 1 et de ses avenants.

5.3.1. Pour l'exploitation télévisuelle du Film

♦ En France et dans les DOM-TOM

La rémunération de base telle que définie à l'article 5.1 couvre, outre la prestation de l'Artiste, une première diffusion effectuée sur le territoire national et les utilisations non commerciales définies par la convention collective.

En cas de rediffusion et (ou) d'utilisation secondaire du Film, l'Artiste recevra une rémunération complémentaire telle qu'elle est prévue par les dispositions 1, 3.1, 3.2, 3.3 et 3.4 de l'annexe 1 de la convention collective et par l'accord du 20 septembre 2011 relatif à la rémunération des artistes-interprètes pour l'utilisation de leurs prestations enregistrées dans les œuvres audiovisuelles diffusées sur les antennes de Canal Plus.

En cas de cession commerciale, l'Artiste recevra une rémunération complémentaire, telle qu'elle est prévue par les dispositions de l'article 4 de l'annexe 1 de la convention collective que le Producteur s'engage à respecter, pour les obligations qui pourraient lui incomber.

♦ À l'étranger

En cas de cessions commerciales, l'Artiste recevra une rémunération complémentaire telle qu'elle est prévue par les dispositions de l'article 7 de l'annexe 1 de la convention collective que le Producteur s'engage à respecter, pour les obligations qui pourraient lui incomber.

5.3.2. En cas de coproduction à participation étrangère :

Pour le cas, toutefois, où le Film ferait l'objet d'une coproduction à participation étrangère, il est précisé que pour les utilisations télévisuelles dans les pays compris dans l'accord de coproduction, l'Artiste percevra la rémunération complémentaire prévue à l'article 8 de l'annexe 1 de la convention collective.

5.3.3. En cas de diffusion télévisuelle par câble et (ou) par satellite et (ou) par voie numérique terrestre en France ou à l'étranger :

L'Artiste percevra une rémunération complémentaire dans les termes des articles 4.2 et 11.2 de l'annexe 1 de la convention collective.

5.3.4. Pour l'exploitation par vidéogramme

L'Artiste percevra une rémunération complémentaire dans les conditions prévues par l'article 11.1 de l'annexe 1 de la convention collective.

5.3.5. Pour l'exploitation dérivée en France ou à l'étranger :

L'Artiste percevra une rémunération complémentaire dans les conditions prévues par l'article 11.3 de l'annexe 1 de la convention collective.

5.3.6. En cas d'exploitation cinématographique éventuelle en France et à l'étranger :

Il sera fait application de l'article 11.4 de l'annexe 1 de la convention collective. En cas d'exploitation cinématographique, un avenant aux présentes sera signé entre les parties.

5.3.7. En cas d'exploitation par VOD et (ou) *pay-per-view*

La rémunération complémentaire à revenir à l'Artiste pour cette commercialisation est fixée par l'accord du 11 septembre 2007 conclu entre les partenaires sociaux parties à la convention collective du 30 décembre 1992, applicable depuis le 1er octobre 2007, tel que renouvelé le 16 décembre 2010.

Ce salaire complémentaire sera constitué par un pourcentage de 6 % (six pour cent) des Recettes Nettes Part Producteur issues de ces exploitations (c'est-à-dire le montant des sommes versées par l'opérateur au Producteur au titre de l'œuvre, après déduction si cette opération est à la charge du Producteur, de la numérisation de l'œuvre lorsqu'elle est faite spécifiquement pour cet opérateur, la déduction ne pouvant excéder 30 % dudit montant) à répartir entre l'ensemble des artistes-interprètes au prorata de leur salaire journalier respectif.

Toutefois, dans le cas où la durée totale des prestations de l'Artiste n'excéderait pas le 10e de la durée totale de l'œuvre, le salaire complémentaire versé sera égal à 1 % des RNPP tels que définis ci-dessus.

5.3.8. Compléments de salaire dus au titre des utilisations des photographies et de la prestation en application de l'article 11.3 de l'annexe de la convention collective.

5.3.8.1. Dans l'hypothèse où le Producteur céderait à un tiers le droit d'exploiter les photographies et la prestation de l'Artiste, en vue d'une des exploitations dérivées ci-dessus définies à l'article 4 des présentes, il est entendu que la rémunération est celle fixée par la convention collective.

5.3.8.2. Dans l'hypothèse où le Producteur procède, seul ou en collaboration avec des tiers, aux exploitations prévues aux articles 11.1 et 11.3 de l'annexe 1 de la convention collective précitée et énumérées à l'article 4 b) des présentes, la rémunération sera la suivante :

Pour l'Artiste

..........% sur les Recettes Nettes Part Producteur issues de chaque exploitation, à répartir entre l'ensemble des comédiens dont l'image et (ou) la prestation sont utilisées au prorata de leurs salaires.

Il est entendu que cette rémunération aura la nature d'un salaire complémentaire et sera versée dans les conditions prévues à l'article 17 de l'annexe 1 de la convention collective.

Pour l'Agent *(le cas échéant)*

..........% sur les Recettes Nettes Part Producteur issues de chaque exploitation, à répartir entre l'ensemble des agents dont l'image et (ou) la prestation de leurs comédiens sont utilisées au prorata de leurs salaires.

Toutefois si un accord professionnel intervenait pour une prise en charge directe par les sociétés de gestion collective des rémunérations dues aux artistes-interprètes au titre d'une ou plusieurs des exploitations précitées, il sera fait application dudit accord qui se substituerait aux dispositions ci-dessus définies.

Dans l'hypothèse où une ou plusieurs exploitations ne seraient pas prévues par la convention collective, ses annexes et ses avenants, la rémunération complémentaire qui serait éventuellement due à l'Artiste à ce titre – si elle n'est pas payable directement par l'organisme de télédiffusion ou l'organisme chargé d'effectuer la distribution ou l'exploitation – fera l'objet d'une négociation en toute bonne foi et conformément aux usages de la profession entre les parties au moment de l'exploitation.

Le montant de tous impôts, taxes, contributions, cotisations relatif à la rémunération sera déduit de la rémunération brute, conformément aux prescriptions légales ou réglementaires.

Pour gérer le versement des rémunérations complémentaires, le Producteur peut donner mandat à cet effet à l'Agence générale pour l'administration des droits des acteurs musiciens interprètes (ADAMI) ou un autre organisme qui serait mandaté ultérieurement par lui pour verser ces rémunérations pour son compte, cet organisme étant chargé de percevoir l'ensemble des sommes dues aux artistes-interprètes au titre des cessions commerciales de l'œuvre et d'en effectuer la répartition entre les intéressés. *(La convention collective prévoit une rémunération complémentaire pour toute exploitation secondaire ou rediffusion sur les chaînes hertziennes, du câble, de la TNT et le satellite.)*

5.4. *(Le cas échéant)* Intéressement

5.4.1. S'il s'agit d'un acteur « vedette », il est possible de prévoir des intéressements en considération de certaines exploitations, par exemple, un pourcentage sur les recettes d'exploitations par vidéogrammes du programme. Une telle rémunération complémentaire n'est pas de nature salariale et est librement négociée entre les parties.

Le Producteur accepte de verser une rémunération supplémentaire à l'Artiste, liée au caractère décisif de sa présence pour la valorisation de l'exploitation.

Cette rémunération sera due au titre de l'exploitation du Programme, au-delà de la première diffusion, de la façon suivante :

- .... % des Recettes Nettes Part Producteur générées par la télédiffusion par voie hertzienne en France et à l'étranger *(Il conviendra alors de renvoyer à la définition des Recettes Nettes Part Producteur telle qu'exposée dans la partie de l'ouvrage consacrée aux contrats d'auteurs).*

Ou :

- .... % du chiffre d'affaires net éditeur généré par l'exploitation de l'œuvre sous forme de vidéogrammes *(Il conviendra alors de préciser la définition de l'assiette du pourcentage.).*

5.4.2. Reddition des comptes *(si une rémunération complémentaire est prévue, il sera alors nécessaire de transmettre à l'artiste les redditions de comptes de manière à déterminer la rémunération qui lui est due à ce titre.)*

Les comptes d'exploitation, quels que soient leur situation, seront arrêtés semestriellement, les 30 juin et 31 décembre au cours de la première année d'exploitation et annuellement, le 31 décembre de chaque année, ensuite. Ils devront être adressés à l'Agent, de manière détaillée, précisant toutes les exploitations sur tous les territoires poste par poste et ce, à chaque reddition de comptes dans le mois suivant leur date d'arrêté accompagnés s'il y a lieu du produit des pourcentages revenant à l'Artiste et à l'Agent conformément aux stipulations de l'article 5.3.8.2. ci-dessus.

Le Producteur tiendra dans ses livres une comptabilité d'exploitation du Film qui devra être tenue à la disposition de l'Artiste et de l'Agent *(le cas échéant)*, le Producteur reconnaissant d'ores et déjà à l'Agent le droit de contrôler ou de faire contrôler ladite comptabilité à son siège social à quelque moment que ce soit, à des jours et heures ouvrables, sous réserve d'un préavis de 15 (quinze) jours, l'Agent étant tenu à une obligation de confidentialité sur les éléments qui seront mis à sa disposition, tant pour lui que pour ses préposés et mandataires. Les frais de contrôle seront à la charge du Producteur dans le cas où un contrôle contradictoire ferait apparaître au préjudice de l'Artiste un écart de plus de 10 % (dix pour cent) qui serait du fait du Producteur.

ARTICLE 6 - RÈGLEMENTS

Ces sommes seront réglées de la manière suivante :
- pour l'Artiste *(échéancier)* : ....

Ces sommes lui seront réglées par virement bancaire.
- pour l'Agent *(échéancier)* : ....

Ces règlements lui seront effectués contre réception de la facture correspondante portant mention de la TVA.

Toutes les rémunérations visées à la présente convention s'entendent comme des rémunérations brutes desquelles seront déduites et (ou) majorées par le Producteur, les charges sociales et fiscales en vigueur au jour de la signature des présentes.

L'Artiste sera affilié au régime de retraite des intermittents du spectacle, ... (indiquer le nom et l'adresse de l'organisme) et bénéficie du régime de prévoyance du même organisme.

Les cotisations sociales afférentes au contrat de l'Artiste seront versées à l'URSSAF .... *(indiquer l'adresse)*.

ARTICLE 7 - POSTSYNCHRONISATION

Dans le cas où pour des raisons tenant à la qualité artistique et technique du Film à réaliser, des raccords, synchronisation ou retakes seraient à effectuer, l'Artiste accordera au Producteur, le temps nécessaire à leur établissement, à des dates à convenir d'un commun accord et rémunérées comme suit :

.... *(préciser le nombre de demi-journées)* ou .... *(préciser le nombre de journées)* au tarif de .... euros *(le tarif pour la postsynchronisation est, selon la convention collective, la moitié du prix du cachet négocié).*

En cas de dépassement, il sera versé à l'Artiste la somme totale et forfaitaire de .... *(somme en chiffres et en lettres)* par journée supplémentaire, ou de .... *(somme en chiffres et en lettres)* par demi-journée. L'Agent percevra la somme de .... *(somme en chiffres et en lettres)*, augmentée de la TVA, par journée supplémentaire, ou de .... *(somme en chiffres et en lettres)*, augmentée de la TVA par demi-journée supplémentaire.

ARTICLE 8 - DÉPLACEMENTS

Tous les voyages que l'Artiste effectuera sur la demande du Producteur, (pour la préparation, le tournage et la postsynchronisation et (ou) la promotion du Film, pour les besoins du tournage du Film) seront à la charge du Producteur et en tout état de cause, dans les conditions de confort les plus favorisées des membres de l'équipe du Film :

- en avion d'une compagnie nationale régulière ;
- en train 1re classe ;
- les navettes de et vers les gares et (ou) aéroports seront pris en charge par le Producteur, en voiture de la production avec chauffeur ou en taxi qui sera remboursé sur présentation d'un justificatif.

Chaque jour de tournage, le Producteur prendra en charge le transport aller-retour de l'Artiste entre son lieu d'hébergement et les lieux de tournage en véhicule affrété par le Productcur.

En fonction de la notoriété de l'Artiste, il est possible de prévoir que :

Pendant toute la durée de l'engagement de l'Artiste en dehors de .... *(indiquer le lieu du domicile de l'Artiste)*, pour les besoins du tournage du Film, le Producteur prendra à sa charge le logement de l'Artiste dans un hôtel de bonne catégorie choisi d'un commun accord, son petit-déjeuner et un repas de production par jour de tournage, et en tout état de cause dans les conditions de confort les plus favorisées des membres de l'équipe du Film.

(Certains acteurs peuvent exiger que le Producteur prenne en charge un certain nombre d'allers-retours entre leur domicile et les lieux de tournage, soit pour eux-mêmes, soit pour permettre à des personnes qui leur sont chères, de les rejoindre. Il faudra donc prévoir cette hypothèse dans le contrat si elle a été négociée. Il en sera de même si l'artiste préfère utiliser son véhicule personnel ou tout autre véhicule n'appartenant pas à la production, pour ses trajets entre son lieu d'hébergement ou son domicile et le lieu de tournage. Il faudra alors prévoir que l'artiste déclare avoir connaissance de ce que cette utilisation n'est pas couverte par les assurances de la production et qu'en conséquence, la responsabilité du Producteur ne peut pas être engagée à ce titre. L'artiste devra garantir avoir souscrit, pour ce véhicule, une assurance pour ce faire.)

ARTICLE 9 - PUBLICITÉ

(Le droit au respect du nom de l'artiste est un droit voisin du droit d'auteur reconnu par l'article L.212-1 du CPI, il est donc nécessaire de le mentionner).

(Il conviendra d'adapter cette clause en fonction de la notoriété de l'artiste et du rôle qu'il tient dans le Film. Nous recommandons au Producteur d'être particulièrement attentif aux engagements qu'il prend, acteur par acteur, en ce qui concerne les mentions au générique, de façon à ne pas avoir plusieurs contrats prévoyant la première place au générique pour plusieurs acteurs. Si le Producteur engage plusieurs grands acteurs, il faudra établir un projet de mention au générique qui sera reproduit dans le contrat, en indiquant qu'il s'agit d'une mention provisoire et que l'acteur autorise le Producteur à la modifier.)

Le nom de l'Artiste sera cité au générique de début du Film, en première position dans l'ordre des comédiens, dans les caractères et conditions de distinction les plus favorisés, immédiatement après le titre du Film et figurera sur tout élément publicitaire ou promotionnel relatif au Film, selon ces modalités.

Sur l'affiche du Film, et sur tout matériel promotionnel édité, le nom de l'Artiste sera crédité au-dessus du titre du Film, sur la première ligne de mention, en première position des interprètes, dans les caractères et conditions de distinction les plus favorisés.

Dans toute la publicité quelle qu'elle soit, la mention du nom d'un interprète ou de tout autre collaborateur du Film, y compris le réalisateur, devra obligatoirement comporter la mention du nom de l'Artiste.

(Si l'Artiste tient le rôle principal ou est une vedette) Généralement, dans toute la publicité quelle qu'elle soit, notamment au générique et sur l'affiche du Film, la mention du nom d'un interprète ne pourra être plus favorisée que celui de l'Artiste, par la taille des caractères de son nom et (ou) de son prénom, par l'image, ni distinguée par un encadrement, par une couleur jugée plus publicitaire que celle employée pour son nom, ni par figurine, esquisse, photographie, ni par tout autre procédé de publicité ou procédé de représentation à l'écran, cette énumération étant indicative et non limitative.

Le Producteur s'engage à imposer cette clause de publicité à toutes les firmes qui distribueront ou éditeront ce Film, mais ne saurait être responsable de leurs manquements. L'Artiste est d'ores et déjà autorisé à agir directement vis-à-vis des ayants droit du Producteur.

ARTICLE 10 - COSTUMES

Les costumes de ville nécessaires au rôle de l'Artiste seront fournis par lui-même, à charge pour le Producteur de lui verser l'indemnité fixée par l'annexe 2 de la convention collective. Les costumes spéciaux seront fournis par le Producteur et resteront sa propriété.

L'Artiste devra prendre le plus grand soin des costumes, accessoires et documents qui lui seront confiés et les restituer en fin de tournage.

Ces éléments ne peuvent en aucun cas être utilisés à des fins personnelles.

Le Producteur ne pourra en aucun cas, pendant le tournage et sur les lieux où il se déroule, être tenu pour responsable en cas de vol, perte ou détérioration d'objets ou vêtements lui appartenant.

ARTICLE 11 - OBLIGATIONS ET GARANTIES DE L'ARTISTE

L'Artiste aura à se conformer aux instructions du Producteur ou à celles de ses préposés en ce qui concerne les lieux, l'horaire et le programme de tournage. L'Artiste aura également à se soumettre aux règlements du studio.

L'Artiste s'engage à ne pas apporter de modification radicale à son physique sans l'accord préalable du Producteur.

L'Artiste déclare et certifie n'avoir pris, avant la signature du présent contrat, et ne devoir prendre à dater de ce jour et pendant le cours de son exécution, aucun engagement avec qui que ce soit incompatible avec les obligations qu'il contracte envers le Producteur.

Si le Producteur en fait la demande, l'Artiste accepte d'ores et déjà, sauf empêchement dûment justifié, de participer en personne aux manifestations organisées pour le lancement du Film et sa publicité, ainsi qu'aux festivals internationaux dans le cas de la sélection du Film.

Les frais de déplacement et de séjour de l'artiste seront alors à la charge du Producteur ou à celle de ses mandataires.

L'Artiste qui s'engage formellement à sauvegarder en toutes circonstances les intérêts du Producteur, garantit qu'il ne troublera en rien la réalisation ou l'exploitation du Film produit.

ARTICLE 12 - ASSURANCES

12.1. L'Artiste déclare :

- être en possession des autorisations professionnelles nécessaires à l'exercice des présentes prestations et à les communiquer sur simple demande du Producteur ;
- être en possession d'une carte de contrôle médical à jour et ne comportant aucune opposition de la médecine du travail ;
- être en règle vis-à-vis des différents organismes sociaux auxquels l'Artiste est tenu d'adhérer du fait de sa profession.

12.2. Il est entendu que l'Artiste se prêtera à toutes les visites médicales qui seraient éventuellement exigées par les compagnies auxquelles le Producteur s'adressera pour toutes assurances qu'il jugera nécessaires.

12.3. En cas de maladie ou d'accident, l'Artiste sera tenu de prévenir le Producteur immédiatement et de lui adresser, dans les 48 (quarante-huit) heures, un certificat médical.

Dans le cas où un accident surviendrait à l'Artiste au cours ou à l'occasion de son travail, le Producteur ne saurait être tenu par aucune autre obligation que celles prévues par la législation du travail en vigueur en France.

12.4. Pendant la durée du présent contrat, l'Artiste s'engage à s'abstenir de toute participation :

- à des vols aériens autres que ceux effectués en qualité de passager sur des lignes aériennes régulières,
- à des rixes ou à des actes notoirement périlleux ou acrobatiques mettant en danger sa vie ou son intégrité physique,
- à des compétitions ou à des épreuves d'endurance ou de vitesse et à leurs essais préparatoires, à bord de tout appareil de locomotion, terrestre, nautique ou aérien, à la pratique des sports suivants : boxe, pêche ou plongée sous-marine avec bouteille de gaz comprimé, surf, bobsleigh, skeleton, hockey sur glace, varappe, spéléologie, chasse aux bêtes féroces et vol à voile et plus généralement l'Artiste s'engage à se conformer aux obligations le/la concernant, contenues dans les contrats d'assurances relatifs à la présente production.
- L'Artiste s'engage à ne subir aucune opération de chirurgie esthétique.

ARTICLE 13 - CORRESPONDANCES

Toutes correspondances et communications concernant l'Artiste qui lui seront destinées en vertu des présentes, y compris informations se rapportant au doublage et à la synchronisation, seront adressées à l'Agent, à l'exception toutefois des convocations de tournage.

ARTICLE 14 - ÉLECTION DE DOMICILE

Les Parties élisent domicile aux adresses respectivement visées en tête des présentes.

Le présent contrat est régi par le droit français et sera interprété conformément à ce même droit.

Fait à .... En trois exemplaires, Le ....

LE PRODUCTEUR	L'ARTISTE	L'AGENT
________________	__________	_________

(Attention, ne pas oublier de joindre la définition des Recettes Nettes Part Producteur pour le cas où le Producteur aurait négocié un intéressement au profit de l'acteur.)

LES CONTRATS DE TECHNICIENS

GÉNÉRALITÉS

Les techniciens sont les membres du personnel engagé par la société de production pour la durée du film et qui concourent à sa fabrication (directeur de production, régisseur, script-girl, photographe de plateau, directeur de la photographie, secrétaire de production, accessoiristes, etc.).

Il ne faut pas oublier par ailleurs que le réalisateur du film est également un technicien et qu'un contrat de travail doit être conclu avec lui à ce titre, en plus du contrat de cession de droits d'auteur afférent à sa contribution (voir plus amples développements dans la partie « Contrats d'auteurs »).

En outre, ces généralités sur le contrat de travail dans le domaine de la production audiovisuelle vont également s'appliquer pour les contrats conclus avec les acteurs.

1. Le contrat conclu avec un technicien est un contrat de travail à durée déterminée dit « d'usage » tel que prévu par les articles L.1242-1, L.1242-2 3°, L.1242-12, L.1242-13 et D.1242.1 du Code du travail.

Pour que ce contrat soit valable, il doit se conformer aux dispositions du Code du travail et doit notamment :

- Être établi par écrit et comporter la définition précise de son motif ;
- Mentionner « un terme fixé avec précision dès sa conclusion » ;
- Être transmis dans les deux jours ouvrables suivant l'embauche.

Ainsi, un contrat à durée déterminée dit « d'usage » (CDD) sera soit conclu de date à date, (du .... au ....), et se terminera automatiquement à la date indiquée.

Toutefois, il existe des cas où le Producteur sait pour quelle durée, il souhaite embaucher le technicien, mais il ne connaît pas avec exactitude quel serait son dernier jour de travail, aussi, il signera un contrat à durée déterminée à terme incertain par exemple : « pour toute la durée du tournage du film »

Un CDD qui n'aurait pas été signé dans les conditions exigées par le Code du travail, ou un CDD qui aurait été signé alors que l'emploi considéré n'entre pas dans les catégories des emplois admis par le Code du travail, expose le Producteur à une procédure en requalification, de contrat à durée déterminée en contrat à durée indéterminée.

Ce faisant, il ne lui sera plus possible de mettre fin audit contrat pour la raison de la fin de la période d'emploi. L'arrêt du contrat de travail même en raison de la fin de tournage sera alors qualifié de licenciement sans cause réelle et sérieuse puisque cet arrêt du contrat de travail ne sera pas fonction du comportement fautif de son salarié, qui est la seule cause admise pour un licenciement non économique.

2. Rupture du CDD

Comme il s'agit d'un contrat de travail à durée déterminée, il ne peut être rompu avant son terme, sauf en cas accord mutuel des parties, en cas de **faute grave, ou de force**

majeure ou en cas d'inaptitude constatée par le médecin du travail - article L.1243-1 du Code du travail - ce, dès qu'il est signé, peu importe que l'exécution du contrat ait ou non commencée, et même, lorsque l'accord des Parties sur la durée du travail (dates du tournage par exemple) et sur la rémunération est acquis (par exemple dans un échange de lettre), sans que le contrat ne soit encore signé. Une telle promesse de contrat de travail qui contient ces informations et pour laquelle il n'est pas indiqué de conditions suspensives, sera considérée comme un contrat de travail définitif. Ainsi le Producteur ne pourra pas changer d'avis et finalement embaucher quelqu'un d'autre.

La faute grave du salarié ou l'inaptitude constatée par un médecin du travail sont les seules qui rendent impossible le maintien des relations de travail avec l'employeur, dans un contrat à durée déterminée.

En conséquence, toutes les clauses d'un contrat de travail prévoyant la résiliation anticipée pour des raisons autres que la faute grave du salarié ou la force majeure ou inaptitude constatée par le médecin du travail, que le Producteur pourrait indiquer dans le contrat de travail sont nulles. En cas de rupture injustifiée du fait du Producteur, le salarié pourra agir en justice pour licenciement abusif et le Producteur sera condamné à payer des dommages et intérêts au salarié d'un montant au moins égal aux sommes qu'il aurait dû percevoir jusqu'au terme du contrat.

3. Par ailleurs, outre les dispositions du Code du travail, les conditions d'emploi des techniciens sont soumises, en ce qui concerne la production audiovisuelle, à la convention collective nationale du 13 décembre 2006 et à ses avenants en vigueur.

À ce jour, il n'y a pas de convention collective étendue applicable, concernant les techniciens de la production cinématographique.

Nous attirons l'attention du Producteur sur le fait que même s'il s'agit d'un salarié technicien, dès lors que celui-ci exerce une activité d'auteur dans le cadre de sa mission, il faudra conclure avec lui un contrat de cession de droits d'auteur afin d'acquérir les droits afférents à sa contribution en sa qualité d'auteur.

Nous recommandons de se reporter à la partie de l'ouvrage consacrée aux « contrats d'auteurs » et notamment au contrat de cession de droits au forfait afin de vérifier si la contribution de l'auteur peut entrer dans les cas, limitativement énumérés par l'article L.131-4,§2 du CPI, où la rémunération forfaitaire est possible. À défaut, il faudra conclure un contrat de cession de droits d'auteur prévoyant une rémunération proportionnelle aux recettes d'exploitation.

Le lecteur trouvera un modèle de contrat de travail de technicien-réalisateur engagé pour le tournage d'un film de cinéma, qui peut être adopté tel quel pour la télévision et dans ce dernier cas, il faudra ajouter les mentions relatives à la convention collective de la production audiovisuelle.

Le lecteur trouvera également un modèle de contrat de travail pour un technicien autre que le réalisateur.

À l'heure où nous écrivons ce livre, la convention collective du cinéma est encore en négociation avec les organisations syndicales. Dès qu'elle sera signée et applicable, elle figurera dans le complément Internet de cet ouvrage.

@ COMPLÉMENT INTERNET

- *La convention collective audiovisuelle*
- *La convention collective cinéma*

CONTRAT DE TRAVAIL TECHNICIEN - RÉALISATEUR

ENTRE LES SOUSSIGNÉS

Société .... *(nom de la société, forme de la société)* au capital de .... *(capital de la société)*, dont le siège social est .... *(adresse de la société)*, représentée par .... *(nom et qualité du représentant légal de la société ou de la personne ayant reçu pouvoir pour signer),* ci-après dénommée « le Producteur »,

D'une part,

ET

Madame / Monsieur .... *(nom du réalisateur)*, demeurant .... *(adresse du réalisateur)*, N° de Sécurité Sociale : ...., N° de congés spectacles : ...., ci-après dénommé(e) « le Réalisateur »,

D'autre part,

IL A ÉTÉ PRÉALABLEMENT EXPOSÉ CE QUI SUIT :

Le Producteur a le projet de mettre en production une œuvre cinématographique (ou) une œuvre audiovisuelle intitulée provisoirement ou définitivement « .... » *(indiquer l'intitulé)* dont le scénario a été écrit par .... *(indiquer le nom de l'auteur), (selon le cas)* en collaboration avec .... *(indiquer le nom du coauteur) ou (selon le cas)* écrit par le Réalisateur, ci-après dénommé le « Film ».

Le Producteur a souhaité confier la réalisation du Film au Réalisateur.

Les Parties se sont rapprochées et ont fixé, par contrat séparé, les modalités de cession des droits d'auteur afférents à la collaboration du Réalisateur et, par les présentes, les modalités de leur collaboration.

Les principales caractéristiques du Film sont les suivantes :

Version originale : ....

Auteur du scénario : ....

Support de tournage : ....

Support de livraison : ....

Nombre de jours de tournage : ....

Dates prévisionnelles de tournage : ....

IL A PAR LA SUITE ÉTÉ ARRÊTÉ ET CONVENU CE QUI SUIT

ARTICLE 1 - OBJET

Le présent accord a pour objet de régler les conditions de l'engagement du réalisateur en qualité de technicien salarié, pour l'exécution des services techniques et artistiques énumérés ci-après en vue de la production du Film, sous la condition suspensive de la mise en production effective du Film et sous réserve du résultat de la visite médicale.

Le présent contrat constitue dans son intégralité un contrat de travail à durée et objet déterminés conclu en conformité avec les dispositions des articles L.1242-1, L.1242-2 §3 et D1242.1 du Code du travail (ainsi que les dispositions de la convention collective nationale de la production audiovisuelle du 13 décembre 2006 - *s'il s'agit d'une œuvre pour la télévision*). Il n'est donc pas renouvelable par tacite reconduction et cessera de plein droit à son terme, sans préavis ni indemnités.

(Selon l'article L.1242-2 du Code du travail, le contrat d'acteur est en effet un contrat à durée déterminée dit d'usage, car il entre dans la catégorie des emplois pour lesquels, dans certains secteurs d'activité définis par décret, convention collective ou accord collectif, il est d'usage constant de ne pas recourir au contrat de travail à durée indéterminée en raison de la nature de l'activité exercée et du caractère temporaire de ces emplois).

ARTICLE 2 - DURÉE

L'engagement du Réalisateur est conclu en application des dispositions du Code du travail relatives aux contrats de travail à durée déterminée (article L.1242-2 §3) tel qu'indiqué à l'article 1 des présentes.

Le Réalisateur est engagé par les présentes, en qualité de technicien, au statut intermittent du spectacle, du .... *(indiquer la date)* au .... *(indiquer la date)*. Le contrat prendra donc fin automatiquement fin à cette date. Le contrat est conclu conformément aux usages de la production cinématographique [ou] conformément aux usages de la production audiovisuelle, pour réaliser les travaux ci-dessous :

- Préparation : .... *(indiquer la date)* au .... *(indiquer la date)*,
- Tournage : .... *(indiquer la date)* au .... *(indiquer la date)*,
- Postproduction : .... *(indiquer la date)* au .... *(indiquer la date)*,

À l'issue du travail de postproduction, la version définitive du Film devra être remise au Producteur entre le .... *(indiquer la date)* et le .... *(indiquer la date)*.

Si les dates de tournage ne sont pas précisément définies par le Producteur, une rédaction alternative peut être adoptée selon l'exemple suivant :

Le Réalisateur est engagé par les présentes en qualité de technicien au statut d'intermittent du spectacle pour une durée minimale de .... *(indiquer le nombre de mois/semaines/jours)* et prenant effet le .... *(indiquer la date)* et expirant le .... *(indiquer la date)*.

Dans le cas où les travaux ci-dessus précisés ne seraient pas achevés à cette date, le contrat se poursuivra jusqu'à la fin de ceux-ci et prendra fin automatiquement avec ceux-ci.

ARTICLE 3 - LIEUX D'EXÉCUTION

Les travaux définis à l'article 1 ci-dessus seront effectués dans les lieux suivants :

- Préparation : .... *(indiquer la ville et le pays)*
- Tournage : .... *(indiquer la ville et le pays)*
- Postproduction : .... *(indiquer la ville et le pays)*

ARTICLE 4 - RÉMUNÉRATION

a) Le Producteur versera au Réalisateur, en rémunération de son activité de réalisateur-technicien, pour la durée totale du contrat, un salaire brut global et forfaitaire de .... € *(indiquer la somme en lettres).*

(Lorsqu'il s'agit d'un réalisateur pour une œuvre de télévision, sa rémunération ne peut être inférieure aux barèmes précisés par la convention collective de la production audiovisuelle.)

Cette rémunération sera réglée en .... échéances mensuelles de .... euros du .... au.................................... *(par exemple).*

Ou :

Cette rémunération sera payée selon l'échéancier suivant : ....

(Indiquer l'échéancier convenu).

Ces rémunérations comprennent les éventuels dépassements d'horaires de travail et planning de travail.

Ce salaire a été fixé d'un commun accord entre les Parties et il a été entendu qu'il ne pourra subir aucun changement en augmentation ou en diminution jusqu'à l'expiration du contrat ou de sa prorogation éventuelle, nonobstant toute disposition légale ou réglementaire.

b) Le salaire déterminé ci-dessus sera soumis à la déduction des charges sociales.

(Il est d'usage, pour ce qui concerne le salaire dû au réalisateur en sa qualité de technicien, de prévoir des règlements échelonnés pendant toute la durée de son travail effectif en tant que technicien, c'est-à-dire, en fait, pendant la période de préparation proprement dite du film, pendant le tournage, puis pendant la période de postproduction. On peut donc soit diviser le montant du salaire par le nombre de semaines prévues et prévoir un règlement chaque fin de semaine (voir exemple 1 ci-dessous), soit (selon la durée envisagée) procéder de la même façon, mais par mois, soit encore prévoir les échéances aux grandes étapes du tournage (voir exemple 2 ci-dessous).

Exemple 1 : Diviser le salaire brut sur la période couvrant à la fois la fois la préparation, le tournage et la postproduction, soit en moyenne 20 semaines soit 20 échéances hebdomadaires de .... à compter du .... Ces échéances sont fixées sous réserve du respect du plan de travail accepté par le Producteur. En cas de retard, les échéances seront décalées d'autant.

Exemple 2 : Diviser le salaire brut par les principales échéances de la fabrication du film (ici 7 échéances)

.... *euros à la signature du présent contrat ;*

.... *euros le premier jour de préparation ;*

.... *euros le premier jour de tournage ;*

.... *euros le dernier jour de tournage ;*

.... *euros à l'achèvement du montage ;*

.... *euros au moment du mixage,*

.... *euros à la livraison de la copie standard du film.*

Il est par ailleurs possible, dans un cas comme celui-ci, que le réalisateur souhaite voir figurer dans l'échéancier des « dates butoirs » par exemple « le premier jour de tournage du film et au plus tard, lè « ... » Attention, une telle clause signifie que quoi qu'il arrive, et même si le tournage est repoussé ou interrompu, l'échéance devra être réglée à la date prévue. Une telle clause doit donc être maniée avec prudence, et il convient de l'éviter lorsque l'événement en question dépend uniquement des diligences du réalisateur (exemple : « à l'achèvement du montage du film » : sans date butoir, une telle échéance est une incitation pour le réalisateur à terminer son montage dans les délais prévus, puisque cet achèvement déclenchera le règlement ; en revanche, l'introduction d'une date butoir supprime totalement le caractère incitatif de l'échéance, puisque, que le montage soit terminé ou non, le réalisateur sera réglé à la date prévue.

Cela dit, il est légitime de prévoir de telles dates butoirs lorsque l'événement en question ne dépend pas du réalisateur, car il s'agit alors, à l'inverse du cas précédent, d'une garantie qui lui est donnée contre des retards indépendants de sa volonté (exemple : échéance fixée à la sortie du film en salles).

ARTICLE 5 - DÉPASSEMENT

Il est formellement entendu que le Réalisateur tiendra compte du budget qui lui sera attribué, et qui lui sera communiqué pendant la préparation. Il prendra toutes les dispositions nécessaires pour que celui-ci soit respecté, notamment pendant la préparation, à l'occasion de l'établissement du plan de travail, et modifiera son découpage en accord avec le Producteur, de façon à ramener les dépenses dans les limites du budget, sans que ces modifications puissent réduire la durée prévue du Film.

Dans le cas où l'estimation des dépenses ferait apparaître, en cours de tournage, un dépassement du budget prévu, le Réalisateur s'engage à modifier son plan de travail (y compris les lieux de tournage, les décors, la figuration et les accessoires), en accord avec le Producteur, de façon à ramener les dépenses dans les limites prévues, sans que les modifications puissent réduire la durée initiale du Film, telle que précisée au préambule du présent contrat, et, si cela s'avérait nécessaire, le Réalisateur accepte dès à présent qu'il soit apporté au scénario, en accord avec les auteurs de celui-ci, toutes les modifications jugées utiles par le Producteur pour rester dans les limites du budget prévu.

ARTICLE 6 - ABSENCE

En cas de maladie ou d'accident, le Réalisateur devra prévenir immédiatement la production et lui adresser un certificat médical dans les 48 heures. Le même justificatif devra être transmis dans les mêmes délais en cas d'arrêt prolongé. En cas d'incapacité temporaire ou définitive, il sera alors procédé comme il est dit à l'Article 11 ci-dessous.

ARTICLE 7 - PUBLICITÉ

Les conditions dans lesquelles le nom du réalisateur sera cité au générique du film et dans toute publicité sont fixées dans le contrat « réalisateur-auteur ».

ARTICLE 8 - VOYAGES ET DÉPLACEMENTS

En cas de déplacements effectués avec l'accord du Producteur hors de la région parisienne pour les travaux de préparation, pour des repérages extérieurs ou pour le tournage, tous les frais de voyage en avion, en voiture ou en train seront à la charge du Producteur. Il en sera de même en ce qui concerne les frais de séjour hors région parisienne qui seront pris en charge par le Producteur en tenant compte du standing dû à un Réalisateur de film.

(Ceci est la clause la plus banale, mais, bien évidemment, elle peut être modifiée ou complétée selon ce qui aura été convenu en fonction des spécificités du tournage, ou des demandes du réalisateur : il peut par exemple être précisé que les voyages seront faits, pour le train en 1re classe, pour l'avion « dans la classe la plus favorisée du vol choisi » il peut être prévu un montant journalier de défraiements, une catégorie minimale d'hôtel selon l'endroit où aura lieu le tournage ; on peut également prévoir que le Producteur se réserve d'héberger le réalisateur - en cas de location d'une villa, par exemple -, etc.)

ARTICLE 9 - TRANSPORTS

L'utilisation pour les besoins du travail, du véhicule personnel du Réalisateur se fera à ses risques et périls. Dans cette hypothèse, le Réalisateur garantit, dès maintenant, que ce véhicule est assuré « Affaires » s'il s'en sert pour les besoins du travail, « Personnes transportées » s'il charge autrui.

ARTICLE 10 - ASSURANCES

Le Réalisateur s'engage à présenter au responsable de la production, la carte d'aptitude délivrée annuellement par l'organisme assurant la gestion de la médecine du travail au bénéfice des personnels intermittents du spectacle.

Le Producteur pourra se garantir par toutes assurances et notamment une assurance de production contre toute incapacité physique survenant au réalisateur, et le Réalisateur se soumettra à tous les examens médicaux éventuellement exigés par les compagnies.

En cas d'arrêt de prises de vues à la suite d'un sinistre production ou négatif reconnu comme tel par les assurances et ne provenant pas de l'incapacité physique ou d'une faute du Réalisateur, et qui provoquerait soit l'inaction forcée du Réalisateur jusqu'à la reprise du travail, soit le retournage des scènes précédemment réalisées, le Réalisateur aura droit à une indemnité quotidienne par jour ouvrable après une franchise de cinq jours par sinistre pouvant survenir en cours de production.

L'indemnité quotidienne sera calculée en divisant la rémunération totale prévue par le nombre de jours de tournage prévus. Par ailleurs, cette indemnité quotidienne ne pourra être versée au Réalisateur pendant une durée supérieure à trois mois.

ARTICLE 11 - INCAPACITÉ PHYSIQUE TEMPORAIRE

Si, au cours de cet engagement, le Réalisateur subit une maladie qui retarde la préparation, les prises de vues ou le montage du film, le Producteur n'est pas fondé, de ce fait, à lui demander une indemnité et les sommes qu'il aurait touchées lui resteraient acquises.

Au cas où la maladie du Réalisateur se prolongerait au-delà de huit jours ouvrables, le Producteur pourrait faire poursuivre ou reprendre le travail par un autre réalisateur de son choix (ou bien : par un autre réalisateur choisi d'un commun accord entre le Producteur et le Réalisateur, si ce dernier est dans la capacité de le faire). Dans cette éventualité, les modalités du contrat de cession des droits du Réalisateur en tant qu'auteur resteront bien entendu applicables.

ARTICLE 12 - ÉLECTION DE DOMICILE

À l'effet des présentes, élection de domicile est faite aux adresses visées en tête des présentes.

Fait à ...., le ...., en deux exemplaires,

LE PRODUCTEUR **LE RÉALISATEUR**

CONTRAT DE TRAVAIL DE TECHNICIEN

(CINÉMA - TÉLÉVISION)

GÉNÉRALITÉS

Pour ces contrats, on se reportera utilement aux généralités relatives aux contrats de travail des techniciens.

ENTRE LES SOUSSIGNÉS

Société .... *(nom de la société, forme de la société)* au capital de .... *(capital de la société),* dont le siège social est .... *(adresse de la société),* représentée par .... *(nom et qualité du représentant légal de la société ou de la personne ayant reçu pouvoir pour signer),* immatriculation URSSAF ...., ci-après le « Producteur »,

D'une part,

ET

Madame/Monsieur ...., demeurant ...., date et lieu de naissance : ...., nationalité ...., numéro de Sécurité Sociale ...., Numéro Congés spectacles ...., Carte CNC ...., date de visite médicale ....ci-après dénommé le « Salarié »,

D'autre part

IL A ÉTÉ ARRÊTÉ ET CONVENU CE QUI SUIT

ARTICLE 1 - OBJET

Le présent contrat est conclu pour pourvoir l'emploi de : .... *(indiquer le poste, la qualification et le statut occupé avec précision).*

Dans le cadre du .... *(indiquer les circonstances et l'objet de l'emploi : par exemple, dans le cadre de la production du film intitulé provisoirement ou définitivement .... et écrit/coécrit par .... et (ou) réalisé par ....).*

Le présent contrat constitue dans son intégralité un contrat de travail à durée et objet déterminés conclu en conformité avec les dispositions des articles L.1242-1, L.1242-2 3° et D.1242.1 du Code du travail *(ainsi que les dispositions de la convention collective nationale de la production audiovisuelle du 13 décembre 2006 - s'il s'agit d'une œuvre pour la télévision).* Il n'est donc pas renouvelable par tacite reconduction et cessera de plein droit à son terme, sans préavis ni indemnités.

ARTICLE 2 - FONCTIONS

En sa qualité de ...., le Salarié devra assurer la mission suivante :

.... *(indiquer avec précision les caractéristiques de la mission du salarié).*

(Dans l'hypothèse où le salarié aurait une activité d'auteur, le Producteur devra impérativement conclure un contrat de cession de droits d'auteur, en plus du contrat de travail, pour acquérir ses droits d'auteur afférents à sa contribution. Le Producteur pourra se reporter à la partie de l'ouvrage consacrée aux contrats d'auteur. Seulement si l'activité du salarié en tant qu'auteur entre dans les cas limitativement énumérés par l'article L.131-4 § 2 du CPI, il sera possible de conclure un contrat de cession de droits d'auteur au forfait. À défaut, il faudra alors signer un contrat de cession de droits d'auteur prévoyant une rémunération proportionnelle.)

ARTICLE 3 - DURÉE

Le présent contrat est conclu pour une durée de .... *(indiquer le nombre de jours/semaines/mois),* jours de .... heures, du .... au ....

Le présent contrat prendra fin automatiquement à l'échéance du terme, soit le ....

ARTICLE 4 - LIEUX D'EXÉCUTION

Les travaux définis à l'article 2 ci-dessus seront effectués dans les lieux suivants .... *(indiquer la ville, le pays, l'adresse).*

ARTICLE 5 - RÉMUNÉRATION

Le Salarié percevra une rémunération brute de .... **€** *(indiquer la somme en lettres) par jour travaillé.*

Un bulletin de paie sera établi à la fin du mois reprenant le décompte exact du nombre de jours effectifs de travail.

Le Producteur délivrera, lors de la remise du bulletin de paie, un bulletin dit de Congés Spectacles correspondant au salaire du mois compris dans la période d'emploi visée par le présent engagement.

ARTICLE 6 - *(SELON LE CAS)* PUBLICITÉ

Votre nom sera mentionné au générique de fin du film à la discrétion de la production. La production se réserve toutefois le droit de réaliser une publicité spéciale dite « d'accrochage » ne comportant, par exemple, que le titre du film ou dérivant d'un slogan publicitaire ne permettant pas la mention de votre nom.

ARTICLE 7 - *(SELON LE CAS)* CONVENTION COLLECTIVE APPLICABLE

Le présent contrat est régi par les dispositions de la convention collective de la production audiovisuelle du 13 décembre 2006 ainsi que par les dispositions particulières du présent contrat.

ARTICLE 8 - RETRAITE COMPLÉMENTAIRE ET PRÉVOYANCE

Le Salarié sera affilié à la caisse de retraite complémentaire .... *(indiquer l'adresse).*

ARTICLE 9 - VISITES MÉDICALES

Le Salarié devra, le jour de son embauche ou au plus tard avant la fin de son premier mois d'embauche, présenter sa carte de contrôle médical obligatoire délivrée par la médecine du travail, ou à défaut une attestation de visite et d'aptitude.

Si le Salarié n'a jamais fait l'objet d'une inscription à un centre médical de salarié, il devra le signaler au Producteur qui se chargera d'effectuer les formalités d'inscription.

ARTICLE 10 - OBLIGATIONS PROFESSIONNELLES

Le Salarié déclare n'avoir pris avant la signature du présent engagement, et ne devoir prendre à compter du début et pendant le cours de son exécution, aucun engagement envers qui que ce soit incompatible avec les obligations contractées envers le Producteur.

Il sera tenu de se conformer strictement aux instructions de son supérieur hiérarchique en ce qui concerne, notamment l'horaire, le programme et les conditions de réalisation de son activité.

Le Salarié ne pourra en aucun cas, sauf accord écrit préalable du Producteur, faire usage personnellement ou autoriser des tiers à faire usage des matériels mis à sa disposition et des produits ou prestations nées de sa collaboration avec le Producteur.

L'utilisation technique et commerciale des produits et prestations issus du présent engagement, sera exclusivement réservée au Producteur, sans limitation de durée ou de territoire.

Le Salarié s'engage pendant toute la durée du présent contrat, et même après l'expiration de celui-ci, à respecter une stricte obligation de discrétion et de confidentialité sur le programme en cours de réalisation.

Fait à ....,

Le ....

En deux exemplaires

LE PRODUCTEUR **LE SALARIÉ**

LES CONTRATS DE COPRODUCTION

GÉNÉRALITÉS

Avant d'aborder les différents exemples de contrats de coproduction, il n'est pas inutile de rappeler un certain nombre de principes relatifs au mécanisme juridique de la coproduction.

1. La coproduction est un mécanisme contractuel très fréquent en matière de production audiovisuelle, car elle permet au Producteur d'une œuvre qui ne peut assurer seul la production de cette œuvre, de s'adjoindre un ou plusieurs partenaires : des coproducteurs qui participeront avec lui à la production de l'œuvre en apportant au choix, soit une aide artistique (apport de droits par exemple) soit du financement, soit tout autre type d'apports.

2. Un accord de coproduction est un contrat aux termes duquel une ou plusieurs sociétés établissent les conditions de leur collaboration à la préparation et la production et l'exploitation d'une œuvre audiovisuelle.

3. Le contrat de coproduction, qui est un contrat de nature commerciale, ne répond à aucun formalisme particulier autre que celui du droit des contrats.

Il sera de toutes façons établi par écrit de manière à ce que les conditions du partenariat entre les coproducteurs apparaissent clairement et qu'elles puissent pleinement jouer leurs rôles de « règle du jeu » entre ces derniers.

4. Ce partenariat entre les coproducteurs pourra revêtir plusieurs formes, selon le degré d'implication des différents coproducteurs dans la coproduction.

5. Il existe ainsi différentes catégories de coproduction.

5.1. La coproduction « partenariat »

La coproduction est dite « coproduction-partenariat » lorsque les coproducteurs ont décidé de créer entre eux un véritable partenariat, au sens où chacun des coproducteurs fait un apport, ils se partagent les dépassements de budget, les recettes d'exploitation, et la propriété en indivision des droits et du matériel afférent à l'œuvre.

Ce type de contrat de coproduction est juridiquement qualifié de société en participation, pour peu que les caractéristiques de la société en participation ressortent du contrat, à savoir : une participation aux bénéfices, aux dettes et d'un *affectio societatis (L'affectio societatis signifie la volonté de s'associer entre les partenaires en vue de la réalisation de l'objet de la société en participation)* entre les Producteurs.

Le gérant de la société en participation/ de la coproduction est le Producteur délégué qui représente aux yeux de tiers, la collectivité des coproducteurs. Il est le responsable à l'égard des créanciers des actes et des dettes de la coproduction. Le Producteur délégué est tant pour ses partenaires coproducteurs, que pour ses tiers partenaires, le garant de la bonne fin du film, ce qui signifie de la parfaite livraison du film.

La particularité d'une société en participation, dans le domaine de la production cinématographique est qu'elle est révélée aux yeux des tiers, du fait de son inscription obligatoire aux Registres du Cinéma et de l'Audiovisuel. La société en participation sera qualifiée de société ostensible et les associés (donc les coproducteurs) deviennent solidairement responsables des dettes de la coproduction, y compris les dettes sociales.

Cette solidarité des coproducteurs à l'égard des créanciers de la coproduction permet à ces derniers, en cas de défaillance du Producteur délégué dans le paiement de dettes de la coproduction, d'agir contre l'un quelconque des coproducteurs.

Or, on trouve presque systématiquement dans ces contrats de coproduction / partenariat, une clause stipulant que : « *Les deux Parties conviennent expressément que leur collaboration n'est en aucune façon constitutive d'une Société au sens de la législation française et plus particulièrement d'une société en participation.* »

La valeur de cette clause est tout à fait relative. En effet, le système juridique français soumet la validité et valeur d'une clause d'un contrat à l'appréciation des juridictions. L'hypothèse de la saisine d'un Tribunal en vue de connaître son interprétation de cette clause du contrat de coproduction serait celle où un créancier entendrait se faire payer sa créance par un autre des partenaires de la coproduction plutôt que par le Producteur délégué responsable, car ce dernier serait devenu insolvable par exemple (cas du budget dépassé ou de la mise en liquidation judiciaire de ce Producteur). Il appartiendra alors au juge de vérifier, en analysant l'intégralité des clauses du contrat et la commune intention des Parties, si en fait au regard des trois critères sus indiqués et nonobstant la clause précitée, il ne s'agirait pas en réalité d'une société en participation où les coproducteurs sont solidaires.

Si au terme de l'analyse, il apparaît que ce contrat de coproduction est bien une société en participation, la clause analysée sera réputée non écrite, et le coproducteur concerné sera responsable des dettes de la coproduction.

Le contrat de coproduction/société en participation est régi par les articles 1871 à 1872-2 du Code civil.

Quand il s'agit d'une coproduction-partenariat, les apports des coproducteurs peuvent être constitués en numéraire, en industrie, de droits d'auteur précédemment acquis, de financement de partenaires tiers, du suivi de la fabrication du Film, etc. Ces différents apports sont souvent « panachés ».

Il pourra arriver que le rôle de Producteur délégué soit assuré par deux coproducteurs, on les appelle alors les coproducteurs codélégués.

Ces coproducteurs codélégués se partagent ordinairement les frais généraux et le salaire de Producteur délégué.

Les coproducteurs délégués prévoiront de prendre d'un commun accord, toutes les décisions artistiques, techniques, financières et juridiques relatives à la coproduction, sachant que dans cette hypothèse du partage du pouvoir de décision, ses modalités devront être indiquées avec une très grande précision afin d'éviter toute situation de blocage. À ce titre notamment, devra être indiqué le nom du Producteur codélégué qui en cas de blocage, emportera la décision finale.

Lorsque le partage entre les deux Producteurs est inégal, celui qui fournit la part la plus importante du financement (70 % par exemple) est dit « le Producteur majoritaire », et celui qui amène la part restante (30 % par exemple) est dit « le Producteur minoritaire ». En général, la part de propriété de chacun d'eux est fonction de sa part d'apport à la coproduction. Toutefois, cette règle arithmétique n'est pas intangible et les Parties pourront décider d'un autre partage.

5.2. La coproduction « forfaitaire »

Ce second type de contrat de coproduction fait intervenir un partenaire Producteur (le « coproducteur forfaitaire ») qui se contentera de n'effectuer qu'un investissement financier dans la production de l'œuvre, pour un montant forfaitaire et définitif, fixé à l'avance et insusceptible de varier en fonction du coût définitif du film. Il ne sera pas question de faire supporter au coproducteur forfaitaire un quelconque dépassement du budget. En contrepartie de son apport financier, le coproducteur forfaitaire disposera d'une part de copropriété des droits corporels et incorporels du Film, ainsi que d'une part sur les recettes d'exploitation qui restera invariable.

Dans la catégorie de ces coproducteurs forfaitaires, se trouvent notamment les diffuseurs, les distributeurs qui ont pris le film en distribution et qui consolident leur position de distributeur par celle de coproducteur, et des investisseurs privés de toute nature.

Dans ce type de contrat de coproduction forfaitaire, les clauses peuvent ainsi être libellées :

« Les deux Parties conviennent expressément que leur collaboration n'est en aucune façon constitutive d'une Société au sens de la législation française et plus particulièrement d'une société en participation » ou « le diffuseur (coproducteur) ne pourra en aucune manière être tenu responsable des engagements pris à l'égard des tiers, même si de tels engagements se référaient à la convention de coproduction, sa responsabilité étant strictement limitée au montant de son apport ».

Ces clauses devront refléter la réalité des choses, et c'est à cette condition qu'elles seront donc reconnues comme valides par un tribunal, surtout si les parties ont pris la précaution de préciser dans leur contrat qu'elles n'ont pas la volonté de s'associer (et par conséquent de partager *« l'affectio societatis »*) ni celle de partager un risque commun, ni de partager les éventuelles pertes ou dépassements de budget.

La valeur de cette clause sera en tout état de cause intimement liée à la réalité des faits. Si dans le cadre d'un contrat de coproduction forfaitaire, il existe des clauses qui sous–entendent de la part du coproducteur forfaitaire, un rôle décisionnaire pouvant influencer la production du film, le créancier, qui en aurait eu connaissance grâce à l'inscription du contrat aux RCA lui rendant ce contrat opposable, pourrait se prévaloir de cette solidarité entre coproducteurs.

Aussi, la rédaction de ces contrats de coproductions devra être particulièrement cohérente.

5.3. La coproduction associée

Il existe une troisième catégorie de contrat de coproduction qui permet de traiter tout type d'alliance entre des partenaires qui ne sera ni la véritable collaboration décrite pour le contrat de coproduction partenariat, ni la coproduction forfaitaire de nature essentiellement financière.

Sous cette catégorie de contrat de coproduction associée, il s'agira de traiter juridiquement un apport d'affaires ou la mise en participation d'une partie des droits d'auteur du réalisateur par exemple ou même un apport en numéraire, mais pour lequel le Producteur délégué s'engage à un remboursement prioritaire. Ainsi, les cas de figure où il est possible de faire un contrat de coproduction associée sont innombrables.

La contrepartie de ce qu'on appellera l'apport du coproducteur associé peut être un pourcentage sur les recettes, soit avant amortissement du coût du film, soit après amortissement du coût du film, ou une part de la part du pourcentage du Producteur délégué, ou un nom au générique, ou le droit d'assister au tournage. En fait, toutes les sortes de contrepartie sont envisageables.

Les Parties à un contrat de coproduction associée ont une très grande liberté pour déterminer la contrepartie de l'apport du coproducteur associé.

Un coproducteur associé peut être une personne physique ou une personne morale.

La typologie des contrats de coproduction étant établie, il faut rappeler que les contrats de coproduction sont encore plus que les autres un mode d'emploi de la collaboration entre les Parties. Ils devront traduire de manière très concrète, la règle du jeu entre les coproducteurs, qui aura bien évidemment été longuement discutée et négociée entre eux.

5.4. La coproduction franco-étrangère

Un contrat de coproduction franco-étrangère peut entrer dans l'une des trois catégories susvisées, la seule différence est que la coproduction interviendra entre une société française (ou un groupe de sociétés françaises – le Producteur délégué et ses coproducteurs par exemple [le Groupe Français]) et une société étrangère (ou un groupe de sociétés étrangères [le Groupe étranger]).

La coproduction franco-étrangère répond souvent au régime de la coproduction partenariat comme il a été décrit dans les généralités et exposé dans ledit modèle de contrat, mais d'autres hypothèses sont toujours possibles.

Aussi, les conseils afférents à la rédaction d'un contrat de coproduction qui liera une société française et une société étrangère sont surtout ceux que l'on prodigue en matière de contrats internationaux, dont voici une *check-list* :

5.4.1. S'assurer de la qualité de son partenaire et de vérifier son existence auprès des registres du commerce du pays du coproducteur, de sa solvabilité, et de sa capacité à être et rester un bon partenaire.

5.4.2. Vérifier si un accord de coproduction a été signé par l'État français avec le pays dont le coproducteur étranger est ressortissant.

La coproduction franco-étrangère permet à des Producteurs de pays différents, de bénéficier dans leur pays de mécanismes financiers incitateurs à la production, et de mobiliser chacun dans leurs pays de ces mécanismes financiers.

Les contrats de coproduction franco-étrangère sont passés dans le cadre de traités internationaux que sont les Accords de coproductions (tous les accords de coproductions passés par la France sont listés sur le site Internet du CNC).

La France a signé des accords de coproduction avec les pays suivants : Afrique du sud, Algérie, Allemagne, Argentine, Australie, Autriche, Belgique, Bosnie-Herzégovine, Brésil, Bulgarie, Cameroun, Canada, Chili, Chine, Colombie, Corée, Côte-d'Ivoire, Danemark, Égypte, Espagne, Finlande, Grande-Bretagne, Grèce, Guinée, Géorgie, Hongrie, Inde, Islande, Israël, Italie, Liban, Luxembourg, Macédoine, Maroc, Mexique, Nouvelle-Zélande, Pays-Bas.

Il n'est pas inutile, lorsque l'opportunité de produire avec un coproducteur étranger se présente, de vérifier sur le site du CNC si un accord de coproduction n'aurait pas été signé.

L'intérêt pour un Producteur français de respecter les règles de ces traités est que le film sera considéré comme un film national dans chacun des pays des sociétés coproductrices et donc de bénéficier à l'instar d'un film simplement national, de toutes les règles favorisant la production, la diffusion de films dans le pays visé, ainsi que de bénéficier des diverses aides au financement.

Le contrat de coproduction qui interviendra entre ces deux coproducteurs des pays concernés par l'accord de coproduction devra respecter les dispositions dudit accord de coproduction en termes de participation maximale et minimale des coproducteurs, de lieux de tournage et de postproduction, apport artistique et technique, etc.

5.4.3. Choisir la langue du contrat.

Il s'agira souvent de la langue parlée par les coproducteurs, sachant qu'il est recommandé lorsque le contrat est très dense, très fouillé, quand bien même le coproducteur serait familier de la langue étrangère dans laquelle est écrit le contrat (mais pas forcément de son langage juridique) de faire faire une traduction dudit contrat pour qu'aucune ambiguïté n'existe plus quant aux engagements qu'il pourra prendre à l'égard de son coproducteur.

Il est possible de faire un contrat où les deux versions se présentent sur deux colonnes figurant ensemble dans le même document, ce qui a le mérite de permettre une lecture simultanée des deux versions et donc de rassurer toutes les Parties.

En tout état de cause, il faudra préciser à quelle version se référer en cas de conflit.

5.4.4. Choisir le droit applicable au contrat, sachant que c'est souvent le choix du coproducteur initiateur, leader et majoritaire.

Il arrive qu'aucune des Parties ne réussisse à faire prévaloir le droit de son pays et que les Parties optent pour le droit d'un troisième pays. Dans ce cas, il est utile de connaître les règles de droit du pays choisi et donc de soumettre son contrat à un avocat dudit pays. Cette pratique qui peut avoir le mérite de ne pas départager les parties, sera néanmoins plus coûteuse en termes de frais d'avocat, puisqu'en plus des deux avocats habituels des coproducteurs, chacune des parties devra choisir un autre avocat qui connaît bien le droit applicable au contrat de coproduction pour en vérifier l'adéquation de ses termes.

En tout état de cause, il ne faut surtout pas omettre cette clause du droit applicable, car à défaut et en cas de conflit, les Parties n'auront pas d'autres choix que d'appliquer les règles de droit privé international applicables en matière de conflit de lois (quand plusieurs droits étrangers sont en même temps applicables au contrat), règles qui sont très complexes.

5.4.5. Choisir le tribunal compétent en cas de litige quant à l'exécution ou à l'interprétation du contrat.

C'est souvent le coproducteur initiateur, leader et majoritaire qui choisira la juridiction de son pays. La logique veut qu'il y ait une certaine cohérence entre la juridiction nationale choisie et le droit applicable. Par exemple, les juridictions françaises appliqueront le droit français.

Toutefois, les juridictions françaises par exemple peuvent parfaitement interpréter un contrat rédigé selon les principes juridiques d'un autre droit que le droit français. Dans une telle hypothèse, les Parties au procès devront fournir à ces juridictions françaises un « certificat de coutume »

[défini comme « *une attestation d'un juriste étranger relative à l'existence, au contenu et à l'interprétation d'une loi étrangère. Lorsqu'il y a lieu de faire application d'une loi étrangère d'après la règle des conflits, le plaideur qui entend s'en prévaloir, produit au juge français un certificat de coutume. Les juges ont le pouvoir de vérifier le sens et la portée d'une loi étrangère qu'ils interprètent souverainement* » (in Certificat de coutume Site du Ministère des Affaires étrangères)].

5.4.6. Sur le contenu spécifique du contrat de coproduction.

a) Comme indiqué au point 5.4.2 de cette check-list, certaines des clauses devront respecter les termes de l'accord bilatéral de coproduction qui s'appliquera aux deux coproducteurs, notamment en matière de **partage des droits de propriété et de recettes d'exploitation.**

Sur ce dernier point particulièrement, le contrat contiendra presque systématiquement une clause de partage des recettes où chaque Producteur bénéfice de 100 % des droits d'exploitation et des recettes correspondantes, dans son pays respectif et dans les pays qui peuvent y être associés (par exemple, le coproducteur français se réservera la France et certains territoires francophones comme la Suisse, la Belgique, voire le Canada, et le coproducteur s'il est espagnol, les recettes en Espagne, voire celles dans les pays d'Amérique latine hispanophones) ; la répartition des recettes provenant des autres pays que ceux dont les coproducteurs sont ressortissants, se faisant en adéquation avec leurs apports.

b) **Mentions au générique**

Dans les contrats entre un coproducteur français et un coproducteur étranger, la clause relative à la mention au générique précise que dans chaque pays d'un coproducteur, son nom figure en premier au générique et dans la mention du copyright, pour les autres territoires, le nom du coproducteur majoritaire figure en premier.

5.5. La coproduction avec une chaîne de télévision

Chaque chaîne de télévision a son contrat d'usage. Il n'est donc pas utile d'établir un contrat type qui ne sera d'aucune utilité. On trouvera dans un complément Internet le contrat d'usage de l'ensemble des chaînes de télévision.

@ COMPLÉMENT INTERNET

- *Les contrats d'usage de : TF1, France2, France3, M6, Arte*

AUTRES CONTRATS RELATIFS À LA PRODUCTION

1. Contrat de production exécutive

Le contrat de production exécutive est un contrat qui lie la coproduction (en la personne de la société productrice déléguée) avec un autre Producteur qui sera chargé de prendre en charge la fabrication effective du film et particulièrement son tournage. Il est le mandataire du Producteur délégué et le représente auprès de tous les interlocuteurs.

Il travaille dans le cadre d'un budget fermé qui lui alloué par le Producteur délégué qui comprend notamment sa rémunération. Il garantit le parfait respect des étapes jusqu'à la livraison du film à la date convenue avec le Producteur délégué.

2. Contrat Sofica

Chaque Sofica a son propre contrat, comme pour les chaînes de télévision. Il n'est donc pas utile d'établir un contrat type. On trouvera en complément Internet un contrat d'une SOFICA.

@ COMPLÉMENT INTERNET

- *Contrat d'une SOFICA pour un film de long métrage.*

CONTRAT DE CODÉVELOPPEMENT

GÉNÉRALITÉS

Le contrat de codéveloppement intervient entre deux sociétés de production qui décident de développer ensemble un projet de film (jusqu'au moment où elles pourront prendre la décision soit de (i) coproduire le film, soit (ii) d'abandonner l'idée de coproduire ensemble (soit iii) de céder tout le travail de développement entrepris ensemble à un tiers.

Il s'agira d'un partenariat entre ces deux sociétés et on trouvera quelques similitudes avec les généralités afférentes au contrat de coproduction et plus particulièrement avec le contrat de coproduction partenariat, quant à l'approche et au raisonnement.

Toutefois, il peut y avoir diverses formes de codéveloppement comme il y a plusieurs formes de coproduction. Aussi, on pourra adapter le modèle joint, à l'hypothèse où la participation au codéveloppement sera le fait d'un contractant forfaitaire.

Il est absolument indispensable de négocier en même temps que ce contrat de codéveloppement, le contrat de coproduction qui aura vocation à s'appliquer de facto, lorsque les Parties vont prendre la décision de mettre le film en production.

Le modèle de contrat qui suit est prévu pour un film cinématographique de long métrage, mais peut être adopté tel quel pour n'importe quelle autre œuvre audiovisuelle. Si les grandes lignes de ce contrat sont valables pour n'importe quel type de situation, il est bien entendu adaptable à des cas particuliers.

ENTRE LES SOUSSIGNÉS

Société A, société .... *(type de société)* au capital de ....euros *(montant du capital),* RCS Paris .... *(numéro de registre du commerce),* dont le siège social est à .... *(adresse du siège social),* représentée par monsieur .... *(nom du représentant légal de la société ou de la personne ayant reçu pouvoir pour signer),* ci-après dénommée « Société A »,

d'une part,

ET

Société B, société .... *(type de société)* au capital de .... euros *(montant du capital),* RCS Paris .... *(numéro de registre du commerce),* dont le siège social est à .... *(adresse du siège social),* représentée par monsieur .... *(nom du représentant légal de la société ou de la personne ayant reçu pouvoir pour signer),* ci-après dénommée « Société B », ci-après dénommées ensemble les Parties.

IL EST EXPOSÉ CE QUI SUIT

(Il faut absolument rappeler le contexte du contrat et la chaîne des droits le cas échéant).

1. Société B a entrepris de développer un projet de film de long métrage de fiction destiné à une première exploitation dans les salles de cinéma, provisoirement ou définitivement intitulé .... à partir du roman éponyme de ...., ci-après « le Projet ».

À cet effet, Société B a conclu les contrats suivants :

- par acte en date du ...., la société .... *(nom de l'éditeur du roman)* a consenti à Société B une option en vue de l'acquisition des droits d'adaptation audiovisuelle du roman de .... *(auteur du roman).*
- par acte en date du ...., Société B a souhaité que .... *(nom du scénariste)* adapte et scénarise le roman, et à ce titre, lui a commandé la première version de l'adaptation et du scénario et a pris une option sur la cession de ses droits d'auteur en sa qualité d'adaptateur et de scénariste du projet précité.

2. Société B a déposé cette première version du scénario à la SACD, ce dont il justifie à Société A en lui remettant à la signature des présentes, la photocopie du récépissé de dépôt.

3. L'ensemble des contrats susvisés a été remis à Société A.

4. Société B garantit pouvoir librement disposer des droits résultant des contrats ci-dessus énumérés, droits qui ne sont grevés d'aucune obligation quelconque en faveur d'un tiers. Société B garantit par ailleurs qu'à sa connaissance, aucun litige n'est en cours, ni sur le point de naître, ayant un lien quelconque avec l'un des deux projets envisagés.

Compte tenu de ces déclarations et engagements, Société A s'est déclaré intéressée.

IL A PAR LA SUITE ÉTÉ ARRÊTÉ ET CONVENU CE QUI SUIT

ARTICLE I - OBJET

Le présent contrat a pour objet de fixer les modalités du développement du Projet initié par Société B.

Par développement, on entend tous les travaux permettant d'obtenir la version définitive du scénario, à partir duquel sera tourné le film, ci-après « le Scénario », d'établir le devis de production, le plan de financement, le plan de travail, et choisir le casting, le compositeur, le réalisateur, les chefs de poste, les lieux de tournage, le laboratoire, les costumes, ci-après ensemble « les Pré-préparations ».

ARTICLE 2 - RÔLE DES PARTIES

2.1. Négociation et signature des contrats

Société B négociera et signera seule tous les contrats intervenant pour le développement du Projet, sous réserve de tenir Société A régulièrement informée de ses démarches, et en tout d'état de cause, d'obtenir l'accord écrit de cette dernière préalablement à la signature de tous contrats.

Société A devra soumettre le projet de contrat à Société A par mail à l'adresse ...., qui disposera d'un délai de 72 heures *(le délai pourra être plus long, l'idée est qu'il ne soit pas trop long pour ne pas faire échouer le deal)* pour donner sa position. Passé ce délai et en l'absence de réponse, Société A sera réputée avoir accepté le projet de contrat, et devra l'exécuter aux côtés de Société B.

2.2. Suivi des travaux d'écriture

Société B devra suivre toutes les étapes d'élaboration de la version définitive du Scénario et consulter régulièrement Société A. À cet effet, Société B remettra à Société A, chaque nouvelle version du scénario issu du présent accord, dans les plus brefs délais.

Le Scénario sera livré le ....

2.3. Dossier de développement

Société B créera le dossier de développement qui sera remis aux éventuels partenaires, afin de les convaincre de participer à la production du Projet. Société B s'engage à y apporter le soin le plus professionnel. Le coût de ce dossier de développement est inscrit dans le Budget.

Le dossier de Développement devra être prêt le ....

(Les Parties pourront indiquer à cet endroit à quoi ressemblera un tel dossier : des photos, un storyboard éventuellement, etc.)

2.4. Suivi des Pré-préparations

Société B et Société A établiront ensemble les éléments de Pré-préparations. En cas de désaccord, la voix de Société B est prépondérante.

2.5. Versement des rémunérations et règlement des dépenses de Pré-préparation

Société B procédera aux versements des échéances de paiement dues à l'auteur et aux divers ayants droit le cas échéant, notamment pour exécuter les contrats rappelés en préambule des présentes, ainsi que tout autre paiement résultant de contrats signés ultérieurement en application de l'article 2.1., et réglera toutes les dépenses de Pré-préparations inscrites au Budget.

Société B qui agira sur ce point, en son nom et au nom et pour le compte de Société A, s'engage à ne pas engager des dépenses qui ne figureraient pas au Budget. Si c'était le cas, Société B les supporterait seule et ne pourrait en demander le remboursement de la moitié à Société A.

2.6. D'une manière générale, Société B assumera les responsabilités de l'exécution de tous les travaux de Pré-préparations, mais devra recueillir l'accord préalable écrit (dans les mêmes conditions de délais que prévues au point 2.1. §2) de Société A pour les décisions suivantes :

- la levée de l'option consentie par l'éditeur, étant entendu que d'ores et déjà, les Parties conviennent que l'option sera levée lorsqu'elles prendront la décision de coproduire le film.
- la validation du Scénario définitif du film à tourner.

ARTICLE3-FINANCEMENTDUDÉVELOPPEMENT-COMPTEBANCAIRE

Les Parties financeront par moitié les dépenses nécessaires au développement du Projet dont le budget est annexé aux présentes.

Toutes dépenses autres que celles figurant au Budget devront être préalablement approuvées par la Société A dans les mêmes conditions de délais que prévues au point 2.1. §2.

Société B adressera à Société A des appels de fonds, sous forme de facture portant la TVA en sus, payable à réception.

Société B adressera à première demande de Société A les justificatifs de tout paiement des dépenses indiquées au Budget.

Société B ouvrira un compte bancaire au nom du Film et au nom des Parties, sur lequel seront versés les fonds, et à partir duquel seront payées les factures de Pré-préparations, Société A aura un libre accès à l'état du compte.

Société B tiendra une comptabilité du développement qu'elle remettra à Société A à l'échéance du présent contrat.

ARTICLE 4 - COPROPRIÉTÉ

Au fur et à mesure des paiements, Société A deviendra copropriétaire à concurrence de 50 % de tous droits générés par le développement et notamment, mais non exclusivement ceux afférents à l'écriture du Scénario, ainsi que ceux générés par la création du dossier de Développement, et de tous éléments corporels. La Société A sera également propriétaire de 50 % des droits voisins revenant aux Producteurs, et réciproquement pour la Société B.

ARTICLE 5 - DURÉE DU CONTRAT

Le présent contrat prend effet à la signature des présentes.

Le terme de la phase de développement est fixé à quatre mois, après la remise du Scénario et en tout état de cause au plus tard, le .... qui correspond au jour de la décision quant à la mise en production, ou non, du Film.

Cette date pourra être modifiée d'un commun accord écrit des Parties

ARTICLE 6 - SORT DU DÉVELOPPEMENT

6.1. À l'issue de la phase de développement, les Parties décideront d'engager ou non la production du Film dans les termes du présent article.

6.1.1. Si les Parties décident de produire le Film, le coût du développement sera inclus dans le coût du Film et viendra en déduction de l'apport de Société A et de Société B à la coproduction. Le contrat de coproduction annexé aux présentes deviendra effectif, qui pourra seulement être modifié par un avenant convenu entre les Parties.

(Il ne faudra pas oublier de préciser dans le contrat de coproduction que la copropriété des droits porte tant sur ce qui a été créé et écrit pendant la période de développement, mais que désormais la copropriété porte également sur les droits sur le roman et sur la première version du scénario dont il a été question au préambule du présent contrat.)

6.1.2. Si Société A décide de ne pas participer à la production du Film, et si Société B souhaite au contraire y participer, Société A renoncera à tous droits qu'elle pourrait détenir sur le Film, au profit seul et intégral de Société B dès que Société B aura remboursé à Société A, la totalité de la somme, que cette dernière aura avancée pour le développement du Projet, ce remboursement devant intervenir au plus tard le premier jour de tournage du film.
(C'est une facilité de trésorerie qui est offerte à la Société B, toutefois, Société B ne sera vraiment propriétaire de la part de Société A que quand elle aura tout payé et par conséquent elle n'en disposera qu'assez tard – 1er jour de tournage- et donc elle ne pourra la céder à d'autres partenaires de financement par exemple. La Société B aura donc intérêt à rembourser au plus tôt possible.)

6.1.3. Si Société B décide de ne pas participer à la production du Film, et si Société A souhaite au contraire y participer, Société B renoncera à tous droits que cette dernière pourrait détenir sur le Film au profit seul et intégral de Société A, dès que Société A aura remboursé à Société B la totalité de la somme que cette dernière aura avancée pour le développement du projet, ce remboursement devant intervenir au plus tard le premier jour de tournage du Film.
(C'est une facilité de trésorerie qui est offerte à la Société B, toutefois, Société B ne sera vraiment propriétaire de la part de Société A que quand elle aura tout payé et par conséquent elle n'en disposera qu'assez tard – 1er jour de tournage- et donc elle ne pourra la céder à d'autres partenaires de financement par exemple. La Société B aura donc intérêt à rembourser au plus tôt possible.)

6.1.4. Si les Parties décident conjointement d'abandonner la production du Film, chacune d'elle conservera la charge des dépenses engagées pendant la période de développement du Projet. Par ailleurs, elles rechercheront ensemble un tiers susceptible de racheter les droits afférents au Projet, le prix versé par ce tiers en contrepartie de la cession desdits droits étant réparti à 50/50 entre les Parties.

Les Parties conviennent que si chacune d'elle proposait un repreneur, la préférence serait donnée à la meilleure proposition financière.

ARTICLE 7 - QUALIFICATION

Il est expressément convenu que le présent accord ne pourra en aucun cas être considéré comme une société entre les Parties, la responsabilité de chacune étant limitée aux engagements pris par elle dans le présent accord.
(À propos de cette clause, on se reportera utilement aux observations formulées dans le Contrat de coproduction – généralités – point 5.1.)

ARTICLE 8 - RÉSILIATION

En cas de manquement par l'une ou l'autre des Parties à ses obligations, notamment, mais non exclusivement, à son obligation de contribution financière, et à défaut de régularisation à la suite d'une mise en demeure adressée en lettre recommandée AR par la Partie non défaillante à la Partie défaillante, 8 (huit) jours après sa présentation, le présent accord sera résilié de plein droit et sans aucune formalité. La Partie non défaillante deviendra de facto seule propriétaire des droits incorporels portant sur ce qui aura été créé pendant la période de développement, ainsi que sur les droits afférents à l'option (attention : la propriété des droits sur l'option ne pourra être transférée que si le contrat d'option le permet). La Partie non défaillante sera remboursée des sommes qu'elle aura déjà payées, si le Film est mis en exploitation et sur les Recettes Nettes Part Producteur après amortissement du coût du Film en dernier rang. La Partie non défaillante pourra substituer à la Partie défaillante toute société de son choix.

ARTICLE 9 - LITIGES

Tout litige relatif à l'interprétation ou à l'exécution des présentes sera de la compétence des tribunaux de Paris. La loi applicable est la loi française.
(Nous ne prévoyons pas d'inscription aux Registres du Cinéma et de l'Audiovisuel, compte tenu de la courte durée de vie de ce contrat qui, si le Projet est mis en production, a vocation à disparaître au profit du contrat de coproduction. À défaut il a vocation à disparaître purement et simplement.)

Fait à Paris en deux exemplaires

SOCIÉTÉ A	**SOCIÉTÉ B**
____________	____________

ANNEXE 1 : BUDGET

ANNEXE 2 : CONTRAT DE COPRODUCTION

CONTRAT DE COPRODUCTION « PARTENARIAT »

GÉNÉRALITÉS

Ce contrat de coproduction partenariat exprime les observations qui figurent dans la partie consacrée aux généralités sur les contrats de coproduction.

Ce contrat vaut tant pour les Films de cinéma que pour toute sorte de production audiovisuelle.

ENTRE LES SOUSSIGNÉS

Société A, ... *(type de société)* au capital de .... euros *(montant du capital)* RCS Paris : .... *(numéro de registre du commerce)* dont le siège social est à .... *(adresse du siège social)* représentée par Monsieur .... *(nom du représentant légal de la société ou de la personne ayant reçu pouvoir pour signature),* ci-après dénommée : « Société A »

D'une part,

ET

Société B, ... *(type de société)* au capital de .... euros *(montant du capital)* RCS Paris : .... *(numéro de registre du commerce)* dont le siège social est à .... *(adresse du siège social)* représentée par Monsieur .... *(nom du représentant légal de la société ou de la personne ayant reçu pouvoir pour signature),* ci-après dénommée : « Société B »

D'autre part,

Société A et Société B sont ci-après dénommées ensemble « les Parties » ou « les Coproducteurs »

IL A AU PRÉALABLE ÉTE EXPOSÉ CE QUI SUIT

Le préambule devra indiquer tous les actes et tous les événements qui sont intervenus avant la signature du contrat de coproduction. Notamment lorsque les Parties ont déjà collaboré ensemble dans le cadre d'un contrat de codéveloppement du scénario. L'intérêt de ce préambule doit être le plus exact et exhaustif possible, car de cette manière l'histoire de la préparation de ce Film mené par une des Parties deviendra opposable à l'autre, elle deviendra leur histoire commune.

Par exemple :

1. En date du .... *(jour, mois, année)* Monsieur .... a consenti à Société A une option en vue de l'acquisition des droits qu'il détient en sa qualité d'auteur du scénario d'un Film intitulé provisoirement .... *(titre du Film)* ;

Cette option a été levée le .... *(jour, mois, année)* et le contrat d'auteur annexé à l'option précitée est devenu applicable.

Société B déclare avoir parfaite connaissance des stipulations dudit contrat.

2. *Détailler les événements et actes*

3. Société A et Société B ayant la volonté de coproduire le Film se sont rapprochées.

IL A PAR LA SUITE ÉTÉ CONVENU ET ARRÉTÉ CE QUI SUIT

ARTICLE 1 - OBJET

1.1. Le contrat a pour objet de fixer les modalités de la collaboration entre les Parties pour la préparation, la production et l'exploitation du Film intitulé provisoirement ou définitivement : *« Titre du Film »*, ci-après dénommé « le Film ».

1.2. Les caractéristiques du Film sont :

- L'auteur du scénario est ....

Au jour de la signature du présent contrat, les Parties contresignent la version définitive du Scénario qui sera produite dans le cadre de la présente coproduction.

- Le réalisateur sera : .... *(nom du réalisateur)*
- Les principaux interprètes seront : ....
- Durée du Film : ....
- Etc.

ARTICLE 2 - DURÉE

Le présent contrat entrera en vigueur à compter de sa signature et durera aussi longtemps que le Film pourra être exploité pour le compte commun, dans quelque version que ce soit, jusqu'aux opérations de liquidation de la coproduction.

ARTICLE 3 - APPORTS

Il faut préciser que cet article consacré aux apports sera différent pour chaque coproduction. La précision des apports de chacun est une précision obligatoire dans un contrat de coproduction.

Lorsqu'un des coproducteurs apporte ses droits sur le scénario, celui-ci devient copropriété indivise des deux coproducteurs, selon la répartition prévue au contrat. Les éléments marqués en points 3.1. et 3.2. ne sont que des exemples parmi tant d'autres.

3.1. L'apport de la Société A est constitué des droits afférents au scénario.
L'apport pourrait aussi être constitué du résultat de démarches effectuées par la Société A avant la signature de ce contrat.

3.2. L'apport de la Société B est constitué par la prise en charge des frais de préparation et de production autres que ceux pris en charge par les financements extérieurs pour un montant plafonné de ....
Parmi les apports, il peut y avoir la mise en participation par les Parties de leur part de frais généraux ou de leur rémunération de Producteur, le fonds de soutien, etc.

ARTICLE 4 - PRODUCTION

4.1. Production déléguée

Société B sera le Producteur délégué du Film, étant entendu que toutes les décisions artistiques et techniques seront prises d'un commun accord entre les Parties. En cas de désaccord persistant, la voix de Société B sera prépondérante.

La régie de fabrication du Film, c'est-à-dire l'organisation et l'exécution matérielle de la production du Film sera assurée par Société B, et à ce titre, Société B prendra en charge les :

- préparation du Film, tournage, finitions ;
- préparation des dossiers à présenter aux autorités administratives (agrément d'investissement, agrément complémentaire, visa d'exploitation) ;
- engagement pour le compte de la production des artistes et des techniciens ;
- tenue de la comptabilité des dépenses, sachant que Société A y aura libre accès aux heures ouvrables de bureau et pourra la faire examiner par tout mandataire de son choix, sans préavis.

Les contrats à intervenir avec d'éventuels partenaires et notamment des contrats de coproduction, contrats d'association à la production et contrats de préventes du Film en vue de son financement, etc., seront signés par Société B qui en informera Société A.

Dans le cas d'une coproduction codéléguée on peut prévoir que *« Les contrats à intervenir avec d'éventuels partenaires et notamment des contrats de coproduction, contrats d'association à la production et contrats de préventes du Film en vue de son financement, etc., seront signés conjointement par les Parties, et dans le cas, où une double signature ne serait pas possible, les contrats seront signés par Société B, sous réserve d'avoir obtenu l'accord préalable écrit de Société A.*

Société A s'engage à ne pas refuser son accord lorsque le contrat proposé respectera les intérêts de la coproduction.

Société A s'engage à donner son avis dans un délai de 48 heures, à compter de la réception de la proposition qui lui sera adressée par mail à l'adresse suivante ....
Le défaut de réponse dans le délai susvisé sera considéré comme une acceptation. »

Toujours dans le cadre d'une coproduction codéléguée on peut prévoir : *« En cas de désaccord persistant entre les coproducteurs, la Société A aura une voix prépondérante et décisionnaire. »*

On peut aussi imaginer que lorsque ce partenariat se noue entre une société qui a plus un profil de Producteur artistique et l'autre plus un profil de Producteur exécutif :

« Les décisions d'ordre artistique seront plutôt du ressort du Producteur à profil artistique (Société ....) et les décisions d'ordre plus technique du ressort du Producteur à profil de producteur exécutif (Société......). »

Une copie des contrats conclus avec les principaux interprètes et techniciens (réalisateur, chef décorateur, chef monteur) sera transmise à Société A pour information.

4.2. Production

La date de tournage du Film et sa durée seront fixées d'un commun accord des Parties, sachant qu'en cas de désaccord persistant, voix prépondérante est donnée à Société B.

Le Film sera considéré comme achevé après réalisation du négatif et d'une copie standard ayant reçu le visa de la Commission de contrôle cinématographique.

4.3. Devis de production

(En matière de production de film de long métrage, la définition du coût du film résulté de l'arrêté du 7 février 2011).

Le coût du Film qui comprendra toutes les dépenses nécessaires à sa production telles que précisées ci-après, sera établi par Société B en collaboration avec Société A :

1. Les avances ou minima garantis consentis aux auteurs, réalisateurs, éditeurs, titulaires de droits voisins et tout autre ayant droit en contrepartie de l'acquisition ou autorisation relative aux droits d'auteur et/ou aux droits voisins et, le cas échéant, au droit de la personnalité et, plus généralement, le montant des sommes payées aux différents coauteurs, consultants éventuels et à tous ayants droit ainsi qu'à leurs agents éventuels (y compris licence Dolby, SRD et DTS) ;

2. Le coût de préparation et de production de l'œuvre cinématographique, du (des) film(s)-annonce(s), des *teasers* et *promo-reals,* du *making of* et des bonus, dans la mesure où il serait à la charge du Producteur, y compris le coût du négatif original image et son de l'ensemble du matériel de livraison du film aux différents partenaires contribuant à son financement ainsi que le coût d'acquisition du complément de programme s'il n'est pas fourni par le distributeur ;

3. Toutes les dépenses dues à des tiers (charges sociales et taxes annexes non récupérables et toutes charges et cotisations sociales exclusivement liées ou générées par la production du film comprises) pour collaboration ou prestations relatives à la production de l'œuvre cinématographique, et notamment la rémunération des techniciens, comédiens, du Producteur exécutif ou associé (à la condition qu'il ne fasse pas partie du personnel permanent du Producteur ou d'une société contrôlée par celui-ci au sens de l'article L.233-3 du code de commerce), y compris sous forme différée (mais à l'exclusion de tout intéressement aux recettes de l'œuvre cinématographique après amortissement du coût du film) jusqu'à la clôture du coût de l'œuvre cinématographique ;

4. Les dépenses de toute nature nécessaires à l'accomplissement des obligations du Producteur et de ses coproducteurs étrangers (distributeurs, diffuseurs, éditeurs vidéographiques, vendeurs à l'étranger, festivals, etc.) y compris notamment les frais de fabrication, les frais de livraison de tout matériel, toutes les dépenses relatives à la première copie standard, à la copie échantillon, aux fichiers numériques, aux interpositifs, internégatifs, masters vidéo, aux encodages et à la version internationale sonore de l'œuvre cinématographique et du (des) film(s)-annonce(s) ainsi que les dépenses relatives à la version audiodécrite et aux versions françaises et étrangères

dans la mesure où elles seraient à la charge du Producteur (y compris les versions doublées et sous-titrées) ;

5. Les dépenses de toute nature liées à la production et à la réalisation de la bande originale de l'œuvre cinématographique, qui comprennent les frais de création de la musique originale la composant et le coût d'établissement du master phonographique et/ou numérique, incluant notamment toutes rémunérations des auteurs et compositeurs de la musique originale, les frais d'enregistrement et de mixage de la musique originale et/ou les coûts d'acquisition des droits de reproduction et d'exploitation de musique, notamment préexistantes ;

6. La publicité faite en cours de production de l'œuvre cinématographique (notamment attaché de presse pendant le tournage) à l'exclusion de la publicité effectuée pour le lancement de celle-ci à l'occasion de la sortie dans les divers pays d'exploitation ;

7. La T.V.A. non récupérable, les taxes exigibles lors de la sortie de l'œuvre cinématographique, en application des textes en vigueur, et toutes autres taxes et cotisations à l'occasion de la production à la charge du Producteur et non récupérables, y compris celles qui pourraient être instituées à l'avenir, dont les critères de calcul sont directement liés aux paramètres de production et de préfinancement de l'œuvre cinématographique (CA de préfinancement, masse salariale, taxes et cotisations sur la valeur ajoutée des entreprises s'ils sont liés ou générés par la production du film, etc.) ;

8. Les montants TTC des assurances, notamment des assurances de préproduction et de production, négatif, responsabilité civile, décors, accessoires, etc. et, le cas échéant, de garantie de bonne fin et/ou d'erreurs et omissions ainsi que les coûts des sinistres demeurant à la charge du Producteur après déduction des indemnités d'assurance versées par les assureurs ;

9. Tous les frais d'inscription aux registres du cinéma et de l'audiovisuel concernant l'œuvre cinématographique et les contrats y afférents ;

10. Tous frais juridiques, judiciaires, comptables, de contentieux et d'audit et honoraires liés à la production du film (mais à l'exclusion de tous frais liés à des prestations de production et de recherche de financement), à l'exclusion de ceux résultant d'un comportement fautif avéré et exclusif du Producteur et jugé tel par une décision de justice définitive ayant autorité de la chose jugée en dernier ressort ; ces frais seront intégrés au coût du film jusqu'à la date de clôture de celui-ci ;

11. La rémunération du Producteur délégué (en cela compris la rémunération du Producteur exécutif ou associé s'il fait partie du personnel permanent du Producteur ou d'une société contrôlée par celui-ci au sens de l'article L.233-3 du code de commerce), toutes charges sociales comprises (patronales et salariales), dans la limite de 5 % du coût du film hors ladite rémunération du Producteur délégué et hors frais généraux et frais financiers ; cette rémunération sera réservée Société B ;

12. Les frais généraux dans la limite de 7 % du coût du film, hors lesdits frais généraux et hors rémunérations du Producteur délégué et frais financiers attribués à concurrence de 100 (cent) % à Société B ;
(Dans ce modèle de contrat, on voit que c'est le Producteur délégué qui assume toute la charge de travail de la production. Il voudra donc bénéficier de l'intégralité du poste « frais généraux » du devis. Toutefois, dans une coproduction où la Société A sera amenée à intervenir, il pourrait y avoir un partage de frais généraux entre les Parties. C'est une question de négociation entre les Parties.)

13. Dans la limite de 5 % du coût du film, les frais financiers forfaitisés (selon le mode de calcul suivant : 100 % du coût du film *(y compris la rémunération Producteur et les frais généraux) × 18 mois × (taux EURIBOR 3 mois + 3 %) ; le taux de l'EURIBOR 3 mois retenu sera la moyenne des taux de l'EURIBOR 3 mois publiés entre la date de la demande d'agrément des investissements et la date de la demande d'agrément de la production)* ;

14. Les imprévus seront plafonnés à 10 (dix) %.

Pour ce qui concerne les sommes dues à .... *(nom de l'auteur)* au titre de l'option, en exécution du contrat rappelé dans le préambule, Société B remboursera à Société A, à la signature des présentes, ... % *(en lettre)* des montants réglés par cette dernière à cette date à l'auteur.

4.4. Compte bancaire
Société B ouvrira un compte bancaire au nom du Film (ci-après « le Compte Bancaire ») à la banque .... *(nom de la banque)* et transmettra à Société A les coordonnées du Compte Bancaire.

Société B informera la banque du droit de Société A d'avoir accès aux informations relatives au Compte Bancaire. *(À défaut d'une telle précision, la banque pourra refuser à la Société A l'accès aux comptes bancaires de la production.)*

4.5. Financement
Le plan de financement sera établi d'un commun accord entre les Parties, étant entendu que seront prioritairement affectés à ce financement les montants des préventes, les apports des coproducteurs et des partenaires financiers et toutes autres ressources obtenues.

Le solde des dépenses à financer, compte tenu des financements extérieurs obtenus, sera supporté à concurrence de :

- .... % *(en lettre)* par Société A ;
- .... % *(en lettre)* par Société B.

D'où l'importance pour Société A de surveiller Société B et veiller à ce qu'il n'y ait pas de dépassement, puisque la Société A sera contrainte de le prendre en charge.

Société A et Société B régleront leur quote-part des dépenses leur incombant, selon un échéancier qui sera établi ultérieurement entre les Parties, par virement sur le Compte Bancaire.

Il est entendu qu'en cas de dépassement du devis de production qui n'aurait pas été auparavant validé par Société A, le dépassement sera supporté par Société B seulement, sans que les règles de partage prévues aux présentes soient modifiées. En cas d'économies sans que celles-ci modifient la qualité attendue du Film, elles bénéficieraient à la seule Société B.

Les imprévus non consommés seront partagés entre les Parties selon la règle établie à l'article 5 des présentes.

4.6. Société B fera son affaire personnelle du paiement des créances du Film de telle manière qu'aucune opposition ou saisie de la part de ses créanciers ne puisse faire obstacle aux droits de Société A.

ARTICLE 5 - PARTAGE DE PROPRIÉTÉ DU FILM ET DES RECETTES D'EXPLOITATION

5.1. Les Coproducteurs seront dans la proportion de :

- .... % *(en lettres)* pour Société A
- .... % *(en lettres)* pour Société B

copropriétaires indivis de tous les éléments corporels et incorporels du Film, au fur et à mesure de leur réalisation et notamment des droits d'exploitation de celui-ci, y compris des droits résultant de contrats signés avant le présent contrat et apportés à la coproduction par l'effet de l'article 3 des présentes.

5.2. Les parts de copropriété qui seraient éventuellement accordées à des partenaires extérieurs participant notamment au financement du Film viendront diminuer dans la même proportion que celle mentionnée au 5.1. ci-dessus de la part de chacune des Parties.

5.3. Répartition des produits d'exploitation
Par « produits d'exploitation », il faut entendre les recettes nettes encaissées du fait de l'exploitation du Film et dont la définition figure en annexe aux présentes et toutes primes ou subventions susceptibles d'être allouées aux Producteurs.

La répartition des produits d'exploitation se fera de la façon suivante :

- .... % *(en lettre)* pour Société A
- .... % *(en lettre)* pour Société B

Il est bien convenu que :

- les produits d'exploitation à répartir entre les Parties suivant les proportions susvisées s'entendent comme étant le solde desdits produits après les attributions faites aux partenaires extérieurs, et déduction faite des produits ayant servi au financement du coût ;
- les Parties supporteront, au prorata de leur part, les participations qui seraient accordées à toute personne ayant collaboré à la réalisation, ainsi que les rémunérations qui seraient fonction des résultats d'exploitation.

(Ainsi, on voit que les coproducteurs partenaires sont payés en tout dernier lieu, sachant qu'il peut toujours y avoir d'autres manières d'envisager les choses. Tout est question de négociation entre les Parties.)

ARTICLE 6 - GÉNÉRIQUE ET PUBLICITÉ

La dénomination sociale des Coproducteurs sera mentionnée dans toute publicité et au générique du Film et du film-annonce, y compris dans la mention du copyright, étant entendu d'une manière générale que chaque fois que la dénomination de l'une des Parties figurera en sa qualité de coproducteur, la dénomination de l'autre devra figurer de même et d'une manière (dimensions, caractères couleurs, etc.) identique.
Sur le générique de début, sur l'affiche et dans la mention du copyright, les mentions suivantes figureront dans cet ordre :
Société B et Société A présentent ....
Un Film de ....
Il est logique que le nom du Producteur délégué apparaisse en premier, mais Société A pourrait vouloir apparaître en premier puisque c'est cette société qui est à l'initiative du projet.

ARTICLE 7 - EXPLOITATION DU FILM

Le titre définitif du Film sera arrêté d'un commun accord entre les Parties, sachant que le choix du distributeur sera déterminant.

La distribution du Film dans les salles de cinéma en France sera confiée à une société choisie d'un commun accord entre les Parties, et le contrat de distribution devra être validé par les deux Parties, de manière à ce que ce dernier respecte l'intérêt commun des deux Parties.
Lorsque l'un des coproducteurs est aussi distributeur, ce sera sans doute cette société de distribution qui sera choisie par les Parties. Dans cette hypothèse, le coproducteur non distributeur devra demander, avant signature, communication du projet de contrat de distribution de manière à pouvoir vérifier que les intérêts des deux coproducteurs sont autant préservés que les intérêts du distributeur, et que le coproducteur-distributeur n'est pas en conflit d'intérêts.

ARTICLE 8 - INTERDICTIONS

8.1. Chacune des Parties s'interdit expressément d'accorder à tout tiers aucun droit de gage ou de nantissement, aucune délégation et, plus généralement, de privilège sur les éléments corporels ou incorporels du Film et sur la part des recettes revenant à l'autre Partie en vertu des stipulations ci-dessus.

8.2. Aucune des Parties ne pourra s'adjoindre ou se substituer un tiers coproducteur sans l'accord préalable et écrit de l'autre Partie.

8.3. Les Parties s'interdisent également de rétrocéder à un tiers tout ou partie de leur part sans l'accord préalable de l'autre Partie qui, à condition égale, disposera d'une priorité pour ce rachat.

Pour l'application de ce qui précède, il est convenu que la Partie souhaitant céder tout ou partie de sa part de ses droits sur le Film à un tiers, devra transmettre par écrit, par lettre recommandée AR, à l'autre Partie, les conditions de la cession projetée. L'autre Partie disposera alors d'un délai de huit jours à compter de la présentation de la lettre recommandée AR pour avertir la Partie cédante de son intention de se substituer au tiers acquéreur. À défaut de réponse dans le délai précité, la cession pourra être conclue avec ce dernier aux conditions qu'il aura proposées.

Il est bien entendu qu'en tout état de cause, la Partie cédante restera conjointement et solidairement responsable avec le tiers acquéreur, vis-à-vis de l'autre Partie, de la bonne exécution des clauses et conditions du présent accord.

ARTICLE 9 - INEXÉCUTION

9.1. En cas de défaillance de l'une des Parties dans ses obligations concernant le financement de la production, l'autre Partie aura la faculté, pour éviter que soit mise en péril la fabrication du Film, après mise en demeure par lettre recommandée avec accusé de réception restée sans effet quinze jours après sa présentation, de se substituer ou de lui substituer un tiers, au défaillant en reprenant tout ou partie des droits de ce dernier. Cette substitution, si elle avait lieu, se ferait au prorata du montant non financé par rapport à l'engagement du financement de la Partie défaillante tel qu'il résulte du présent accord, et ce, sous réserve de tous dommages et intérêts complémentaires.

Les droits de la Partie défaillante tels qu'ils apparaissent dans l'article 5, seront réduits en conséquence, sachant que si la défaillance de financement était totale, le présent contrat serait purement et simplement résilié de plein droit dans le délai précisé au paragraphe précédent, sans aucune autre formalité.

9.2. En cas de défaillance totale de la Société A dans son obligation de financement, et nonobstant la résiliation du présent contrat (dans les termes des présentes), la Société B resterait propriétaire de ses droits de propriété intellectuelle afférents au Scénario et au Film et des éléments de propriété corporelle s'ils existent, et de manière plus générale, et Société B deviendrait de facto propriétaire de la part de droits de propriété intellectuelle sur le Scénario et sur le Film appartenant le cas échéant à la Société A, sans préjudice pour la Société B de tous dommages et intérêts.

9.3. En cas de défaillance de Société B dans toutes ses obligations prévues aux présentes, quinze jours après la présentation d'une mise en demeure d'exécuter ses obligations par lettre recommandée avec accusé de réception restée sans effet, le présent contrat sera résilié de plein droit et sans autre formalité. Sa part de propriété et de droits telle que résultant des présentes pourra être reprise par Société A non défaillante, ou par toute autre Société Au choix de Société A, le remboursement de l'investissement de Société B dans la production interviendra au premier euro de Recettes Nettes Part Producteur après amortissement du coût du Film.
(Cette sanction est très lourde de manière à ce que le Producteur délégué exécute parfaitement toutes ses obligations.)

ARTICLE 10

Il est expressément convenu que le présent accord ne pourra en aucun cas être considéré comme une société entre les Parties, la responsabilité de chacune étant limitée aux engagements pris par elle dans le présent accord.
En aucun cas, l'un des coproducteurs ne pourra être tenu pour responsable des engagements pris par l'autre, cette position étant essentielle et déterminante du présent accord.

(Nous avons expliqué dans la partie « généralités sur les contrats de coproduction » que cette clause, lorsqu'elle ne reflète pas la réalité du contrat, sera considérée comme non écrite par le juge. En effet, dans le présent exemple de coproduction, il s'agit d'un vrai partenariat où les conditions de qualification de société en participation sont toutes réunies.)

ARTICLE 11-INSCRIPTIONAUXREGISTRESDELACINÉMATOGRAPHIE ET DE L'AUDIOVISUEL

Les présentes seront inscrites aux Registres de la Cinématographie et de l'Audiovisuel, à la requête de la Partie la plus diligente.

Les frais d'inscription des présentes seront inclus dans le coût de production.

ARTICLE 12 - LITIGES

Tous les différends auxquels le présent contrat pourra donner lieu, notamment au sujet de sa validité, de son interprétation, de son exécution et de sa résiliation, seront du ressort des tribunaux compétents de Paris.

ARTICLE 13 - ÉLECTION DE DOMICILE

Pour l'exécution des présentes, les Parties élisent domicile en leur siège social respectif.

Fait à Paris,

En trois exemplaires,

le ....

SOCIÉTÉ A **SOCIÉTÉ B**

___________ ___________

(Attention : ne pas oublier de joindre à ce contrat la définition des recettes nettes Producteur et celle du coût du film.)

CONTRAT DE COPRODUCTION FORFAITAIRE

GÉNÉRALITÉS

Ce contrat prévu pour un Film de cinéma peut être adapté quasiment tel quel pour un Film de télévision de quelque sorte que soit l'œuvre audiovisuelle considérée.

Le contrat de coproduction forfaitaire intervient le plus souvent entre le Producteur délégué du Film et une société de production ou tout autre type de partenaire, qui veut seulement investir une certaine somme d'argent dans le Film et ne collaborera pas à sa production. Ce contrat devra offrir une protection maximale à l'investisseur, dont le rôle sera purement passif.

Les éléments relatifs au Film, qui ont motivé l'accord du coproducteur forfaitaire, ne pourront jamais être modifiés sans son accord.

Pour le coproducteur forfaitaire, il s'agit de l'acquisition d'une part d'un produit futur et d'en recevoir au plus vite et au mieux des recettes d'exploitation sans être contraint d'investir plus que ce qui a été convenu au contrat.

Toute la rédaction du contrat découle de cette logique.

ENTRE LES SOUSSIGNÉS

Société A, ... *(type de société)* au capital de .... euros *(montant du capital)*, RCS Paris : .... *(numéro de registre du commerce)* dont le siège social est à .... *(adresse du siège social)* représentée par Monsieur .... *(nom du représentant légal de la société ou de la personne ayant reçu pouvoir pour signature)*, ci-après dénommée : « Le Producteur forfaitaire »

D'une part,

ET

Société B, société .... *(type de société)* au capital de .... euros *(montant du capital)*, RCS Paris .... *(numéro de registre du commerce)* dont le siège social est à .... *(adresse du siège social)*, représentée par Monsieur .... *(nom du représentant légal de la société ou de la personne ayant reçu pouvoir pour signature)*, ci-après dénommée : « Le Producteur »

D'autre part,

Société A et Société B sont ci-après dénommées ensemble « les Parties ».

IL A AU PRÉALABLE ÉTÉ EXPOSÉ CE QUI SUIT

1. Le Producteur a l'intention de produire *(un Film de long métrage en 35 mm couleur)* intitulé provisoirement ou définitivement .... *(nom du Film)*, immatriculé aux Registres de la Cinématographie et de l'Audiovisuel sous le n° ....

2. Le Producteur a remis au Producteur forfaitaire le scénario du Film, ci-après « le Scénario » qu'il a validé.

(Le préambule devra être très détaillé et notamment rappellera la chaîne des droits, les raisons qui ont poussé le coproducteur forfaitaire à participer à cet investissement qui ne sera que forfaitaire, etc.)

3. Après discussion les Parties se sont rapprochées.

IL A PAR LA SUITE ÉTÉ ARRÊTÉ ET CONVENU CE QUI SUIT

ARTICLE 1 - OBJET

Le présent contrat a pour objet de fixer les modalités de la coproduction forfaitaire du Film intitulé provisoirement ou définitivement « .... », ci-après dénommé « le Film ».

ARTICLE 2 - CARACTÉRISTIQUES DU FILM

(Le respect de ces caractéristiques est l'essence de l'accord du coproducteur forfaitaire, et on verra que leurs modifications sans accord préalable du Producteur forfaitaire quant à ces changements, expose le Producteur à une résiliation du présent contrat et à un remboursement des sommes payées par le Producteur forfaitaire.)

Les caractéristiques artistiques et techniques essentielles déterminantes du présent accord sont les suivantes :

1. Acteurs principaux : ....
2. Réalisateur : ....
3 Genre du Film : ....
4. Scénario de : ....
5. Durée du Film : .... minutes
6. Début de tournage : .... *(jour, mois, année)*
7. Durée du tournage : .... semaines consécutives
8. Date de livraison de la copie standard version française munie de son visa d'exploitation au plus tard le .... *(jour, mois, année)*
9. Le négatif sera développé et détenu par les laboratoires .... *(nom du laboratoire)*
10. Le devis de production du Film s'élève à environ .... *(somme en chiffres et en lettres).*

Il comprend notamment :

a) Le prix de cession des droits d'auteur
b) les frais de préparation
c) Le coût de production du Film, y compris la charge du négatif et d'un internégatif inversible
d) Le coût d'établissement du Film annonce
e) Les primes d'assurance de production
f) La publicité de production
g) Le coût du complément de programme
h) Les frais généraux fixés à 7 (sept) % du coût du Film
i) La rémunération du Producteur délégué d'un montant de .... €
j) Les frais financiers
k) Les imprévus

Le budget définitif du Film est communiqué au Producteur forfaitaire à la signature des présentes.

ARTICLE 3 - GARANTIES DU PRODUCTEUR

3.1. Le Producteur garantit avoir acquis tous les droits nécessaires à la production et à l'exploitation du Film dans le monde entier et pour tous les modes d'exploitation possibles et garantit les avoir parfaitement exécutés.

Il garantit avoir inscrit aux Registres du Cinéma et de l'Audiovisuel tous les contrats afférents au Film et en justifie au Producteur forfaitaire, au jour de la signature du contrat.

3.2 Le Producteur garantit le Producteur forfaitaire contre tous recours ou actions que pourraient former à un titre quelconque, à l'occasion des droits consentis au Producteur forfaitaire par le présent contrat, les auteurs ou ayants droit, éditeurs, réalisateurs, artistes, interprètes ou exécutants, et d'une manière générale toute personne ayant participé directement ou indirectement à la production ou à la réalisation du Film.

Il garantit de même le Producteur forfaitaire contre tous recours ou action de toute personne qui, bien que n'ayant pas participé à la production ou à la réalisation du Film, serait susceptible de faire valoir un droit quelconque à l'exercice par le Producteur forfaitaire des droits cédés par les présentes.

3.3. Le Producteur déclare et garantit au Producteur forfaitaire avoir réuni un financement suffisant pour couvrir la totalité du coût définitif de production du Film et se porte garant de la bonne fin du Film c'est-à-dire :

(Il s'agit là de la garantie de bonne fin donnée par le Producteur délégué au Producteur forfaitaire. C'est une garantie « matérielle » qui sera complétée par une garantie financière.)

3.4. Le Producteur garantit que le Film obtiendra un visa « tout public ».

(Ce visa est la seule véritable garantie, en l'état actuel de la réglementation, que le Film pourra être acquis par les chaînes non payantes pour un passage en prime time (donc payé plus cher). Si l'on suppose que le Film contiendra certaines scènes qui risquent de poser un problème, on peut indiquer : « (...) excluant tout classement plus restrictif qu'une interdiction aux mineurs de 12 ans ».)

3.5. Le Producteur garantit la livraison du Film pour la date suivante .... et qu'il sera conforme au scénario approuvé et aux déclarations et caractéristiques ci-dessus exposées.

3.6. Le Producteur garantit l'obtention de l'agrément d'investissement et de l'agrément définitif délivrés par le Centre national du cinéma et de l'image animée, l'agrément définitif devant être accordé dans les trois mois de la délivrance du visa de censure.
(L'agrément définitif est une des conditions importantes, dans la mesure où il déclenche le soutien financier.)
(Le Producteur forfaitaire pourra vouloir également recevoir l'assurance que le Producteur a un accord de distribution, seule garantie de ce que Film sortira en salle.)

ARTICLE 4 - ENGAGEMENTS DU PRODUCTEUR FORFAITAIRE

4.1. Le Producteur forfaitaire versera au compte ouvert pour la production du Film, la somme forfaitaire définitive de .... *(somme en chiffres et en lettres),* payable contre réception des factures correspondantes de la façon suivante : .... *(somme en chiffres et en lettres)* à la fin de chacune des .... semaines de tournage, sur présentation des justificatifs attestant que le tournage se déroule dans les conditions prévues.

(Ce paiement par étape est de nature à rassurer le Producteur forfaitaire qui verse au fur et à mesure du bon déroulement du tournage.)

4.2. Ces sommes seront utilisées exclusivement en règlement des dépenses de production du Film.

4.3. Eu égard au caractère forfaitaire et définitif de l'engagement financier du Producteur forfaitaire, en cas de dépassement du coût du Film par rapport au devis garanti par le Producteur, ce dernier aurait seul la charge de l'excédent des dépenses, de telle sorte que le Producteur forfaitaire ne puisse être recherché par qui que ce soit.

Dans une telle hypothèse, le Producteur garantit qu'il remboursera le Producteur forfaitaire et pour la parfaite exécution de cet engagement, délègue au Producteur forfaitaire la part des Recettes Nettes Part Producteur lui revenant, jusqu'à l'apurement de sa dette.

La prise en charge par le Producteur de tels dépassements ne pourra entraîner une quelconque modification de la quote-part des droits corporels, incorporels ou droits aux recettes dont le Producteur forfaitaire bénéficie aux termes du présent contrat.

Cette condition est essentielle et déterminante du présent accord.
(Il s'agit ici de la garantie de bonne fin « financière », complément de celle figurant à l'article 1.)

Dans l'hypothèse où le Producteur, tout en respectant les caractéristiques artistiques du Film, réaliserait une économie par rapport au devis, cette économie lui resterait exclusivement acquise.

ARTICLE 5 - PROPRIÉTÉ

5.1. Le Producteur transfère, pour la durée pour laquelle il est cessionnaire, des droits d'auteurs, y compris tous renouvellements et extensions au Producteur forfaitaire :

- Une quote-part indivise de ....% *(somme en chiffres et en lettres, pour cent)* des droits incorporels et corporels afférents au Film, au fur et à mesure de leur création.
- Une quote-part de l'ensemble des produits à provenir de l'exploitation du Film et (ou) de chacun de ses éléments constitutifs ou dérivés *(merchandising compris)* dans le monde entier, en toutes versions, par tous modes et procédés connus ou inconnus à ce jour.

Par produits, il faut entendre :

- Les Recettes Nettes Part Producteur encaissées, provenant de l'exploitation du Film par tous modes et procédés et en tous formats dans le monde entier, la définition des recettes nettes Producteur figurant en annexe aux présentes *(On peut exclure de*

l'assiette du pourcentage du Producteur, certaines recettes dont celles qui participent du financement du Film) ;
- Les primes, prix et subventions alloués au Film.

Autre exemple :

Il est aussi possible de favoriser un retour sur investissement plus rapide du Producteur forfaitaire en lui réservant un paiement prioritaire de la manière suivante :

Le Producteur forfaitaire aura droit à ....% *(somme en chiffres et en lettres, pour cent)* des produits tels que définis ci-dessus, à compter du premier euro et jusqu'à ce que, par le moyen de ce pourcentage, il ait encaissé une somme de ....€ *(somme en chiffres euros H.T. et en lettres euros hors taxes) (ce peut être la totalité ou une partie de son investissement).*

S'il s'agit d'un remboursement partiel, on ajoutera :

Après encaissement de ce montant, le Producteur forfaitaire aura droit à .... % *(somme en chiffres et en lettres) (pour cent)* des produits ultérieurs, et ce jusqu'à encaissement par lui d'une somme supplémentaire de .... € *(somme en chiffres euros H.T. et en lettres euros hors taxes).*

Après encaissement de ces montants, le Producteur forfaitaire aura droit à .... % *(somme en chiffres et en lettres) (pour cent)* des produits ultérieurs sans limitation de durée. *On peut prévoir également que le Producteur forfaitaire ait droit, dans la même proportion, aux sommes provenant de la musique et prévoir par exemple que ce droit à ces recettes puisse s'arrêter dès la récupération de son investissement.*

5.2. Dans la mesure où les sommes provenant de l'édition et (ou) de l'exploitation de la musique originale du Film reviendraient au Producteur, le Producteur percevra sa quote-part de recettes, telle qu'indiquée au point 5.1. ci-dessus, sachant que le Producteur sera seul propriétaire des droits de propriété incorporelle et corporelle afférents à la musique originale du Film.

5.3. Toutefois, et par exception à ce qui précède, il est convenu que le montant de ..... euros versé par la chaîne cryptée et la chaîne généraliste au titre de la cession des droits de diffusion du Film, pour un passage sur ses antennes (c'est un cas très fréquent), ainsi que le minimum garanti de .... euros versé par .... *(nom distributeur),* distributeur du Film en salles en France, sont inclus dans le financement du Film, et de ce fait exclus des recettes nettes Producteur à répartir.
(Par cette clause, le Producteur informe le coproducteur forfaitaire que certaines sommes sont exclues de l'assiette des recettes à partager, si le Producteur ne l'avait pas mentionné le Producteur forfaitaire pourrait réclamer sa quote-part sur ces minima garantis ou droit d'antenne.)

5.4. Disposant de sa part de recettes présentement cédée en pleine propriété, le Producteur forfaitaire pourra encaisser cette part seul et directement auprès de tous tiers détenteurs et débiteurs, hors la présence et sans le concours du Producteur.
(Ce mécanisme est celui de la délégation, qui est une précaution utile pour le Producteur forfaitaire, lorsqu'il souhaite que sa part de recettes ne transite pas par les comptes du Producteur délégué (retards répétés de paiement, risque de voir une banque conserver 100 % des recettes pour combler un découvert, etc.)

5.5. En tant que de besoin il est précisé que le Producteur forfaitaire supportera sur sa part de recettes, et à due concurrence, les rémunérations proportionnelles aux recettes accordées aux auteurs telles qu'elles résultent des contrats signés avec ces derniers, ainsi que celles accordées aux artistes-interprètes, le cas échéant.
(Il est normal que le Producteur forfaitaire, qui est payé sur les Recettes Nettes Part Producteur, supporte les paiements dus sur des recettes brutes, ce qui est le cas de la rémunération de l'Auteur, et toutes les sommes qui doivent être payées avant son rang de perception.
En revanche, pour éviter de mauvaises surprises, il est conseillé au Producteur forfaitaire de se faire communiquer tous les contrats qui ont été signés avant le sien, et pour le paiement desquels il lui est demandé de céder son rang de priorité.)

ARTICLE 6 - DURÉE

6.1. Le présent contrat est signé pour toute la durée de la production et de l'exploitation du Film, qui est en fonction de la durée des droits d'auteur acquis par le Producteur.

6.2. Il est précisé que postérieurement à l'expiration des droits d'auteur acquis par le Producteur, les Parties resteront copropriétaires indivis des éléments corporels du Film et notamment du négatif dans les proportions indiquées ci-dessus à l'article 5.1. et continueront à être propriétaires des recettes résiduelles qui pourraient provenir de l'exploitation du Film ou de ses éléments, dans lesdites proportions.

6.3. Dans l'hypothèse où le Producteur obtiendrait l'extension ou un renouvellement des droits d'auteur en contrepartie du versement d'une somme ou d'une rémunération proportionnelle aux recettes, la charge de cette prorogation ou renouvellement serait assumée par les deux Parties, dans la proportion de leurs droits indivis sur les éléments incorporels du Film, et la quote-part des produits futurs cédés au Producteur forfaitaire continuera à être perçue par ce dernier en toute propriété.

ARTICLE 7

7.1. Le Producteur assumera les fonctions et aura la responsabilité de Producteur délégué, et prendra, à ce titre, toutes décisions relatives à la réalisation du Film, au mieux des intérêts communs, sous son seul nom et sous sa seule responsabilité.

7.2. Le Producteur ne pourra prendre aucune décision ayant pour objet de modifier les éléments approuvés par le Producteur forfaitaire et notamment le scénario. Le Producteur informera le Producteur forfaitaire de toute modification dans le budget et le financement.

7.3. Le Producteur forfaitaire ne pourra prendre aucune décision relative à la production ou à l'exploitation du Film.
(Le fait qu'il soit précisé ici que le Producteur forfaitaire ne prend aucune décision est très important, car c'est particulièrement grâce à cette clause que le présent contrat échappera à la qualification de société en participation et que le Producteur forfaitaire ne pourra pas être considéré comme solidaire des décisions et des actes des autres Producteurs et des dettes de la coproduction.)

La bande-annonce, ainsi que la maquette de l'affiche, seront transmises au Producteur forfaitaire pour information.

7.4. Le Producteur forfaitaire pourra déléguer des représentants pour suivre le tournage, assister aux projections, visionner le montage avant mixage pour s'assurer que le Film réalisé correspond au projet soumis, et exercer enfin tous contrôles des livres et documents comptables et de tous justificatifs de dépenses, qu'il s'agisse de la production ou de l'exploitation. Si les contrôles faisaient ressortir une erreur de 5 % (cinq pour cent) ou plus par rapport aux recettes annoncées, le coût de toute opération de contrôle initiée par le Producteur forfaitaire devrait lui être remboursé sur simple demande.

7.5. Le Producteur adressera quotidiennement au Producteur forfaitaire durant le tournage un exemplaire des feuilles de service et le rapport de tournage de la scripte (rapport de production) ainsi que, sur demande, la situation financière établie par l'administrateur de production. Le Producteur devra remettre immédiatement au Producteur forfaitaire, copie de tous contrats, comptes de recettes, etc.

7.6. Le Producteur forfaitaire pourra déléguer un représentant dûment accrédité, qui aura accès par lui-même ou tous mandataires, aux lieux de tournage et montage, comme à tous les livres comptables, documents justificatifs, etc.

ARTICLE 8

Le Producteur s'interdit d'accorder à tout tiers aucun droit de gage ou de nantissement sur le Film et ses éléments constitutifs, sans l'accord du Producteur forfaitaire.

Il s'engage en outre à ne consentir aucun droit ni sûreté qui pourraient faire échec ou gêner le bon exercice des droits présentement reconnus au Producteur forfaitaire.

ARTICLE 9 - EXPLOITATION

Si une ou plusieurs sociétés chargées de l'exploitation sont connues au moment de l'établissement du contrat, car un contrat a été passé avec elle, vous pourrez indiquer leur nom. Sinon prévoyez qu'elles seront choisies d'un commun accord.

9.1. Le distributeur du Film dans les salles de cinéma en France, Monaco, Andorre sera .... *(nom distributeur).*

9.2. .... *(nom chaîne TV)*, qui sera par ailleurs coproducteur du Film, acquerra les droits de diffusion du premier passage par télévision non payante sur ses antennes.

L'exploitation ultérieure du Film par télédiffusion en France, Monaco, DOM-TOM, sera confiée à .... *(nom du vendeur).*

9.3. .... *(nom du vendeur)* sera également chargé de l'exploitation du Film, par vente ou location du Film sur support vidéo aux simples particuliers, pour leur usage privé en France, ainsi que de l'exploitation par tous modes et procédés dans le reste du monde.

9.4. La tenue de la comptabilité d'exploitation du Film (vérification des comptes adressés par les tiers chargés de l'exploitation, encaissement des recettes et répartition entre les différents coproducteurs et ayants droit (auteur, acteurs, CNC en cas d'avance sur recettes, etc.)), sera assurée par le Producteur, qui s'engage à agir toujours au mieux de l'intérêt commun des Parties.

Le Producteur communiquera au Producteur forfaitaire les résultats de l'exploitation du Film par périodes comptables .... *(il convient que la périodicité de reddition des comptes soit la même dans tous les contrats afférents au film, donc elle dépendra de la périodicité de reddition des comptes qui ressort de votre contrat de distribution et de celui du vendeur),* en lui adressant, au plus tard le quarantième jour suivant chaque période ci-dessus déterminée, un compte d'exploitation afférent à la période de référence avec, s'il y a lieu, le montant net lui revenant.

ARTICLE 10 - CRÉDIT

La dénomination sociale du Producteur forfaitaire sera mentionnée dans toute la publicité et au générique du Film, y compris dans la mention du copyright, étant entendu d'une manière générale, qu'à chaque fois que la dénomination de l'une des Parties figurera, la dénomination de l'autre devra figurer de même et d'une manière identique. *(Cette dernière précision peut être enlevée si le Producteur forfaitaire n'est pas un gros investisseur par exemple, et ne peut être placé au même plan que le Producteur délégué du Film qui a pris tous les risques.)*

- 50 cartons d'invitation de deux personnes,
- 5 grandes affiches,
- 10 affichettes,
- 2 jeux de photos d'exploitation,
- 2 DVD si et lorsqu'il aura été procédé à l'édition du Film sur ce support.

ARTICLE 11 - ASSURANCES

Le Producteur garantit au Producteur forfaitaire que le Film sera assuré contre tous risques « production », couvrant notamment l'indisponibilité totale ou partielle du réalisateur et des principaux interprètes, pendant le tournage, tous risques « négatif », tous risques meubles et accessoires, tous risques « matériel et prises de vues ».

Ces assurances couvriront un montant correspondant aux recettes encaissées pendant la production du Film pour son financement et le versement du solde de leur rémunération ou salaire, du réalisateur et des principaux interprètes.

Les assurances prévoiront, dans tous les cas de sinistre total empêchant l'achèvement du Film, le remboursement à chaque coproducteur de la totalité des sommes investies par lui, étant entendu que le Producteur forfaitaire aura la faculté de procéder à toutes significations aux compagnies d'assurance et d'encaisser seule directement les sommes à lui revenir sans la présence et hors du concours du Producteur.

ARTICLE 12 - RÉTROCESSION

12.1. Chacune des Parties n'est libre de rétrocéder à un tiers tout ou partie du bénéfice du présent contrat qu'en demeurant garant de sa bonne exécution vis-à-vis de l'autre Partie ci, qu'après avoir avisé cette dernière par lettre recommandée avec accusé de réception. *Dans ce cas de coproduction forfaitaire, l'accord du coproducteur n'est pas exigé en cas de rétrocession de tout ou partie de la part de l'autre. En effet, l'intuitu personae est moins important dans ce type de contrat. Pour le Producteur forfaitaire, il n'est pas illégitime qu'il s'assure que celui qui deviendra le Producteur du film soit à même de mener à bien la production te la livraison du Film. Donc ce paragraphe devra être complété par cette assurance.*

12.2. Il est notamment stipulé que, dans le cas où le Producteur s'adjoindrait un ou plusieurs autres coproducteurs, le Producteur ferait son affaire exclusive des rétrocessions de tout ou partie des quotes-parts qu'il aurait ainsi décidé de céder à son ou ses nouveaux partenaires, sans qu'en aucun cas les pourcentages de propriété des droits et des recettes attribués expressément par les présentes au Producteur forfaitaire puissent en être affectés, toute diminution de ceux-ci étant formellement exclue et le Producteur s'engageant à ne consentir aucun droit ou sûreté susceptible de faire échec ou de limiter l'exercice par le Producteur forfaitaire des droits qui lui sont présentement cédés.

ARTICLE 13

Il est expressément convenu que le présent accord ne pourra en aucun cas être considéré comme une société entre les Parties, la responsabilité de chacune étant limitée aux engagements pris par elle dans le présent accord.
Cette position est essentielle et déterminante du présent accord sans laquelle celui-ci n'aurait pas été passé.

ARTICLE 14 - RÉSILIATION

Cette clause exprime la sanction de tout manquement par une des Parties à ses engagements. Pour le Producteur délégué, cette clause pourrait être mise en jeu en cas de modification des caractéristiques du Film.

14.1. En cas d'inexactitude de l'une quelconque des déclarations et garanties données par le Producteur, le Producteur forfaitaire après mise en demeure adressée à la Partie défaillante par lettre recommandée restée sans effet dans les huit jours de sa première présentation, aurait la faculté de considérer le présent accord comme résilié de plein droit, sans formalités, aux torts et griefs de la Partie défaillante. Le Producteur devra rembourser au Producteur forfaitaire, au plus tard 30 jours après la réception de la lettre recommandée susvisée, les sommes qu'il aura versées.

Dans l'hypothèse où la Partie défaillante serait le Producteur forfaitaire et où le Producteur entendrait se prévaloir de cette faculté de résiliation, le présent contrat serait de plein droit résilié, et le Producteur gardera à titre d'indemnité forfaitaire le bénéfice des sommes déjà versées.

14.2. À la sûreté et garantie du remboursement au Producteur forfaitaire desdites sommes, le Producteur confère au Producteur forfaitaire, un nantissement de premier rang sur les éléments corporels et incorporels du Film et une délégation sur les Recettes Nettes Part Producteur provenant de son exploitation.

Ce nantissement et cette délégation continueront à produire tous leurs effets en cas de résiliation du présent contrat.

Les laboratoires chargés des travaux de production seront avisés de ce nantissement et constitués tiers détenteurs du négatif et de tous les éléments corporels du Film.

Il est expressément convenu que le Producteur forfaitaire en donnera mainlevée, sur demande du Producteur, lors de la livraison de la copie standard munie de son visa de censure, concrétisant la bonne fin du Film dans le respect de toutes les conditions prévues par le présent accord.

ARTICLE 15 - INSCRIPTION

Le présent contrat sera enregistré aux Registres de la Cinématographie et de l'Audiovisuel par le Producteur dans les huit jours de sa signature, et les frais d'enregistrement seront portés au compte de la production. Le Producteur en justifiera à première demande du Producteur forfaitaire.
Cette publicité est importante pour le Producteur forfaitaire, car de cette manière les tiers connaîtront le caractère forfaitaire de cette production et l'absence de responsabilité du Producteur forfaitaire vis-à-vis des tiers et des créanciers du Film.

ARTICLE 16

Les Parties élisent domicile en leurs sièges sociaux respectifs.

ARTICLE 17

Toutes difficultés portant sur l'interprétation ou l'exécution des présentes sont de la compétence exclusive des tribunaux de Paris.

Fait à Paris,

En trois exemplaires

Le ....

SOCIÉTÉ **SOCIÉTÉ B**

__________ __________

(Attention : ne pas oublier de joindre à ce contrat la définition des Recettes Nettes Part Producteur et celle du coût du film.)

CONTRAT DE COPRODUCTION FINANCIÈRE

GÉNÉRALITÉS

Le contrat de coproduction financière entre dans la catégorie des contrats de coproduction associée.

Les schémas dans lesquels il intervient peuvent être les suivants :

(i) le Producteur peut avoir déjà réuni un financement classique (apport au travers d'une coproduction étrangère, mandat de distribution avec minimum garanti, contrat de préachat d'un diffuseur, etc.), mais qui reste insuffisant aussi, le Producteur de l'œuvre recherchera un financement complémentaire auprès d'investisseurs privés.

(ii) Cette approche auprès d'investisseurs privés peut aussi être la première démarche de recherche de financement du Producteur qui recherchera des fonds pour financer un développement, un pilote, etc. Ils seront les outils permettant de convaincre les investisseurs professionnels du secteur à participer à son projet.

Dans ce type de contrat, les investisseurs financiers ne se voient accorder aucun droit de propriété sur l'œuvre, mais seulement un droit à recettes sur une partie seulement des recettes revenant au producteur (un « couloir »).

Dans ce type de contrat, les parties ont une grande liberté pour établir les clauses de retour sur investissement, et ce qui est proposé ici n'est qu'un seul exemple.

ENTRE LES SOUSSIGNÉS

.... *(nom de la société, forme de la société)* au capital de .... *(capital de la société),* dont le siège social est .... *(adresse de la société),* représentée par .... *(nom et qualité du signataire. si ce n'est pas le représentant légal, ex-gérant ou PDG, indiquer « ayant tous pouvoirs à cet effet »),* ci-après dénommée « le Producteur »,

d'une part,

ET

.... *(nom de la société, forme de la société)* au capital de .... *(capital de la société),* dont le siège social est .... *(adresse de la société),* représentée par .... *(nom et qualité du signataire. si ce n'est pas le représentant légal, ex-gérant ou PDG, indiquer « ayant tous pouvoirs à cet effet »),* ci-après dénommée « le Contractant »

d'autre part.

IL AU PRÉALABLE ÉTÉ EXPOSÉ CE QUI SUIT :

1. Le Producteur a l'intention de produire une œuvre audiovisuelle *(on donnera toutes les caractéristiques de l'œuvre sachant que ce contrat peut convenir pour le financement de tout type d'œuvre),* intitulée provisoirement ou définitivement :

« .... », ci-après dénommée « l'Œuvre»

2. Les caractéristiques de l'Œuvre sont :

Genre :

Durée :

Scénariste :

Réalisateur :

Casting principal : *(il est sage à ce stade de caractériser le casting par exemple en indiquant seulement « casting de premier plan » qui permet in fine de pouvoir remplacer un acteur de premier plan par un autre de même « valeur »)*

Etc.

(Comme il s'agit d'une coproduction financière, le Producteur financier doit être certain que ces caractéristiques principales de l'œuvre pour laquelle il va investir des fonds ne seront pas modifiées, aussi, on indique : « Ces conditions sont déterminantes de l'accord du Contractant »)

3. Le Contractant a pris connaissance des caractéristiques de cette Œuvre.

4. Le Contractant s'est montré intéressé pour intervenir dans financement de la production de l'Œuvre.

5. Après discussions, les Parties se sont rapprochées

IL A PAR LA SUITE ÉTÉ ARRÊTÉ ET CONVENU CE QUI SUIT :

ARTICLE 1 – OBJET

Le présent contrat a pour objet de fixer les modalités de la participation financière forfaitaire du Contractant à la production de l'Œuvre.

ARTICLE 2 – GARANTIES DU PRODUCTEUR

(Les garanties dont il s'agit ont principalement trait à l'existence des droits relatifs à l'Œuvre.)

Le Producteur garantit avoir acquis tous les droits nécessaires à la production et à l'exploitation de l'Œuvre dans le monde entier et pour tous les modes d'exploitation possible, et garantit avoir exécuté ses obligations vis-à-vis des ayants droit.

(Il faut savoir que certains producteurs financiers pourront souhaiter des garanties plus importantes dans l'éventualité d'un recours de quiconque qui estimerait ses droits bafoués.)

ARTICLE 3 – ENGAGEMENTS DU CONTRACTANT

3.1. Le Contractant versera au compte ouvert pour la production de l'Œuvre la somme forfaitaire et définitive de ..... *(montant de l'investissement)* euros de la manière suivante :

(Il faut fixer l'échéancier et indiquer les coordonnées de la banque et du compte.)

Cette somme versée par le Contractant sera ci-après dénommée « l'Investissement ».

3.2. Ces sommes seront utilisées exclusivement au règlement des dépenses de production de l'Œuvre, selon le budget joint en annexe 1 des présentes, dont le montant est de ....*(montant du budget)* d'euros HT, ci-après « le Budget ».

Par production, on entend la production de l'Œuvre dans tous ses aspects artistiques (acquisition des droits, fabrication de l'Œuvre sans que cette liste soit exhaustive) tous les aspects administratifs et de financement afférents à la production de l'Œuvre, et les aspects de stratégie marketing accompagnant l'Œuvre, en ce compris tous les outils nécessaires.

3.3. Eu égard au caractère forfaitaire et définitif de l'engagement financier du Contractant visé au point 3.1., en cas de dépassement du Budget par rapport au devis garanti par le Producteur, ce dernier aurait seul la charge de l'excédent des dépenses de telle sorte que le Contractant ne puisse être recherché par qui que ce soit.

La prise en charge par le Producteur de tels dépassements ne pourra entraîner une quelconque modification de la quote-part du droit aux recettes dont le Contractant bénéficie aux termes du présent contrat.

Cette condition est essentielle et déterminante du présent accord.

Dans l'hypothèse où le Producteur tout en respectant les caractéristiques artistiques du Spectacle, réaliserait une économie par rapport au devis, cette économie lui resterait exclusivement acquise.

(Il s'agit très souvent d'un engagement forfaitaire, le Producteur financier entend rarement participer aux dépassements éventuels des coûts de production.)

ARTICLE 4 – ENGAGEMENTS ET GARANTIES DU PRODUCTEUR

4.1. Le Producteur assumera les fonctions et aura la responsabilité de Producteur, et prendra, à ce titre, toutes décisions relatives à la Production de l'Œuvre, au mieux des intérêts communs, sous son seul nom et sa seule responsabilité.

4.2. Le Producteur adressera au Contractant sur demande, la situation financière établie par l'administrateur de production. Sur demande, le Producteur devra remettre immédiatement au Contractant copie de tous contrats, comptes de recettes, etc.

(Cette clause a vocation à rassurer le Producteur financier.)

4.3. Le Producteur s'engage à ne consentir aucun droit ni sûreté qui pourraient faire échec ou gêner le bon exercice des droits présentement reconnus au Contractant

ARTICLE 5 – DROITS À RECETTES AU PROFIT DU CONTRACTANT

5.1. En contrepartie des sommes versées en application de l'article 3.1. ci-dessus, et jusqu'au remboursement du montant de l'Investissement le Producteur transfère au Contractant pour la durée nécessaire à l'exécution des points 5.2. et 5.3. ci-après, une quote-part de *(à compléter : sachant que sur ce point, le Producteur doit garder en tête qu'il y a/aura d'autres coproducteurs auxquels il va aussi consentir une part de recettes, aussi, l'assiette de calcul de la quote-part du Producteur financier pourra ne pas être 100% des recettes, mais un couloir de recettes minoré),* des Recettes nettes HT versées au Producteur et provenant de l'exploitation de l'œuvre (telles que définies ci-après), quelques soient ses modes d'exploitation, dans le monde entier, déductions faites des sommes revenant aux ayants droit, jusqu'à remboursement du montant de l'Investissement.

(Le Producteur peut également minorer encore son risque en n'octroyant une quote-part de recettes au Producteur financier après l'amortissement du coût de l'Œuvre, et notamment après que les autres partenaires « plus classiques » du Producteur auront récupéré leur apport.)

Le montant de cette quote-part sera fonction du montant de l'investissement du Contractant par rapport au besoin de financement tel qu'indiqué à l'article 3.2.ci-dessus.

Par exemple : si le Contractant verse ...... d'euros sur les ..... d'euros du Budget, sa quote-part sera de ....% calculée sur *(portion de l'assiette des recettes réservées au Contractant)* % des Recettes nettes HT versées au Producteur et provenant de l'exploitation de l'Œuvre, soit un total de .... %.

5.2. Après récupération du montant de son investissement, le Contractant continuera à percevoir pendant une durée de ..... (.....) ans, la quote-part telle que déterminée au point 5.1. calculée cette fois sur *(et on là on peut minorer le montant de la précédente assiette fixée au point 5.1. ci-dessus)*......... % des Recettes nettes HT versées au Producteur et provenant de l'exploitation de l'Œuvre.

5.3. Après la période de .... (.....) ans visée au point 5.2. ci-dessus, le Contractant continuera à percevoir sans limitation de durée *(l'absence de limitation de durée est une option seulement, le Producteur pourra parfaitement décider qu'après que le Contractant ait récupéré par exemple trois fois son investissement, il n'a plus droit à des recettes)* jusqu'à l'expiration de la durée de propriété des droits par le Producteur, la quote-part telle que déterminée au point 5.1. calculée sur *(et on là on peut minorer le montant de la précédente assiette fixée au point 5.2. ci-dessus)*........................ % des recettes nettes HT revenant et versées au Producteur.

5.4. Définition des Recettes nettes HT versées au Producteur et provenant de l'exploitation de l'Œuvre : ce sont les recettes brutes HT provenant de l'exploitation de l'Œuvre, diminuées des coûts générés par l'exploitation de l'Œuvre [ces coûts sont les coûts de l'exploitation tels que commission de distribution, coûts de transports, de matériels, d'assurances, taxes, etc.] et diminuées du coût de production restant à la charge du Producteur [ces coûts sont ceux qui ne sont pas couverts par le financement externe i.e. autres que ceux qui viennent du Producteur de l'Œuvre] qui seront versées au Producteur ».

Cela signifie que le Coproducteur financier reçoit des recettes lorsque le film réalise un bénéfice car il est totalement amorti, le Producteur ayant lui-même réussi à couvrir son investissement. De cette manière, le Producteur ne prend aucun risque. Il faut savoir que dans la négociation, le coproducteur financier pourra souhaiter être mieux traité et être plus sûr de récupérer son investissement, tout est encore question de négociation.

5.5. Le Producteur adressera au Contractant un état des Recettes nettes HT versées au Producteur et provenant de l'exploitation de l'Œuvre, une fois par semestre pendant la première année d'exploitation, et une fois par an ensuite accompagné des sommes qui lui seront dues.

ARTICLE 6 – PUBLICITÉ

La dénomination sociale du Contractant sera mentionnée dans toute la publicité de l'Œuvre, comme suit:

Avec la participation financière de ....

Le Producteur s'engage à remettre au Contractant – DVD, ... places *(si c'est un Film)*.

ARTICLE 7 – ASSURANCES

Le Producteur garantit au Contractant que l'Œuvre sera assurée contre tous risques « production », couvrant notamment l'indisponibilité totale ou partielle du metteur en scène et des principaux interprètes et des techniciens pendant le tournage, et de manière générale toute assurance nécessaire

Les assurances prévoiront, dans tous les cas de sinistre total empêchant l'achèvement de l'Œuvre, le remboursement au Contractant de la totalité des sommes investies par lui.

ARTICLE 8 – RÉTROCESSION

Le Producteur pourra rétrocéder à un tiers tout ou partie du bénéfice du présent contrat à condition de demeurer garant de sa bonne exécution vis-à-vis du Contractant et qu'après avoir avisé ce dernier par lettre recommandée avec accusé de réception.

Le Producteur s'engage en tout état de cause à ne rétrocéder le bénéfice du contrat qu'à des sociétés de même degré de solvabilité et de degré de professionnalisme que lui-même.

Dans le cas où le Producteur s'adjoindrait un ou plusieurs autres coproducteurs, le Producteur ferait son affaire exclusive des rétrocessions de tout ou partie des quotes-parts qu'il aurait ainsi décidé de céder à son ou ses nouveaux partenaires, sans qu'en aucun cas les pourcentages des droits à recettes attribués expressément par les présentes au Contractant puissent en être affectés, toute diminution de ceux-ci étant formellement exclue et le Producteur s'engageant à ne consentir aucun droit ou sûreté susceptible de faire échec ou de limiter l'exercice par le Contractant des droits qui lui sont présentement cédés.

ARTICLE 9

Il est expressément convenu que le présent accord ne pourra en aucun cas être considéré comme une société entre les parties, la responsabilité de chacune étant limitée aux engagements pris par elle dans le présent accord.

Cette position est essentielle et déterminante du présent accord sans laquelle celui-ci n'aurait pas été passé.

ARTICLE 10 – ÉLECTION DE DOMICILE

Les parties élisent domicile en leurs sièges sociaux respectifs.

ARTICLE 11 –

(Si c'est un film de long métrage, le Producteur devra inscrire le contrat aux Registres du Cinéma et de l'Audiovisuel.)

ARTICLE – 12 LITIGES

Toute difficulté portant sur l'interprétation ou l'exécution des présentes est de la compétence exclusive des tribunaux de Paris. Le contrat est soumis à la loi française.

Toutefois, les Parties conviennent que tout litige sera en premier lieu soumis à la médiation dans le cadre du règlement de médiation du Centre de Médiation et d'Arbitrage de Paris (CMAP) qui sera saisi par la partie la plus diligente.

Fait à Paris,

En deux exemplaires

Le..............................

PRODUCTEUR **CONTRACTANT**

ANNEXE 1 BUDGET

COPRODUCTION ASSOCIÉE

GÉNÉRALITÉS

Le contrat de production associée est celui qui exprime une association à la production de quiconque, de quelque manière ou pour quelque motif que ce soit.

Le Producteur associé pourra être une personne morale, mais pas forcément une société de production, ou une personne physique qui peut avoir participé à la production en étant apporteur d'affaires, ou en ayant mis à disposition son carnet d'adresses par exemple.

En général, ces Producteurs associés ne bénéficient pas de parts de propriété sur le film, et leur droit aux recettes d'exploitation peut n'exister qu'à compter du moment où le film sera amorti.

Par contre, on prévoira de manière précise des clauses relatives au crédit du Producteur au générique, des clauses relatives aux divers avantages en faveur du Producteur associé tel que le droit d'être invité à la première du film ou de se rendre sur le lieu de tournage qui sont celles qu'on trouve très fréquemment ;

Ce type de contrat recouvre la situation d'un Producteur qui va chercher du « love money », au travers du mécanisme du « crowdfunding » ou « finance participative ».

Il faut se souvenir qu'il y autant de contrats de production associé qu'il y a de situations et que le modèle de contrat proposé dans cet ouvrage n'est qu'un exemple parmi tant d'autres.

ENTRE LES SOUSSIGNÉS

Société A, ... *(type de société)* au capital de .... euros *(montant du capital)*, RCS Paris .... *(numéro de registre du commerce)* dont le siège social est à .... *(adresse du siège social)*, représentée par Monsieur .... *(nom du représentant légal de la société ou de la personne ayant reçu pouvoir pour signature)*, ci-après dénommée : « le Participant » ;

D'une part,

ET

Société B, société .... *(type de société)* au capital de .... euros *(montant du capital)*, RCS Paris .... *(numéro de registre du commerce)* dont le siège social est à .... *(adresse du siège social)*, représentée par Monsieur .... *(nom du représentant légal de la société ou de la personne ayant reçu pouvoir pour signature)*, ci-après dénommée : « le Producteur »

D'autre part,

IL A AU PRÉALABLE ÉTÉ EXPOSÉ CE QUI SUIT

Encore plus particulièrement dans le préambule de ce type de contrat, on expliquera le contexte de la participation du Producteur associé à la coproduction.

Il faudra expliciter les motivations de son intervention et celle de son acceptation par le Producteur délégué.

1. Le Producteur a l'intention de produire un film de long métrage intitulé provisoirement ou définitivement *(nom du film)*, immatriculé aux Registres de la cinématographie et de l'audiovisuel sous le n°............

Le scénario a été écrit par .... et .... à partir du roman de ....
Le réalisateur du film est ....

2. Le Producteur déclare être cessionnaire de tous les droits des auteurs en vue de l'adaptation et de l'exploitation audiovisuelle du scénario, par tous modes et procédés dans le monde entier.

3. Le Participant a indiqué qu'il pourrait mettre à disposition du Producteur tous ses contacts susceptibles d'être intéressés à investir des fonds dans la production du Film, et à ce titre organiser une dizaine de rencontres entre le Producteur et ses contacts, à ses frais. *(Cette intervention constituera ensuite l'apport du Producteur associé dans le contrat.)*

4. Le Producteur a accepté.

5. Après discussions les Parties se sont rapprochées.

IL A PAR LA SUITE ÉTÉ ARRÊTÉ ET CONVENU CE QUI SUIT

ARTICLE 1 - OBJET

Le présent contrat a pour objet de fixer les modalités de la participation du Participant à la production du film intitulé provisoirement ou définitivement :

« .... », ci-après dénommé « le Film »

dont les caractéristiques artistiques et techniques essentielles et déterminantes du présent accord sont les suivantes :

1. Acteurs principaux ....
2. Durée du film : .... minutes
3. Début du tournage : .... *(jour, mois, année)*,
4. Durée du tournage : .... semaines consécutives
5. Date de livraison de la copie standard version française munie de son visa d'exploitation au plus tard le .... *(jour, mois, années)*
6. Le négatif sera développé et détenu par les laboratoires .... *(nom du laboratoire)*
7. Le devis de production du film s'élève à environ .... *(somme en chiffres et en lettres)*

ARTICLE 2 - OBLIGATIONS ET DROITS DU PARTICIPANT

2.1. Obligations

2.1.1. Le Participant s'engage à organiser .... réunions dans des lieux à sa convenance permettant de réunir les personnes de sa connaissance susceptibles de pouvoir investir des fonds permettant de financer la production du Film.

2.1.2. Le Participant prendra à sa seule charge le coût de l'organisation de ses réunions.

Afin que le Producteur puisse y assister, et si cela s'avère possible en compagnie du réalisateur et (ou) des acteurs principaux, le Participant choisira les dates de ces réunions de concert avec le Producteur.

Après chaque réunion, le Participant adressera au Producteur un compte rendu qui mentionnera le nom et les coordonnées des personnes intéressées de manière à ce que le Producteur puisse le contacter et contracter directement avec cette personne.

2.1.3. Le Producteur s'engage à remettre au Participant un dossier de présentation comportant un résumé du Scénario, le CV des scénaristes et du réalisateur, une photo de chacun des acteurs principaux, le budget du Film et le plan de financement, en nombre d'exemplaires suffisant pour pouvoir être distribués lors de ces réunions.

2.1.4. Le Participant est tenu d'organiser les réunions auxquelles il s'est engagé, mais n'est pas tenu au résultat, à savoir d'obtenir de ses invités leur participation au financement du Film.

2.2. Droits

2.2.1. En contrepartie de la parfaite exécution de ses obligations prévues ci-dessus, le Participant sera mentionné au générique de fin du Film de la manière suivante :

« Avec l'aimable participation de .... »

2.2.2. Le Participant sera invité à la fête de fin de tournage ainsi qu'à la première du Film en présence des acteurs avec cinq personnes de son choix.

2.2.3. Le Participant pourra assister au tournage du Film, dans la limite de quatre reprises, et sous réserve d'informer le Producteur de son intention ....jours à l'avance. À cet effet, le Producteur remettra au Participant le plan de travail du Film. Il est entendu que le Participant se rendra sur le lieu de tournage à ses frais et sous sa seule responsabilité.

2.2.4. Le Participant recevra au plus tard le jour de la sortie parisienne du Film :

- 5 cartons d'invitation de deux personnes,
- 1 jeu de photos d'exploitation,
- 1 DVD lorsqu'il aura été procédé à l'édition du film sur ce support.

2.2.5. Le Participant reconnaît qu'il ne sera titulaire d'aucun droit de propriété sur le Film, ni de droits sur les recettes d'exploitation du Film.

ARTICLE 3 - GARANTIES ET ENGAGEMENTS DU PRODUCTEUR

3.1. Le Producteur se porte garant de la bonne fin du Film conforme au scénario approuvé et aux déclarations et caractéristiques ci-dessus exposées, avec tous visas de contrôle nécessaires à l'exploitation excluant tout classement d'interdiction aux mineurs, et de l'obtention de l'agrément d'investissement et de l'agrément définitif délivrés par le Centre national du cinéma et de l'image animée, l'agrément définitif devant être accordé dans les trois mois de la délivrance du visa de censure.

3.2. Le Producteur assumera les fonctions et aura la responsabilité de producteur délégué, et prendra, à ce titre, toutes décisions relatives à la réalisation du Film sous son seul nom et sa seule responsabilité.

Le Producteur pourra prendre toute décision ayant pour objet de modifier les éléments caractéristiques du Film à condition d'en informer le Participant, et de les remplacer par des éléments de même valeur et de même qualité.

3.3. Le Producteur garantit le Participant contre tous recours ou actions que pourraient former à un titre quelconque, à l'occasion des droits consentis au Participant par le présent contrat, les auteurs ou ayants droit, éditeurs, réalisateurs, artistes, interprètes ou exécutants, et d'une manière générale toute personne ayant participé directement ou indirectement à la production ou à la réalisation du film.

3.4. Il garantit de même le Participant contre tous recours ou action de toute personne qui, bien que n'ayant pas participé à la production ou à la réalisation du Film, serait susceptible de faire valoir un droit quelconque à l'exercice par le Participant des droits cédés par les présentes.

ARTICLE 4

Il est expressément convenu que le présent accord ne pourra en aucun cas être considéré comme une société entre les Parties, la responsabilité de chacune étant limitée aux engagements pris par elle dans le présent accord.

Cette position est essentielle et déterminante du présent accord sans laquelle celui-ci n'aurait pas été passé.

ARTICLE 5 - RÉSILIATION

Dans l'hypothèse où le Participant n'organisait aucune des réunions dont les dates auront été convenues avec le Producteur, le présent contrat sera résilié de plein droit et sans formalités.

Le Producteur adressera au Participant une lettre recommandée AR, actant de l'inexistence d'aucune des réunions.

ARTICLE 6

Le présent contrat sera enregistré aux Registres de la Cinématographie et de l'Audiovisuel par le Producteur. Les frais d'enregistrement seront portés au compte de la production.

ARTICLE 7

Les Parties élisent domicile en leurs sièges sociaux respectifs.

ARTICLE 8

Toutes difficultés portant sur l'interprétation ou l'exécution des présentes sont de la compétence exclusive des tribunaux de Paris, lieu d'exécution du présent contrat.

Fait à ....,

En trois exemplaires,

Le ....

LE PARTICIPANT **LE PRODUCTEUR**

_______________ _______________

COPRODUCTION FRANCO-ÉTRANGÈRE

GÉNÉRALITÉS

La coproduction franco-étrangère répond au régime de la coproduction partenariat comme il a été décrit dans les généralités et exposé dans le modèle de contrat ci-après.

Le mécanisme de la coproduction franco-étrangère permet à des producteurs de pays différents, de bénéficier dans leur pays, des mécanismes financiers incitateurs à la production, et de pouvoir mobiliser chacun de ces mécanismes financiers.

Les contrats de coproduction franco-étrangère sont passés dans le cadre de traités internationaux que sont les accords de coproductions (tous les accords de coproductions passés par la France sont listés sur le site Internet du CNC).

L'intérêt de respecter les règles de ces traités est que le film sera considéré comme un film national dans chacun des pays des sociétés coproductrices et bénéficiera, à l'instar d'un film simplement national, de toutes les règles favorisant la production et la diffusion de films dans le pays visé.

Ces contrats de coproduction internationale prévoiront des clauses spécifiques de partage des recettes d'exploitation. Il est, en effet, d'usage que les parties se réservent 100 % des droits d'exploitation et des recettes correspondantes dans leur pays respectif et dans les pays qui peuvent y être associés (par exemple, le coproducteur français se réservera les territoires francophones et la Suisse, voire le Canada, et le coproducteur s'il est espagnol : les recettes en Espagne). Les recettes provenant du reste du monde seront réparties entre les deux coproducteurs en fonction de leur part de recettes telle qu'elles ressortent du contrat de coproduction.

Les coproducteurs de coproductions internationales étant de nationalités différentes, il est fortement recommandé de faire traduire le contrat dans les langues des coproducteurs, pour en permettre une totale compréhension par les deux parties. Il conviendra également que ce soit une traduction établie par un traducteur juré, de manière à éviter tout contresens dans la traduction.

Enfin, une clause essentielle dans les contrats entre Producteurs étrangers est celle de la loi applicable au contrat, et du Tribunal compétent en cas de litige.

Pour le reste, le modèle de contrat de coproduction pourra aussi être utilisé pour établir le contrat de coproduction franco-étrangère.

Dans un même contrat de coproduction il peut y avoir plus de deux coproducteurs et plus de deux nationalités.

@ **COMPLÉMENT INTERNET**

- *Liste des pays signataires d'accord de coproduction avec la France*

ENTRE LES SOUSSIGNÉS

Société A, société .... *(type de société)* au capital de .... euros *(montant du capital)* RCS Paris .... *(numéro de registre du commerce)* dont le siège social est à .... *(adresse du siège social),* représentée par Monsieur .... *(nom du représentant légal de la société ou de la personne ayant reçu pouvoir pour signer),* ci-après dénommée « le Groupe français » ;

D'une part,

ET

Société B, société .... *(type de société)* au capital de .... euros *(montant du capital)* RCS Paris .... *(numéro de registre du commerce)* dont le siège social est à .... *(adresse du siège social),* représentée par Monsieur .... *(Nom du représentant légal de la société ou de la personne ayant reçu pouvoir pour signer),* ci-après dénommée « le Groupe étranger » ;

D'autre part,

Société A et Société B sont dénommées ensemble les Parties ou les Coproducteurs ou les Groupes.

IL A AU PRÉALABLE ÉTÉ EXPOSÉ CE QUI SUIT

(Il faut exposer dans le préambule les circonstances du rapprochement, la chaîne des droits, et toutes les informations nécessaires pour interpréter parfaitement les termes du contrat)

1. Le Groupe français et le Groupe étranger se sont rapprochés afin d'établir les termes d'une coproduction du Film provisoirement ou définitivement intitulé « .... ».

2. Le scénario mentionné a reçu l'approbation sans réserve des Coproducteurs.

3. Chacun des Coproducteurs déclare être régulièrement autorisé par les autorités de son pays à exercer l'activité de producteur de Films de long métrage, et remplir les conditions exigées par lesdites autorités pour coproduire un Film de long métrage avec un producteur d'un autre pays.

4. Il est entendu que le présent accord prévaut sur l'ensemble des actes antérieurement passés. Seules les présentes ainsi que les actes postérieurement passés à compter de ce jour par les Parties seront valables entre elles.

(Cette précision est importante si d'aventure d'autres actes avaient précédé le présent contrat, ce afin d'éviter un conflit entre deux contrats portant sur le même objet)

5. Après discussions, les Parties se sont rapprochées

IL A PAR LA SUITE ÉTÉ ARRÊTÉ ET CONVENU CE QUI SUIT

ARTICLE 1 - OBJET

1.1. Le contrat a pour objet de fixer les modalités de la collaboration entre les Parties pour la préparation, la production et l'exploitation du Film intitulé provisoirement ou définitivement : *« Titre du Film »*, ci-après dénommé « le Film ».

1.2. Les caractéristiques du Film sont :

- L'auteur du scénario est ....,

Au jour de la signature du présent contrat, les Parties contresignent la version définitive du Scénario qui sera produite dans le cadre de la présente coproduction.

- Le réalisateur sera .... *(nom du réalisateur),*
- Les principaux interprètes seront ....,
- Durée du Film ....,
- Etc.

1.3. Le Groupe français et le Groupe étranger conviennent de coproduire le Film dans le cadre du traité de coproduction franco .... signé le ...., à raison de ....% *(en lettre)* pour le Groupe français et de ....% *(en lettre)* pour le Groupe étranger.

En général ces accords de coproduction franco-étrangère fixent un seuil minimum et maximum pour la participation financière de chaque groupe. Aussi, si les coproducteurs veulent bénéficier du statut conféré par l'accord de coproduction, ils doivent respecter les seuils minima et maxima des participations.

ARTICLE 2- DURÉE

Le présent contrat prendra effet à compter du jour de sa signature et perdurera aussi longtemps que le Film pourra être valablement exploité pour le compte commun, dans une quelconque de ses présentations ou versions, et par tous les procédés connus ou à découvrir.

ARTICLE 3 - PROPRIÉTÉ DES DROITS

3.1. Le Groupe français déclare être l'unique et exclusif titulaire des droits de .... *(nom du ou des auteurs français)*, droits permettant la production du Film et son exploitation *(reproduction et représentation)* dans le monde entier, par tous modes d'exploitation en vue de sa communication au public, par tous moyens et tous supports.

À la signature des présentes, le Groupe français remet au Groupe étranger la version française du contrat avec le ou les auteurs à charge pour le Groupe étranger de le faire traduire à ses frais.

3.2. Le Groupe français et le Groupe étranger acquerront d'un commun accord avant le début du tournage du Film tous les autres droits de propriété intellectuelle nécessaires à l'exploitation du Film dans le monde entier.

Chacun des Groupes fournira à l'autre groupe photocopie du ou des contrats d'auteur conclus par lui, ainsi qu'une déclaration originale de la part des auteurs confirmant la cession de leurs droits et plus généralement tous documents nécessaires à chacun des Groupes, notamment en vue du dépôt du dossier à présenter aux autorités administratives de chaque pays.

Toutes les sommes revenant aux auteurs en application des contrats de cession de leurs droits, à l'exception des participations aux produits, seront incluses dans le coût du Film.

On peut prévoir une clause particulière pour les droits de remake quand la participation du Groupe étranger est minime.

« Il est toutefois convenu que par exception à ce qui précède, les droits de remake et de sequel du Film demeurent la propriété exclusive du Groupe français qui pourra en disposer à son seul gré. »

(Ainsi par cette clause, le Groupe français exclut du périmètre de la copropriété un des droits dont il est cessionnaire par l'effet du contrat de cession de droits, car il voudra les exploiter seul)

3.3. Le Groupe français et le Groupe étranger, au fur et à mesure de la production et réalisation du Film seront copropriétaires indivis de tous ses éléments corporels et incorporels dans les proportions prévues dans la présente convention, soit à raison de .... % pour le Groupe français et de .... % pour le Groupe étranger. *(Même proportion qu'indiqué ci-dessus)*

3.4. Chacun des deux Groupes s'interdit pendant toute la durée de la production du Film de prendre tout engagement ou de consentir tout gage ou nantissement sur sa part des éléments corporels et incorporels du Film, qui pourraient entraver la libre disposition par l'autre Groupe de ses propres droits.

ARTICLE 4 - PRODUCTION

4.1. L'organisation de la production sera assurée par le Groupe français, qui est le producteur délégué du Film, étant précisé toutefois que pendant toute la durée de la production, le Groupe étranger pourra librement et à tout moment, exercer un contrôle de cette organisation. Bien que chacun des Groupes soit seul responsable vis-à-vis des tiers des engagements qu'il prend seul, chacun s'interdit de passer tout accord ou de prendre tout engagement sans l'accord préalable écrit de l'autre groupe.

(Ce droit de contrôle octroyé à l'autre Groupe est important, car il va favoriser la confiance entre les Parties)

4.2. Le tournage aura lieu en France et en .... *(pays du coproducteur étranger)*, il débutera en principe le .... *(jour, mois, année)* pour une durée de .... semaines.

Le Film sera tourné en langue française.

Le négatif du Film sera déposé dans le laboratoire français.................................au nom des deux Groupes.

Le plan de travail sera établi par le Groupe français et transmis au Groupe étranger.

Il est précisé que le Groupe étranger pourra visionner, durant le tournage, les rushes réalisés.

Le devis du Film qui est annexé aux présentes est arrêté à la somme de .... *(somme en chiffres euros et en lettres euros)*, soit .... *(somme en chiffres et en lettres de la monnaie du pays concerné).*

La parité utilisée pour le calcul du devis total est de 1....... *(monnaie du pays)* = ... euros. *(Cette clause est importante en matière de contrats internationaux.)*

Il comprend notamment, mais non exclusivement :

- le prix de cession des droits d'auteur,
- le coût de production du Film, y compris le coût du négatif original image et son, et le coût d'un internégatif,
- le coût d'établissement du Film-annonce,
- les frais généraux,
- la rémunération du producteur délégué,
- la rémunération du producteur exécutif *(notamment quand une partie du tournage devra se passer dans le pays du coproducteur étranger et c'est ce dernier qui assurera la production exécutive),*
- les primes d'assurance de préproduction et de production,
- la publicité de production,
- les frais financiers,
- les frais juridiques,
- les imprévus fixés à 10 (dix) %.

La comptabilité de production sera tenue par le Groupe français et sera à la disposition permanente du Groupe étranger qui aura toute faculté de la contrôler.

(Dans l'hypothèse où une partie de la production était faite dans le pays du Groupe étranger, il faudra préciser :

« Pour la partie de la production en (nom du pays), la comptabilité de production sera tenue par le Groupe étranger et sera à la disposition permanente du Groupe français qui aura toute faculté de la contrôler. »)

ARTICLE 5 - FINANCEMENT DE LA PRODUCTION

5.1. Le Groupe français s'engage à financer la production à concurrence de .... *(somme en chiffres et en lettres monnaie du pays étranger euros),* représentant ....% du coût de production du Film.

5.2. Le Groupe étranger s'engage à financer la production à concurrence de .... *(somme en chiffres et en lettres monnaie du pays étranger euros),* représentant ....% du coût de production du Film.

5.3. Ce financement sera payable de la façon suivante : *(Il faut choisir une des possibilités)*

- *Soit :* les Groupes payent des échéances qui seront déterminées d'un commun accord en fonction des besoins tels que ceux-ci figurent au devis du Film tout au long du tournage et de la postproduction du Film sur le compte bancaire ouvert en France par le Groupe français, par voie de virement.
- *Soit :* les Groupes, chacun dans leur pays où les dépenses seront engagées, payent directement les factures qui leurs seront adressées conformément au devis du Film.

5.4. Les Parties conviennent de faire leurs meilleurs efforts pour financer le Film, conformément au plan de financement. En cas d'incapacité à lever les financements nécessaires, les Parties conviendront des réductions nécessaires à apporter au devis du Film afin de pouvoir en lancer la production, étant cependant entendu que si le financement levé était finalement insuffisant pour assurer la production du Film dans de bonnes conditions, les Parties surseoiront à la production du Film, chacune des Parties supportant ses dépenses propres encourues jusqu'à l'arrêt de la production.

5.5. Au cas où, pour quelque raison que ce soit, le coût de production dépasserait le devis de .... euros, ce dépassement serait supporté par le Groupe français à concurrence de .... % et par le Groupe étranger à concurrence de .... %.

En ce qui concerne les dépassements, certains accords franco-étrangers imposent que chacun des coproducteurs y participe au prorata de sa part, d'autres non. C'est un point à vérifier dans le cas d'une coproduction d'un film de cinéma entrant dans l'un de ces accords. En revanche, en dehors des accords franco-étrangers, il règne une plus grande liberté de décision.

5.6. Chacune des Parties pourra s'adjoindre, conformément aux législations nationales et internationales en vigueur, un autre coproducteur national afin de trouver le financement nécessaire à sa propre part, sachant que dans cette hypothèse, les parts données à cet autre coproducteur et (ou) autre partenaire national ne sera pris que sur la part personnelle de la Partie qui sollicite l'autre Coproducteur national. Dans cette hypothèse, chaque Groupe reste seul responsable à l'égard de son partenaire de l'intégralité des obligations qui lui incomberont, résultant du contrat qu'il aura signé.

En outre, les Coproducteurs pourront s'adjoindre tout autre coproducteur et (ou) autres types de partenaires autre que ressortissant des pays des Groupes français et étranger et dans ce cas, les parts de propriété et de recettes attribuées à ce coproducteur et/ou partenaire, seront pris de manière proportionnelle sur la part de chaque Groupe de manière à ce qu'entre Groupe français et Groupe étranger, la répartition des parts de coproduction et de recettes restent dans le même rapport.

5.7. Dans le cas où l'un des deux Groupes ne remplirait pas les obligations de financement mises à sa charge, l'autre Groupe aurait la faculté, après mise en demeure par lettre recommandée restée sans effet dans les quinze jours de sa présentation, de lui substituer automatiquement un coproducteur de même nationalité, les sommes déjà investies par le Coproducteur défaillant étant assimilées à une créance remboursable par voie de recettes d'exploitation et en dernier rang, et après récupération par le Groupe non défaillant du montant de ses apports qu'il aura effectivement versés, et des dommages intérêts réparant le préjudice subi.

Le présent contrat serait de facto résilié aux torts et griefs du Groupe défaillant sans préjudice de tout dommage et intérêts.

(La sanction importante, car le coproducteur défaillant perd à la fois ses droits sur le film, quand bien même il aurait déjà effectué une partie de ses apports, et ne sera remboursé que comme un créancier ordinaire sur les recettes à condition qu'il y ait des recettes.)

ARTICLE 6 - RÉPARTITION DES DROITS ET DES RECETTES NETTES D'EXPLOITATION ET AUTRES PRODUITS

Définition des recettes nettes d'exploitation à partager entre Groupes français et étranger

(On entend les recettes nettes à revenir aux Groupes français et étranger, le reliquat des Recettes Nettes Part Producteur - RNPP- telles que définies en annexe 2 des présentes - après attribution de ces recettes aux divers ayants droit à recette et partenaires de la production du Film.)

6.1. Le Groupe français aura le droit exclusif d'exploitation du Film dans les territoires suivants : France, Monaco, Andorre, Belgique, Luxembourg, Suisse, Liechtenstein, départements et territoires d'outre – mer, territoires francophones d'Afrique, Haïti, île Maurice, navires et avions battant pavillon de ces pays, circuit des ressortissants français en Allemagne.

À ce titre, le Groupe français percevra 100 (cent) % des recettes d'exploitation et tout autre produit provenant de l'exploitation du Film dans son territoire.

Il s'agit là d'un exemple. Pour une coproduction dans le cadre des accords franco-étrangers, il faudra s'assurer qu'il existe un équilibre entre l'importance des territoires accordés à un groupe, et sa part dans le financement. Pour les autres coproductions, le choix des territoires est de la libre décision des Parties.

6.2. Le Groupe étranger aura le droit exclusif d'exploitation du Film dans les territoires suivants : *Pays ayant un lien linguistique avec le Groupe étranger, c'est-à-dire : territoires, navires et avions battant pavillon de ce(s) pays.*

À ce titre, le Groupe étranger percevra 100 (cent) % des recettes d'exploitation et tout autre produit provenant de l'exploitation du Film dans son territoire.

6.3. Les droits d'exploitation et les Recettes Nettes Part Producteur d'exploitations dans les territoires du reste du monde seront répartis de la façon suivante :

- ....% pour le Groupe français ;
- ....% pour le Groupe étranger.

Toutefois, et par exception à ce qui précède, chacun des Groupes s'interdit expressément d'exploiter par lui-même et (ou) de céder ou concéder à tous tiers les droits d'émission ou transmission du Film susceptibles, quel que soit le procédé utilisé, d'être captées en dehors des limites géographiques des territoires qui lui sont réservés, dans une version autre que la version doublée, ou tournée directement, dans la langue officielle du ou desdits territoires.

6.4. Seront attribués à chaque Groupe, de la même façon que les Recettes Nettes d'exploitation, tous les autres produits provenant de l'exploitation ou de la vente du Film, par tous modes et procédés connus ou inconnus à ce jour, qui comprennent notamment toutes les primes, subventions ou aides à la production, etc., qui pourraient être allouées au titre de ce Film, à savoir :

- les produits à provenir des territoires réservés au Groupe français seront attribués à 100 (cent) % à ce dernier ;
- les produits à provenir des territoires réservés au Groupe étranger seront attribués à 100 (cent) % à ce dernier ;
- les produits à provenir du reste du monde seront attribués à chacun des deux groupes,

à raison de............ % pour le Groupe français et .... % pour le Groupe étranger.

En outre, si le Film reçoit un prix dans un festival, non explicitement adressé au réalisateur ou aux acteurs, il sera attribué comme suit :

- Si le prix est en espèces, il sera réparti entre les Coproducteurs au même titre que les recettes du Film ;
- Si le prix est un objet, il sera attribué au Groupe français.

ARTICLE 7 - LIVRAISON

Le Groupe français garantit au Groupe étranger la livraison à ses frais, au plus tard le .... *(jour, mois, année) (la date de livraison devra impérativement être respectée sous peine de manquement au contrat qui est sanctionné à l'article 14)* des éléments nécessaires à l'établissement de la version .... *(nationalité du Coproducteur étranger)* soit :

1. Une copie étalonnée image et son, tirée standard du négatif original monté ;
2. Un internégatif pour le tirage de ses copies ;
3. Une bande 35 mm magnétique synchrone des bruits et effets sonores ;
4. Une bande 35 mm magnétique des dialogues, effets, bruits, musique, mixés ;
5. Une bande 35 mm magnétique synchrone de la musique enregistrée sur une piste ;
6. Une liste des dialogues repérés conforme au montage définitif ;
7. Un « cue sheet » de la musique ;
8. Un synopsis ;
9. Une biographie des principaux acteurs ;
10. Un relevé des obligations publicitaires ;
11. 100 photos couleur diapositives ;
12. Une liste des techniciens ;
13. Une liste des acteurs.

(La liste du matériel est bien entendu à adapter à l'œuvre concernée - ici il s'agit d'un Film de cinéma -, et tenir compte du fait qu'il pourra s'agir de plus en plus de matériel numérique, et dans ce dernier cas, vérifier la disponibilité des data base, l'accès aux codes sources, etc.)

ARTICLE 8 - VENTE À L'ÉTRANGER

Le Groupe étranger charge par les présentes le Groupe français de vendre ou d'exploiter le Film à l'étranger, c'est-à-dire dans les territoires du monde entier, à l'exception des territoires réservés à 100 % aux Groupe étranger. Dans l'hypothèse où le distributeur et/ou vendeur choisi par le Groupe français, était lié au Groupe français de quelques manières que ce soit, les contrats de distribution et divers mandats de vente devront obtenir l'accord préalable écrit du Groupe étranger.

À défaut, lesdits contrats signés par le Groupe français n'auront aucune validité et ne lieront pas le Groupe étranger, et le Groupe français sera contraint de contracter avec un autre distributeur et (ou) vendeur que ceux avec lesquels il est lié.

Il s'agit là d'un exemple. Les Parties peuvent tout aussi bien décider que :

« L'exploitation du Film à l'étranger sera confiée à un tiers vendeur à l'étranger choisi d'un commun accord. En cas de désaccord persistant, voix prépondérante est donnée au Groupe français. Le contrat conclu avec lui sera signé par les deux Groupes, le distributeur et vendeur à l'étranger rend les comptes séparément à chaque Groupe et adresse à chacun la part de recettes à lui revenir.

Dans l'hypothèse où le distributeur et/ou vendeur choisi par le Groupe français, était lié au Groupe français de quelque manière que ce soit, les contrats de distribution et divers mandats de vente devront obtenir l'accord préalable écrit du Groupe étranger.

À défaut, lesdits contrats signés par le Groupe français n'auront aucune validité et ne lieront pas le Groupe étranger, et le Groupe français sera contraint de contracter avec un autre distributeur et (ou) vendeur que ceux avec lesquels il est lié. »

ARTICLE 9 - PUBLICITÉ

La publicité de production au cours de la réalisation du Film sera faite par chaque Groupe dans son pays, et son coût sera inclus dans le coût du Film.

Toutefois, le Groupe français et le Groupe étranger se mettront préalablement d'accord sur la politique générale de cette publicité et sur son devis.

Les engagements publicitaires seront souscrits d'un commun accord entre les deux Groupes qui les imposeront à leurs propres ayants droit.

Bien entendu, les Parties devront se communiquer à temps l'ensemble des obligations publicitaires, afin d'être en mesure de les respecter.

ARTICLE 10 - GÉNÉRIQUE

Le générique qui sera établi d'un commun accord comportera obligatoirement sur un carton séparé, les mentions suivantes *(ces mentions ne sont obligatoires que dans le cadre des accords gouvernementaux franco-étrangers – si le Producteur ne rentre pas dans le cadre de ces accords, il peut prévoir les mentions au générique tel qu'il le souhaite) :*

- Sur la version française pour les territoires réservés au Groupe français : « coproduction franco-............. *(pays étranger)* », sachant que sur la version exploitée sur le territoire réservé au Groupe français, figurera la mention : © Groupe français - Groupe étranger.
- Sur la version étrangère pour les territoires réservés au Groupe étranger : « coproduction .... *(pays étranger)* - française », sachant que sur la version exploitée sur le territoire réservé à un Groupe étranger figurera la mention : © Groupe étranger - Groupe français.
- Dans le reste du monde figurera la mention : © Groupe français - Groupe étranger.
- Cette mention figurera également sur les éléments de publicité et de promotion.

La mention du copyright indiquant le nom de chacun des Coproducteurs devra figurer sur l'image du titre.

ARTICLE 11 - ASSURANCES

Le Groupe français fera couvrir en totalité et contre tous les risques, y compris le risque « responsabilité civile », les investissements tant français que .... *(nationalité du pays étranger)* auprès de compagnies d'assurance reconnues pour leur compétence dans le domaine de la production cinématographique et audiovisuelle.

La photocopie des polices d'assurances ainsi souscrites sera adressée au Groupe étranger ; les primes correspondantes seront comprises dans le coût du Film.

En cas de sinistre total, le montant de la liquidation des dommages sera partagé entre les deux Groupes, au prorata de leurs investissements et de leurs engagements, la couverture devant être suffisante pour pouvoir les rembourser totalement.

En matière de coproduction internationale, il pourra être exigé par les partenaires financiers qu'une assurance particulière appelée « garantie de bonne fin »/« completion bond » soit souscrite. Cette police garantit qu'un film sera fini et livré à la date convenue dans le cadre du budget convenu.

Cette garantie assure :

> *(i) soit que les coproducteurs vont finir et livrer le film conformément au scénario, au budget et en conformité avec les éléments de production ;*
>
> *(ii) soit que l'assureur de bonne fin va finir et livrer le film conformément au scénario et au plan de travail, et avancera les sommes au-delà du budget pré approuvé ;*
>
> *(iii) soit que dans le cas où la production du film est arrêtée, l'assureur de bonne fin remboursera toutes les sommes investies par les divers financiers.*

Il pourra également être exigée par les partenaires financiers une assurance dite « erreurs et omissions (E&O) ». Cette assurance couvre le risque de poursuites fondées sur des atteintes, dans le cadre du film, aux droits de propriété intellectuelle et industrielle, droit à l'image et à la vie privée, diffamation de tout ayant droit. Cette police d'assurance sera particulièrement demandée en cas de biopic, ou de docu-fiction, ou en cas de production audiovisuelle avec une chaîne de droits particulièrement compliquée.

ARTICLE 12 – VISA D'EXPLOITATION

L'éventuelle approbation de la coproduction ne constitue aucun engagement de la part des autorités françaises ou étrangères pour l'obtention du permis de projection du Film au public.

Dans le cas où ce permis ou visa de censure serait refusé, les rapports financiers entre les Coproducteurs seraient alors réglés comme suit :

L'apport effectué par le ou les Coproducteurs du pays dans lequel serait refusé le permis ou visa de censure serait remboursé par prélèvement, sur les premières recettes nettes producteur, provenant des ventes du Film dans le monde entier, à l'exception des territoires réservés à l'autre Groupe, après remboursement des avances consenties éventuellement par le mandataire chargé de la vente.

Dès que ce ou ces Coproducteurs auront récupéré leurs apports, ils perdront tous leurs droits de propriété sur les éléments corporels et incorporels du Film, l'autre Groupe étant investi de la totalité des droits.

ARTICLE 13 – RÉTROCESSION

13.1. Pendant la période de production du Film : chacun des Groupes se réserve le droit de substituer partiellement une ou plusieurs sociétés de sa nationalité, à condition de rester solidairement garant de la bonne exécution des obligations du présent contrat envers l'autre Groupe, et d'obtenir l'accord préalable écrit de l'autre Groupe, qui ne pourra refuser cet accord si la société qui se substitue, a une surface financière égale ou supérieure à celle du Groupe substitué, ce dernier devant fournir toutes les preuves nécessaires. *(Cette clause peut être reprise dans les contrats de coproduction partenariat entre des sociétés de même nationalité).*

13.2. Pendant la période d'exploitation du Film : chacun des Groupes se réserve le droit de substituer partiellement une ou plusieurs sociétés de sa nationalité, à condition de rester solidairement garant de la bonne exécution des obligations du présent contrat envers l'autre Groupe. Le Groupe substitué devra en informer l'autre Groupe. *(même réflexion que précédemment).*

ARTICLE 14 - DÉFAILLANCE

14.1. En cas de défaillance d'un des deux Groupes, à l'une quelconque de ses obligations – autres que celles relatives au financement et qui est réglée à l'article 5.7 ci-dessus, et si, quinze jours après une mise en demeure reçue par lettre recommandée avec accusé de réception, celui-ci n'avait pas remédié à sa défaillance, l'autre Groupe aurait le droit de se substituer au Groupe défaillant.

Dans le cas de la défaillance, le présent accord sera considéré comme résilié de plein droit aux torts et griefs du Groupe défaillant. Les droits de propriété revenant comme indiqué au point 5.7.

14.2. Cette substitution ne fera pas obstacle aux droits du Groupe non défaillant d'obtenir tous dommages et intérêts ni ne pourra restreindre son droit de faire jouer toutes les garanties apportées par le Groupe défaillant, en cas de non-accomplissement de sa part de ses engagement financiers prévus, et qui occasionnerait un retard dans la production, ou un dommage de quelque nature que ce soit.

14.3. Le Groupe non défaillant, se substituant au Groupe défaillant, aura le droit de terminer seul le Film. Il sera propriétaire par l'effet de la substitution, de l'intégralité des droits corporels et incorporels afférents au Film.

14.4. Le Groupe défaillant aura droit au remboursement des apports qu'il aura effectivement versés, après que le Groupe qui s'est substitué au Groupe défaillant aura récupéré 100 % (cent pour cent) de ses apports et les dommages intérêts réparant le préjudice subi. Les sommes déjà investies par le Coproducteur défaillant étant assimilées à une créance remboursable par voie de recettes d'exploitation et en dernier rang.

ARTICLE 15

Il est expressément convenu que le présent accord ne pourra en aucun cas être considéré comme une société ou une association entre les Parties, la responsabilité de chaque Groupe étant limitée aux engagements pris dans le présent accord, et notamment aux engagements pris par chacun d'eux envers les tiers.

En aucun cas, un Groupe pourra être tenu pour responsable des engagements pris par l'autre Groupe, même dans le cas où ces engagements se rapporteraient au présent Film.

Cette disposition est essentielle et déterminante du présent accord, sans laquelle celui-ci n'aurait pas été conclu, et sera publiée aux registres publics existant en France et en .... *(pays étranger)*, afin de s'imposer aux tiers comme aux Parties.

ARTICLE 16 - INSCRIPTION AUX RCA

Le présent contrat sera inscrit aux Registres du Cinéma et de l'Audiovisuel par le Groupe Français aux frais de la coproduction.

ARTICLE 17 - CONTESTATIONS - LITIGES

Pour la solution de toute difficulté, de tout litige pouvant survenir entre les Parties dans l'exécution de la présente convention qui est soumise à la loi française, les tribunaux de Paris sont compétents.

Étant entendu que préalablement à la saisine d'un tribunal, les Parties s'engagent à soumettre leur litige à un médiateur de bonne réputation dès l'apparition de leur litige, qui sera saisi par la partie la plus diligente, et à faire leurs meilleurs efforts pour trouver une solution négociée. Les Parties conviennent d'ores et déjà que la voie de la médiation, et la saisine d'un médiateur spécialisé et reconnu sera systématique pour aplanir toutes difficultés entre elles qui pourraient avoir pour conséquence de mettre en péril le bon déroulement de la production du Film et d'entraîner un quelconque retard. Les Parties régleront définitivement leurs différends après la livraison du Film, par médiation ou à défaut, devant les juridictions si dans un délai de 2 mois après le premier rendez-vous avec le médiateur et sauf prolongation de ce délai par un accord mutuel, la médiation n'avait pas aboutie.

(Cette clause peut être reprise dans le modèle de contrat de coproduction partenariat)

La loi applicable au présent contrat est la loi française.

Le présent contrat est écrit en double version, Française et ...., en cas de contestations la version française prévaudra.

ARTICLE 18 - ÉLECTION DE DOMICILE

Les Parties font élection de domicile en leur siège social respectif.

Fait à ....,

En trois exemplaires.

Le ....

GROUPE FRANCAIS **GROUPE ÉTRANGER**

____________________ ____________________

ANNEXE 1 : DEVIS

ANNEXE 2 : DÉFINITION DES RECETTES NETTES PART PRODUCTEUR

D'une manière générale, l'expression « Recettes Nettes Part Producteur » s'entend de l'ensemble des recettes hors taxes provenant de l'exploitation du Film (programme complet) en tous formats, en toutes langues, sous tous titres, par tous procédés connus ou à découvrir, sous déduction des seuls frais justifiés entraînés par l'exploitation.

Elle s'entend plus particulièrement sur l'exploitation à l'étranger, c'est-à-dire le monde à l'exception des territoires exclusivement réservés aux coproducteurs du Film.

a) Vente forfaitaire

Les Recettes Nettes Part Producteur sont constituées par les sommes hors taxes versées par les acquéreurs ou distributeurs à l'étranger, sous déduction :

- de la commission de vente, au taux effectivement appliqué ;
- du coût hors taxes de tirage des copies, contretypes et sous-titrage, du matériel publicitaire nécessaire à l'exploitation du Film dans les territoires concédés, des frais de douane, transport, matériel et des frais divers sur présentation de justificatifs ;
- des cotisations dues au Centre national du cinéma et de l'image animée ;
- des redevances dues à la SACEM sur les pays non statutaires dans la mesure où l'acquéreur ou le distributeur ne les paie pas ;
- et, généralement, de tous les frais nécessaires à l'exploitation et à la conservation du Film.

b) Distribution au pourcentage

Les contrats de distribution à intervenir pour l'exploitation du Film dans chaque pays étranger seront négociés aux conditions optimales, compte tenu des caractéristiques du Film et du marché considéré.

Les avances et minima garantis versés par les distributeurs (sous déduction de la commission éventuelle du vendeur à l'étranger), de même que les sommes versées par les distributeurs au-delà desdites avances et minima garantis ne seront pas considérées comme des Recettes Nettes Part Producteur à partager entre les Coproducteurs.

CONTRAT DE PRODUCTION EXÉCUTIVE

GÉNÉRALITÉS

Le contrat de production exécutive est un contrat aux termes duquel le ou les producteurs d'un film confient à un tiers la production exécutive d'un film (ou de toute autre œuvre audiovisuelle), c'est-à-dire le soin de fabriquer le film pour leur compte. Cette tâche s'effectue sous le contrôle étroit du producteur délégué, qui règle toutes les dépenses correspondantes. Le producteur exécutif est un prestataire de services et, malgré son nom, n'a en principe aucun des droits de propriété sur le film sur ce dernier. Il est en général rémunéré par un montant forfaitaire, qui peut parfois être complété par un pourcentage sur les Recettes Nettes Part Producteur après amortissement du coût du film, tout dépend de la négociation qui pourra avoir lieu entre les deux partenaires.

Ce contrat de production exécutive est présenté sous forme de conditions particulières et de conditions générales.

Ce contrat peut être applicable pour toute autre œuvre audiovisuelle.

ENTRE LES SOUSSIGNÉS

Société A, ... *(type de société)* au capital de .... euros *(montant du capital),* RCS Paris : .... *(numéro de registre du commerce)* dont le siège social est à .... (adresse du siège social) représentée par Monsieur .... *(nom du représentant légal de la société ou de la personne ayant reçu pouvoir pour signature),* ci-après dénommée : « Société A »

D'une part,

ET

Société B .... *(type de société)* au capital de .... euros *(montant du capital),* RCS Paris .... *(numéro de registre du commerce)* dont le siège social est à .... *(adresse du siège social),* représentée par Monsieur .... *(nom du représentant légal de la société ou de la personne ayant reçu pouvoir pour signature),* ci-après dénommée : « Société B »

D'autre part,

ci-après dénommée chacune une « Partie » et ensemble « Les Parties »

IL A AU PRÉALABLE ÉTÉ EXPOSÉ CE QUI SUIT

Société A souhaite produire un film de long métrage de fiction, intitulé provisoirement ou définitivement « .... », écrit par .... et réalisé par ...., ci-après dénommé le « Film », dont les caractéristiques sont définies en annexe 1 des présentes.

Société A qui est le producteur délégué du Film, a souhaité confier à Société B la production exécutive du Film, ci-après « la Production exécutive ». Les Parties se sont rapprochées et ont convenu des modalités décrites aux présentes.

I. CONDITIONS PARTICULIÈRES

1. Mission de Société B

Société B se voit confier la Production Exécutive du Film, à partir du scénario remis par Société A, ci-après « la Production Exécutive », dont les prestations sont listées en Annexe 0 des présentes. Société B garantit la bonne qualité technique de ses prestations, conforme aux usages en vigueur. Société B n'aura de rapport qu'avec Société A et n'aura à recevoir aucune instruction de tiers, non expressément désignés par lettre recommandée avec accusé de réception par Société A.

Il est bien entendu que Société B agissant au nom et pour le compte de Société A ne contractera aucune obligation personnelle envers les coproducteurs et tiers participant à quelque titre que ce soit à la production et à la réalisation du film.

2. Budget

Le budget prévisionnel global et forfaitaire total de la Production Exécutive s'élève à la somme globale forfaitaire de .... € *(en chiffre et en lettres)* hors taxes, ci-après « le Budget », sachant que le Budget définitif sera validé au plus tard au premier jour du Plan de travail, par voie d'avenant au présent contrat.

Les sommes correspondant au Budget seront versées par virement sur le compte bancaire de Société B afférent à la Production Exécutive, ci-après « le Compte bancaire » (annexe 2 bis), aux échéances correspondant au Plan de Trésorerie figurant en annexe 2 des présentes. Il est entendu qu'en cas de défaut de règlement, le jour suivant les échéances convenues, il sera appliqué un intérêt de retard correspondant aux taux de l'intérêt légal multiplié par 3.

En outre, le défaut de paiement d'une quelconque des échéances entraînera la suspension de la Production Exécutive jusqu'au paiement de ce qui est dû, sans que la responsabilité de cet arrêt puisse être imputable à Société B. Aussi, Société A sera responsable des coûts complémentaires générés par la suspension de la Production exécutive et devra aussi les régler avant toute reprise de la Production exécutive. En cas de suspension de la Production exécutive pour défaut de paiement, le Producteur Exécutif ne saurait être responsable des conséquences de cette suspension. Le producteur délégué s'engage à régler à ses frais toutes les difficultés générées par cette suspension.

De manière générale, Société A devra régler toutes les sommes engagées par Société B.

Pour l'exécution de sa mission de Production Exécutive, Société B percevra une rémunération de .... % *(en chiffres et en lettres)* du montant du Budget, soit la somme de .... € H.T. *(en chiffre et en lettre)* inscrite au Budget, qu'elle prélèvera sur les échéances versées par Société A.

3. Durée

Le présent contrat est conclu pour toute la durée de la Production Exécutive du Film, soit jusqu'à la livraison de la copie standard et en tout état de cause, au solde des Comptes de Production exécutive à Société A dont la date prévisionnelle est fixée au ...., sachant que la date définitive de remise de comptes sera fixée au plus tard le dernier jour de Production exécutive. Il est entendu que tout décalage dans le Plan de travail entraînera le même décalage dans la livraison de la copie standard et la remise des Comptes de Production Exécutive.

4. Plan de travail

Le Plan de travail définitif établissant notamment le nombre de jours de Production exécutive en France sera validé au plus tard au premier jour du Plan de travail par voie d'avenant au présent contrat.

II. CONDITIONS GÉNÉRALES

1. Société B s'engage à respecter le plan de travail prévisionnel établi pour le Film et figurant en annexe 3 du présent contrat (ci-avant et ci-après « le Plan de travail »).

2. Société B respectera le cadre artistique du Film défini par Société A, qui pourra intervenir à tout moment de la Production Exécutive, pour faire valoir son point de vue sur les choix de production du Film, dans le respect du Budget. L'ensemble des décisions artistiques, et notamment le choix des acteurs devant tenir les rôles principaux, sera pris par Société A. Société B devra en référer à Société A pour toute difficulté importante, à résoudre en cours de tournage.

Société B ne pourra procéder à des modifications du scénario du Film sans accord préalable écrit de Société A et, de manière générale, toute modification du Plan de travail du Film ne pourra être décidée que d'un commun accord entre Société A et Société B.

3. Le Budget ne pourra être dépassé sans l'accord préalable écrit de Société A. Les éventuelles économies par rapport au Budget réalisées par Société B seront intégralement reversées à Société A dans un délai de quatre semaines après le solde des Comptes de Production Exécutive.

Si Société A souhaite engager de nouvelles dépenses par rapport au Budget, Société B fournira dans les plus brefs délais un devis pour ces dépenses supplémentaires que Société A devra préalablement valider et financer par voie de virement sur le Compte Bancaire afin que Société B puisse engager les dépenses correspondantes.

4. Société B engagera les techniciens du Film qui seront nécessaires pour la Production Exécutive et signera tous les contrats et conventions avec tous tiers et tous organismes au nom et pour le compte de Société A.

5. Tout accord signé par Société B devra permettre l'exploitation libre et paisible du Film par Société A.

6. Société B s'engage à organiser la comptabilité de la Production Exécutive de telle sorte que les opérations se rapportant à la Production Exécutive, accompagnées de tous justificatifs comptables (ci-avant et ci-après « les Comptes de Production exécutive ») se distingueront de l'ensemble de ses comptes et pourront être isolés, contrôlés ou relevés. Société A pourra exercer à tout moment tout contrôle ou audit, demander un document comptable et tout justificatif de dépenses liées au compte de la Production exécutive.

7. Les communications entre les Parties pendant le Production Exécutive se feront par voie électronique et par téléphone aussi souvent que nécessaire dès le premier jour de préparation du Production Exécutive.

8. Société A fera figurer Société B au générique du FILM de la manière suivante : *« Production exécutive : Société B »,* ainsi que le nom de toutes personnes dont Société B lui aura communiqué la liste.

9. Société A est seule propriétaire des éléments corporels et incorporels du Film au fur et à mesure de la fabrication du Matériel.

10. Société A garantit qu'elle est détentrice de l'intégralité des droits afférents au Film et garantit Société B de tous recours de ce chef.

11. En cas de défaillance de l'une ou l'autre des Parties dans l'exécution des présentes conditions particulières et conditions générales, la Partie non défaillante pourra résilier de plein droit aux torts et griefs de la Partie défaillante, le présent contrat, 15 jours après présentation d'une mise en demeure d'exécuter adressées par lettre recommandée AR restée sans résultat, sans préjudice de dommages et intérêts.

Les cas de force majeure sont entendus au sens de la loi française, et cas de grève, explosion, et de manière générale de tout acte échappant au contrôle raisonnable de Société B ne saurait constituer une défaillance au sens du présent contrat. Toutefois, si du fait de la Force Majeure et cas de grève, explosion, et de tout acte échappant au contrôle raisonnable de Société B, l'inexécution ne cessait pas au bout de 30 jours ouvrables, le présent contrat pourra être résilié par l'une ou l'autre des Parties par lettre recommandée AR.

Dans l'hypothèse d'une défaillance de Société B non réparée, par l'effet de la résiliation susvisée, et dans les cas de force majeure ou de grève, explosion, et de tout acte échappant au contrôle raisonnable de Société B, toutes les sommes d'ores et déjà versées par Société A et non encore engagées pour la Production Exécutive seront remboursées sans délai à Société A.

12. Société B ne peut céder le bénéfice du présent contrat à un tiers sans l'accord préalable écrit de Société A, qui sera réputé accordé en cas d'absence de réponse dans un délai de 15 jours à compter de la demande par lettre recommandée AR ou par courrier électronique. En cas de substitution acceptée, Société B restera solidairement responsable de la bonne exécution des présentes.

13. Les litiges seront soumis aux juridictions de Paris, la loi française est applicable au présent contrat.

Fait à ....

Le ....

En deux (2) exemplaires, dont un (1) remis à chacune des Parties.

SOCIÉTÉ A **SOCIÉTÉ B**

______________ ______________

ANNEXES

ANNEXE 0 : PRESTATIONS PRISES EN CHARGE PAR SOCIÉTÉ B

- Prendre en charge la Production Exécutive du Film, soit la préparation, le tournage, la postproduction, et les finitions du Film, de telle sorte que la copie standard du Film soit établie et librement exploitable au plus tard le .... (jour, mois, année).
- Conclure, pour le compte du Société A et dans le cadre du devis accepté, tous les accords nécessaires à la réalisation du film.
- Embaucher les techniciens, acteurs figurants nécessaires à la Production Exécutive du Film.
- Prendre, après accord écrit de la Société A sur les clauses et conditions des polices, toutes les assurances nécessaires (pré production, production, négatif, responsabilité civile, etc.).
- Soumettre à Société A, avant sa fabrication, les textes du générique ainsi que la création du générique.
- Solliciter toutes les autorisations nécessaires pour la Production Exécutive du Film, notamment pour les décors.
- Tenir la comptabilité des dépenses du Film.
- Établir des contrats avec les éventuels fournisseurs.
- Se charger des relations avec les administrations.

ANNEXE 1 : CARACTÉRISTIQUES DU FILM

Titre original : ....
Titre de travail : ....
Réalisateur : ....
Auteur : ....
Version originale : ....
Producteur délégué : ....
Casting : ....
Format de Production exécutive : ....
Durée : .... min
Dates de Production Exécutive : ....
Lieux de Production Exécutive : ....

ANNEXE 2 : PLAN DE TRÉSORERIE

ANNEXE 2 BIS : COORDONNÉES DU COMPTE BANCAIRE

ANNEXE 3 : PLAN DE TRAVAIL PRÉVISIONNEL

LES CONTRATS D'EXPLOITATION

GÉNÉRALITÉS

Nous quittons la production du film pour son exploitation et nous examinerons les divers actes qui vont être conclus dans cette perspective par le Producteur.

La première exploitation d'un film de long métrage sera son exploitation en salle, ensuite, le producteur suivra les règles de « la chronologie des médias » *(articles L.231-1 à L.234-2 du Code du cinéma et de l'image animée)* qui impose le respect d'un délai entre la sortie en salle d'une œuvre cinématographique et son exploitation dérivée, sous la forme de vidéogrammes (DVD), à travers des services de médias audiovisuels à la demande (VOD) ou par télédiffusion cryptée, en clair et quand le diffuseur est également coproducteur (TV).

Ce délai varie selon le mode d'exploitation dérivée ainsi que selon les accords professionnels en vigueur dans le secteur concerné.

@ **COMPLÉMENT INTERNET**
La chronologie des médias

Pour ce qui concerne l'exploitation à la télévision, il faut noter que les chaînes établissent toujours elles-mêmes leurs propres contrats. Nous n'avons donc pas jugé utile de vous donner un contrat de ce type.

Le contrat que nous avons choisir de présenter sera celui aux termes duquel le Producteur d'un film cède forfaitairement à un distributeur les droits d'exploitation de ce film à la télévision en France.

L'exploitation du film à l'étranger est traditionnellement confiée à un mandataire de vente, dont la mission confiée peut être plus ou moins étendue. À titre d'exemple, nous proposons deux contrats types : le premier est un contrat de mandat classique, dans lequel l'exploitation du film à l'étranger est entièrement confiée au mandataire de vente, alors que dans le second, il est prévu que l'exploitation se fera conjointement entre le Producteur et le mandataire choisi.

Nous avons également inclus dans cette partie, un acte type aux termes duquel une société française acquiert d'un vendeur étranger les droits d'exploitation d'un film étranger, en France par tous modes et procédés.

Il faut noter que les distributeurs qui consentent au Producteur des minima-garantis demandent à bénéficier également de l'exploitation vidéographique et l'exploitation à l'étranger. Dans ce cas de figure, pour se garantir, ils prévoiront la *cross-collatéralisation* des recettes de ces trois marchés.

La cross-collatéralisation se définit ainsi :

les gains dégagés par l'exploitation d'un support viennent compenser l'éventuelle perte enregistrée sur un autre support.

De cette manière, le distributeur qui bénéficie de la cross-collatéralisation des recettes sur plusieurs supports qui lui sont concédés a plus de chance de récupérer, son minimum garanti, ses frais et des recettes.

La cross-collatéralisation est alors un enjeu de négociation lorsque distributeur et producteur sont de force égale ; lorsqu'au contraire, le producteur n'a pas les moyens de faire valoir son point de vue auprès du distributeur, le système de la *cross-collatéralisation* s'imposera à lui.

Il ne nous a pas paru utile de proposer un modèle d'achat de droit par une chaîne cryptée, puisque Canal+ a son propre contrat. On trouvera un modèle de contrat en complément Internet.

@ **COMPLÉMENT INTERNET**

- *Le contrat d'usage de Canal+*

MANDAT DE DISTRIBUTION DANS LES SALLES DE CINÉMA EN FRANCE

GÉNÉRALITÉS

Le contrat de mandat est celui par lequel le producteur confie à un distributeur, le soin d'exploiter pour son compte le film dans les salles de cinéma en France, ainsi que dans le secteur dit « non commercial » tel que défini par les textes du Centre national du cinéma et de l'image animée.

Puisque les parties sont liées par un mandat, s'il arrivait que la rédaction de ce contrat soit ambiguë ou lacunaire, il appartiendra à ceux chargés d'interpréter ce contrat en cas de litige de se référer à la jurisprudence applicable dans le cas du contrat mandat.

Les règles du Code civil telles qu'elles seront énoncées ci-après, s'appliquent à ces mandats qui lient un producteur et un distributeur, lorsque les Parties n'en fixent pas d'autres dans leur contrat, ou si le contrat de mandat signé entre elles ne précise rien de particulier quant aux obligations des mandant et mandataire, et quant à l'étendue des pouvoirs du mandataire. Toutefois, les règles édictées aux articles 2003 à 2010 du Code Civil relatifs à la durée du mandat et à la faculté de résiliation (dont il est question au point 5. ci-après) sont d'ordre public, et les parties ne pourront y déroger.

1. Le contrat de mandat est défini à l'article 1984 du Code civil de la manière suivante : *« le mandat ou la procuration est un acte par lequel une personne donne à une autre le pouvoir de faire quelque chose pour le mandant et en son nom. Le mandat ne se forme qu'après acceptation du mandataire ».*

De cette définition on retiendra quelques points précis :

- le mandataire (celui qui reçoit le mandat) doit avoir accepté ledit mandat, ce qui signifie que le mandat est un contrat qui se forme sur la base du consentement des deux Parties.
- Le mandataire s'oblige à agir pour le compte du mandant **et non pour son propre compte,** c'est-à-dire au seul bénéfice du mandant et à ses seuls risques.

2. Les articles 1985 à 1990 du Code Civil posent les règles relatives à la conclusion du mandat, dont on retiendra plus particulièrement l'article 1989 qui dispose que *« le mandataire ne peut rien faire au-delà de ce qui est porté dans son mandat : le pouvoir de transiger ne comprend pas celui de compromettre ».* De cet article, on déduira que l'étendue des pouvoirs de mandataire est exprimée dans les termes de son mandat. Puisque le mandataire agit pour le compte du mandat, c'est alors au mandant d'être attentif à la rédaction du contrat de manière à ce que le mandataire n'ait pas plus de pouvoir que le mandant entend lui en confier.

3. Les articles 1991 à 1996 du Code Civil édictent les règles relatives aux obligations du mandataire à l'égard du mandant parmi lesquelles la notion *d'intuitu personae.* En effet, le mandant choisit tel mandataire en particulier et n'entend pas se faire imposer un mandataire de substitution, sauf s'il a donné son accord préalable à ce type de substitution.

Le mandataire doit respecter fidèlement sa mission et les instructions qu'il reçoit de son mandant. Il doit agir de manière loyale dans l'intérêt de ce dernier. Enfin, le mandataire doit rendre des comptes de sa gestion tant au cours de sa mission, qu'à la fin, l'article 1993 dispose en effet que *« tout mandataire est tenu de rendre des comptes de sa gestion et de faire raison au mandant de tout ce qu'il aura reçu en vertu de sa procuration, quand même ce qu'il aurait reçu n'eut point été dû au mandant. »*

4. De son côté, le mandant est tenu de respecter des obligations à l'égard du mandataire (articles 1999 à 2002 du Code Civil) dont :

(i) l'obligation d'apporter son concours au mandataire pour qu'il exécute bien sa mission,

(ii) de rembourser au mandataire les frais et diverses avances de fonds que celui-ci aura fait pour le compte du mandant pour l'exercice du mandat,

(iii) d'indemniser le mandataire des pertes que l'exercice du mandat lui aura occasionné à condition que cela ne soit pas dû à une faute de sa part,

(iv) le mandat peut être gratuit ou onéreux et quand il est à titre onéreux, le mandant s'engage à payer la rémunération du mandataire.

Lorsque le mandataire, sur la foi du mandat, contracte avec un tiers pour le compte du mandant, l'acte signé avec le tiers engage directement le mandant selon le principe de la transparence. En aucune manière le mandataire se sera engagé vis-à-vis du tiers (article 1997). C'est le mandant qui sera tenu à cette exécution du contrat signé pour son compte (article 1998), il est réputé être partie à l'acte avec le tiers.

5. Enfin la fin du mandat est réglementée par les articles 2003 à 2010 du Code Civil. L'article 2007 autorise le mandataire à renoncer au mandat, ce qui est une faculté de résiliation unilatérale, à condition d'indemniser le mandant du préjudice lorsque cette renonciation lui cause un préjudice. L'article 2004 dispose que de son côté le mandant peut révoquer quand bon lui semble le mandat, sauf quand le mandat est à durée déterminée.

On pourra considérer que dans le domaine de la production audiovisuelle, les mandats entre Producteurs et distributeurs sont des mandats d'intérêt commun, lorsque le distributeur trouve un intérêt non pas dans la seule rémunération qu'il reçoit, mais également parce que ce mandat lui permet de développer sa propre activité.

Cette indemnisation en cas de révocation du mandat interviendra, sauf si la révocation est motivée par une faute du mandataire, ou bien parce que le mandant a un juste motif pour révoquer.

Les clauses qui écartent ce droit à indemnisation sont néanmoins possibles.

En exécution de ce mandat que lui aura confié le producteur, le distributeur conclura avec chaque exploitant de salles, un contrat (simplifié) prévoyant notamment la part des recettes « guichet » conservée par l'exploitant.

Le solde de la recette guichet, facturé par le distributeur à l'exploitant et réglé par ce dernier au distributeur, constituera la « recette brute distributeur ».

Le distributeur a droit, en contrepartie de son travail, à une commission qu'il prélève, en général au premier euro, sur la recette brute distributeur.

Dans la grande majorité des cas, le distributeur fait l'avance des frais de publicité et de copies nécessaires à l'exploitation du film dans les salles et les récupère, également, sur les premières recettes brutes distributeur après déduction de sa commission. Le solde des recettes (après déduction de la commission et récupération des frais avancés) représente la part de recettes qui est versée par le distributeur au Producteur (recette nettes part Producteur).

Dans certains cas, le distributeur consent au Producteur une avance non remboursable, sur cette part de recettes, que l'on appelle « minimum garanti », dont il devra récupérer le montant avant de verser les recettes nettes au Producteur.

Vous trouverez ci-après un contrat de distribution classique, comportant les variantes à apporter dans le cas du versement d'un minimum garanti.

ENTRE LES SOUSSIGNÉS

Société A, ... *(type de société)* au capital de .... euros *(montant du capital)*, RCS Paris .... *(numéro de registre du commerce)* dont le siège social est à .... *(adresse du siège social)*, représentée par Monsieur .... *(nom du représentant légal de la société ou de la personne ayant reçu pouvoir pour signature)*, ci-après dénommée : « le Producteur » ou « le Mandant » ;

D'une part,

ET

Société B, société .... *(type de société)* au capital de .... euros *(montant du capital)*, RCS Paris .... *(numéro de registre du commerce)* dont le siège social est à .... *(adresse du siège social)*, représentée par Monsieur .... *(nom du représentant légal de la société ou de la personne ayant reçu pouvoir pour signature)*, ci-après dénommée : « le Mandataire »

D'autre part,

IL A AU PRÉALABLE ÉTÉ EXPOSÉ CE QUI SUIT

1. Le Producteur déclare qu'il a valablement acquis et peut librement disposer des droits d'exploitation d'un film de long métrage en couleur de nationalité française intitulé provisoirement ou définitivement .... *(titre du film)*, d'une durée de .... minutes environ, inscrit aux Registres de la Cinématographie et de l'audiovisuel sous le n° ...., réalisé par .... *(nom du réalisateur)* et dont les interprètes principaux sont .... *(nom des interprètes principaux)*, ci-après dénommé « le Film ».

2. Le matériel du film est déposé au laboratoire .... *(nom du laboratoire)*.

La date de livraison de la copie standard est fixée au .... *(date livraison)*.

3. Ces déclarations et engagements étant considérés comme essentiels par le Mandataire, celui-ci aurait la faculté en cas de non-respect par le Producteur, de considérer le présent accord comme résilié dans les conditions prévues à l'article 7.7. des présentes.

Il en serait de même si le Film était classé dans la catégorie pornographique ou d'incitation à la violence par les autorités françaises ou si des coupures supérieures à 10 % (dix pour cent) du métrage du Film étaient effectuées pour éviter ce classement.

4. le Producteur a souhaité confier la distribution du Film au Mandataire qui a accepté.

IL A PAR LA SUITE ÉTÉ ARRÊTÉ ET CONVENU CE QUI SUIT

ARTICLE 1 - OBJET

Par les présentes, le Producteur confie à titre exclusif au Mandataire, qui accepte, les droits d'exploitation cinématographique du Film .... *(titre du film),* en version originale française, en tous formats, dans les salles de cinéma du secteur commercial et dans le « secteur non commercial tel que défini par l'article L.214-1 du Code du cinéma et de l'image animée, en tous formats, sur tous supports, dans les territoires suivants : France, Monaco, Andorre, DOM-TOM, trains, bateaux et avions battant pavillon du territoire, ci-après dénommé « le Territoire ».

Observation : l'article L.214-1 du Code du cinéma et de l'image animée (ayant repris en partie la liste définie par l'arrêté du 6 janvier 1964, lui-même se référant à une liste définie par l'article 15 du décret du 28 décembre 1946, liste aujourd'hui abrogée et remplacée par celle visée à l'ordonnance 2009-901 du 24 juillet 2009) vise les exploitations suivantes :

« 1° Les séances publiques et payantes organisées exceptionnellement par les associations et les autres groupements légalement constitués agissant sans but lucratif ;

2° Les séances privées organisées par des associations et organismes assimilés habilités à diffuser la culture par le cinéma ;

3° Les séances organisées par les associations et organismes qui ont pour objet la collecte, la conservation, la restauration et la diffusion du patrimoine cinématographique

4° Les séances organisées dans le cadre des services publics à caractère non commercial

5° Les séances gratuites ;

6° Les séances en plein air autres que celles organisées par les exploitants d'établissements de spectacles cinématographiques dans les conditions prévues à l'article L.212-18. »

ARTICLE 2 – EXCLUSIVITÉ - JOUISSANCE PAISIBLE

Le Producteur s'engage à ce que :

a) le Film, objet des présentes, ne soit pas diffusé par des organismes de télévision français avant les délais fixés par les textes législatifs et réglementaires en vigueur.

Il est rappelé à cet effet que ces diffusions ne peuvent actuellement intervenir avant l'expiration des délais prévus aux articles L.231-1 à L.234-2 du Code du cinéma et de l'image animée et qui, pour ce qui concerne l'application du présent contrat sont de ....

(La chronologie de l'exploitation des œuvres cinématographiques est régie par les articles L.231-1 à L.234-2 du Code du cinéma et de l'image animée, qui prévoient qu'une œuvre cinématographique ne peut pas être exploitée par un autre mode d'exploitation avant l'expiration :
- concernant l'exploitation sous forme de vidéogramme (DVD) : d'un délai de quatre (4) mois à compter de la sortie de l'œuvre en salle de cinéma, délai qui peut être réduit par accord du Centre national du cinéma et de l'image animée.)

La modification des délais décrits ci-dessus par les autorités compétentes s'imposera au présent mandat.

b) le Film ne fasse pas l'objet d'exploitation par vente ou location sur support vidéo aux particuliers pour leur usage privé avant que ne soit écoulé un délai de protection en France d'un an à compter de la date de première sortie du Film en salles, sauf dérogation demandée d'un commun accord entre les Parties ;

c) et plus généralement, à ce que rien ne vienne troubler la libre et paisible jouissance par le Mandataire des droits qui lui sont confiés par les présentes.

ARTICLE 3 - DURÉE DU MANDAT

Le présent contrat prend effet dans toutes ses dispositions au jour de sa signature et se poursuivra pendant une durée de 7 (sept) ans, à compter de la sortie publique et payante du Film en France.

(La durée d'un contrat est négociée librement, de gré à gré, entre les Parties. Elle peut donc parfaitement être différente de celle de 7 (sept) ans visée dans l'exemple de clause ci-dessus, et qui correspond à un usage que l'on rencontre fréquemment en pratique. On assiste actuellement à une évolution de cet usage, tendant à conférer des durées plus longues – de 15 (quinze) ans par exemple – aux contrats de ce type.)

Cette durée sera renouvelable par tacite reconduction pour des périodes de 1 (une) année, sauf dénonciation par l'une ou l'autre des Parties adressée par lettre recommandée avec accusé de réception, trois mois au moins avant l'expiration des présentes.

(On assiste actuellement au développement d'une pratique tendant à prévoir que la reconduction sera « automatique » dans le cas où le mandataire n'aurait pas récupéré son minimum garanti, dans le cas où le distributeur verse au producteur un minimum garanti, pendant la durée initiale du contrat. Ce mécanisme, s'il vous intéresse, doit être clairement précisé en complétant la clause ci-dessus en ce sens.)

ARTICLE 4 - LIVRAISON

4.1. Le Producteur garantit pour le .... *(date de la livraison)* au plus tard, la livraison de la copie standard du Film librement exploitable, munie de son visa d'exploitation et conforme au descriptif contenu dans l'exposé.

Le matériel du Film, de son éventuel complément de programme ainsi que du film-annonce et du pré film-annonce, sera mis à la disposition du Mandataire au laboratoire cité dans l'exposé, le présent accord valant autorisation irrévocable de tirage au profit du Mandataire.

4.2. Le Producteur s'engage à mettre à la disposition du Mandataire :

- au moins...........mois avant la date de livraison du Film :

    - le matériel de promotion : film-annonce et éventuellement pré film-annonce ;

    - les obligations publicitaires qui devront être considérées comme définitives ;

- et au moins.............. mois avant la date de sortie du Film en salles :

    - le matériel publicitaire ;

    - le matériel de tirage du Film : éléments image (internégatif) et éléments son du Film en version originale et en version française suivant le cas, ainsi que les éléments de sous-titrage et leur localisation.

Le Producteur s'engage en outre à mettre dès que possible à la disposition du Mandataire, une copie du Film en version originale sous-titrée ou doublée en français en vue de sa promotion.

4.3. Le Producteur s'engage à remettre au Mandataire, dans le mois de la signature des présentes, une lettre du laboratoire chargé des travaux, confirmant qu'il a bien noté que les copies du Film et du film-annonce lui seront commandées par le Mandataire à qui elles seront facturées, et qu'il s'engage à ne s'opposer en aucun cas à la livraison des copies commandées et à tenir à la libre disposition du Mandataire jusqu'à la date d'expiration du présent contrat le matériel permettant le tirage de ces copies.

La lettre au laboratoire est une lettre par laquelle le Producteur autorise le laboratoire à tirer des copies pour le distributeur et à s'en dessaisir à son profit. Une telle lettre est indispensable, car le laboratoire est tiers détenteur du matériel pour le compte du Producteur et à ce titre il est responsable s'il donne ce matériel à des personnes non autorisées par le Producteur ;

Si le laboratoire remettait du matériel sans y être expressément autorisé par le Producteur, il engagerait sa responsabilité en sa qualité de tiers détenteurs.

Sachant également que compte tenu de la numérisation croissante des œuvres audiovisuelles, la problématique relative au matériel se trouvant dans le laboratoire sera amenée à modifier le rôle de stockeur des laboratoires (moins nécessaires) et par conséquent du distributeur. Aussi, le présent modèle de contrat a vocation à être modifié par la suite.

ARTICLE 5 - RÉMUNÉRATION

En rémunération de sa mission, le Mandataire percevra, à compter du premier euro, une commission aux titres suivants :

1) Exploitation cinématographique dans les salles du secteur commercial : .... % *(en lettres)* des recettes brutes distributeur hors taxes provenant de l'exploitation du Film par ce mode de diffusion.

Ce taux sera ramené à .... % *(en lettre)*, lorsque le Mandataire aura récupéré son investissement.

2) Exploitation du Film dans le secteur non commercial : .... *(somme en chiffres % et en lettres pour cent)* des recettes brutes distributeur hors taxes provenant de l'exploitation du Film par ce mode de diffusion.

On entend par recettes brutes distributeur toutes les sommes facturées aux exploitants de salles et d'une façon générale aux tiers commerçants ou non-commerçants, au titre de la concession des droits d'exploitation du Film, et effectivement encaissées par le Mandataire, quelle que soit la forme juridique de l'acte intervenu dans le territoire où s'exerce le présent mandat. *(La définition des Recettes Nettes Part Producteur telle qu'elle résulte de l'arrêté du 7 février 2011[article L.132-25 du CPI] prévoit le montant des commissions de destructions des Films long métrage.)*

ARTICLE 6 - FRAIS

Le budget de publicité de lancement (préventive et de première semaine) et de soutien du Film dans le Territoire, ainsi que l'édition du nombre de copies nécessaires sur tous supports, en tous formats, pour l'exploitation du Film dans le territoire devront recueillir l'accord préalable et écrit du Producteur. Il est en tout état de cause convenu que le montant des frais d'édition ne pourra dépasser la somme de .... *(somme en chiffres et en lettres)* hors taxes sans l'accord exprès du Producteur.

Le Mandataire passera commande aux différents fournisseurs de tout matériel ou prestation de publicité ainsi que des copies et des travaux annexes de finition. Les factures des fournisseurs seront établies au nom du Mandataire qui en effectuera le règlement et récupérera la T.V.A. correspondante auprès du Trésor.

Le Mandataire sera remboursé du montant hors taxes des factures qu'il aura réglées aux fournisseurs, en étant autorisé à prélever le montant de ces frais ainsi que celui des commissions sur les premières recettes brutes distributeur hors taxes provenant de l'exploitation du Film par les modes de diffusion et dans le territoire visés à l'article 1.

Dès que les recettes brutes distributeur hors taxes auront atteint le montant hors taxes des frais avancés par le Mandataire, alors le Mandant facturera au Mandataire sa part desdites recettes, nettes de la commission et majorées de la TVA au taux en vigueur, ci-après « la part recettes Producteur » ou « recettes Producteur ».

Dans l'hypothèse où les recettes brutes distributeur réalisées du fait de l'exploitation du Film seraient insuffisantes pour permettre au Mandataire de récupérer les frais par lui réglés, ceux-ci resteraient à sa charge, et il ne pourrait en demander le paiement au Mandant.

La même procédure s'appliquerait pour tous les autres frais nécessaires à l'exploitation du Film que le Mandataire serait amené à exposer pour le compte du Mandant.

(Dans le cas où un minimum garanti serait prévu, ajouter un article intitulé « Minimum garanti » et dont le texte sera le suivant :

« Le Mandataire versera au Producteur, à titre d'à-valoir sur la part de recettes lui revenant par les modes d'exploitation et dans les territoires visés à l'article 1, la somme de .... (somme en chiffres euros H.T. et en lettres euros hors taxes).

Le Mandataire se remboursera du montant hors taxes de ce minimum garanti sur les recettes brutes distributeur hors taxes provenant de l'exploitation du film par les modes de diffusion et dans le territoire visés à l'article 1, après déduction de sa commission et après récupération des frais visés à l'article 6 ci-dessus. »)

ARTICLE 7 - CONDITIONS GÉNÉRALES

7.1. Droits et obligations du Mandataire

Le Mandataire pourra effectuer, au nom du Mandant :

- la cession ou la concession à des tiers du droit de représentation sur les supports visés à l'article 1 du présent contrat, ces cessions ou concessions pouvant être consenties moyennant des redevances proportionnelles aux recettes, ou suivant un prix forfaitaire ;
- tous encaissements, restitutions, quittances découlant des objets ci-dessus.

Le Mandataire devra pour cela :

- toujours traiter au mieux des intérêts communs et aux conditions usuelles du marché ;
- assurer à ses seuls frais, lorsqu'il y en aura lieu, la distribution matérielle, manutention, stockage, expédition, réparation des copies et prendre à sa charge l'assurance de celles-ci.

Le Mandataire s'engage formellement à ne pas exploiter le Film en dehors du Territoire.

Les conditions, et notamment le plan de sortie du Film, la stratégie de lancement et le planning de promotion, ainsi que la date de sortie du Film en première exclusivité seront déterminées d'un commun accord entre les Parties, étant rappelé que le Producteur doit s'assurer et garantir la totale disponibilité des droits sur le Film pour ladite date. Il est bien entendu que le Mandataire s'engage à ne pas consentir de conditions particulières préférentielles aux salles ou circuits cinématographiques qu'il détient ou dans lesquels il possède des intérêts.

7.2. Publicité et copies

7.2.1. Publicité

a) Publicité de lancement : il est précisé que font partie de la publicité de lancement, les dépenses engagées en vue de la promotion du Film (projections, transport et hébergement des auteurs et acteurs du Film pour les présentations en province, frais de repas offerts aux journalistes ou personnalités locales, etc.).

b) Publicité d'exploitation : la publicité éditée à l'usage des exploitants, affiches, photographies, dossiers de presse (à l'exception des affiches huit morceaux et des agrandissements couleurs qui font partie de la publicité de lancement), incombera au Mandant.

Le Mandant s'engage à fournir gratuitement au Mandataire les épreuves des photographies tirées pendant la réalisation du Film et à mettre à sa disposition les négatifs et (ou) fichiers numériques photographiques qui lui permettront de réaliser cette publicité.

Le Mandant autorise le Mandataire à faire figurer sur le pré générique, son logo et, sur les annonces, affiches, etc., la mention « distribué par ».

c) Obligations publicitaires : le Mandant s'engage à fournir au Mandataire les obligations publicitaires. La responsabilité du Mandataire ne pourra être recherchée au cas où ces obligations ne seraient pas conformes aux engagements pris envers tous tiers par le Mandant, qui devra supporter tous frais et dommages-intérêts pouvant en résulter.

7.2.2. Copies

Les copies, dont les frais de tirage seront réglés par le Mandant, demeureront la propriété du Mandant, mais resteront à disposition du Mandataire pendant toute la durée du mandat de distribution.

À l'expiration du présent Mandat, les copies encore utilisables seront, à sa demande, restituées au Mandant. Au cas où celui-ci n'en demanderait pas la restitution, elles pourront, dans les 6 (six) mois de l'expiration du présent Mandat, être détruites par le Mandataire qui fera établir un certificat de destruction. De même, le Mandataire pourra, pendant la durée du présent accord, faire procéder à la destruction des copies qui s'avéreraient inutilisables.

7.3. Taxes et cotisations

a) Le Mandataire acquittera auprès du trésor public, la T.V.A. sur la totalité des recettes brutes distributeur du Film.

Le Mandant acquittera auprès du trésor public, la TVA dont il est redevable sur la part de recettes Producteur éventuelle qu'il facturera au Mandataire.

b) Le Mandataire fera l'avance des cotisations CNC incombant au Mandant et s'en remboursera sur la part de recettes revenant au Mandant.

7.4. Reddition des comptes

Le Mandataire s'engage à communiquer au Mandant un compte d'exploitation du Film et le récapitulatif des frais engagés par périodes comptables mensuelles.

Le Mandataire s'engage à remettre au Mandant, avant le trentième jour suivant l'expiration de chaque période :

a) un bordereau des bons de commande (locations prises et, éventuellement, des annulations justifiées). Ce bordereau devra comporter :

- les numéros des bons de commande,
- le nom de la ville et de la salle correspondant à chacun d'eux,
- les conditions de location, pourcentages, minima de garantie, paliers, durée, montant des participations publicitaires éventuelles, etc., les prévisions de recettes et les dates limites d'exécution.

b) un bordereau en deux exemplaires des locations facturées pendant le mois écoulé, mentionnant la recette brute, la recette nette et le pourcentage de location, et rappelant les numéros des bons de commande ainsi que les dates de passage.

c) un compte d'exploitation pour le mois écoulé établi sur une feuille indépendante des bordereaux et indiquant pour chaque programme les montants bruts encaissés par le Mandataire et notamment les déductions suivantes :

- le montant des frais d'édition de la publicité de lancement et des participations publicitaires,
- la rémunération du Mandataire, c'est-à-dire la commission de distribution telle que définie à l'article 5,
- le coût des copies,
- la taxe du CNC.

d) un chèque bancaire à l'ordre du Mandant représentant le total des soldes créditeurs apparaissant au compte d'exploitation prévu au paragraphe précédent pour le Film.

Lorsqu'il y aura lieu, il fera intervenir en déduction le montant des créances douteuses qui se révéleront en cours d'exploitation.

Le Mandataire retiendra éventuellement sur la part de recettes nettes producteur revenant au Mandant, les frais de contentieux sur justificatifs ou tous frais de quelque nature qu'ils soient, qu'il serait amené à exposer pour le compte du Mandant. Il est entendu que l'engagement de procédures contentieuses sera décidé d'un commun accord écrit entre les Parties.

Même en cas d'absence de locations ou d'encaissements, le Mandataire sera tenu d'adresser ces documents, indiquant ladite absence.

Le Mandant pourra effectuer au siège social du Mandataire, pendant les heures légales d'ouverture des bureaux de ce dernier, toutes vérifications qu'il jugera utiles concernant l'exploitation du Film.

Il est formellement interdit au Mandataire de compenser les recettes du Film avec les recettes d'autres films confiés par le Mandant et ce, même dans l'hypothèse où le Mandataire aurait à récupérer une créance née d'un autre film ou à un autre titre à l'encontre du Mandant.

7.5. Délégation

À la sûreté et garantie de la récupération par le Mandataire, des sommes réglées par lui, à titre d'avance pour le compte du Mandant et en exécution du présent contrat, le Mandant cède, délègue et transporte en premier rang au Mandataire l'intégralité des recettes brutes distributeur à provenir de l'exploitation du Film, objet du présent mandat par les modes et procédés et dans le Territoire visé à l'article 1.

7.6. Garanties

Le Producteur garantit et certifie qu'aucune prétention justifiée d'auteurs ou sociétés d'auteurs, compositeurs, réalisateurs, sociétés d'édition et cessionnaires des droits d'auteur ne pourra faire obstacle à l'exploitation paisible et normale du Film dans le Territoire.

Il prend en charge notamment les redevances dues à tous les auteurs ou sociétés d'auteurs.

Le Producteur s'engage plus généralement à ce que rien ne vienne troubler la libre et paisible jouissance par le Mandataire des droits qui lui sont conférés par les présentes.

En conséquence, le Producteur s'engage à prendre à sa charge l'intégralité des éventuels dommages et intérêts ainsi que l'ensemble des frais, notamment ceux relatifs à l'instance judiciaire (frais et honoraires, débours, frais d'expertise, etc.) et ceux relatifs à toute mesure d'exécution, que le Mandataire aurait à payer aux termes, soit d'une décision judiciaire assortie de l'exécution provisoire, soit d'une transaction signée avec le demandeur à l'action.

7.7. Clause résolutoire

En cas de non-respect par l'une ou l'autre des Parties de ses obligations, la Partie non défaillante serait en droit de considérer, après une mise en demeure adressée à la Partie défaillante de respecter ses obligations, restée sans effet dans les 30 (trente) jours suivant sa date de première présentation, ledit accord comme purement et simplement résilié de plein droit aux torts et griefs de la Partie défaillante et ce, sous réserve de tous dommages et intérêts.

7.8. Litiges

a) **Avec des tiers** : le Mandataire devra, dès qu'il en aura connaissance, aviser le Mandant de tout incident, acte, décision judiciaire ou administrative, susceptible de troubler et d'empêcher l'exploitation du Film, et le Mandant devra apporter au Mandataire tout son appui et intervenir à son côté en vue du règlement des difficultés.

En cas d'action émanant de toute personne intéressée à la production du Film et, notamment, pour plagiat, contrefaçon littéraire ou artistique ou pour toute autre cause, le Mandant devra garantir le Mandataire et, à cet effet, prendre toutes dispositions nécessaires et notamment, intervenir en justice.

b) **Entre les Parties :** pour la résolution de toute difficulté, de tout litige qui surgirait entre les Parties dans l'exécution ou l'interprétation des présentes conventions, les Parties conviennent de soumettre leur litige en tout premier lieu à un médiateur dont la compétence professionnelle en matière de médiation est reconnue, qui sera saisi par la partie la plus diligente. À défaut de règlement du litige au travers de la médiation, le Tribunal de Commerce de .... sera compétent.

7.9. Inscription aux Registres de la Cinématographie et de l'Audiovisuel

L'inscription aux Registres de la Cinématographie et de l'Audiovisuel du présent accord sera faite par le Producteur, les frais d'inscription restant à sa charge.

7.10. Élection de domicile

Les Parties élisent domicile à l'adresse visée en tête des présentes.

Fait à ....

En trois exemplaires,

Le ....

LE PRODUCTEUR **LE MANDATAIRE**

CESSION DE DROITS VIDÉOGRAPHIQUES FRANCE

GÉNÉRALITÉS

Le contrat dont le texte suit prend la forme d'une cession de droits, et non d'un mandat. Si le résultat final est le même, la nature juridique du contrat et sa présentation varient selon qu'il s'agit d'un mandat ou d'une cession.

Les contrats d'exploitation vidéographique se rapprochant beaucoup des contrats d'exploitation dans les salles de cinéma, il nous a paru intéressant de vous donner une alternative au mandat de distribution.

En conséquence, dans le cas où vous souhaiteriez adopter la forme du mandat pour l'exploitation vidéographique du film, vous pouvez reprendre le modèle de mandat de distribution cinéma en y adaptant les clauses particulières à la vidéo que vous trouverez dans le modèle ci-après ; cela est également valable pour le mandat de distribution cinéma qui précède, que vous pourrez ainsi transformer en cession.

ENTRE LES SOUSSIGNÉS

Société A, ... *(type de société)* au capital de .... euros *(montant du capital),* RCS Paris .... *(numéro de registre du commerce)* dont le siège social est à .... *(adresse du siège social),* représentée par Monsieur .... *(nom du représentant légal de la société ou de la personne ayant reçu pouvoir pour signature),* ci-après dénommée : « le Producteur » ;

D'une part,

ET

Société B, société .... *(type de société)* au capital de .... euros *(montant du capital),* RCS Paris .... *(numéro de registre du commerce)* dont le siège social est à .... *(adresse du siège social),* représentée par Monsieur .... *(nom du représentant légal de la société ou de la personne ayant reçu pouvoir pour signature),* ci-après dénommée : « le Distributeur Vidéo » ;

D'autre part,

IL A AU PRÉALABLE ÉTÉ EXPOSÉ CE QUI SUIT

1. Le Producteur détient pour les avoir valablement acquis les droits d'exploitation d'un film de long métrage intitulé provisoirement ou définitivement : .... *(titre du film),* n° RCA .... réalisé par monsieur .... *(nom du réalisateur),* interprété par ...., sorti en salle en France le ...., ci-après dénommé « le Film ».

2. le Producteur a souhaité confier l'exploitation vidéographique du Film au Distributeur vidéo qui a accepté.

IL A PAR LA SUITE ÉTÉ ARRÊTÉ ET CONVENU CE QUI SUIT

ARTICLE 1 - OBJET DU CONTRAT

Le Producteur cède, par les présentes, à titre exclusif, au distributeur vidéo qui l'accepte, pour les territoires de France, Monaco, Andorre, Belgique et Suisse, ci-après dénommés « les Territoires », les droits d'exploitation en version originale du Film par commercialisation sur support matériel et vidéographique optique, magnétique et (ou) numérique, ci-après dénommés « Vidéogramme(s) », par vente ou location auprès des simples particuliers pour leur usage privé et par diffusion dans les circuits dits « institutionnels », ainsi que par Vidéo à la Demande sous la forme de *streaming*.

Le circuit dit « institutionnel » s'entend des lieux où le public peut avoir accès à des représentations sans billetterie CNC, tels que autocars, navires, avions, hôtels, hôpitaux, centres culturels, circuits associatifs, etc.

La « vidéo à la demande » (également dénommée « VOD ») s'entend au sens du présent contrat, de services mis en place auprès des particuliers qui, à l'initiative individuelle et sur la demande active d'un utilisateur, permettent à celui-ci, à tout moment et à l'heure de son choix ou à une heure prédéterminée, la visualisation sur des récepteurs de télévision du programme stocké sous forme numérique sur un ou plusieurs serveur(s) informatique(s), et ce contre paiement par cet utilisateur d'un prix de visualisation déterminé.

Le *streaming* est une modalité de la VOD consistant en l'envoi de contenu en direct (ou en léger différé) qui permet de commencer la lecture d'un flux vidéo à mesure qu'il est diffusé. Il s'oppose ainsi à la VOD par « téléchargement » qui nécessite de récupérer l'ensemble des données d'un extrait vidéo avant de pouvoir le regarder. Le lecteur de contenu *streaming* va récupérer une partie du contenu qu'il met dans une mémoire tampon. Cette mémoire tampon ne permet pas de récupérer les données pour les charger et les conserver.

(Ainsi par l'effet de ce contrat seule la distribution VOD en streaming est permise, les parties pourront décider d'octroyer une cession plus large.)

ARTICLE 2 - DURÉE

Le présent contrat prend effet dans toutes ses dispositions au jour de sa signature et se poursuivra pendant une durée de 7 (sept) ans à compter de la première commercialisation du Film sur support vidéographique, ce dont le distributeur vidéo devra informer le Producteur par écrit.

Cette durée sera renouvelable par tacite reconduction pour des périodes d'une année, sauf dénonciation par l'une ou l'autre des Parties, effectuée par lettre recommandée avec accusé de réception adressée au moins six mois avant l'expiration de la période en cours.

(La durée d'un contrat est négociée librement, de gré à gré, entre les Parties. Elle peut donc parfaitement être différente de celle de sept (7) ans visée dans l'exemple de clause ci-dessus, et qui correspond à un usage que l'on rencontre fréquemment en pratique.)

À l'échéance du présent accord, pour quelque cause que ce soit, le Distributeur vidéo disposera d'un délai de 6 (six) mois, soit pour écouler les Vidéogrammes restant en stock à des conditions qu'il déterminera, soit pour détruire le stock résiduel, dont il justifiera au Producteur par la fourniture d'un certificat de destruction.

ARTICLE 3 - MATÉRIEL ET FRAIS

3.1. Afin de permettre au Distributeur vidéo d'exercer les droits qui lui sont cédés, le Producteur s'engage à mettre à la disposition du Distributeur vidéo, le matériel suivant (il s'agit là du matériel communément demandé pour des tirages de qualité).

3.1.1. Matériel d'exploitation

- un master numérique D1 625 lignes fabriqué à partir :

  - pour l'image : d'un interpositif, sous le contrôle du chef opérateur ou d'un de ses représentants ou d'une copie neuve tirée impérativement du négatif.

  - pour le son : d'un magnétique 35 mm stéréo si le film a été réalisé dans ces conditions.

Le report télécinéma doit impérativement être fait dans le format original de tournage.

Dans le cas d'un film tourné en 35m/m, le master devra être plein cadre.

- un BAT VHS PAL VOS/T Time codé ou autre version ;
- une copie neuve 35 mm en VF impérativement tirée du négatif ;
- une copie neuve 35 mm en VF du film annonce ;
- le FA *(trailer)* devra être inséré sur le D 1 après le film ;
- une lettre d'accès à tous les éléments originaux acceptée par le ou les laboratoires chez qui le matériel précité est entreposé.

(La description du matériel devra être conforme à l'état de la technique du moment.)

3.1.2. Matériel publicitaire

L'affiche, les affichettes, le dossier de presse, le synopsis, un jeu de photos d'exploitation, le *making of, l'electronic presskit* (kit de presse au format numérique pouvant prendre la forme d'un film court et destiné à être utilisé en vue d'un reportage TV, d'un article de presse ou d'un communiqué).

Le matériel susvisé devra être d'une qualité parfaite selon les normes en vigueur à la signature du contrat.

3.2. Le matériel devra être livré au Distributeur vidéo au plus tard le .... *(date de livraison).*

3.3. Le Distributeur vidéo disposera d'un délai de 30 (trente) jours à compter de la livraison pour accepter ou refuser ledit matériel, en signant un procès-verbal d'acceptation ou de refus.

En cas de refus par le Distributeur vidéo d'un matériel qui ne répondrait pas aux conditions précitées, le Producteur devra procéder à ses frais à son remplacement sur simple demande et dans un délai .... *(à compléter)*, étant précisé que, dans un tel cas, les frais entraînés par la vérification de tout nouveau matériel seront à la charge du Producteur et lui seront facturés par le Distributeur vidéo, la facture étant payable dans les huit jours de sa réception, à défaut, le règlement s'effectuera par compensation sur toutes les sommes dues ou à devoir au Distributeur vidéo, en application du présent contrat.

3.4. Le Producteur assurera à ses frais, risques et périls, l'expédition ou la remise du matériel au Distributeur vidéo.

Dans les 30 (trente) jours suivant l'expiration du présent contrat, le Distributeur vidéo renverra à ses frais ledit matériel au Producteur, qui en demeure propriétaire.

Le matériel ne devra avoir subi aucune altération autre que celle résultant d'une utilisation normale pour l'exercice des droits d'exploitation faisant l'objet du présent contrat.

3.5. Le Producteur déclare :

- qu'il détient les droits d'utilisation du matériel publicitaire dont il est parlé ci-dessus et garantit le Distributeur vidéo contre tout recours dont ce dernier pourrait faire l'objet de la part de tiers du fait de l'utilisation dudit matériel ;
- que le film et son matériel publicitaire ne comportent aucun élément susceptible d'être considéré comme contrefaisant, diffamatoire, portant atteinte à la vie privée ou à la mémoire de quiconque, ou même simplement fautif envers un tiers ;
- que le matériel du Film et (ou) le matériel publicitaire est conforme aux obligations publicitaires par lui souscrites, et peuvent être utilisés sans changement.

Le Producteur autorise par la présente cession le Distributeur vidéo à reproduire tout ou partie des affiches, photographies, et éléments publicitaires ou promotionnels, qui auront été fournis par le Producteur, ceci aussi bien sur les Vidéogrammes ou leurs emballages que pour les besoins de la publicité, de la promotion ou des catalogues.

Au cas où les obligations publicitaires comporteraient des dispositions spécifiques à la vidéo, le Producteur s'engage à le signifier par écrit au distributeur vidéo. À défaut, ce dernier s'inspirera des mentions utilisées pour l'exploitation cinématographique.

Si le Producteur avait connaissance d'un acte de contrefaçon, il devra en aviser immédiatement le Distributeur vidéo et devra, en tout état de cause, intervenir seul ou aux côtés du Distributeur vidéo, s'il en est requis par ce dernier, lors de toutes procédures d'urgence ou au fond ayant un acte de contrefaçon pour fondement. L'ensemble des frais de procédure (tant ceux du Producteur, que ceux du Distributeur vidéo) seront en ce cas à la charge du Producteur.

ARTICLE 4 - REDEVANCE

4.1. En contrepartie de la cession des droits, tels que décrits à l'article 1 ci-dessus, le Distributeur vidéo réglera au Producteur une redevance de............. % H.T. (............. pour cent hors taxes) des recettes brutes distributeur hors taxes. Les Parties conviennent que cette redevance ne sera pas versée au Producteur jusqu'à ce qu'elle ait atteint un montant égal à celui des frais hors taxes (notamment frais de fabrication des supports vidéo et frais de publicité) engagés par le Distributeur vidéo en vue de la commercialisation du Film, le Distributeur étant alors autorisé à se rembourser le montant de ces frais par compensation avec le montant de la redevance.

Par recettes brutes distributeur hors taxes, il convient d'entendre les sommes hors taxes encaissées par le Distributeur vidéo du fait de la commercialisation objet du présent contrat et diminuées des taxes en vigueur au moment de l'encaissement.

4.2. Le Distributeur vidéo adressera au Producteur mensuellement pendant les trois premiers mois, trimestriellement pendant les neuf mois suivants, semestriellement pendant la deuxième année et annuellement à partir de la troisième année, un état des recettes brutes distributeur réalisées au cours de la période précédente. Le montant revenant au Producteur lui sera versé dans les 45 (quarante-cinq) jours suivant l'expiration de chaque période comptable sur réception de la facture correspondante.

Le Distributeur vidéo tiendra dans ses livres une comptabilité d'exploitation qui sera organisée de telle sorte que les opérations s'y rapportant se distinguent de l'ensemble de ses comptes et puissent être facilement isolées, contrôlées et relevées.

Le Producteur ou son représentant pourront effectuer à tout moment, au siège social du Distributeur vidéo, pendant les heures d'ouverture des bureaux, toutes vérifications qu'ils jugeront utiles.

4.3. Le Distributeur vidéo se libérera par chèque bancaire libellé au nom du Producteur ou de toute autre personne désignée à cet effet.

Dans le cas où des nantissements ou sûretés de quelque nature qu'ils soient, délégations, ou cessions de créances, indications ou domiciliations de paiement, et plus généralement tous autres éléments de nature à affecter les droits consentis au Distributeur vidéo ou le caractère libératoire du paiement effectué au profit du Producteur existeraient ou se révéleraient ultérieurement, le Producteur s'engage à en informer le Distributeur vidéo dès signature du présent contrat.

(Il faut néanmoins savoir que si ces délégations sont inscrites aux RCA – elles le sont en général- il est de la responsabilité du distributeur vidéo de vérifier l'état des inscriptions pour savoir de lui-même, qui il doit payer. L'inscription d'une délégation au RCS rend le contrat de délégation opposable aux tiers, et l'adage « qui paye mal paie deux fois » s'applique.)

Le Producteur garantit qu'il aura désintéressé les créanciers du Film au jour de la date de signature des présentes et qu'il reste, en tout état de cause, seul responsable du paiement de toutes factures de créances concernant le Film, et plus particulièrement, celles relevant des postes suivants :

- Laboratoires et pellicules,
- Auteurs,
- Artistes-interprètes et agents artistiques, ainsi que divers achats de droit, notamment l'achat des séquences d'œuvres télévisuelles si de telles séquences sont intégrées dans le Film,
- Salaires et charges sociales des salariés et auteurs ayant travaillé à la réalisation du Film.

Plus généralement, le Producteur s'engage à fournir au Distributeur vidéo les informations et indications utiles, notamment quant au paiement, pour permettre au Distributeur vidéo d'exercer les droits qu'il tient du présent contrat.

En tout état de cause, le Producteur garantit le Distributeur vidéo contre tout recours ou action de toute personne susceptible de se prévaloir directement ou indirectement d'un nantissement ou sûreté, d'une cession ou délégation de créances, et autres susvisés.

ARTICLE 5 - EXPLOITATION

5.1. L'exploitation du Film par commercialisation sur support vidéo et sur les Territoires sera assurée par le Distributeur vidéo ou par tout mandataire de son choix.

Le Distributeur vidéo sera seul juge des conditions de commercialisation des supports vidéo faisant l'objet du présent contrat, ainsi que de la fixation de leur prix de vente ou de location.

De la même manière, le Distributeur vidéo sera libre de décider de la quantité de supports vidéo à éditer ainsi que de la publicité et de la promotion qui lui paraîtront opportunes d'effectuer en vue de l'exploitation faisant l'objet du présent contrat.

5.2. Il est entendu que la dénomination du Distributeur vidéo et (ou) son logo figureront dans toutes publicités, annonces, affiches, photographies, etc.

5.3. Le Producteur donne d'ores et déjà l'autorisation au Distributeur vidéo de sortir le Film, objet des présentes, le plus vite possible après la sortie salles, mais dans le respect de la législation, à savoir :

- concernant les supports matériels vidéographiques et en l'absence d'une dérogation délivrée par le Centre national du cinéma et de l'image animée, à l'expiration d'un délai de quatre mois à compter de la date de sortie en salles de spectacles cinématographiques, conformément à l'article L.231-1 du Code du cinéma et de l'image animée ;
- concernant la VOD sous la forme de *streaming,* dans les conditions et délais prévus à l'article L.232-1 et suivants du Code du cinéma et de l'image animée.

Le Producteur s'engage à laisser au Distributeur vidéo six mois d'exclusivité d'exploitation des vidéogrammes avant l'annonce du passage et (ou) le passage sur les antennes d'une chaîne de télévision et (ou) d'une chaîne diffusant sur Internet.

ARTICLE 6 - GARANTIES

Le Producteur déclare disposer sans restriction ni réserve des droits d'exploitation objet des présentes.

Le Producteur garantit le Distributeur vidéo contre tout recours ou action que pourrait former à un titre quelconque, à l'occasion de l'exercice de ses droits, par le Distributeur vidéo en vertu des présentes, toute personne ou Société ayant participé ou prétendu participé, directement ou indirectement, à la réalisation du Film.

Le Producteur garantit le Distributeur vidéo contre tous recours ou actions que pourraient former les personnes physiques ou morales n'ayant pas participé à la production ou à la réalisation, mais qui estimeraient avoir des droits quelconques à faire valoir sur tout ou partie du Film ou sur son exploitation par le Distributeur vidéo.

À ce titre, le Producteur s'engage à prendre à sa charge l'intégralité des éventuels dommages et intérêts (frais et honoraires, débours, frais d'expertise, etc.) et ce, relatifs à toute mesure d'exécution que le Distributeur vidéo aurait à payer aux termes soit d'une décision judiciaire assortie de l'exécution provisoire, soit d'une transaction signée avec le demandeur à l'action.

ARTICLE 7 - EXCLUSIVITÉ

Le Producteur s'engage, pour lui-même et pour ses cessionnaires, mandataires ou ayants droit, à ne pas autoriser un tiers à exercer dans les Territoires les droits d'exploitation du Film objet du présent contrat pendant toute la durée du présent contrat telle que précisée à l'article 2.

En conséquence, et d'une manière générale, le Producteur s'engage à agir de sorte que le Distributeur vidéo bénéficie effectivement dans les Territoires concédés, de l'exclusivité d'exploitation et d'annonce d'exploitation du Film par commercialisation sur support vidéo, et ce pendant toute la durée du présent contrat.

ARTICLE 8 - RÉTROCESSION

Il est expressément convenu que le Distributeur vidéo aura la faculté de céder ou de se faire substituer toute personne physique ou morale pour l'exécution de tout ou partie des présentes, étant précisé qu'elle restera garante et responsable envers le Producteur de la bonne exécution du présent accord.

ARTICLE 9 - RÉSILIATION

En cas de non-respect par l'une ou l'autre des Parties de ses obligations, l'autre Partie sera en droit, après simple mise en demeure par lettre recommandée avec accusé de réception restée sans effet dans les trente (30) jours de sa présentation, de considérer le présent accord comme purement et simplement résilié aux torts et griefs de la Partie défaillante, sous réserve de tous dommages et intérêts complémentaires.

ARTICLE 10 - INSCRIPTION AUX RCA

Le Distributeur vidéo procédera à l'inscription aux Registres de la Cinématographie et de l'audiovisuel du présent accord.

Les frais d'inscription des actes seront à la charge du Producteur, mais avancés par le Distributeur vidéo qui s'en récupérera de la même façon que les autres frais.

Le Producteur garantit expressément au Distributeur vidéo qu'aucune des inscriptions déjà prises n'est susceptible de porter atteinte aux droits consentis par les présentes au Distributeur vidéo, cette condition étant considérée comme essentielle et déterminante.

ARTICLE 11 - LITIGES

Toute contestation portant sur l'interprétation de la présente convention sera soumise aux tribunaux compétents de Paris qui statueront selon la loi française.

ARTICLE 12 - ÉLECTION DE DOMICILE

Les Parties élisent domicile à l'adresse visée en tête des présentes.

Fait à ....,

Le ....

En trois exemplaires

LE PRODUCTEUR **LE DISTRIBUTEUR VIDÉO**

CESSION DE DROITS TÉLÉVISION

GÉNÉRALITÉS

(Ce type de contrat peut aussi s'appliquer pour une cession de droits d'exploiter sur d'autres supports que la télévision.)

Comme nous le disions dans l'introduction à la présente partie, il ne nous a pas paru nécessaire de présenter un contrat type de cession des droits de diffusion à une chaîne de télévision, dans la mesure où ces organismes établissent toujours eux-mêmes leurs propres contrats. En revanche, vous pouvez être amenés à céder à un tiers, pour un prix forfaitaire, les droits de cession du film aux chaînes de télévision française pour un ou plusieurs passages. Nous vous donnons donc ci-après le texte d'un tel contrat, dont vous pourrez vous inspirer pour votre cas particulier.

ENTRE LES SOUSSIGNÉS

Société A, ... *(type de société)* au capital de .... euros *(montant du capital),* RCS Paris .... *(numéro de registre du commerce)* dont le siège social est à .... *(adresse du siège social),* représentée par Monsieur .... *(nom du représentant légal de la société ou de la personne ayant reçu pouvoir pour signature),* ci-après dénommée : « Société A » ;

D'une part,

ET

Société B, société .... *(type de société)* au capital de .... euros *(montant du capital),* RCS Paris .... *(numéro de registre du commerce)* dont le siège social est à .... *(adresse du siège social),* représentée par Monsieur .... *(nom du représentant légal de la société ou de la personne ayant reçu pouvoir pour signature)*, ci-après dénommée : « le Producteur » ;

D'autre part,

IL A AU PRÉALABLE ÉTÉ EXPOSÉ CE QUI SUIT

1. Le Producteur est titulaire de droits d'exploitation du Film .... *(titre du film)* dont les caractéristiques qui sont considérées chacune par Société A comme essentielles et déterminantes figurent en annexe 1 des présentes, ci-après dénommé « le Film ».

2. La Société A est une société dont l'objet est l'exploitation d'un système de télévision par abonnement ou qui édite un service de télédiffusion *(à adapter selon votre cas).*

3. Le présent contrat a pour objet de définir les conditions dans lesquelles le Producteur cède à la Société A les droits de diffusion télévisuelle du Film.

IL A PAR LA SUITE ÉTÉ ARRÊTÉ ET CONVENU CE QUI SUIT

ARTICLE 1 - OBJET

1.1. Le Producteur cède par les présentes à titre exclusif *(Il peut arriver que la cession se fasse à titre non exclusif, cela dépend de votre négociation et du mode d'exploitation, par exemple la VOD se fait souvent en mode non exclusif)* à Société A, qui l'accepte, pour les territoires, ci-après dénommés « les Territoires », de France, DOM-TOM, Monaco, Andorre, Belgique francophone, Suisse francophone, Luxembourg francophone et ex-colonies françaises *(à adapter à vos critères),* tels qu'énumérés en annexe 2 des présentes, les droits d'exploitation télévisuelle pour *(à adapter à votre cas particulier)* un nombre de passages illimités en ce qui concerne la télévision par abonnement et (ou) pour - *(indiquer le nombre de passages)* passages sur chacun desdits Territoires en ce qui concerne la télévision non payante pendant la durée prévue à l'article 2 ci-après, de la version française et de la version originale sous-titrée en français du Film .... *(titre du film)*, n° RCA .... par tous procédés connus ou inconnus à ce jour (notamment par voie hertzienne, câble, satellite) selon les modes de diffusion suivants :

a) par télévision par abonnement, ce système comprenant la télé billetterie *(pay-per-view) ;*

b) par télévision non payante.

1.2. La Société A aura la faculté de procéder dans un délai de 2 (deux) mois avant le mois de programmation du Film, à la diffusion d'extraits de ce Film aux fins de présentation ou de promotion sur ses antennes ainsi que sur son site Internet.

Toutefois, la durée de chaque extrait ne saurait excéder .... (*durée courte par rapport à la durée du Film)* minutes de diffusion continue.

De même, Société A pourra, dans le respect des lois et règlements en vigueur, effectuer certaines coupures du Film, objet des présentes, aux fins d'insertions publicitaires et (ou) procéder à l'incrustation de son logo.

1.3. Pour un film étranger : Le Producteur certifie que le film n'a pas été diffusé à ce jour sur une chaîne de télévision en France (*à adapter selon votre cas*).

ARTICLE 2 - DURÉE

Le présent contrat prend effet dans toutes ses dispositions au jour de sa signature et se poursuivra jusqu'au .... *(jour, mois, année).*

Toutefois, la première diffusion du Film ne pourra intervenir qu'à compter du .... *(indiquer la date).*

(Une œuvre cinématographique est distribuée selon une « chronologie des médias » : le film est d'abord diffusé en salles, puis en vidéo, puis sur les chaînes à péage ou en VOD, ensuite sur les chaînes en clair. L'article L.231-1 du Code du cinéma et l'arrêté du 9 juillet 2009 ont fixé le délai de quatre mois entre la diffusion en salles et l'exploitation vidéographique, physique et

en ligne et l'exploitation à la demande, un délai de 10 (dix) mois pour les diffusions payantes et un délai de 22 (vingt-deux) mois pour la télédiffusion en clair.)

ARTICLE 3 - MATÉRIEL ET FRAIS

(La question de la conformité du matériel est primordiale en cas de ventes de droits de diffusion, car la diffusion ne peut intervenir lorsque le matériel est de mauvaise qualité.)

3.1. Matériel

Afin de permettre à Société A d'exercer les droits d'exploitation télévisuelle qui lui sont cédés comme indiqué à l'article 1 ci-dessus, le Producteur s'engage à mettre à sa disposition pour le film ci-dessus mentionné le matériel suivant :

3.1.1. Matériel d'exploitation

Un master numérique Dl 625 lignes fabriqué à partir de :

- pour l'image : d'un interpositif, sous le contrôle du chef opérateur ou d'un de ses représentants, ou d'une copie neuve tirée impérativement du négatif ;
- pour le son : d'un magnétique 35 mm stéréo si le film a été réalisé dans ces conditions.

Le report télécinéma doit impérativement être fait dans le format original de tournage.

Dans le cas d'un film en scope (1 : 2,35) : un 2e master numérique Dl en Pan-Scan fabriqué sous le contrôle de la production (réalisateur ou directeur photo).

Dans le cas d'un film tourné en super 35 mm, le master devra être plein cadre ;

- un BAT VHS PAL VOS/T Time codé,
- une copie 35 mm neuve en VF,
- une copie 35 mm neuve en VO impérativement tirée du négatif,
- une copie neuve 35 mm VO ou VF du film annonce (*trailer*),
- le FA (*trailer*) devra être inséré sur le D 1 après le film,
- une disquette du sous-titrage français synchrone avec le master Dl,
- la liste des sous-titres (sur papier).

Le matériel d'exploitation devra répondre aux normes techniques de qualité parfaite en vigueur au moment de la livraison. *(Cette liste de matériels sera adaptée à l'exploitation numérique.)*

3.1.2. Matériel publicitaire

L'affiche et ses différentes adaptations, un jeu de photos, le dossier de presse, le synopsis, la revue de presse, le *making of*, l'ensemble de ces éléments sur support numérique.

Et, de manière générale, tous documents audiovisuels, écrits ou photographiques existants pouvant servir à la promotion du Film tels que notamment sujets d'actualités sur le Film ou interviews des comédiens, auteurs, réalisateurs.

Le matériel susvisé devra être d'une qualité parfaite selon les normes en vigueur à la signature du contrat.

Ce dernier matériel est destiné à assurer au moyen de tout média (notamment par voie de presse, d'affichage, de télévision, sur Internet), la promotion de la diffusion sur les antennes des organismes de télévision ainsi que plus généralement la promotion de ces derniers.

Le Producteur s'engage à fournir à Société A les obligations publicitaires qu'il s'oblige à respecter dans ses annonces.

La responsabilité de Société A ne pourra être recherchée au cas où ces obligations ne seraient pas conformes aux engagements pris envers tous tiers par le Producteur, qui devra supporter tous frais et dommages-intérêts pouvant en résulter.

Le matériel devra être livré à Société A au plus tard le .... *(jour, mois, année)*.

3.2. Société A disposera d'un délai de 30 (trente) jours à compter de la livraison pour accepter ou refuser ledit matériel (*Cette clause est également primordiale, car l'acceptation du matériel conditionne souvent le paiement de la facture*).

En cas de fourniture par le Producteur d'un matériel qui ne répondrait pas aux conditions précisées, celui-ci devra procéder à ses frais, à son remplacement sur simple demande, étant précisé que dans un tel cas, les frais entraînés par la vérification de tout nouveau matériel sera à la charge du Producteur et lui sera facturé par Société A, la facture étant payable immédiatement.

Tant que le nouveau matériel ne sera pas de la nature et de la qualité visées ci-dessus, le paiement prévu à l'article 4 ne sera pas effectué et ce, sans que le Producteur puisse prétendre à une indemnité quelconque.

3.3. Le Producteur assurera à ses frais, risques et périls, l'expédition ou la remise du matériel à Société A.

Dans les 30 (trente) jours suivant l'expiration du présent contrat, Société A renverra à ses frais ledit matériel au Producteur qui en demeure propriétaire.

Le matériel ne devra avoir subi aucune altération autre que celle résultant d'une utilisation normale pour l'exercice des droits de diffusion faisant l'objet du présent contrat.

ARTICLE 4 - PRIX

En contrepartie des droits visés à l'article 1, Société A versera au Producteur la somme forfaitaire et définitive de .... (*somme en chiffres euros H.T. et en lettres euros hors taxes*), payable dans les 30 (trente) jours qui suivent l'acceptation par Société A du matériel dans les conditions prévues à l'article 3 du contrat et sous réserve du respect de ses engagements par le Producteur.

Il est précisé que les droits ci-dessus visés donnent vocation à Société A de percevoir 100 % (cent pour cent) des recettes d'exploitation correspondantes. Il s'agit là, en effet, d'une cession forfaitaire dans laquelle aucune redevance sur les prix de vente futurs ne sera due par Société A au Producteur.

Le paiement interviendra selon les modalités susvisées contre réception de la facture correspondante établie par le Producteur (portant mention de la TVA).

Les sommes ci-dessus s'entendent tous frais, taxes et impôts compris, à l'exception de la TVA, et couvrent tous les droits d'exploitation ainsi que la fourniture du matériel, et les frais de douane et de transport.

Société A se libérera par chèque bancaire libellé au nom du Producteur ou de toute autre personne bénéficiant d'un nantissement, d'une délégation ou d'une cession de créances (*Les nantissements, délégation ou cession de créances sont des mécanismes de garantie de paiement de tiers qui, via ces mécanismes, ont un accès direct aux recettes*).

Dans le cas où des nantissements ou sûretés de quelque nature qu'ils soient, délégations ou cessions de créances, indications ou domiciliations de paiement, et plus généralement tous autres éléments de nature à affecter les droits consentis à Société A ou le caractère libératoire du paiement effectué au profit du Producteur existeraient ou se révéleraient ultérieurement, le Producteur s'engage à en informer Société A dès signature du présent contrat.

Plus généralement, le Producteur s'engage à fournir à Société A les informations et indications utiles, notamment quant au paiement, pour permettre à Société A d'exercer les droits qu'il tient du présent contrat.

En tout état de cause, le Producteur garantit Société A contre tout recours ou action de toute personne susceptible de se prévaloir directement ou indirectement d'un nantissement ou sûreté, d'une cession ou délégation de créances, et autre susvisés.

Tout retard de paiement donnera lieu, de plein droit au profit du Producteur, à l'application de pénalités de retard égales à 3 (trois) fois le taux d'intérêt légal en vigueur, sur le montant dû entre la date d'exigibilité et la date de paiement effectif.

ARTICLE 5 - GARANTIES

Le Producteur déclare disposer sans restriction ni réserve des droits d'exploitation objet des présentes en ce qui concerne les auteurs du Film, éditeurs, réalisateurs, artistes, interprètes ou exécutants, techniciens et de manière générale toute personne ayant participé directement ou indirectement à la réalisation ou pouvant prétendre à un droit quelconque à l'égard du Film.

Le Producteur fera son affaire et assumera la charge de tous paiements intéressant notamment les personnes mentionnées au paragraphe précédent, quelle qu'en soit la cause ou la nature, qui pourraient être dus, réclamés ou qui deviendraient exigibles du fait de l'exercice des droits consentis à Société A.

Le Producteur déclare n'avoir souscrit aucun engagement limitant, retardant ou interdisant la diffusion télévisuelle dans les Territoires, au cours de la période pendant laquelle Société A pourra diffuser le Film.

Le Producteur garantit Société A contre tous recours ou action que pourraient former à titre quelconque, à l'occasion de l'exercice de ses droits par Société A, toute personne ou Société Ayant participé directement ou indirectement à la réalisation du Film.

Le Producteur garantit Société A contre tous recours ou action que pourraient former les personnes physiques ou morales n'ayant pas participé à la production ou à la réalisation, mais qui estimeraient avoir des droits quelconques à faire valoir sur tout ou partie du Film ou sur son exploitation par Société A.

ARTICLE 6 - EXCLUSIVITÉ

(ATTENTION : *Cette clause n'existe pas dans un contrat où la vente se fait à titre non exclusif*)

6.1. Le Producteur s'engage pour lui-même et pour ses cessionnaires, mandataires ou ayants droit à ne pas autoriser un tiers à exercer dans les Territoires, les droits cédés à Société A et ce, pendant toute la durée du présent contrat telle que précisée à l'article 2.

En conséquence et d'une manière générale, le Producteur s'engage à agir de sorte que Société A bénéficie effectivement, dans les Territoires, de l'exclusivité de diffusion et d'annonce de diffusion sur support de télévision du Film ci-dessus mentionné, et ce pendant toute la durée du présent contrat.

De même, et sauf accord préalable et écrit de Société A, le Producteur s'engage pour lui-même et pour ses cessionnaires, mandataires ou ayants droit à ce que le Film, objet du présent contrat ne soit pas, pendant toute la durée de celui-ci, diffusé en version française (qu'elle soit doublée ou sous-titrée) par des organismes de télévision dont les émetteurs situés en dehors des Territoires touchent une partie des téléspectateurs de ces Territoires.

Les stipulations qui précédent s'appliqueraient également dans le cas où le film ferait l'objet d'une série et (ou) de tout autre version différente de celle du film objet des présentes.

6.2. En cas de non-respect par le Producteur des stipulations ci-dessus, la présente convention serait résiliée de plein droit après mise en demeure par lettre recommandée avec accusé de réception restée sans effet dans les huit jours suivant sa réception, et les sommes versées au titre de son exécution devraient être immédiatement restituées, sans préjudice des indemnités qui seraient réclamées au Producteur au titre de la mise en œuvre de sa responsabilité.

ARTICLE 7 - OPTION ET DROIT DE PRIORITÉ

(C'est un mécanisme qui prévoit d'abord (1) une option en faveur du diffuseur (Société A), et

(2) si Société A ne décide pas d'user de son droit d'option, elle sera à nouveau sollicitée par le Producteur pour acquérir le droit d'exploiter en vertu de son droit de priorité. Ces deux mécanismes combinés sont très contraignants pour Producteur. Aussi, souvent le Producteur pourra n'accepter (ou n'insérer) que le premier mécanisme de l'option.)

À prévoir éventuellement :

Il est expressément convenu que Société A bénéficiera d'une option prioritaire pour, à l'expiration des présentes, acquérir à nouveau les droits d'exploitation télévisuelle du Film à des conditions déterminées d'un commun accord entre les Parties.

En l'absence d'un tel accord dans un délai de 30 (trente) jours à compter de la date d'expiration du présent contrat, le Producteur sera alors libre de traiter avec tout tiers de son choix.

Dans le cas où, dans le même délai, le Producteur recevrait d'un tiers une offre d'achat ferme exprimée par écrit, il sera tenu de communiquer ladite offre à Société A par lettre recommandée AR.

Société A disposera alors d'un délai de 8 (huit) jours ouvrables à compter de la réception de cette communication, pour traiter avec le Producteur aux mêmes conditions que celles proposées par le tiers, faute de quoi l'accord sera conclu avec le tiers sur les bases proposées par lui.

ARTICLE 8 - RÉTROCESSION

Il est expressément convenu que Société A aura la faculté de céder ou de substituer toute personne physique ou morale pour l'exécution de tout ou partie des présentes, étant précisé qu'elle restera garante et répondante envers le Producteur de la bonne exécution du présent accord.

ARTICLE 9 - RÉSILIATION

Hormis le cas sanctionné à l'article 6, en cas de non-respect par l'une ou l'autre des Parties de ses obligations, l'autre Partie sera en droit, après simple mise en demeure par lettre recommandée avec accusé de réception restée sans effet dans les huit jours de sa présentation, de considérer le présent accord comme purement et simplement résilié de plein droit aux torts et griefs de la Partie défaillante, sous réserve de tous dommages et intérêts complémentaires.

ARTICLE 10 - LITIGES

Toute contestation portant sur l'application ou l'interprétation de la présente convention sera soumise aux Tribunaux civils compétents de Paris.

ARTICLE 11 - INSCRIPTION AUX RCA

Société A procédera à l'inscription aux Registres de la Cinématographie et de l'Audiovisuel du présent contrat.

Le Producteur garantit expressément à Société A qu'aucune des inscriptions déjà prises n'est susceptible de porter atteinte aux droits consentis par les présentes à Société A, cette condition étant considérée comme essentielle et déterminante.

ARTICLE 12 - ÉLECTION DE DOMICILE

Les Parties élisent domicile à l'adresse visée en tête des présentes.

Fait à ...., le ....

En trois exemplaires

LE PRODUCTEUR **SOCIÉTÉ A**

___________________ ___________

ANNEXE 1

Cédant : .... *(nom et adresse)*
Qualité : .... *(Producteur, distributeur, etc.)*
Titre : ....
Auteurs : ....
Réalisateur : ....
Interprètes : ....
N° de RCA : ....
Durée : .... *(minutes)*
Couleur/noir et blanc :..
Format original de tournage : ....
Nationalité : ....
Version cédée : .... (*VF, VO sous-titrée en français)*
Date de première exploitation en salle en *pays d'origine :* ....
Date de première exploitation en salles en France ....

ANNEXE 2

Établir une liste très précise des territoires objet du présent contrat.

VENTE À L'ÉTRANGER

(MANDAT CLASSIQUE)

Il s'agit là d'un mandat classique dans lequel le Producteur confie l'exploitation à l'étranger du film à un mandataire. Ce dernier assure seul l'exploitation du film.

À noter que dans le modèle fourni, le mandataire verse au Producteur un minimum garanti sur la part de recettes à lui revenir.

Ce modèle de mandat est signé alors que le Film n'est pas encore entré en production ainsi que cela ressort du point 3 du préambule.

ENTRE LES SOUSSIGNÉS

Société A, ... *(type de société)* au capital de .... euros *(montant du capital),* RCS Paris .... *(numéro de registre du commerce)* dont le siège social est à .... *(adresse du siège social),* représentée par Monsieur .... *(nom du représentant légal de la société ou de la personne ayant reçu pouvoir pour signature),* ci-après dénommée : « Le Vendeur à l'étranger » ;

D'une part,

ET

Société B, société .... *(type de société)* au capital de .... euros *(montant du capital),* RCS Paris .... *(numéro de registre du commerce)* dont le siège social est à .... *(adresse du siège social),* représentée par Monsieur .... *(nom du représentant légal de la société ou de la personne ayant reçu pouvoir pour signature),* ci-après dénommée : « Le Producteur »

D'autre part,

IL A AU PRÉALABLE ÉTÉ EXPOSÉ CE QUI SUIT

1. Le Producteur déclare qu'il a valablement acquis et peut librement disposer des droits d'exploitation d'un Film de long métrage en couleur intitulé provisoirement ou définitivement .... *(titre du film),* inscrit aux Registres de la Cinématographie et de l'audiovisuel sous le n°..........., ci-après dénommé « le Film ».

2. Les caractéristiques artistiques et techniques essentielles et déterminantes du présent accord sont les suivantes :

1. Le scénario du Film a été écrit par .... *(nom des auteurs).* Ce dernier en sera également le réalisateur.
2. Les acteurs principaux sont .... *(nom des acteurs principaux).*
3. Durée du Film : .... minutes environ.
4. Début du tournage : .... *(jour, mois, année).*
5. Fin du tournage : .... *(jour, mois, année).*

6. Date de livraison de la copie standard munie de son visa d'exploitation : .... *(jour, mois, année).*
7. Date de sortie en salles en France : au plus tard le .... *(jour, mois, année).*
8. Le négatif sera détenu et développé par le laboratoire .... *(nom du laboratoire).*
9. Le devis de production s'élève à environ .... euros.

3. Le Producteur s'engage à mener le Film à bonne fin, dans le respect du descriptif ci-dessus et en conformité avec le scénario dont un exemplaire a été remis au Vendeur à l'étranger. Cette bonne fin sera concrétisée par la livraison de la copie standard librement exploitable, et munie de son visa d'exploitation au plus tard à la date prévue au point 6 ci-dessus *(cet engagement est justifié par le fait que le Vendeur à l'étranger verse un minimum garanti).*

4. Le Producteur déclare qu'il peut librement disposer des droits sur le Film pour les Territoires énumérés à l'article 1 des présentes.

Il garantit le Vendeur à l'étranger contre tous recours ou revendications émanant de tout tiers à l'occasion de l'exécution du présent accord, et certifie qu'il n'existe au profit de quiconque aucune inscription aux Registres de la Cinématographie et de l'audiovisuel, ni aucun droit susceptible de s'opposer en tout ou partie à l'exercice intégral par le Vendeur à l'étranger du mandat qui lui est confié.

Ces déclarations et engagements étant considérés comme essentiels par le Vendeur à l'étranger, celui-ci aurait la faculté en cas de non-respect par le Producteur de considérer le présent accord comme résilié dans les conditions prévues à l'article 6.5. des présentes.

Il en serait de même si le Film était classé dans la catégorie des films pornographiques et d'incitation à la violence par les autorités françaises ou si des coupures supérieures à 10 (dix) % du métrage du film étaient effectuées pour éviter ce classement.

IL A PAR LA SUITE ÉTÉ ARRÊTÉ ET CONVENU CE QUI SUIT

ARTICLE 1 - OBJET

Par les présentes, le Producteur confie, à titre exclusif au Vendeur à l'étranger, qui accepte, l'exploitation du Film .... *(titre du film)* pour le monde entier, à l'exception des territoires de France, DOM-TOM, Monaco, Andorre *(à adapter en fonction de votre cas particulier)* en toutes versions, en tous formats, sur tous supports, par tous modes et procédés connus ou inconnus à ce jour, et notamment dans les salles du cinéma du secteur commercial et dans le secteur non commercial tel que défini par l'article L.214-1 du Code du cinéma et de l'image animée, par commercialisation sur support vidéo, par vente ou location auprès des simples particuliers pour leur usage privé et par diffusion dans les circuits dits « fermés », tels que notamment les hôtels, les hôpitaux, les avions, les établissements scolaires ainsi que par télédiffusion par tous modes (télévision payante, non payante, *pay-per-view,* VOD, etc.) et par tous procédés (voie hertzienne, câble, satellite, etc.), pour un nombre de passages illimité sur les chaînes de télévision gratuites et payantes, mais étant précisé que la commercialisation du Film ne pourra en aucun cas se poursuivre postérieurement à la date de cessation du présent contrat, à l'exception de l'écoulement du stock de supports vidéographiques fabriqués ultérieurement à cette date et dont le mandataire devra adresser un état détaillé des quantités au Producteur dans les 30 (trente) jours suivant la date de cessation du contrat.

Cette clause est importante, car elle délimite le périmètre du mandat exclusif. Aussi le Producteur identifiera avec soin tous les modes d'exploitation : VOD, SVOD, vidéo sur support, télévisions hertziennes, câble, etc.

La bonne délimitation permet au Producteur de confier à chacun de ses interlocuteurs spécialisés de segment d'exploitation qui lui correspond et donc d'optimiser parfaitement l'exploitation du Film.

Le Vendeur à l'étranger reste libre de sa stratégie commerciale et, à ce titre, ne sera pas tenu d'exploiter le Film dans tous les territoires, dans tous les formats, sur tous supports, par tous les modes et procédés et dans toutes les versions visées ci-dessus.

ARTICLE 2 - DURÉE DU MANDAT

Le présent contrat prend effet dans toutes ses stipulations au jour de sa signature et se poursuivra pendant une durée de 5 (cinq) ans, à compter de la première exploitation commerciale du Film, ce dont le Vendeur à l'étranger devra informer le Producteur par écrit.

Ce mandat étant d'intérêt commun, il ne pourra être révoqué que par consentement mutuel entre le Producteur et le Vendeur à l'étranger, sauf dans les cas prévus à l'article 6.5. des présentes.

ARTICLE 3 - RÉMUNÉRATION

En rémunération de son mandat, le Vendeur à l'étranger aura droit à une commission de .... %. *(à adapter en fonction de votre négociation sachant que la commission prévue dans l'arrêté du 7 février 2011 pris en application de l'article L.132.25 du CPI est pour les films de long métrage de quand il n'y a pas de minimum garanti ne devra pas excéder 25 % sur les encaissements nets distributeur.)*

Par encaissements nets distributeur, on entend les montants encaissés par le Vendeur à l'étranger.

Le Vendeur à l'étranger prélèvera le montant de sa commission sur les encaissements nets distributeur hors taxes, au fur et à mesure de leur réalisation, avant paiement au Producteur de la part lui revenant, et ce à compter du premier euro.

Dans ce type de mandat où le Producteur confie un mandat d'exploiter son film sur tous les supports (cinéma, vidéo, TV, etc.), on trouvera souvent la mention, au profit du Mandataire de la cross-collatéralisation des recettes et frais :

« Il est rappelé en tant que de besoin, que dans tous les cas, à l'égard du Mandant, tous les droits, recettes et frais seront pleinement cross-collatéralisés. »

ARTICLE 4 - MINIMUM GARANTI

Le Vendeur à l'étranger versera au Producteur un à-valoir sur la part des encaissements nets distributeur devant revenir à ce dernier du fait de l'exploitation objet des présentes, qui constituera un minimum garanti.

Le Vendeur à l'étranger se remboursera du montant de ce minimum garanti sur les encaissements nets distributeur provenant de l'exploitation du Film par les modes de diffusion et dans les Territoires, après déduction de sa commission, et récupération des frais visés à l'article 5 ci-dessous.

Si l'ensemble des sommes devant revenir au Producteur était inférieur au montant de ce minimum garanti, le Vendeur à l'étranger ne pourrait pas exercer de recours contre le Producteur pour la différence.

Le montant de ce minimum garanti s'élève à .... *(somme en chiffres euros H.T. et en lettres euros hors taxes),* payable contre réception de la facture correspondante de la façon suivante *(échéancier)* : ....

Dans le cas où des nantissements ou sûretés de quelque nature qu'ils soient, délégations ou cessions de créances, indications ou domiciliations de paiement, et plus généralement tous autres éléments de nature à affecter les droits consentis au Vendeur à l'étranger ou le caractère libératoire du paiement effectué au profit du Producteur existeraient ou se révéleraient ultérieurement, le Producteur s'engage à en informer le mandataire dès signature du présent contrat.

Le Producteur garantit qu'il aura désintéressé les créanciers du Film au jour de la date de signature des présentes et qu'il reste, en tout état de cause, seul responsable du paiement de toutes factures de créances concernant le Film, et plus particulièrement, celles relevant des postes suivants :

- laboratoires et pellicules,
- auteurs,
- artistes-interprètes et agents artistiques, ainsi que divers achats de droit, notamment l'achat des séquences d'œuvres télévisuelles si de telles séquences sont intégrées dans le film,
- salaires et charges sociales des salariés et auteurs ayant travaillé à la réalisation du film.

Plus généralement, le Producteur s'engage à fournir au Vendeur à l'étranger les informations et indications utiles, notamment quant au paiement, pour permettre au Mandataire d'exercer les droits qu'il tient du présent contrat.

En tout état de cause, le Producteur garantit le Vendeur à l'étranger contre tout recours ou action de toute personne susceptible de se prévaloir directement ou indirectement d'un nantissement ou sûreté, d'une cession ou délégation de créances, et autres susvisés.

ARTICLE 5 - FRAIS D'ÉDITION ET FRAIS D'EXPLOITATION

Lorsque ces dépenses ne seront pas prises en charge par les clients étrangers, le Vendeur à l'étranger passera commande aux différents fournisseurs de tout matériel qui s'avérera nécessaire pour permettre l'exploitation du Film par les modes de diffusion et dans les Territoires (établissement des masters, maquettes, copies, matériel de publicité, travaux divers de laboratoire, doublage, sous-titrage, frais de transport et d'assurance, commissions d'intermédiaires, frais de douane et de censure, etc.).

Les factures des fournisseurs seront établies au nom du Vendeur à l'étranger qui en effectuera le règlement, en faisant l'avance du montant TTC des factures.

Le Vendeur à l'étranger adressera ensuite au Producteur ces factures afin de lui permettre la récupération de la TVA.

Le Vendeur à l'étranger se remboursera du montant TTC des factures qu'il aura réglées aux fournisseurs pour le compte du Producteur, ainsi que des frais divers qu'il serait amené à exposer pour le compte du Producteur, par compensation sur les premiers encaissements nets réalisés du fait de l'exploitation du Film par les modes et procédés et dans les Territoires, après déduction de sa commission.

Dans l'hypothèse où le Vendeur à l'étranger n'aurait pas récupéré le montant TTC des frais avancés pour le compte du Producteur, ce dernier s'engage à rembourser annuellement au Vendeur à l'étranger le montant de la T.V.A. incluse dans les factures des fournisseurs dont le Vendeur à l'étranger aura fait l'avance pour son compte et que le Producteur aura lui-même récupéré auprès du Trésor.

ARTICLE 6 - CONDITIONS GÉNÉRALES

6.1. Matériel

Afin de permettre au Vendeur à l'étranger d'effectuer la fabrication du matériel nécessaire à l'exploitation et d'assurer la livraison de celui-ci aux clients, le Producteur mettra gratuitement à sa disposition, au laboratoire où le négatif du Film sera déposé :

- un master numérique Dl VF et VI du film et du film-annonce fabriqué à partir de :
    - pour l'image, d'un interpositif, sous le contrôle du chef opérateur ou d'un de ses représentants, ou d'une copie neuve tirée impérativement du négatif ;
    - pour le son, des magnétiques 35 mm stéréo si le film a été réalisé dans ces conditions, ou à partir d'un DAT 25 images/secondes.

Le télécinéma doit impérativement être fait dans le format original de tournage :

- une copie 35 mm des fonds neutres du générique et du film-annonce.

Le descriptif du matériel sera amené à changer lorsque de plus en plus, le Film se fera en version numérique.

Le Producteur adressera au laboratoire dans lequel est entreposé le négatif, une lettre d'accès permettant au Vendeur à l'étranger de procéder à toute commande nécessaire et à déplacer certains matériels pour des prêts de courte durée sous réserve bien entendu que se trouvent en dépôt et en sécurité suffisante les éléments du Film.

Le Producteur s'engage également à fournir gratuitement au Vendeur à l'étranger : l'affiche, sous ses différents formats ; le dossier de presse ; un jeu de photos d'exploitation ; la *featurette,* le *making of (si existants)* ; et ce sur support numérique.

Le Producteur s'engage également à fournir au Vendeur à l'étranger les éléments nécessaires à la promotion et à la publicité du Film.

La responsabilité du Vendeur à l'étranger ne pourra être recherchée au cas où ces éléments ne seraient pas conformes aux engagements pris envers tous tiers par le Producteur, ni si ces éléments portent atteinte au droit de tiers ou à la législation applicable, qui devra supporter tous frais et dommages-intérêts pouvant en résulter.

Le Vendeur à l'étranger disposera d'un délai de .... *(à compléter)* jours ouvrables à réception du matériel pour vérifier et approuver la conformité dudit matériel et demander éventuellement un nouveau matériel de qualité technique satisfaisante, le Producteur s'engageant à fournir le nouveau matériel au plus tard dans les .... jours suivants. Dans l'hypothèse où le Producteur ne fournira pas ces éléments en temps utiles, les frais pris en charge par le Vendeur à l'étranger, pour pallier cette carence, seront remboursables de plein droit par compensation directe sur toutes les sommes dues ou à devoir au Producteur, en application du présent contrat.

6.2. Droits et obligations du Vendeur à l'étranger

Le Vendeur à l'étranger pourra :

- consentir la cession ou la concession à des tiers du droit de représentation, moyennant des redevances proportionnelles aux recettes, ou suivant un prix forfaitaire,
- effectuer tous encaissements, restitutions, quittances découlant des objets ci-dessus.

Le Vendeur à l'étranger devra pour cela :

- toujours traiter au mieux des intérêts communs et aux conditions usuelles du marché,
- assurer à ses seuls frais, lorsqu'il y en aura lieu, la distribution matérielle, manutention, stockage, expédition, réparation des copies, ainsi que prendre à sa charge l'assurance de celles-ci.

La dénomination du Vendeur à l'étranger pourra figurer au générique du Film ainsi que dans toutes publicités, annonces, affiches, photos, etc.

Le Vendeur à l'étranger pourra autoriser les organismes de télédiffusion à insérer lors des diffusions, des séquences publicitaires entrecoupant le Film et à incruster leurs logos.

Le Vendeur à l'étranger pourra se faire substituer par tout sous-distributeur de son choix dans l'exécution du présent accord, étant entendu qu'il restera garant vis-à-vis du Producteur des engagements souscrits.

Sur ce point des sous-mandats ou sous-distribution, le Producteur peut ne pas en accepter le principe. Il peut donc y avoir une clause alternative :

« Dans l'hypothèse où le Vendeur à l'étranger voudrait consentir des sous-mandats, il devra obtenir l'accord préalable écrit du Mandant, par mail à l'adresse ...., le Vendeur à l'étranger devant fournir au Producteur toutes les informations relatives à la compétence du sous-mandataire, à sa solvabilité, et à l'ancienneté de ses relations avec le sous-mandataire. Le Producteur devra donner sa position dans un délai de 8 (huit) jours à compter de la réception du mail. À défaut de réponse dans le délai précité, le Producteur sera réputé avoir accepté. Le Producteur ne pourra pas refuser son accord lorsque le sous-mandataire est un interlocuteur habituel et bien connu du Vendeur à l'étranger, ce dont ce dernier justifiera. »)

6.3. Reddition des comptes

Le Vendeur à l'étranger s'engage à communiquer au Producteur les résultats de l'exploitation du Film par périodes comptables trimestrielles pendant la première année, semestrielles pendant la deuxième année et annuelles à partir de la troisième année d'exploitation, en lui adressant, au plus tard le quarante-cinquième jour suivant la fin de chaque période ci-dessus déterminée, un compte d'exploitation afférent à la période de référence avec s'il y a lieu le montant net lui revenant.

La comptabilité de l'exploitation du Film sera organisée de telle façon que les opérations s'y rapportant se distinguent de l'ensemble des comptes du Vendeur à l'étranger et puissent être facilement isolées, contrôlées ou relevées.

Le Producteur pourra effectuer au siège social du Vendeur à l'étranger pendant les heures d'ouverture des bureaux, toutes vérifications qu'il jugera utiles concernant l'exploitation du Film.

« À réception de la reddition des comptes faisant apparaître, le cas échéant, une somme due au Producteur, ce dernier adressera au Vendeur à l'étranger une facture qui devra être réglée par le Vendeur à l'étranger dans un délai de 30 (trente) jours à compter de son émission. »

Les Parties peuvent également décider de prévoir un intérêt conventionnel de retard en cas de non-paiement.

6.4. Délégation

À la sûreté et garantie de la récupération par le Vendeur à l'étranger des sommes réglées par lui en exécution du présent contrat, du minimum garanti visé à l'article 4, et du paiement de la commission visée à l'article 3, le Producteur cède, délègue et transporte en premier rang au Vendeur à l'étranger l'intégralité des encaissements nets distributeur à provenir de l'exploitation du Film, objet du présent mandat par les modes et procédés et dans les Territoires.

6.5. Clause résolutoire

En cas de non-respect par l'une ou l'autre des Parties de ses obligations, l'autre Partie serait en droit de considérer, après simple mise en demeure restée sans effet dans les 30 (trente) jours suivants sa date de première présentation, ledit accord comme purement et simplement résilié de plein droit aux torts et griefs de la Partie défaillante et ce, sous réserve de tous dommages et intérêts.

Les Parties pourront choisir d'organiser leurs relations après cette rupture, soit continuer l'exécution des contrats en cours avant la résiliation, soit les faire exécuter directement par le Producteur, et régler la question des commissions, régler la question du minimum garanti et des frais (le cas échéant) non encore récupérés par le Vendeur à l'étranger.

6.6. Litiges

Pour la solution de toute difficulté, de tout litige qui surgirait entre les Parties dans l'exécution ou l'interprétation des présentes conventions, le tribunal de commerce de Paris sera seul compétent, et la loi française sera applicable (*dans le cas où le contrat intervient avec un Vendeur à l'étranger étranger).*

6.7. Inscription aux Registres de la Cinématographie et de l'audiovisuel

Tous pouvoirs sont donnés au Vendeur à l'étranger, à l'effet de procéder, dans les délais les plus brefs, à l'inscription aux Registres de la Cinématographie et de l'audiovisuel du présent accord et de toutes les autres conventions annexes dont l'inscription serait jugée nécessaire.

Les frais des inscriptions des actes seront à la charge du Producteur, mais avancés par le Vendeur à l'étranger qui s'en récupérera de la même façon que les autres frais.

Le Producteur déclare expressément au Vendeur à l'étranger qu'aucune des inscriptions déjà prises n'est susceptible de porter atteinte aux droits consentis au Vendeur à l'étranger par les présentes.

6.8. Élection de domicile

Les Parties élisent domicile à l'adresse visée en tête des présentes.

Fait à Paris ....

Le ....

En trois exemplaires

LE PRODUCTEUR	**LE VENDEUR À L'ÉTRANGER**

VENTE À L'ÉTRANGER

(MANDAT OÙ LE PRODUCTEUR EST SIGNATAIRE DES CONTRATS D'EXPLOITATION)

Dans le contrat qui suit, et qui est rédigé dans les grandes lignes de la même façon que le précédent, le mandataire se borne à trouver les clients. C'est le Producteur qui conclut les contrats, encaisse les recettes, fait l'avance des frais, etc. La commission revenant au mandataire lui est réglée par le Producteur. Les observations des autres modèles de contrats, notamment celles afférentes au contrat de mandat s'appliqueront au présent modèle.

ENTRE LES SOUSSIGNÉS

Société A, ... *(type de société)* au capital de .... euros *(montant du capital),* RCS Paris .... *(numéro de registre du commerce)* dont le siège social est à .... *(adresse du siège social),* représentée par Monsieur .... *(nom du représentant légal de la société ou de la personne ayant reçu pouvoir pour signature)*, ci-après dénommée : « Le Producteur » ;

D'une part,

ET

Société B, société .... *(type de société)* au capital de .... euros *(montant du capital),* RCS Paris .... *(numéro de registre du commerce)* dont le siège social est à .... *(adresse du siège social),* représentée par Monsieur .... *(nom du représentant légal de la société ou de la personne ayant reçu pouvoir pour signature),* ci-après dénommée : « Le Mandataire »

D'autre part,

IL A AU PRÉALABLE ÉTÉ EXPOSÉ CE QUI SUIT

1. Le Producteur déclare qu'il a valablement acquis, et peut librement disposer des droits d'exploitation d'un Film de long métrage en couleur provisoirement ou définitivement nommé ...... *(titre du Film),* n° RCA ...., dont le Producteur est coproducteur et dont les caractéristiques techniques jugées par le mandataire comme essentielles et déterminantes sont les suivantes :

1. Les auteurs sont .... *(nom des auteurs)*
2. Le réalisateur est .... *(nom du réalisateur)*
3. Les interprètes principaux sont .... *(nom des acteurs principaux)*
4. Le matériel du Film sera déposé au laboratoire .... *(nom du laboratoire)*
5. La livraison de la copie standard devra intervenir au plus tard le .... *(jour, mois, année)*

2. Le Producteur déclare qu'il peut librement disposer des droits d'exploitation du Film objets du présent mandat.

3. Le Producteur garantit le Mandataire contre tous recours ou revendications émanant de tout tiers à l'occasion de l'exécution du présent accord et certifie qu'il n'existe au profit de quiconque aucune inscription aux Registres de la Cinématographie et de l'audiovisuel ni aucun droit susceptible de s'opposer en tout ou partie à l'exercice intégral par le Mandataire des droits dont l'exploitation lui est confiée au terme du présent contrat.

Ces déclarations et engagements étant considérés comme essentiels par le Mandataire, celui-ci aurait la faculté en cas de non-respect par le Producteur de considérer le présent accord comme résilié dans les conditions prévues à l'article 6 des présentes.

Il en serait de même si le Film était classé dans la catégorie des films pornographiques et d'incitation à la violence par les autorités françaises ou si des coupures supérieures à 10 (dix) % du métrage du Film étaient effectuées pour éviter ce classement.

IL A PAR LA SUITE ÉTÉ ARRÊTÉ ET CONVENU CE QUI SUIT

ARTICLE 1 - OBJET

1.1. Le Producteur mandate par les présentes à titre non exclusif le Mandataire qui accepte, pour rechercher avec lui tout acquéreur des droits d'exploitation du Film .... *(nom du film)*, ci-après dénommé « le Film », dans le monde entier, à l'exception des territoires de France, DOM-TOM, Monaco, Andorre *(à adapter en fonction des accords)* ci-après dénommé « les Territoires », en toutes versions, en tous formats, sur tous supports, et par tous modes et procédés connus ou inconnus à ce jour, et notamment dans les salles du cinéma du secteur commercial et dans le secteur non commercial tel que défini par l'article L.214-1 du Code du cinéma et de l'image animée, par commercialisation sur support vidéo par vente ou location auprès des simples particuliers pour leur usage privé et par diffusion dans les circuits dits « fermés », tels que notamment les hôtels, les hôpitaux, les avions, les établissements scolaires ainsi que par télédiffusion par tous modes (télévision payante, non payante, *pay-per-view*, VOD, etc.) et par tous procédés (voie hertzienne, câble, satellite, etc.) pour un nombre de passages illimité sur les chaînes de télévision gratuites et payantes, mais étant précisé que la commercialisation du Film ne pourra en aucun cas se poursuivre postérieurement à la date de cessation du présent contrat, à l'exception de l'écoulement du stock de supports vidéographiques fabriqués ultérieurement à cette date et dont le Mandataire devra adresser un état détaillé des quantités au Producteur dans les 30 (trente) jours suivant la date de cessation du contrat.

Observation : l'article L.214-1 du Code du cinéma et de l'image animée (ayant repris en partie la liste définie par l'arrêté du 6 janvier 1964, lui-même se référant à une liste définie par l'article 15 du décret du 28 décembre 1946, liste aujourd'hui abrogée et remplacée par celle visée à l'ordonnance 2009-901 du 24 juillet 2009) vise les exploitations suivantes :

« 1° Les séances publiques et payantes organisées exceptionnellement par les associations et les autres groupements légalement constitués agissant sans but lucratif ;
2° Les séances privées organisées par des associations et organismes assimilés habilités à diffuser la culture par le cinéma ;
3° les séances organisées par les associations et organismes qui ont pour objet la collecte, la conservation, la restauration et la diffusion du patrimoine cinématographique ;

4° les séances organisées dans le cadre des services publics à caractère non commercial ;
5° les séances gratuites ;
6° les séances en plein air autres que celles organisées par les exploitants d'établissements de spectacles cinématographiques dans les conditions prévues à l'article L.212-18. »

Le Mandataire devra déterminer en étroite collaboration avec le Producteur, la politique qui sera poursuivie avec les acheteurs ou distributeurs en vue de l'exploitation du Film.

1.2. Il est expressément convenu que le Mandataire devra soumettre au Producteur toutes les propositions qui lui seront faites et le Producteur indiquera alors au Mandataire son acceptation ou son refus de celles-ci dans les 15 (quinze) jours suivant leur réception, étant entendu que tout refus devra être valablement motivé, l'absence de réponse dans le délai précité valant acceptation.

Il est également entendu que le Mandataire adressera tous les mois au Producteur un état mensuel des négociations commerciales en cours, le Producteur s'engageant pour sa part à tenir le Mandataire régulièrement informé de ses propres négociations commerciales.

Tous les accords en vue de l'exploitation du Film seront conclus directement entre les clients et le Producteur, qu'ils aient été négociés par le Mandataire ou directement par le Producteur.

En conséquence, le Mandataire adressera au Producteur les termes commerciaux des projets de contrats à intervenir avec les clients, le Producteur se chargera de leur rédaction ainsi que de leur signature par le client ; après signature par le Producteur, ce dernier se chargera de leur remise au client concerné, dans le cadre de sa tâche de coordination de l'exploitation du Film, et en remettra une copie au Mandataire.

1.3. Le Producteur prendra à sa charge la supervision et la coordination de l'exploitation du Film. Il veillera au suivi de l'exploitation du Film, au rendu des comptes et à la remontée des recettes, territoire par territoire, Il procédera également à l'encaissement des produits à provenir de l'exploitation du Film.

1.4. Le Producteur veillera à la livraison du matériel nécessaire à l'exploitation du Film telle qu'elle est décrite ci-dessus.

ARTICLE 2 - DURÉE DU MANDAT

Le présent contrat prend effet dans toutes ses dispositions au jour de sa signature et se poursuivra pendant une durée de 7 (sept) ans.

Vous pouvez prévoir toute autre durée, voir par exemple le contrat précédent.

ARTICLE 3 - COMMISSION

En rémunération de son travail tel qu'il est déterminé à l'article 1 ci-dessus, le Mandataire percevra une commission proportionnelle aux encaissements bruts hors taxes réalisés, du montant des contrats de vente ou de distribution conclus en vue de l'exploitation du Film dans les Territoires dans lesquels s'exerce son mandat, et ce, pendant toute la durée desdits contrats de vente ou de distribution.

Le montant de cette commission sera de .... (*somme en chiffres % H.T. et en lettres pour cent hors taxes)* desdits encaissements bruts hors taxes.

Le paiement de cette commission s'effectuera après encaissement par le Producteur des sommes à percevoir de l'exploitation du Film, objet des présentes, par période comptable mensuelle pendant la première année suivant la date de signature des présentes, par période comptable trimestrielle pendant la seconde année, puis par période comptable annuelle par la suite.

ARTICLE 4 - FRAIS D'ÉDITION

Le Producteur fera l'avance des frais qui seront nécessaires pour permettre l'exécution des contrats conclus pour l'exploitation du Film (copies, matériel de publicité, doublage, sous-titrage, travaux divers de laboratoire, frais de transport et d'assurance, frais de douane et de censure, taxes, etc.).

ARTICLE 5 - REDDITION DES COMPTES

Un décompte d'exploitation sera établi et adressé par le Producteur au Mandataire le 30 (trente) du mois suivant la clôture de chaque période comptable.

Ce décompte fera apparaître les encaissements bruts perçus par le Producteur sur les ventes effectuées dans la monnaie ayant servi de base à l'établissement de chaque contrat ainsi que leur contrevaleur en euros, le montant de la commission correspondante du Mandataire.

Le Mandataire adressera en retour au Producteur une facture correspondant au montant de sa commission, qui sera réglée dans un délai de 30 jours à compter de la réception de la facture.

ARTICLE 6 - CLAUSE RÉSOLUTOIRE

En cas de non-respect par l'une des Parties de ses obligations, l'autre Partie sera en droit de considérer, après simple mise en demeure adressée par lettre recommandée avec accusé de réception restée sans effet dans les 30 (trente) jours suivants sa date d'expédition, ledit accord comme purement et simplement résilié de plein droit aux torts et griefs de la Partie défaillante, sans préjudice de tous dommages et intérêts.

ARTICLE 7-INSCRIPTIONAUXREGISTRESDELACINÉMATOGRAPHIE ET DE L'AUDIOVISUEL

Le Producteur inscrira le présent mandat aux Registres de la Cinématographie et de l'audiovisuel du présent accord, dont les frais seront à sa charge.

ARTICLE 8 - LITIGES

Toutes les contestations qui pourraient surgir entre les Parties concernant l'interprétation et l'exécution des présentes seront du ressort des tribunaux de Paris, la loi applicable est la loi française.

ARTICLE 9 - ÉLECTION DE DOMICILE

Les Parties élisent domicile en leur siège social aux adresses qui figurent en tête des présentes.

Fait à ...., le ....

En deux exemplaires

LE PRODUCTEUR	**LE MANDATAIRE**
________________	________________

CONTRATS DIVERS

CONTRAT DE CAPTATION AUDIOVISUELLE

GÉNÉRALITÉS

Le contrat de captation audiovisuelle est un contrat aux termes duquel une société qui veut exploiter les droits de représentation audiovisuelle d'un spectacle vivant est autorisée à le faire par l'entrepreneur du spectacle vivant. Il convient donc qu'elle soit d'abord autorisée à capter le spectacle pour exploiter ensuite cette captation audiovisuelle.

L'exploitation audiovisuelle de l'œuvre captée nécessite alors que la société qui réalise la captation, qui va ensuite exploiter ces droits, se les fasse céder par l'entrepreneur du spectacle vivant. Cette cession se fait en contrepartie du versement d'un prix forfaitaire par la société qui opèrera la captation et l'exploitation de l'œuvre audiovisuelle. L'entrepreneur du spectacle vivant pourrait également solliciter au titre du paiement de la cession de ses droits de captation audiovisuelle et d'exploitation de l'œuvre audiovisuelle, un pourcentage assis sur les recettes d'exploitation de l'œuvre audiovisuelle.

Ce n'est pas l'option que nous avons prise dans ce modèle de contrat où la rémunération n'est que forfaitaire.

ENTRE LES SOUSSIGNES

.... *(nom de la société, forme de la société)* au capital de *(capital de la société),* dont le siège social est .... *(adresse de la société),* représentée par .... *(nom et qualité du signataire, si ce n'est pas le représentant légal, ex-gérant ou PDG, indiquer « ayant tous pouvoirs à cet effet »),* ci-après dénommée « le Cédant »,

d'une part,

ET

.... *(nom de la société, forme de la société)* au capital de *(capital de la société),* dont le siège social est .... *(adresse de la société),* représentée par .... *(nom et qualité du signataire, si ce n'est pas le représentant légal, ex-gérant ou PDG, indiquer « ayant tous pouvoirs à cet effet »),* ci-après dénommée « le Contractant »

d'autre part.

Ci-après dénommées ensemble les « Parties ».

IL A TOUT D'ABORD ÉTÉ EXPOSÉ CE QUI SUIT

1. le Cédant a produit un spectacle vivant dont les caractéristiques sont les suivantes :

« Titre »,

Écrit par .... et mise en scène par ....
Distribution: ....

ci-après, dénommé « le Spectacle ».

2. Le Contractant a souhaité pouvoir effectuer la captation du Spectacle et réaliser une œuvre audiovisuelle, ci-après dénommée « l'Œuvre Audiovisuelle ». dont les caractéristiques sont indiquées au présent contrat.

3. Les Parties sont donc convenues d'arrêter aux termes de la présente convention les conditions et modalités de la coproduction de l'Œuvre Audiovisuelle.

CECI EXPOSÉ, IL A ÉTÉ CONVENU ET ARRÊTÉ CE QUI SUIT

ARTICLE 1 - OBJET

1.1. Le présent contrat a pour objet d'autoriser le Contractant à procéder à la captation audiovisuelle du Spectacle (ci-après « la Captation audiovisuelle ») en vue de la réalisation d'une Œuvre Audiovisuelle et d'en préciser les modalités.

Les caractéristiques de l'Œuvre Audiovisuelle sont les suivantes :

L'Œuvre Audiovisuelle sera réalisée par .... *(nom du réalisateur)*

Durée prévue de l'enregistrement audiovisuel : .... minutes environ

Le tournage de la Captation Audiovisuelle aura lieu................ *(à compléter)*

Date de la captation .... *(à compléter)*

ARTICLE 2 - DROITS CÉDÉS

2.1. Par l'effet du présent contrat, le Contractant sera titulaire des droits d'exploitation suivants, pour le monde entier et pour une durée de .... ans *(indiquer la durée ; la majorité des contrats font référence à une période de 15 ans)* à compter de la date de la Captation Audiovisuelle.

2.1.1. Ces droits sont les suivants :

Au titre du droit de reproduction : le droit de faire réaliser l'Œuvre Audiovisuelle, le droit d'enregistrer ou de faire enregistrer, par tous procédés techniques connus ou inconnus à ce jour, à destination d'une exploitation télévisuelle *(si vous prévoyez d'autres exploitations de la reproduction, il faut le préciser ici : exploitation vidéographique, exploitation sur internet, etc.),* en utilisant tous rapports de cadrage, les images en couleur et le son de l'Œuvre Audiovisuelle ainsi que le droit de réaliser toutes photographies fixes représentant des scènes de l'Œuvre Audiovisuelle.

Le droit de dupliquer ou faire dupliquer tous originaux, doubles ou copies de l'enregistrement de l'Œuvre Audiovisuelle sur tout support, en tous formats et par tous procédés connus ou inconnus à ce jour, en tel nombre qu'il plaira aux Parties, pour l'exercice des droits d'exploitation acquis par le Contractant par l'effet des présentes ou de leurs suites.

Au titre du droit de représentation : le droit de procéder ou faire procéder à la représentation de tout ou partie de l'Œuvre Audiovisuelle associant l'image et le son en version originale par voie de télédiffusion, par tous procédés inhérents à ce mode d'exploitation (notamment diffusion par ondes hertziennes, câble, satellite, numérique, web-tv, internet) ce, quel qu'en soit le circuit de diffusion, gratuit ou payant, qu'il s'agisse de diffusion directe destinée à la réception privée par le public en général (réception d'accès libre) ou restreint (système de diffusion à péage) en tous lieux publics et/ou privés, y compris Pay-per-view, Video-on-demand.

Les droits d'exploitation de l'Œuvre Audiovisuelle sous forme de vidéogrammes du commerce (DVD, et autres supports).

Au titre de la promotion de l'Œuvre Audiovisuelle, le Contractant pourra procéder à toute présentation publique de tout ou partie de l'Œuvre Audiovisuelle sur tout support y compris sur son site internet et sur celui du diffuseur.

Le Contractant disposera également, du droit de reproduire ou faire reproduire tout ou partie de l'Œuvre Audiovisuelle, et/ou des photographies de l'Œuvre Audiovisuelle pour la réalisation de tout matériel promotionnel, bandes-annonces, affiches, brochures promotionnelles, directement lié à la promotion de l'exploitation de l'Œuvre Audiovisuelle.

ARTICLE 3 – COÛT DE LA CAPTATION AUDIOVISUELLE

Le Contractant prendra à sa seule charge les coûts de la Captation Audiovisuelle, sans que le Cédant puisse être recherchée de ce chef par quiconque.

Le budget de la Captation Audiovisuelle sera de .... euros HT sachant que le montant de ce budget est un gage de la parfaite qualité technique et artistique de la Captation Audiovisuelle.

ARTICLE 4 – PRIX DE CESSION DE LA CAPTATION

Le Contractant s'engage à payer au Cédant pour prix de l'autorisation de capter, comprenant l'acquisition des droits visés à l'article 2, la somme de .... euros HT selon l'échéancier suivant :

- .... % à la signature du présent contrat *(ça peut être 50%)*

- .... % le ....

- Le solde de .... % sous réserve de la remise au Contractant de l'intégralité des contrats qui auront été signés par le Cédant avec les différents ayants droit, sur présentation de facture par le Cédant.

C'est dans cet article qu'il faut indiquer éventuellement les pourcentages à revenir au Cédant.

- Soit un pourcentage sur la recette nette, il faudra dans ce cas définir comment est calculée la recette nette.

- Soit un pourcentage sur la recette brute.

- Soit un pourcentage par exploitation.

-Soit comme dans un contrat d'auteur, un pourcentage avec un minimum garanti.

ARTICLE 5 – ENGAGEMENTS DE LE CÉDANT

5.1. Le Cédant garantit qu'il dispose de tous les droits et pouvoirs pour autoriser la Captation Audiovisuelle et la cession des droits ci-avant décrits.

5.2. Le Cédant s'engage et garantit qu'il paiera tous les ayants droit du Spectacle et toutes les personnes amenées à travailler pendant le Spectacle objet de la Captation Audiovisuelle, dont les artistes-interprètes, musiciens, techniciens, etc. à l'exception de toutes personnes travaillant à la réalisation de la captation qui sont à la charge du Contractant.

5.3. Le Cédant s'engage et garantit qu'il mettra à disposition le lieu *(théâtre, scène, festival, etc. à préciser)* en ordre de marche aux dates de tournage, ainsi que tous les éléments nécessaires à l'enregistrement, les accessoires, les lumières, la fourniture des emplacements nécessaires à l'installation des caméras dans la salle, les lumières, les décors et costumes.

5.4. Le Cédant déclare qu'il a pris toutes les dispositions nécessaires et qu'il a obtenu toutes les autorisations requises - notamment administratives - pour la fourniture des moyens, services et prestations mentionnés dans le présent contrat et garantit le Contractant contre tout recours de ce chef.

5.5. Le Cédant déclare être le seul employeur ou le bénéficiaire des prestations des artistes et autres personnels dont il fournit les prestations et remplir ou faire remplir toutes ses obligations, notamment sociales et fiscales, et en matière d'assurance leur incombant au titre des répétitions et représentations du Spectacle. Le Contractant ne saurait être, à quelque titre que ce soit, reconnu employeur desdits personnels.

5.6. Le Cédant garantit le Contractant contre tout recours ou action que pourraient former, à un titre quelconque, à l'occasion des droits consentis par le présent contrat, les auteurs ou leurs ayants droit, metteur en scène et d'une manière générale, toute personne ayant participé, directement ou indirectement, à la production ou à l'exploitation du Spectacle.

5.7. Le Cédant garantit le Contractant être titulaire des polices d'assurance dont l'objet est de garantir les risques liés à l'utilisation des moyens, services, matériels et accessoires mis à disposition du Contractant.

5.8. Le Cédant garantit le Contractant être détenteur pour les artistes interprètes et différents ayants droit, pour les avoir régulièrement acquis, des droits nécessaires à la Captation Audiovisuelle du Spectacle en vue de la réalisation et de l'exploitation de l'Œuvre Audiovisuelle.

5.9. Le Cédant garantit le Contractant qu'il respecte toutes les obligations légales lui incombant en qualité d'employeur.

ARTICLE 6 - GARANTIES DU CONTRACTANT

Le Contractant sera seul responsable des dommages éventuellement causés de son fait, du fait de la Captation Audiovisuelle et notamment, mais non exclusivement des faits de ses salariés et de son matériel, aussi le Contractant souscrira auprès de compagnies notoirement solvables, une police d'assurance responsabilité civile afin de garantir les conséquences de la responsabilité pouvant lui incomber, en raison de l'organisation et du déroulé du tournage.

ARTICLE 7 – EXCLUSIVITÉ

Le Cédant s'engage à ne pas autoriser, ni participer, ni favoriser la production d'une autre Captation Audiovisuelle du Spectacle dans les .... années qui suivent la date de la présente production.

ARTICLE 8 - CLAUSE PUBLICITAIRE – GÉNÉRIQUE – COPYRIGHT

Les dénominations du Cédant et du Contractant figureront conjointement, sur le générique de l'Œuvre Audiovisuelle de la manière suivante :

- Spectacle produit par le Cédant
- Captation audiovisuelle produite par le Contractant

ARTICLE 9 – PROPRIÉTÉ

Le matériel original de l'Œuvre Audiovisuelle ainsi que les droits incorporels y afférents seront la seule propriété du Contractant dans le périmètre des droits cédés aux présentes. Le Contractant sera seul titulaire des droits à recettes de l'exploitation de l'Œuvre Audiovisuelle.

ARTICLE 10 - LOI APPLICABLE ATTRIBUTION DE COMPÉTENCE

Le présent contrat est soumis à la loi française.

Tout différend relatif à l'interprétation ou à l'exécution du présent contrat sera soumis à l'appréciation des tribunaux compétents de Paris.

Fait à

En deux exemplaires

Le.................................

LE CÉDANT **LE CONTRACTANT**

ACHAT OU VENTE D'EXTRAITS

Si c'est le Producteur qui cède un extrait d'un film, il lui faut relire attentivement les contrats qu'il a conclus avec les auteurs du film (scénaristes, réalisateur, etc.), ainsi qu'avec les acteurs principaux apparaissant dans l'extrait, de manière à vérifier qu'ils lui ont bien cédé les droits d'exploiter le film par extraits pour d'autres utilisations que la publicité du film. Attention également, mais ce cas est marginal, que les auteurs ne puissent pas invoquer une atteinte à leur droit moral. Ce sera le cas par exemple si le film dans lequel est inséré l'extrait est un film pornographique ou qu'il y a des critiques exagérées du film dont est tiré l'extrait par un des personnages du nouveau film, etc.)

Si c'est le Producteur qui achète un extrait d'un film afin de l'insérer dans l'œuvre qu'il produit, il lui faut veiller au préalable à acquérir tous les droits mondiaux, tous supports, sur tous les extraits qu'il souhaite utiliser (cela est également nécessaire pour toutes les photographiques, logos ou images qu'il envisage d'intégrer dans le film), en fonction de l'étendue de l'exploitation de l'œuvre qu'il souhaite produire. C'est l'opération de clarification des droits.

En effet, toute reproduction et représentation d'une œuvre ou d'un extrait d'une œuvre nécessite l'autorisation préalable écrite de l'auteur.

Ce contrat peut se faire sous forme d'une lettre qui devra être contresignée par le destinataire.

Papier à en-tête du Producteur

Société *(nom du Producteur ayant droit)*

Adresse

Paris, le

Messieurs,

Comme nous vous l'avons indiqué, notre société est sur le point de réaliser (réalise actuellement) un film de long métrage destiné à une première exploitation dans les salles de cinéma, qui sera mis en scène par .... *(nom du réalisateur) (Ce peut être pour n'importe quelle œuvre audiovisuelle, et notamment un documentaire*), et qui est provisoirement ou définitivement intitulé .... *(titre du film en production).*

Nous vous confirmons notre demande d'intégrer dans ce film un (plusieurs) extrait(s) du film .... *(titre film de l'extrait)* dont votre société est Producteur.

Cet (ces) extrait(s) est (sont) destiné(s) à ....

Si possible, indiquer de quelle façon apparaissent les extraits et dans quelles scènes. Par exemple : « Ces extraits seront destinés à être projetés sur un écran de télévision lors d'une scène de repas entre les deux acteurs principaux. »

Il a été entendu entre nous que vous nous autorisez à inclure ces extraits dans notre film en vue de son exploitation (reproduction et représentation) par tous modes et procédés connus ou inconnus à ce jour, sur tous supports, en tous formats, dans le monde entier, intégralement ou partiellement, et ce pendant toute la durée pour laquelle nous avons acquis les droits des auteurs du film et qui est de ....

Cet accord peut être adapté pour la vente d'un extrait à une chaîne de télévision.

En contrepartie, nous vous verserons le prix de ....

Ce prix vous sera réglé après terminaison du montage définitif du film, et contre réception de la facture émise par votre société et portant mention de la TVA, *(cette date de règlement ménage le fait que lors du montage définitif, le réalisateur décide de ne pas garder la scène et donc l'extrait.)*

Vous nous remettrez le matériel afférent à l'extrait acquis, le ...., que nous pourrons garder par-devers nous. (*préciser le format technique)*

Vous déclarez formellement disposer de toutes les autorisations de tous les ayants droit concernés par cette cession et vous nous garantissez contre tous recours ou revendications émanant de tous tiers à l'occasion de l'exploitation par notre société des extraits que vous nous cédez.

Vous seriez aimables, pour la bonne règle, de bien vouloir nous faire retour du double de la présente sur lequel vous aurez apposé votre signature précédée de la mention « lu et approuvé - bon pour accord ».

Nous vous en remercions à l'avance et vous prions d'agréer, messieurs, l'expression de notre considération distinguée.

Fait en double exemplaire, à ...., le ....

PRODUCTEUR **PRODUCTEUR AYANT DROIT**

ACHAT OU COMMANDE D'UNE MAQUETTE D'AFFICHE

Il s'agit là du contrat intervenant entre le Producteur ou le distributeur d'un film (le plus souvent) et le dessinateur, le photographe ou encore le designer choisi pour réaliser l'affiche de ce film.

ENTRE LES SOUSSIGNÉS

Société A, ... *(type de société)* au capital de .... euros *(montant du capital),* RCS Paris .... *(numéro de registre du commerce)* dont le siège social est à .... *(adresse du siège social),* représentée par Monsieur .... *(nom du représentant légal de la société ou de la personne ayant reçu pouvoir pour signature),* ci-après dénommée : « le Producteur » ;

D'une part,

ET

Société B, société .... *(type de société)* au capital de .... euros *(montant du capital),* RCS Paris .... *(numéro de registre du commerce)* dont le siège social est à .... *(adresse du siège social),* représentée par Monsieur .... *(nom du représentant légal de la société ou de la personne ayant reçu pouvoir pour signature)*, ci-après dénommée : « l'Auteur »

D'autre part,

IL A AU PRÉALABLE ÉTÉ EXPOSÉ CE QUI SUIT

(Si le contexte est particulier, il peut nécessiter d'être exposé au sein d'un préambule)

IL A PAR LA SUITE ÉTÉ ARRÊTÉ ET CONVENU CE QUI SUIT

ARTICLE 1 - OBJET

Par les présentes, le présent contrat a pour objet la commande à l'Auteur, la conception, le dessin, la composition, et plus généralement la réalisation d'une maquette d'affiche, ci-après dénommée « l'Œuvre », concernant le film de long métrage provisoirement ou définitivement intitulé .... *(Titre du film)*, réalisé par .... *(nom du réalisateur)* et l'acquisition des droits de l'auteur afférents à l'Œuvre.

La commande est définie comme suit : .... *(décrire le genre de travaux attendus images fixes, dessins, animations, etc.)*

ARTICLE 2 - MODALITÉS DE LA COMMANDE

La maquette définitive de l'Œuvre devra être à la disposition du Producteur au plus tard le .... (*date limite de remise*).

Rien n'empêche d'introduire, à la place de cette dernière phrase, un calendrier plus détaillé, prévoyant, par exemple, un premier croquis le tant, un projet, tenant compte des modifications éventuellement demandées, tant de jours plus tard, pour finir par la maquette définitive à telle date. Il faudra veiller à prévoir les modalités de validation, de demande de modification et les conséquences en cas de désaccord sur le projet.

La réalisation de l'Œuvre devra se faire en étroite collaboration avec les services concernés du Producteur (ou bien avec ...., chargé par le Producteur de superviser ce projet), l'Auteur s'engageant à tous les stades de cette réalisation à tenir compte des éventuelles observations ou suggestions apportées par le Producteur et (ou) le Producteur (ou le distributeur, selon le cas) et le réalisateur du film, et des mentions qui devront impérativement être apposées sur l'Œuvre : titre du film, taille et disposition du nom des auteurs, acteurs, techniciens, producteurs, etc., de manière à ce que l'Œuvre traduise le plus précisément le sens du Film.

Par ailleurs, il faut que ressorte de ces modalités de commande, que l'auteur conserve en tout état de cause sa liberté de création, dans le cadre du cahier des charges indiqué par le Producteur.

Le Producteur s'engage, après acceptation définitive de l'Œuvre achevée, acceptation qui sera concrétisée par le bon à tirer donné par lui, à n'apporter sans l'accord préalable de l'Auteur, aucune modification à l'Œuvre originale, sauf dans le cas où ces modifications résulteraient de contraintes liées au procédé de reproduction, au support, etc.

ARTICLE 3 - ÉTENDUE DES DROITS CÉDÉS

La description des droits cédés doit très exactement reprendre celle qui figure dans tous les autres contrats de cession de droits, car l'affiche a vocation à accompagner toutes les exploitations du film.

En raison de la destination de l'Œuvre, celle-ci aura vocation à être adaptée, reproduite, représentée, par tous les moyens et sur tous les supports envisageables.

Aussi, contre entier respect des engagements financiers du Producteur contenus dans le présent contrat, l'Auteur cède au Producteur à titre exclusif, pour la durée précisée dans l'article 4 ci-après, pour le monde entier, les droits de l'Auteur sur l'Œuvre, ci-après définis :

- le droit d'adapter l'Œuvre, entendu comme le droit de modifier ou d'adapter l'Œuvre en tout ou partie, le droit de la corriger, de la faire évoluer, de réaliser de nouvelles versions ou développements, de la transcrire en tout ou partie, sous toute forme, modifiée, amputée, condensée, étendue, d'en intégrer tout ou partie, vers ou dans des œuvres existantes ou à venir, et ce, sur tout support ; le droit d'intégrer l'Œuvre en tout ou en partie dans tout type de programme y compris, sans limitation, des programmes multimédia, audiovisuel, cinématographique, vidéographique, phonographique et littéraire susceptibles de faire l'objet d'une exploitation soit *off line,* soit *on line,* soit *off line* et *on line ;*

- le droit de reproduire ou de faire reproduire tout ou partie de l'Œuvre et ce, sans limitation de nombre, notamment comme élément publicitaire, sur tout support, connu ou inconnu, actuel ou futur et y compris, sans que cette liste soit exhaustive, le papier (brochures publicitaires, dossiers de présentation, plaquettes, affiches, posters, photographies, ouvrages de librairie illustrés ou non, magazines, revues, périodiques payants ou gratuits, cartes postales, objets, etc.), emballages, conditionnements, produits commercialisés par le Producteur, analogique, magnétique (phonogrammes, vidéogrammes-films, films institutionnels ou promotionnels ou publicitaires, téléfilms, vidéo-clips, spots, bandes-annonces, *trailer, making of*), électronique, numérique ou optonumérique (disques durs, bases de données, intranet, extranet et serveurs et site Internet, vidéogrammes, phonogrammes, VOD, CD-Rom, DVD-Rom, disquettes, etc.), en tout format, en noir et blanc ou en couleur, et par tout procédé technique, y compris, sans limitation, l'impression, la reproduction, la gravure, la photographie, l'holographie, le moulage, et tous les autres processus graphiques, arts plastiques et appliqués, les enregistrements, que ce soit mécanique, magnétique, numérique, électronique ou cinématographiques en vue notamment de l'utilisation de l'Œuvre et de son exploitation sur tous les matériels existants, le droit de mettre sur le marché, à titre onéreux ou gratuit y compris louer ou prêter tous les exemplaires incluant tout ou partie de l'Œuvre ;

- le droit d'exploiter l'Œuvre, entendu comme le droit de représenter, de charger, de télécharger, d'afficher, d'exécuter, de transmettre et (ou) de stocker tout ou partie de l'Œuvre pour en permettre la communication au public, le droit de diffuser ou de faire diffuser par tous moyens et quelques supports que ce soient, tout ou partie de l'Œuvre, notamment par télédiffusion par voie hertzienne terrestre, par satellite, par câble, par vidéo (vidéogrammes destinés à la vente, à la location ou au prêt pour l'usage privé du public, vidéo à la demande, *pay-per-view*, etc.) ou par les moyens de transmission en ligne connus ou inconnus à ce jour, tels que les réseaux de télécommunication, et (ou) informatique, *on line* et *off line* et notamment Internet, en vue de sa communication au public, à titre gratuit ou contre paiement d'un abonnement forfaitaire ou d'un prix individualisé, à destination de terminaux fixes ou mobiles, et pour visualisation sur tout matériel de réception (notamment ordinateurs, téléviseurs, terminaux mobiles tels que téléphones portables, agendas et assistants personnels, etc.), quelles que soient les normes de diffusion utilisées (telles que ADSL, GPRS, UMTS, etc.) et les fonctionnalités des systèmes d'accès conditionnels utilisés ; le droit d'exploiter et de représenter l'Œuvre en tout ou partie, notamment comme élément publicitaire, sous quelque forme que ce soit en vue de la fabrication et de la vente de produits dérivés et *merchandising* et y compris, sans limitation, de jeux interactifs ou non interactifs exploités par tout procédé de télécommunication, de jouets, d'objets ou d'œuvres des arts plastiques ou arts appliqués, en vue de la fabrication ou de la décoration de tous articles, notamment dans les secteurs suivants : papeterie, articles de bureau, habillement, ameublement, toilette, hygiène, alimentation, etc. ; en vue de la fabrication d'emballages, conditionnements, pochettes, etc., en vue de son utilisation par tout moyen et sur tout support, notamment l'exploitation au sein de musées, parcs d'attractions et tout type de lieux accueillant le public, salle de cinéma, la télédiffusion, la radiodiffusion, la télédistribution, par tout réseau analogique, ou numérique, réseaux de télécommunication, et (ou) informatique, *on line* et *off line* sans que cette liste soit exhaustive, et s'il arrivait qu'un type d'exploitation de l'Œuvre ne soit pas visée aux présentes, l'Auteur accepte d'ores et déjà que ce type d'exploitation entre dans le périmètre du présent contrat au moment nécessaire, le prix forfaitaire prévu aux présentes l'y intégrant.

Il est convenu que le Producteur sera seul juge de l'utilisation qu'il entend faire de l'Œuvre, et qu'il ne prend notamment, vis-à-vis de l'auteur, aucun engagement concernant sa diffusion. Dans le cas où l'Œuvre ne serait pas exploitée ni utilisée, l'Auteur ne pourrait faire valoir contre le Producteur aucun droit à être indemnisé à quelque titre que ce soit.

L'Auteur s'engage expressément à ne pas réaliser une autre œuvre qui serait, même partiellement, la copie de celle dont les droits sont cédés au Producteur par le présent accord.

ARTICLE 4 - DURÉE

Les droits énumérés à l'Article 3 ci-dessus sont cédés à titre exclusif au Producteur pour la durée légale de protection des droits d'auteur, à compter de la signature des présentes.

ARTICLE 5 - GARANTIES DE L'AUTEUR

L'Auteur garantit au Producteur l'exercice paisible des droits cédés en vertu des présentes et notamment, qu'il a plein pouvoir et qualité pour accorder les droits cédés par les présentes et que ces droits n'ont été ni ne seront en aucune manière cédés, hypothéqués, grevés, ni d'une façon quelconque dévolus en faveur d'un tiers, qu'il n'a fait et ne fera, par le fait d'une cession à un tiers ou par tout autre moyen, aucun acte susceptible de compromettre les droits cédés par les présentes, ou susceptible d'empêcher ou de gêner la pleine jouissance par le Producteur des droits qui lui ont été accordés, à titre exclusif, par les présentes, qu'il n'introduira dans sa contribution aucune reproduction ou réminiscence susceptible de violer les droits des tiers et de donner lieu à des attaques pour plagiat et (ou) contrefaçon et (ou) concurrence déloyale ou parasitaire ou de troubler l'exercice des droits cédés au Producteur en vertu des présentes, qu'aucun litige ni procès n'est en cours ni sur le point d'être intenté mettant en cause les droits de l'Auteur sur l'Œuvre tels que définis et cédés par l'effet des présentes. L'Auteur s'engage formellement à ne troubler en rien la bonne marche de l'exploitation de l'Œuvre et à ne se livrer, par quelque moyen que ce soit, à aucune déclaration risquant de porter un préjudice quelconque à cette exploitation.

L'Auteur est personnellement responsable, tant vis-à-vis des tiers que du Producteur en cas de non-observation du présent article et garantit ce dernier contre toute action en revendication quelconque qui en découlerait.

ARTICLE 6 - RÉMUNÉRATION

Eu égard au fait que l'Œuvre est destinée à identifier le film .... *(indiquer le titre du film)* aux yeux des tiers, celle-ci ne fera pas l'objet d'une commercialisation en elle-même (*il s'agit d'un exemple classique de cession de droits au forfait*).

Il sera alors difficile, voire impossible de déterminer quelle sera la part de la création de l'Auteur, exploitée au sein de chaque support sur lequel l'Œuvre sera intégrée, si tant est que ces supports puissent être commercialisés individuellement. Ainsi la part de rémunération proportionnelle de l'Auteur sera impossible à déterminer, ce que l'Auteur reconnaît et accepte.

Dans ces conditions, la base de calcul de la participation proportionnelle ne pourra être pratiquement déterminée, en contrepartie des droits cédés tels que définis à l'article 3 des présentes, et en application de l'article L.131- 4 § 1°, 2°, 3° et 4° du CPI, l'Auteur reçoit la somme forfaitaire brute de .... hors taxes (*indiquer la somme en chiffres et en lettres*) selon le calendrier suivant :

Dans l'hypothèse où l'une quelconque des exploitations de l'Œuvre, visées à l'article 3 « Droits cédés » ci-dessus, permettrait de dégager des recettes pour lesquelles une rémunération proportionnelle serait déterminable, individualisable et (ou) que l'Œuvre pourrait être exploitée à titre principal, le présent contrat restera pleinement applicable, les Parties s'engageant à entrer en discussion afin de déterminer, de bonne foi, un pourcentage de rémunération proportionnelle qui devra être conforme aux usages, à la pratique et à l'équilibre économique qui préside au présent contrat.

ARTICLE 7 - RÉTROCESSION DES DROITS À UN TIERS

Le Producteur pourra céder les bénéfices, droits et obligations résultant de la présente convention à tout tiers de son choix.

ARTICLE 8 - LITIGES

Le présent contrat est régi par la loi française. Les différends qui viendraient à se produire à propos de l'exécution, de l'inexécution, de la validité, de l'interprétation, de l'interruption ou de la résiliation du présent contrat seront soumis aux tribunaux compétents.

ARTICLE 9 - ÉLECTION DE DOMICILE

À l'effet des présentes, les Parties élisent domicile aux adresses visées en tête du présent contrat.

Fait à ...., le ....

En deux exemplaires

LE PRODUCTEUR **L'AUTEUR**

MISE À DISPOSITION D'UN LIEU DE TOURNAGE

Le contrat dont nous vous donnons le modèle ci-après n'est fourni qu'à titre indicatif, à la suite de nombreuses demandes de lecteurs. Il intervient lorsque, pour les besoins d'un tournage, un particulier met à la disposition de la production du film, pour un temps déterminé, un local qui lui appartient (maison, appartement par exemple).

Il est très difficile de fournir un contrat type pour ce genre de prestation, tant chaque cas est particulier. Nous vous donnons, en conséquence, ci-après, non pas un contrat type, mais un contrat entièrement rédigé de façon que vous puissiez vous faire une idée sur ce type de documents, et dont vous pourrez, bien entendu, reprendre certaines stipulations.

Nous attirons particulièrement votre attention sur les dispositions à prendre pour éviter tout litige ultérieur ; notamment nous ne saurions trop conseiller d'établir un état des lieux le plus détaillé possible (en présence du particulier mettant son local à disposition et d'un représentant de la production et signé par ces deux Parties, ou bien établi par huissier), et de prévoir très exactement dans l'accord ce qu'il advient des diverses factures (eau, électricité, gaz, téléphone) correspondant au tournage.

De manière générale, il conviendra que la société qui utilisera les locaux ait signé un contrat d'assurance garantissant celui qui met à disposition ses locaux contre tout sinistre.

ENTRE LES SOUSSIGNÉS

Société A, ... *(type de société)* au capital de .... euros *(montant du capital)*, RCS Paris .... *(numéro de registre du commerce)* dont le siège social est à .... *(adresse du siège social)*, représentée par Monsieur .... *(nom du représentant légal de la société ou de la personne ayant reçu pouvoir pour signature)*, ci-après dénommée : « le Producteur » ;

D'une part,

ET

Mademoiselle, Madame, Monsieur .... *(compléter avec le nom et le prénom de la personne)*, demeurant .... *(indiquer l'adresse du domicile de l'acteur)*, ci-après dénommée : le « Contractant » ;

D'autre part,

IL A AU PRÉALABLE ÉTÉ EXPOSÉ CE QUI SUIT

Le Producteur produit un film provisoirement ou définitivement intitulé .... (*titre du film*), qui sera réalisé par .... (*nom du réalisateur*).

Le Contractant est propriétaire d'un appartement dans lequel le Producteur souhaite effectuer une partie du tournage du film.

IL A ÉTÉ CONVENU CE QUI SUIT

ARTICLE 1 - OBJET

Le Contractant accepte de mettre à la disposition du Producteur pour le tournage du film susvisé, aux conditions fixées par le présent accord, l'appartement/la maison/le local tel que décrit ci-dessous, sis à .... (*adresse exacte et situation précise des locaux – nombre de pièces, situation précise des locaux mis à disposition dans le cas où les locaux du Contractant comprennent plusieurs étages*).

Cette mise à disposition est faite pour une durée qui prendra effet le .... à .... heures (*date et horaire à compléter*) pour se terminer le .... à .... (*date à compléter*). Le Producteur accepte toutefois qu'en cas de dépassement de la durée du tournage, la période ci-dessus soit prorogée de la durée nécessaire, à condition d'en être averti par écrit par le Producteur, le .... au plus tard. Il est toutefois précisé qu'en tout état de cause la présente mise à disposition ne pourrait en aucun cas se prolonger au-delà du ....

Le Contractant mettra à la disposition du Producteur, le .... *(date)*, une équipe de trois personnes, afin de l'aider à emballer, transporter et stocker les divers bibelots, objets précieux, livres, vêtements, etc., qui sont exclus de la présente mise à disposition. En revanche, les meubles meublants devront rester en place.

Le Contractant fera son affaire personnelle de tous les problèmes de voisinage, nuisances et plaintes émanant de voisins ou de tiers, relatifs à son occupation des lieux.

Le Contractant autorise le Producteur à faire tout aménagement provisoire nécessaire pour le décor du film, étant toutefois expressément convenu que les lieux devront être rendus, à la fin de la période susvisée, dans le même état que celui antérieur au début du tournage. (*Dans ce cas des photographies des lieux avant sont recommandées)*

L'équipe de tournage se composera de 40 (quarante) personnes environ, comédiens compris. Toute personne étrangère au tournage ne sera pas admise sur les lieux.

ARTICLE 2 - INDEMNITÉ D'OCCUPATION

En contrepartie de la présente mise à disposition, le Producteur réglera au Contractant une indemnité d'occupation de .... (*somme en chiffres et en lettres*), qui lui sera réglée de la façon suivante :

- 50 % à la signature du présent accord ;
- 25 % le .... ;
- 25 % le .... ;

Il est par ailleurs convenu que dans le cas où la mise à disposition des lieux se prolongerait au-delà du ...., le Producteur réglerait au Contractant une indemnité complémentaire de .... (*somme en chiffres et en lettres*) par journée d'occupation des lieux supplémentaire.

ARTICLE 3 - ASSURANCES ET CHARGES

Le Producteur déclare avoir souscrit une assurance couvrant tout dégât, vol, sinistre ou dégradation qui pourrait intervenir durant son occupation des lieux ou être provoqué par son activité, son personnel ou toute autre tierce personne présente sur les lieux du tournage. Le Producteur prendra également à sa charge le montant de la franchise et les dépassements de plafond éventuels.

Une attestation d'assurance sera remise par le Producteur au Contractant dans les huit jours de la signature du présent accord. À défaut de production d'une telle assurance, le présent contrat sera résilié de plein droit.

Le Contractant procédera, en présence du Producteur, à un relevé des compteurs d'eau et d'électricité à l'entrée dans les lieux et à la sortie, et réglera les consommations constatées dès la présentation des factures établies par la Compagnie des eaux et (ou) l'EDF.

Pendant le tournage, l'électricité sera fournie par un groupe électrogène insonorisé ou par un branchement EDF dont la facturation sera adressée au Producteur.

D'autre part, si cela est nécessaire pour les besoins du tournage, le Producteur demandera un branchement téléphonique temporaire auprès des services de France Télécom pour la durée d'occupation des lieux, les frais de branchement et de communications étant à sa charge et lui étant directement facturés.

ARTICLE 4 - GARANTIES

Le Contractant certifie expressément au Producteur qu'il a tous pouvoirs et qualité pour accorder les droits objets des présentes, et garantit le Producteur contre tous recours ou revendications de tous tiers à ce sujet.

ARTICLE 5

En cas de contestation sur l'interprétation ou sur l'exécution des présentes, les tribunaux de Paris seront seuls compétents.

ARTICLE 6

Les Parties élisent domicile à l'adresse visée en tête des présentes.

Fait à ...., le ....

En deux exemplaires.

LE PRODUCTEUR | **LE CONTRACTANT**

_____________________ | _____________________

UTILISATION DE L'IMAGE D'UN PASSANT

Il peut arriver que lors des prises de vues en extérieur d'un film ou d'un reportage, un passant soit filmé et soit ensuite reconnaissable à l'image.

Compte tenu du droit sur sa propre image que possède chacun d'entre nous, il convient d'obtenir au préalable l'autorisation écrite de la personne concernée, si l'on souhaite conserver et exploiter les images au sein de l'œuvre produite sur lesquelles elle figure.

C'est l'objet du document ci-après.

Attention, cette autorisation n'empêche nullement que soient prises toutes précautions utiles pour ne pas porter atteinte à l'image du passant en question. Sa neutralité doit être respectée. Il subirait un préjudice, et pourrait donc ultérieurement vous attaquer, si les images du film pouvaient suggérer de sa part certains goûts, certaines opinions politiques ou religieuses, etc. (si, par exemple, il est filmé dans une file d'attente et que, dans le film, on s'aperçoive ensuite qu'il s'agit de la file d'attente d'un spectacle pornographique, d'un meeting politique, etc.).

Par ailleurs, le consentement donné par la personne quant à l'utilisation de son image doit être spécial en ce sens que cette dernière ne peut consentir de façon générale à l'utilisation de son image. Il sera impératif pour le producteur ou ses ayants de respecter la finalité visée dans l'autorisation donnée par l'intéressé.

S'agissant de la durée d'autorisation d'utilisation de l'image : il convient de faire correspondre cette durée à celle de la durée envisagée pour l'exploitation de l'œuvre dans laquelle l'image de la personne concernée figurera (en général, la durée de cession des droits d'auteur). Il s'agira alors d'un contrat à durée déterminée, qui ne pourra pas être rompu avant son terme.

S'il est aussi possible de prévoir une autorisation à une durée indéterminée, il faut savoir que dans la cadre d'une telle autorisation, les règles de droit afférent aux contrats à durée indéterminée font que celui qui consent, peut mettre fin à cette autorisation à tout moment, sous réserve de respecter un préavis. Pour éviter tout risque de rétractation à l'avenir, il vaut mieux prévoir une durée déterminée.

À faire signer par la personne reconnaissable à l'écran.

Je, soussigné(e) .... *(nom et prénom),* demeurant à ....
Reconnaît par la présente avoir été filmé(e) lors des prises de vues tournées ce jour à .... *(indiquer ici l'endroit du tournage, par exemple, « avenue de Suffren à Paris » ou « à Auvers-sur-Oise »),* en vue de la réalisation du film .... *(titre du film),* réalisé par .... *(nom du réalisateur),* et produit par la société .... *(nom du Producteur),* et donne bien volontiers par la présente l'autorisation expresse que mon image (et la voix éventuellement) ainsi fixée sur la pellicule soit, le cas échéant, et s'il en est ainsi décidé au montage, directement ou indirectement, en intégralité et (ou) en partie, incorporée gracieusement dans le film susvisé, en vue de l'exploitation de ce film (reproduction et représentation), sur tout support (audiovisuel, cinématographique,

vidéographique, magnétique, numérique, Internet, support téléphonique, électronique, papier, etc.) et à sa communication par tous modes de diffusion et multidiffusion (télé, radio, promotion, publicité, etc.), sur tous réseaux (gratuit, payant, par abonnement, crypté ou non, téléphonique, Internet, VOD, etc.), par tous procédés (ondes hertziennes, câble, autoroute de l'information, satellite, etc.), en tous lieux privés ou réunissant du public (salles de cinéma, hôtels, aéronefs, centres collectifs de santé ou de loisirs, musées, lieux publics, etc.), dans le monde entier pendant toute la durée pour laquelle ont été acquis les droits des auteurs du film, y compris tous renouvellements de ces droits.

Il s'agit ici de résumer en quelques lignes les quelques pages fixant l'étendue de la cession qui figure dans les contrats de cession de droits d'auteur déjà signés par le Producteur.

Fait à ...., le ....

En deux exemplaires

(Signature du passant, précédée de la mention « Bon pour accord »).

MODÈLE DE LETTRE D'ACCÈS LABORATOIRE

Laboratoire ....

Adresse ....

Messieurs,

Votre laboratoire est dépositaire de tous les éléments du Film de long métrage intitulé provisoirement ou définitivement « .... » réalisé par .... et assure les travaux de laboratoire du Film dont le négatif reste - et restera - déposé chez vous au nom du Producteur.

Par contrat en date du ...., le Distributeur s'est vu confier un mandat par le Producteur aux fins d'exploiter le Film.

Par la présente, nous autorisons le Distributeur pour la durée du mandat :

- à accéder gracieusement à l'ensemble du matériel existant (éléments de tirage et matériel vidéo du Film) en ce compris, la faculté le cas échéant de demander le prêt de certains éléments de matériel pour une durée déterminée ;
- à vous commander tous services de laboratoire et tous matériels nécessaires pour l'exploitation, aux seuls frais et coûts du Distributeur.

En votre qualité de tiers détenteur, vous ne déplacerez ni ne détruirez aucun des éléments en votre possession, sans l'accord écrit préalable du Producteur.

Les coûts des éléments et (ou) prestations commandées par le Distributeur seront exclusivement supportés par lui.

La présente lettre d'accès ne pourra être modifiée que sur instruction préalable écrite conjointe du Producteur.

Nous vous remercions de nous renvoyer le présent courrier signé.

Fait à ....,

en 3 exemplaires originaux, le ....

Linda SEGER
FAIRE D'UN BON SCÉNARIO UN SCÉNARIO FORMIDABLE
La plus célèbre consultante de hollywood révèle l'art de l'écriture : la réécriture
STRUCTURE
CONFLIT
INTRIGUE
DIXIT
ÉDITIONS

ANNEXES

GÉNÉRALITÉS

Avant de prendre connaissance des définitions ci-après qui font partie intégrante de la majorité des contrats, il nous a paru utile de rappeler ce que sont :

- Les recettes brutes distributeur
On entend par le terme *Recettes Brutes* Distributeur, toutes les recettes générées par l'exploitation du film dans les Territoires encaissées par le Distributeur (mandataire).

- Les recettes nettes distributeur
On entend par le terme *Recettes Nettes Distributeur*, toutes les Recettes Brutes Distributeur diminuées des cotisations à verser au CNC et aux sociétés de gestion collective (SACEM).

Dans le cas de l'exploitation vidéographique, il faudra également retirer toutes les remises, rabais, ristournes.

- Les frais d'exploitation
On entend par le terme *Frais d'Exploitation*, l'ensemble des frais engagés et générés par l'exploitation du Film.

DÉFINITION DES RECETTES NETTES PART PRODUCTEUR SERVANT DE BASE DES RÉMUNÉRATIONS

Cette définition est celle qui ressort de l'arrêté du 7 février 2011 pris en application de l'article L.132.25 du CPI.

L'article 1 de cet arrêté indique que l'accord relatif à la transparence dans la filière cinématographique qui est étendu par l'effet de l'arrêté est applicable aux seules œuvres cinématographiques de long métrage.

Cette définition devra alors être annexée dans tous les contrats de cession de droits relativement à des œuvres cinématographiques de long métrage qui prévoient une rémunération proportionnelle aux RNPP, et cet arrêté définissant aussi le coût de film, dans les contrats qui prévoient une rémunération proportionnelle après amortissement du coût du film.

Il n'est pas possible de déroger à cette définition des Recettes Nettes Part Producteur (RNPP) qui est une définition légale...

Pour toutes les autres œuvres, la définition des Recettes Nettes Part Producteur est libre.

D'une manière générale, l'expression Recettes Nettes Part Producteur s'entend de l'ensemble des recettes hors taxes, qu'elles qu'en soient la nature ou la provenance, réalisées et encaissées à raison de l'exploitation du film et de tout ou partie de ses éléments dans le monde entier, en tous formats, en toutes langues, sous tous titres, par tous modes, moyens, procédés connus ou à découvrir, sous déduction des commissions visées ci-après et des seuls frais justifiés entraînés par l'exploitation et définitivement mis à la charge du producteur.

Les préventes, à-valoir et minima garantis seront intégralement reportés comme Recettes Nettes Part producteur.

L'expression Recettes Nettes Part Producteur s'entend plus particulièrement de la manière qui suit.

1. Exploitation en France

1.1. Exploitation cinématographique

a) Dans les salles du secteur commercial

Les Recettes Nettes Part Producteur s'entendent des sommes effectivement versées par les exploitants de salles au titre de l'exploitation cinématographique du film dans les salles du secteur commercial, déduction faite :

1. De la commission de distribution au taux effectivement appliqué par le distributeur, mais qui ne saurait excéder 25 % des recettes brutes distributeur en l'absence de minimum garanti ni excéder 35 % dans le cas où le distributeur aurait versé un minimum garanti.

2. De la part éventuellement attribuée au court-métrage dont le prix ou le pourcentage lui sera attribué selon les prix ou pourcentages en usage dans la profession et à la condition que ce court-métrage ne soit pas fourni par le Producteur, auquel cas les recettes seraient celles du programme complet.

3. Du montant de la publicité de lancement et de soutien faite au moment de la première sortie du film en exclusivité en France et à l'occasion des éventuelles reprises.

4. Du prix des copies du film et du film-annonce, des frais de distribution numérique (virtual print feel, KDM, etc.) si la charge en incombe contractuellement au Producteur, ainsi que du montant de la T.V.A. sur les copies dans la mesure où ce montant ne serait pas récupérable.

5. Du montant des taxes sur le chiffre d'affaires à la charge du Producteur, calculé sur la recette distributeur attribuée au grand film, ou éventuellement au programme complet.

6. Du montant de la cotisation due au Centre national du cinéma et de l'image animée au titre de l'exploitation du film dans les territoires dont il s'agit.

7. Des frais juridiques et autres, relatifs à l'exploitation du film.

8. De tous les autres frais justifiés, sur justificatifs comptables, mis à la charge du Producteur, à condition qu'il s'agisse de frais usuels, conformes aux politiques habituelles de distribution et liés, notamment, aux évolutions économiques ou techniques propres à ladite exploitation.

b) Dans le secteur non commercial

Les Recettes Nettes Part Producteur sont constituées par les montants hors taxes encaissés par le Producteur (ou versés à un tiers comme un établissement de crédit par délégation ou cession du Producteur) ou par toute personne négociant, aux lieu et place du Producteur, les droits d'exploitation du film dans le secteur non commercial, déduction faite, s'il y a lieu et sur justification, des frais hors taxes ci-après :

- commission de distribution, au taux effectivement appliqué par le distributeur, mais qui ne saurait excéder 30 % ;
- prix des copies nécessaires à l'exploitation, si la charge en incombe contractuellement au Producteur ;
-cotisations dues au CNC au titre de l'exploitation du film ;
- de tous les autres frais justifiés, sur justificatifs comptables, mis à la charge du Producteur à condition, qu'il s'agisse de frais usuels, conformes aux politiques habituelles de frais de distribution et liés, notamment, aux évolutions économiques ou techniques propres à ladite exploitation.

1.2. Exploitation sous forme de vidéogrammes destinés à l'usage privé du public

Les Recettes Nettes Part Producteur s'entendent des montants hors taxes encaissés par le Producteur (ou versés à un tiers comme un établissement de crédit par délégation ou cession du Producteur) ou par toute personne (ci-après agent de vente) négociant, en lieu et place du Producteur auprès d'un acquéreur, les droits d'exploitation du film sous forme de vidéogrammes destinés à la vente ou à la location pour l'usage privé du public, déduction faite, s'il y a lieu et sur justification, des frais hors taxes ci-après :

- commission de vente desdits droits à un acquéreur, au taux effectivement appliqué par l'agent de vente et qui ne saurait excéder 15 %, étant entendu qu'aucune commission ne sera prélevée sur les à-valoir ou minima garantis versés par l'acquéreur des droits et servant au financement du film ni sur les éventuels compléments de ces à-valoir ou minima garantis qui pourraient être versés ultérieurement. La commission de vente de 15 % sera prélevée par le Producteur en l'absence d'agent de vente ;
- prix de la copie nécessaire au transfert et à la duplication du film sur support vidéo ou autre, les frais afférant aux éventuels bonus fabriqués pour les besoins de cette exploitation et tous les éléments exigés par l'éditeur, si la charge en incombe contractuellement au Producteur ;
- les redevances dues à la SDRM si elles doivent être réglées directement à celle-ci par le Producteur ;
- cotisations dues au CNC au titre de l'exploitation du film ;
- tous les autres frais justifiés, sur justificatifs comptables, mis à la charge du Producteur, à condition qu'il s'agisse de frais usuels, conformes aux politiques habituelles de frais de distribution et liés, notamment, aux évolutions économiques ou techniques propres à ladite exploitation.

Il est précisé que :

- si les sommes versées le sont par un éditeur vidéographique du film au Producteur sous forme de royautés, les Recettes Nettes Part Producteur s'entendraient du montant hors taxes desdites royautés encaissées par le Producteur ou son agent de vente, déduction faite, s'il y a lieu, et sur justification, des frais susvisés dans le cas uniquement où ils seraient laissés à la charge du Producteur et non de l'éditeur. De plus, la commission de vente du Producteur ou de son agent de vente ne sera opposable que lorsque le film est passé au stade de l'exploitation dite catalogue, c'est-à-dire à l'expiration du contrat d'édition vidéographique initial ;
- et si l'éditeur vidéographique du film est le Producteur ou une société du groupe d'appartenance du Producteur, la commission de vente ne sera pas prélevée.

1.3. Exploitation sous forme de vidéo à la demande à l'acte ou de paiement à la séance

Les Recettes Nettes Part Producteur s'entendent des montants hors taxes encaissés par le Producteur (ou versés à un tiers comme un établissement de crédit par délégation ou cession du Producteur) ou par toute personne négociant, en lieu et place du Producteur, les droits d'exploitation du film sous forme de paiement à la séance et de vidéo à la demande, déduction faite, s'il y a lieu et sur justification, des frais hors taxes ci-après :

- commission de vente, dont le taux ne saurait excéder :
- 30 % jusqu'à 100 000 euros de chiffre d'affaires net hors taxes encaissé par le Producteur ou toute personne négociant en ses lieu et place (ci-après le CA net H.T.) ;
- 20 % entre 101 000 et 200 000 euros de CA net H.T. ;
- 15 % entre 201 000 et 300 000 euros de CA net H.T., sachant qu'au-delà de 300 001 euros de CA net H.T. la commission ne sera pas dégressive comme indiqué ci-dessus, mais sera fixée à 15 % et applicable au premier euro de CA net H.T.

En l'absence de mandataire, la commission ci-dessus sera prélevée par le Producteur.

- prix du matériel technique et publicitaire de livraison aux opérateurs VàD et PPV ainsi que des frais de publicité et de promotion, si la charge en incombe contractuellement au Producteur du film ;
- cotisations dues au CNC au titre de l'exploitation du film ;
- tous les autres frais justifiés, sur justificatifs comptables, mis à la charge du Producteur, à condition qu'il s'agisse de frais usuels, conformes aux politiques habituelles de frais de distribution et liés, notamment, aux évolutions économiques ou techniques propres à ladite exploitation.

Il est précisé que :

- si l'opérateur du service de paiement à la séance ou de vidéo à la demande est le Producteur ou une société du groupe d'appartenance du Producteur, aucune commission de vente ne sera prélevée ;
- aucune commission ne sera prélevée sur les à-valoir ou minima garantis versés par le mandataire et servant au financement du film.

1.4. Exploitation télévisuelle

Les Recettes Nettes Part Producteur sont constituées par les montants hors taxes effectivement versés par chaque service de télévision (télévision hertzienne, câble, satellite, etc.) pour l'acquisition des droits de diffusion du film, déduction faite, s'il y a lieu et sur justification, des frais hors taxes ci-après :

- commission de vente, dont le taux ne saurait excéder :
- 15 % pour les ventes n'excédant pas un prix hors taxes de 50 000 € et pour la catch up TV ;
- 10 % pour toutes autres ventes,

étant entendu qu'aucune commission ne sera prélevée sur les cessions servant au financement du film, ni sur les éventuels compléments qui pourraient être versés ultérieurement, notamment le complément Canal Plus, sachant qu'une commission de 15 % pour les ventes n'excédant pas un prix hors taxes de 50 000 € et pour la catch up TV et 10 % pour toutes autres ventes sera prélevée par le Producteur en l'absence de mandataire ;

- prix des copies nécessaires à l'exploitation, et de tous éléments exigés par les services de télévision, si la charge en incombe contractuellement au Producteur ;
- cotisations dues au CNC au titre de l'exploitation du film ;
- tous les autres frais justifiés, sur justificatifs comptables, mis à la charge du Producteur, à condition qu'il s'agisse de frais usuels, conformes aux politiques habituelles de frais de distribution et liés, notamment, aux évolutions économiques ou techniques propres à ladite exploitation.

Dans le cas où le Producteur concèderait globalement à un tiers, pour un temps déterminé, les droits d'exploitation télévisuelle du film et que ladite concession laisserait, en accord avec le Producteur, la charge de la rémunération des auteurs audit tiers avec la faculté pour ce tiers de traiter pour son propre compte avec les services de télévision établis en France et (ou) dans tout ou partie des pays d'expression française, il appartiendra au Producteur de faire prendre en charge par son concessionnaire le paiement de la rémunération due à l'auteur, telle que définie ci-dessus.

1.5. Exploitation sous forme de vidéo à la demande par abonnement

Les Recettes Nettes Part Producteur s'entendent des montants hors taxes encaissés par le Producteur (ou versés à un tiers comme un établissement de crédit par délégation ou cession du Producteur) ou par toute personne négociant, en lieu et place du Producteur, les droits d'exploitation du film sous forme de vidéo à la demande par abonnement, déduction faite, s'il y a lieu et sur justification, des frais hors taxes ci-après :

- commission de vente, dont le taux ne saurait excéder :
- 30 % jusqu'à 100 000 euros de chiffre d'affaires net hors taxes encaissé par le Producteur ou toute personne négociant en ses lieu et place (ci-après le CA net H.T.) ;
- 20 % entre 101 000 et 200 000 euros de CA net H.T. ;
- 15 % entre 201 000 et 300 000 euros de CA net H.T., sachant qu'au-delà de 300 001 euros de CA net H.T. la commission ne sera pas dégressive comme indiqué ci-dessus, mais sera fixée à 15 % et applicable au premier euro de CA net H.T..

En l'absence d'agent de vente, la commission ci-dessus sera prélevée par le Producteur ;

- prix du matériel technique et publicitaire de livraison aux opérateurs VàD par abonnement ainsi que des frais de publicité et de promotion, si la charge en incombe contractuellement au Producteur du film ;
- cotisations dues au CNC au titre de l'exploitation du film ;

- tous les autres frais justifiés, sur justificatifs comptables, mis à la charge du Producteur, à condition qu'il s'agisse de frais usuels, conformes aux politiques habituelles de frais de distribution et liés, notamment, aux évolutions économiques ou techniques propres à ladite exploitation.

Il est précisé que :

- si l'opérateur du service de vidéo à la demande par abonnement est le Producteur ou une société du groupe d'appartenance du Producteur, aucune commission de vente ne sera prélevée ;
- aucune commission ne sera prélevée sur les à-valoir ou minima garantis versés par le mandataire et servant au financement du film.

2. Exploitation à l'étranger

2.1. Vente forfaitaire et (ou) au pourcentage

Les Recettes Nettes Part Producteur sont constituées par les sommes hors taxes effectivement versées par les acquéreurs ou distributeurs à l'étranger au Producteur (ou versées à un tiers comme un établissement de crédit par délégation ou cession du Producteur) ou à toute personne négociant en lieu et place du Producteur, sous forme de forfait, d'avance et (ou) de minima garantis ainsi que les sommes versées par les distributeurs au-delà desdites avances et minima garantis, sous déduction :

- de la commission du vendeur à l'étranger, dont le taux ne saurait excéder 25 %, sous-commission incluse, sachant qu'une commission de 25 % sera prélevée par le Producteur en l'absence de mandataire ;
- du coût H.T. du tirage des copies, contretypes et sous-titrage, de matériel publicitaire nécessaire à l'exploitation du film dans les territoires concédés, des frais de douane, transport de copies, matériel et des frais divers, y compris frais liés à la promotion du film à l'étranger et d'assurance erreurs et omissions, sur présentation de justificatifs, à condition que ces frais soient définitivement à la charge du Producteur ;
- des cotisations dues au CNC au titre de l'exploitation du film ;
- des redevances dues à la SACEM et toute société d'auteurs et d'artistes sur les pays non statutaires dans la mesure où l'exploitation ne les paye pas ;
- de tous les autres frais justifiés, sur justificatifs comptables, mis à la charge du Producteur à condition qu'il s'agisse de frais usuels, conformes aux politiques habituelles de frais de distribution et liés, notamment, aux évolutions économiques ou techniques propres à ladite exploitation.

2.2. Coproduction franco-étrangère

Si le film est produit en coproduction franco-étrangère, le montant de la participation du coproducteur étranger (et toutes les sommes qui seraient versées au Producteur en complément) sera considéré comme Recettes Nettes Part Producteur forfaitaires pour les pays dont les droits d'exploitation appartiennent exclusivement à ce coproducteur étranger en application des accords internationaux de coproduction ainsi que pour la part de recettes à revenir à ce dernier dans les territoires qui ne lui sont pas réservés exclusivement, mais font l'objet d'un partage entre les coproducteurs, en application des accords de coproduction.

En conséquence, les recettes provenant de l'exploitation dans lesdits territoires réservés et partagés et attribuées au coproducteur étranger ne seront pas décomptées à l'effet des présentes. Ainsi, à titre d'exemple, si le coproducteur étranger se voit octroyer une part de recettes de 30 % dans le reste du monde (hors territoires réservés), les 70 % restant seront seuls considérés comme des Recettes Nettes Part Producteurs.

3. Autres exploitations en tous pays (hors musique)

Les Recettes Nettes Part Producteur s'entendent des montants hors taxes encaissés par le Producteur (ou versés à un tiers comme un établissement de crédit par délégation ou cession du Producteur) et (ou) par toute personne ou société négociant, en lieu et place du Producteur, les autres droits d'exploitation du film, et de chacune des exploitations secondaires et merchandising, ainsi que les droits de remake, prequel, sequel et spin-off, déduction faite d'éventuelles commissions de vente ou de distribution, dans la limite d'un taux de 20 %, ainsi que des frais justifiés, sur justificatifs comptables, et définitivement pris en charge par le Producteur pour lesdites exploitations ainsi que les rémunérations des ayants droit propres à ces exploitations spécifiques, le cas échéant. Une commission de 20 % sera prélevée par le Producteur en l'absence de mandataire.

4. Exploitation de la musique du film en tous pays

Toutes sommes encaissées par le Producteur (ou versées à un tiers comme un établissement de crédit par délégation ou cession du Producteur) et (ou) par toute personne ou société négociant pour son compte les droits d'exploitation susvisés du film portant sur les œuvres musicales figurant dans le film (droits SACEM/SDRM) aussi bien que les droits portant sur les enregistrements correspondants (redevances phonographiques, droits voisins, toutes utilisations secondaires) seront, pour leur montant hors taxes, considérées comme Recettes Nettes Part Producteur, déduction faite d'éventuelles commissions de vente ou de distribution, dans la limite d'un taux de 20 %, ainsi que des frais justifiés, sur justificatifs comptables, et définitivement pris en charge par le Producteur pour lesdites exploitations ainsi que les rémunérations des ayants droit propres à ces exploitations spécifiques, le cas échéant. Une commission de 20 % sera prélevée par le Producteur en l'absence de mandataire.

Il est précisé que les sommes ci-dessus s'entendent aussi bien de celles perçues par le Producteur en sa qualité de propriétaire des enregistrements que de celles reversées au Producteur par des tiers détenteurs de droits relatifs aux œuvres et (ou) enregistrements.

Il est précisé, en tant que de besoin, que :

- les frais d'exploitation visés au présent article s'entendent nets des remises, rabais, ristournes, avoirs et autres avantages financiers, accordés par les fournisseurs et autres prestataires de services au Producteur au titre du film ;
- dans le respect des conditions mentionnées au cinquième alinéa de l'annexe 2 du présent accord, le bénéfice des opérations d'échange de marchandises, partenariats, parrainages, sponsoring devra être répercuté sur les comptes d'exploitation pour l'établissement des comptes définitifs.

DÉFINITION DU COÛT DU FILM

Le coût de l'œuvre cinématographique, arrêté quatre mois après la sortie du film en salle et certifié par un commissaire aux comptes ou un expert-comptable indépendant, comprend toutes les dépenses hors taxes à la charge du Producteur à l'occasion de la préparation, du tournage et de la postproduction de l'œuvre objet du contrat, dans la mesure où ces dépenses ne sont pas déduites des recettes nettes.

Ce coût comprend :

1. Les avances ou minima garantis consentis aux auteurs, réalisateurs, éditeurs, titulaires de droits voisins et tout autre ayant droit en contrepartie de l'acquisition ou autorisation relative aux droits d'auteur et (ou) aux droits voisins et, le cas échéant, au droit de la personnalité et, plus généralement, le montant des sommes payées aux différents coauteurs, consultants éventuels et à tous ayants droit ainsi qu'à leurs agents éventuels (y compris licence Dolby, SRD et DTS) ;

2. Le coût de préparation et de production de l'œuvre cinématographique, du (des) film (s)-annonce (s), des teasers et promo reals, du making of et des bonus, dans la mesure où il serait à la charge du Producteur, y compris le coût du négatif original image et son de l'ensemble du matériel de livraison du film aux différents partenaires contribuant à son financement ainsi que le coût d'acquisition du complément de programme s'il n'est pas fourni par le distributeur ;

3. Toutes les dépenses dues à des tiers (charges sociales et taxes annexes non récupérables et toutes charges et cotisations sociales exclusivement liées ou générées par la production du film comprises) pour collaboration ou prestations relatives à la production de l'œuvre cinématographique, et notamment la rémunération des techniciens, comédiens, du Producteur exécutif ou associé (à la condition qu'il ne fasse pas partie du personnel permanent du Producteur ou d'une société contrôlée par celui-ci au sens de l'article L. 233-3 du Code de commerce), y compris sous forme différée (mais à l'exclusion de tout intéressement aux recettes de l'œuvre cinématographique après amortissement du coût du film) jusqu'à la clôture du coût de l'œuvre cinématographique ;

4. Les dépenses de toute nature nécessaires à l'accomplissement des obligations du Producteur et de ses coproducteurs étrangers (distributeurs, diffuseurs, éditeurs vidéographiques, vendeurs à l'étranger, festivals, etc.) y compris notamment les frais de fabrication, les frais de livraison de tout matériel, toutes les dépenses relatives à la première copie standard, à la copie échantillon, aux fichiers numériques, aux interpositifs, internégatifs, masters vidéo, aux encodages et à la version internationale sonore de l'œuvre cinématographique et du (des) film(s)-annonce(s) ainsi que les dépenses relatives à la version audio décrite et aux versions françaises et étrangères, dans la mesure où elles seraient à la charge du Producteur (y compris les versions doublées et sous-titrées) ;

5. Les dépenses de toute nature liées à la production et à la réalisation de la bande originale de l'œuvre cinématographique, qui comprennent les frais de création de la musique originale la composant et le coût d'établissement du master phonographique et (ou) numérique, incluant notamment toutes rémunérations des auteurs et compositeurs de la musique originale, les frais d'enregistrement et de mixage de la musique originale et (ou) les coûts d'acquisition des droits de reproduction et d'exploitation de musique, notamment préexistantes ;

6. La publicité faite en cours de production de l'œuvre cinématographique (notamment attaché de presse pendant le tournage) à l'exclusion de la publicité effectuée pour le lancement de celle-ci à l'occasion de la sortie dans les divers pays d'exploitation ;

7. La T.V.A. non récupérable, les taxes exigibles lors de la sortie de l'œuvre cinématographique, en application des textes en vigueur, et toutes autres taxes et cotisations à l'occasion de la production à la charge du Producteur et non récupérables, y compris celles qui pourraient être instituées à l'avenir, dont les critères de calcul sont directement liés aux paramètres de production et de préfinancement de l'œuvre cinématographique (CA de préfinancement, masse salariale, taxes et cotisations sur la valeur ajoutée des entreprises s'ils sont liés ou générés par la production du film, etc.) ;

8. Les montants TTC des assurances, notamment des assurances de pré production et de production, négatif, responsabilité civile, décors, accessoires, etc. et, le cas échéant, de garantie de bonne fin et (ou) d'erreurs et omissions ainsi que les coûts des sinistres demeurant à la charge du Producteur après déduction des indemnités d'assurance versées par les assureurs ;

9. Tous les frais d'inscription aux registres du cinéma et de l'audiovisuel concernant l'œuvre cinématographique et les contrats y afférents ;

10. Tous frais juridiques, judiciaires, comptables, de contentieux et d'audit et honoraires liés à la production du film (mais à l'exclusion de tous frais liés à des prestations de production et de recherche de financement), à l'exclusion de ceux résultant d'un comportement fautif avéré et exclusif du Producteur et jugé tel par une décision de justice définitive ayant autorité de la chose jugée en dernier ressort ; ces frais seront intégrés au coût du film jusqu'à la date de clôture de celui-ci ;

11. La rémunération du Producteur délégué (en cela compris la rémunération du Producteur exécutif ou associé s'il fait partie du personnel permanent du Producteur ou d'une société contrôlée par celui-ci au sens de l'article L.233-3 du Code de commerce), toutes charges sociales comprises (patronales et salariales), dans la limite de 5 % du coût du film hors ladite rémunération du Producteur délégué et hors frais généraux et frais financiers ;

12. Les frais généraux dans la limite de 7 % du coût du film, hors lesdits frais généraux et hors rémunérations du Producteur délégué et frais financiers ;

13. Dans la limite de 5 % du coût du film, y compris la rémunération du Producteur et les frais généraux, les frais financiers forfaitisés selon le mode de calcul suivant : 100 % du coût du film (y compris la rémunération Producteur et les frais généraux) × 18 mois × (taux Euribor 3 mois + 3 %) ; le taux de l'Euribor 3 mois retenu sera la moyenne des taux de l'Euribor 3 mois publiés entre la date de la demande d'agrément des investissements et la date de la demande d'agrément de la production ; toutefois, pour les films d'un coût inférieur à 3 M€, les frais financiers réels, y compris une provision pour les quatre mois qui suivent la demande d'agrément, tels qu'ils s'établissent quatre mois après la sortie du film en salle, seront calculés et retenus précisément dans le calcul du coût définitif du film. Si les frais financiers ainsi décomptés sont supérieurs à 5 %, le plafond mentionné ci-dessus ne s'appliquera pas.

Il est précisé, en tant que de besoin, que les frais de production précités s'entendent nets des remises, rabais, ristournes, avoirs et autres avantages financiers, accordés par les fournisseurs et autres prestataires de services au Producteur au titre du film.

AMORTISSEMENT - ÉLÉMENTS FINANCIERS PORTÉS AU COMPTE DE LA PRODUCTION

Seront prises en compte pour le calcul de l'amortissement :

a) Les sommes et recettes suivantes :

- les Recettes Nettes Part Producteur telles qu'elles sont définies à l'Annexe « Définition des Recettes Nettes Part Producteur servant de base des rémunérations »
- à l'exclusion d'une franchise de 50 000 €, 75 % des sommes calculées et inscrites au compte du Producteur (et des coproducteurs éventuels) au titre du soutien financier automatique dans les conditions prévues au point (c) ci-dessous.
- le montant du crédit d'impôt accordé au Producteur au regard de l'œuvre cinématographique et de ses caractéristiques dans les conditions prévues par les articles 220 sexies, 220 F et 223 O du Code général des impôts et des textes pris pour leur application ;
- toutes les aides non remboursables ayant participé au financement de l'œuvre cinématographique, à l'exception du soutien financier automatique investi pour la production de l'œuvre et versé par le CNC ;
- les placements de produits ainsi que les partenariats publicitaires ou autres opérations de même nature donnant lieu à encaissement d'un paiement, et ce pour la part revenant au Producteur et sous déduction des commissions d'intermédiaires et de tous frais justifiés mis à la charge du Producteur ;
- les dommages et intérêts dans le cadre d'une procédure directement liée à la production et (ou) à l'exploitation du film, les dépenses et les sinistres remboursés, et ce pour leur part revenant au Producteur et sous déduction des frais, honoraires et dépens juridiques et judiciaires et autres frais justifiés afférents.

b) Seront déduits des sommes et recettes ci-dessus énumérées :

- les rémunérations sous forme différée, quels qu'en soient la nature et le bénéficiaire, dont le montant serait exigible postérieurement à la date de clôture du coût de l'œuvre cinématographique ; ceci à l'exception d'un éventuel intéressement aux recettes du film - notamment sous forme de pourcentage complémentaire de recettes et (ou) sous forme de somme forfaitaire - qui serait accordé à quiconque après amortissement du coût du film et qui ne serait pas réglé sous forme de salaire ;
- les frais juridiques et judiciaires et honoraires, ainsi que le coût des redressements fiscaux ou sociaux, liés à la production et à l'exploitation du film et générés postérieurement à la date de clôture du coût de l'œuvre cinématographique, à l'exclusion de ceux résultant d'un comportement fautif avéré du Producteur et jugé tel par une décision de justice définitive ayant autorité de la chose jugée en dernier ressort.

c) Prise en compte du soutien financier Producteur et du crédit d'impôt dans le calcul de l'amortissement.

Les sommes calculées et inscrites au compte du Producteur (et des coproducteurs éventuels) au titre du soutien financier automatique généré par l'exploitation de l'œuvre cinématographique ainsi que le crédit d'impôt ne pourront pas être considérés comme recettes, même de manière indirecte par la voie d'un mécanisme, quel qu'il soit, d'équivalent comptable. En particulier, ils n'entreront pas dans les Recettes Nettes Part Producteur mentionnées à l'Annexe « Définition des Recettes Nettes Part Producteur servant de base des rémunérations » ni ne pourront servir de base de calcul à la rémunération complémentaire de l'auteur, après amortissement du coût du film, lorsqu'une telle rémunération est prévue.

Toutefois, il est convenu entre les Parties que le crédit d'impôt et, après prise en compte des déductions visées au deuxième alinéa du point (a) et sous réserve du précédent paragraphe et dans la limite de l'amortissement, les sommes calculées et inscrites au compte du Producteur (et des coproducteurs éventuels) au titre du soutien financier automatique afférent à l'œuvre, seront prises en compte dans le calcul de l'amortissement du coût de l'œuvre cinématographique, suivant des modalités suivantes :

- En ce qui concerne le soutien financier automatique, les sommes seront prises en compte lorsqu'elles auront été calculées et inscrites par le CNC au compte du Producteur (fait générateur) et reportées aux côtés des recettes d'exploitation qu'elles complèteront.
- Le crédit d'impôt sera pris en compte dans le calcul de l'amortissement du coût du Film au moment de l'imputation des sommes provenant du crédit d'impôt sur l'impôt sur les sociétés ou de la restitution de l'excédent s'il dépasse l'impôt sur les sociétés à l'issue de chaque exercice fiscal concerné et dès lors qu'il aura été confirmé au Producteur concomitamment à l'octroi de l'agrément définitif du crédit d'impôt.

Il est toutefois entendu que la prise en compte du crédit d'impôt dans le calcul de l'amortissement du coût du film ne devient définitive qu'à l'expiration du délai de prescription fiscale intervenant après l'agrément définitif dudit crédit d'impôt.

LES AUTEURS

Karine RIAHI

Avocat au Barreau de Paris depuis 1989
Associé depuis 2008

Expertises :

Droit du cinéma et de l'audiovisuel, propriété industrielle, propriété littéraire et artistique, droit d'auteur dans les procédures collectives, droit des technologies de l'information, droit de la presse, pratiques contractuelles du transmedia.

Secteurs d'activité :
Médias, production cinématographique et audiovisuelle, distribution cinématographique et audiovisuelle, spectacle vivant, édition, presse, Internet, merchandising, gestion des talents (auteur/artiste-interprète).

Formation :
- Certificat de spécialisation - champ de compétence : propriété littéraire et artistique (2005).
- DESS Droit et Administration de la communication audiovisuelle (1987 Universités de Paris I Panthéon-Sorbonne).
- Certificat d'Aptitude à la Profession d'Avocat (1989).

Autres activités :
- Intervenant de la formation sur les contrats de l'audiovisuel (DIXIT).
- Intervention à la FEMIS et à la Fondation pour la diversité de Marc Ladreit de Lacharrière.

Publications :
- *Les Contrats audiovisuels et cinématographiques*, Karine Riahi (coauteur) - ministères des Affaires étrangères et européennes, version bilingue 2011.
- *Les Contrats audiovisuels et cinématographiques : guide pratique à l'usage des professionnels africains*, Karine Riahi (coauteur) - ministère des Affaires étrangères et européennes, version 2008.
- *Cinéma et audiovisuel : enfin un crédit d'impôt pour les entreprises étrangères !* Karine Riahi et Nathalie Bouché, mars 2010.

Cécile FONTAINE

Avocat au Barreau de Paris depuis 2008

Expertises :

Droit de l'audiovisuel, propriété industrielle, propriété littéraire et artistique, droit des nouvelles technologies, droit des données personnelles.

Secteurs d'activité :
Audiovisuel, cinéma, presse, édition.

Formation :
- Certificat d'Aptitude à la Profession d'Avocat (2008)
- DEA droit de la propriété littéraire et artistique Paris II (2006)

Publication :
- *L'Usage d'un nom d'un club de football pour des paris en ligne ne constitue pas un usage à titre de marque*, Cécile Fontaine, Matthieu Bourgeois - (commentaire de la décision CA Paris du 11 décembre 2009, Sté Global Entertainment Antigua Limited/Sté William Hill credit Limited), JCP E n° 17, 29 avril 2010.

Matthieu BOURGEOIS

Avocat au Barreau de Paris depuis 2004

Expertises :

Droit de l'audiovisuel, droit de l'informatique et des réseaux, droit de la presse, propriété industrielle, propriété littéraire et artistique, droit des nouvelles technologies.

Secteurs d'activité :
Technologies de l'information et de la communication, audiovisuel, cinéma, presse, édition.

Formation :

- Certificat d'Aptitude à la Profession d'Avocat (2003)
- DESS Propriété industrielle Paris II (2002)
- DEA Droit du patrimoine privé Paris I (2001)

Publications :

- *Référencement payant et utilisation d'une marque : les précisions apportées par l'arrêt Interflora,* Matthieu Bourgeois - Semaine Juridique Entreprise 2012, n° 3, n° 1058, note sous CJUE, 22 septembre 2011.
- *L'Usage d'un nom d'un club de football pour des paris en ligne ne constitue pas un usage à titre de marque,* Matthieu Bourgeois et Cécile Fontaine - Semaine Juridique Entreprise 2010, n° 17, 1404, note sous CA Paris, 11 décembre 2009.
- *Condamnation d'Airbus pour rupture brutale de relation commerciale : une décision riche d'enseignement,* Matthieu Bourgeois et Marie-Cecile Gaudot - Expertises, janvier 2010, pages 18 et suivantes, note sous CA Toulouse, 16 septembre 2009.
- *Condamnation (partielle) d'eBay pour l'utilisation des mots-clés constituant des marques,* Matthieu Bourgeois et Lucie Giret - Semaine Juridique Entreprise 2009, n° 48, 2109, note sous TGI Paris, 18 septembre 2009.
- *Régime de responsabilité des moteurs de recherche,* Matthieu Bourgeois - Semaine Juridique Entreprise 2009, n° 40, 1919, note sous T. Com, Paris, 7 mai 2009.
- *Affaire Mulholland Drive,* droit d'auteur, copie privée, mesures techniques de protection, Matthieu Bourgeois et Laurence Tellier-Loniewski - Gazette du Palais, avril 2006, jurisprudence p. 38, note sous Cass. civ 1re, 28 février 2006.
- *Mesures techniques de protection et exception de copie privée : un mariage de raison,* Matthieu Bourgeois et Laurence Tellier-Loniewski - Gazette de Palais, janvier 2006, doctrine p. 204.
- *Logiciel, vice caché, non-conformité,* Matthieu Bourgeois et Benoît de Roquefeuil - Gazette du Palais, septembre 2005, jurisprudence p. 3477, note sous Cass. com, 4 janvier 2005.
- *Logiciel libre et licence CeCILL : une transposition fidèle des principes de la licence GNU GPL dans un contrat de droit français,* Matthieu Bourgeois et Benoît de Roquefeuil - Gazette de Palais, avril 2005, doctrine p. 914.
- *Logiciel, non-conformité, devoir d'information,* Matthieu Bourgeois - Gazette du Palais, janvier 2005, sommaire de jurisprudence p. 604, note sous Cass. civ 1re, 25 janvier 2004
- *Obligation d'information, matériel informatique, tacite reconduction,* Matthieu Bourgeois et Jean-François Forgeron - Gazette du Palais, juillet 2004, jurisprudence p. 2500, note sous Cass. com 4 mars 2004.

BIBLIOGRAPHIE

- Pierre-Yves Gauthier, *Propriété littéraire et artistique*, Éditions PUF, 8e édition.
- Christophe Caron, *Droit d'auteur et droits voisins*, Éditions Litec.
- Pascal Kamina, *Jurisclasseur propriété littéraire et artistique*, tome 1 fasc. 1075 - Régime juridique des activités cinématographiques, LexisNexis Éditions.
- Laurent Aynes - Pierre-Yves Gautier - Philippe Malaurie, *Contrats spéciaux*, Defrénois Lextenso Éditions, 6e édition.

LES CONTRATS DE LA PRODUCTION

Éditions DIXIT / Jean-Pierre FOUGEA
3, rue La Bruyère 75009 Paris
Tél : (0)1 49 70 03 33 - Fax : (0)1 49 70 02 15
Email : info@dixit.fr - Site web : www.dixit.fr

Couverture : Julien Fougea
Secrétariat d'édition : Gaelle Lacortiglia

Imprimerie : Pulsio SARL
Distribution : Dilisco

Achevé d'imprimé en septembre 2013
Dépôt légal à parution
EAN : 9782844811486
Prix : 40 €